新文科·数字管理系列教材

数字营销

——新时代市场营销学

王永贵 项典典 主编

中国教育出版传媒集团

高等教育出版社·北京

内容简介

本书是面向数字经济时代"新文科"建设的课程思政系列教材，同时也是新时代高等学校市场营销专业主干课程教材，全书共分为先导篇、策略篇、专题篇和升级篇。其中，先导篇包括"数字化与数字营销"以及"数字营销环境分析"两章；策略篇包括"数字营销中的消费者旅程分析""数字营销洞察系统"以及"数字营销组合策略"三章；专题篇包括"大数据营销""内容营销""社交媒体营销""移动营销""视频营销""直播营销"六章，升级篇包括"数字化顾客关系管理""数字化品牌管理"和"人工智能营销"三章，描绘了未来数字营销的重大趋势与探索，以帮助读者深度理解和应用数字营销的前沿理论与优秀企业的数字营销最佳实践。

本书可作为高等院校市场营销、工商管理类专业本科生和硕士研究生教材，也可供企业中从事数字营销、市场营销工作的中高层管理人员及对数字营销感兴趣的读者参考和使用。

图书在版编目（ＣＩＰ）数据

数字营销：新时代市场营销学／王永贵，项典典主编. -- 北京：高等教育出版社，2023.5（2025.8重印）
　ISBN 978-7-04-060008-7

Ⅰ.①数… Ⅱ.①王… ②项… Ⅲ.①网络营销-高等学校-教材 Ⅳ.①F713.365.2

中国国家版本馆 CIP 数据核字（2023）第 046616 号

数字营销——新时代市场营销学
Shuzi Yingxiao——Xinshidai Shichang Yingxiaoxue

策划编辑	童　宁	责任编辑	郭金录	封面设计	姜　磊	版式设计	马　云
责任绘图	易斯翔	责任校对	刁丽丽	责任印制	刘弘远		

出版发行	高等教育出版社	网　　址	http://www.hep.edu.cn
社　　址	北京市西城区德外大街4号		http://www.hep.com.cn
邮政编码	100120	网上订购	http://www.hepmall.com.cn
印　　刷	天津鑫丰华印务有限公司		http://www.hepmall.com
开　　本	787mm×1092mm　1/16		http://www.hepmall.cn
印　　张	23		
字　　数	560 千字	版　　次	2023 年 5 月第 1 版
购书热线	010-58581118	印　　次	2025 年 8 月第 7 次印刷
咨询电话	400-810-0598	定　　价	55.00 元

本书如有缺页、倒页、脱页等质量问题，请到所购图书销售部门联系调换
版权所有　侵权必究
物 料 号　60008-00

数字营销——新时代市场营销学

主　　编：王永贵　项典典
参编人员：（以姓氏拼音排序）
　　　　　高乐伟　郭笑笑　洪傲然　李　霞
　　　　　刘冬梅　田庆宏　汪淋淋　张　仪

总　序

　　新一轮科技革命和产业变革方兴未艾，以大数据、人工智能、量子信息、移动通信、物联网、区块链为代表的新一代信息技术加速突破应用，使人类认识世界、改造世界的能力得到极大延展，引发了深远的生产力和生产关系变革。数字经济发展日新月异，正在成为重组全球要素资源、重塑全球经济结构、改变全球竞争格局的关键力量。我国经济进入新常态，改革开放向纵深推进，产业发展韧性不断提升。与此同时，西方国家"逆全球化"思潮不断涌现、贸易保护主义抬头，国际环境日趋严峻复杂，不确定性、不稳定性、不平衡性特点突出。为此，高等院校应该布局具有前瞻性和战略性的新兴交叉学科，加快建设高水平的教材与教学体系，主动应对科技革命和产业变革的人才需求。

　　数字经济事关国家发展大局，是推动构建双循环新发展格局、建设现代化经济体系、构筑国家竞争新优势的着力点。自 20 世纪 90 年代以来，中国以互联网行业发展为开端，逐步成为世界公认的数字化大国。三十余年间，中国数字经济不仅在信息基础设施建设、应用市场规模上实现飞跃式发展，创新模式也由模仿创新逐步转变为自主创新，从信息传播到数字商务，从网络服务到智能决策，新产业、新业态、新模式不断涌现，在诸多数字化实践领域出现了"领跑"局面。

　　技术和产业的发展加快了知识创新速度，但是与数字时代相适应的经济学、管理学理论架构尚未系统更新。数字经济背景下，消费者决策体系、企业经营模式、价值创造方式、产业组织形态、市场竞争结构、劳动就业形式、资源配置模式等均呈现出与工业经济不同的特点。站在国家发展新征程的起点，如何立足我国数字经济实践，提炼和总结数字经济与数字管理的基础理论、知识体系、研究方法论，培养新时代有理想、有知识、有能力的创新人才，促进数字中国建设和数字经济高质量发展，是当代中国经济学界和管理学界面临的新命题。

　　在这样的背景下，我们和高等教育出版社联合建设新文科·数字经济与新文科·数字管理两套教材，组织该领域具有丰富教学经验和卓越研究基础的专家学者，成立编写委员会、顾问委员会，将国内外相关研究成果总结提炼、系统归纳、融入教材，力争讲好数字经济发展中的道理、学理、哲理，助力形成中国特色、风格、气派的理论体系，为全球数字经济与数字管理的研究和教学贡献中国智慧。这两套教材力求体现如下特点：

　　第一，鲜明的时代特色。系列教材要求紧跟时代步伐，反映中国数字经济、数字管理的特色实践，建立数字技术与经济管理专业知识之间深层内在关联，梳理总结数字技术对经济管理知识结构和研究范式的影响，全面揭示历史发展过程和最新发展动态，以适应新技术革命所带来的新经济业态、新生活方式、新运营模式的挑战。

第二，系统的知识体系。系列教材要求传承经典、体现前沿，构建完整的学科知识体系，内容条块清晰、知识衔接流畅，使学生系统、准确地掌握基础理论、知识要点和分析方法，引入前沿成果培养创新思维和学科思维能力，提高科学素养。

第三，理论与应用的结合。系列教材不仅要体现理论知识和分析方法，更重要的是突出这些理论和方法的实际应用。通过交叉创新融合、典型案例分析、方法应用实践等环节，培养学生独立判断和思考，提升分析问题和解决问题能力。

第四，注重价值塑造与协同发展。系列教材除了传递专业知识，还需要让学生更加清晰地理解科学技术背后的使命与价值。因此，在编写过程中也更加注重学生科学知识与人文素养的协同发展。通过挖掘对学生长远发展的积极因素，培养学生正确的人生观、价值观和世界观，使学生拥有更健全、更完善的人格，提升自身道德品质。

第五，多样化的形式。系列教材采用数字化等多样化形式，每本教材均设置了二维码关联数字资源，配备教学课件、习题解答和实验指导等，便于学生课外阅读、拓展知识面，提高教学和学习的效率。

第六，适用的广泛性。系列教材的选题规划、内容设定进行了充分的科学论证，采纳同行学者的意见和建议。教材编写采用主编负责制，同时强调编委成员的广泛性，鼓励更多院校参与，使教材内容在同行中达成共识，提高教材的适用性。

新文科·数字经济与新文科·数字管理两套教材的编写是一项具有挑战性的复杂工程，在教育部新文科建设工作组的指导下，在高等教育出版社的高度重视和精心策划下，在全国高校、科研院所、业界的专家学者的同心协力下，我们有信心这两套教材能够成为精品教材，为我国数字经济与数字管理人才培养做出有益探索。我们在此由衷地感谢为本系列教材写作和出版做出贡献的每一位专家！尽管本系列教材的编写者为教材编写付出了很多汗水和智慧，但难免存在不足之处，我们也真诚地希望得到广大读者的批评和建议，以便在日后的修订中不断改进和完善。

总主编：

前　言

　　随着数字网络、数字平台、数字媒体、数字设备和数字技术(如云计算、人工智能、机器学习)等相关技术的爆发式成长,一个基于数据化万物互联的时代已然来临。数字化正以前所未有的速度、广度和深度影响着当今数字经济中的每一家企业、每一个消费者和几乎所有的其他利益相关者。

　　可以说,企业的数字化转型、消费模式的数字化转型、市场运营的智能化转型等不断地颠覆着传统企业的市场营销活动,并推动着越来越多的企业把市场营销的重心转向了对数字媒体、数字消费者、数字洞察力(如智能生产)和数字资源(如大数据技术)的战略关注。同时,"虚实相生"的风口也在给传统的市场营销理论和营销工具带来前所未有的变化和挑战。一方面,以虚拟现实(VR)和增强现实(AR)为代表的技术进步不仅创造了新的交互模式,而且促使消费者频繁地在虚拟世界和真实世界之间进行转换。另一方面,人工智能、大数据、机器学习等技术也在不断地提升相关设备的智能感知、智能分析和拟人化响应,并迅速融入到企业的经营活动和社会大众的日常生活当中。因此,如何在崭新的数字时代创造、传播和交付卓越的顾客价值,迫切需要全新的市场营销理论体系的有效指引。相应地,有关数字营销的理论研究与实践探索已然成为学术界和企业界共同关注的战略性话题。

　　作为一部以实践为导向的前沿教材,《数字营销——新时代市场营销学》不仅仅在传统的市场营销理念基础上融入更多的数字技术应用,而且旨在从根本上重塑传统的市场营销逻辑:从本质上的"道"来看,虽然顾客价值仍然是本书的核心,但通过数字技术赋能的企业和顾客,数字化基因已经深深地嵌入到企业的整个市场营销价值链当中;从方法上的"法"来看,虽然传统的"STP+4Ps"营销框架仍然具有一定的适用性,但在数字化背景下,企业的整个营销决策框架都在不断地升级与创新,正经历着从4Ps到4Is的持续创新迭代;从实操上的"术"来看,以往的市场营销工具也在进行着前所未有的变革,从明星代言到虚拟人代言、从市场预测到数字洞察、从电视广告到社交种草、从电商店铺到直播营销、从折扣定价到人工智能定价等,层出不穷的数字技术应用正在不断地革新市场营销实践方式。

　　《数字营销——新时代市场营销学》不仅适合用作各高等院校市场营销专业和其他经济与管理类本科生与研究生"数字营销""数字化营销""大数据营销"和"营销学原理""营销学概论""市场营销"或"营销管理"课程的教材或辅助读物,还可供有志于从事工商管理实践的中高层管理人员和市场营销人员以及大专院校从事市场营销研究工作的学者参考之用。

　　本教材是国家自然科学基金(72032004、71725003)和国家科技部专项(2020IM020300)的阶段性成果，同时也是作者及其团队在过去十多年的市场营销案例教学和相关科学研究的基础上，融合了近五年的数字营销咨询经验和多家案例企业的最佳数字营销实践，体现了集体的智慧结晶，并具有以下几个鲜明的特点：（1）以数字化背景下的顾客价值感知、价值锁定、价值创造与交付以及价值提升为主线，融入了众多优秀企业的数字营销案例；（2）以落实立德树人根本任务为中心，结合国家最新课程思政要求，深入挖掘并列举了诸多课程思政元素和课程思政素材，尽可能有机地融入到各章内容当中；（3）突出了数字化技术及其广泛应用的背景以及企业最新的数字营销实践，努力把国内外最新的数字营销理论的研究成果和企业的最佳数字营销实践探索融入其中；（4）在体例编排方面，体现了师生"教与学"的内在规律，除了每章开头准确阐述学习目标之外，还在正文之后增加了本章小结、关键概念、复习思考题、本章案例分析、即测即评和延伸阅读等材料，既有利于学员把握每章学习的主要内容，也有利于激发学员的兴趣，更有利于授课教师的备课、讲授、复习和测评教师授课与学生的学习效果。具体而言，本书基于数字时代的营销创新实践，以"如何洞察数字营销环境""如何分析数字时代中的消费者""如何制定数字营销策略组合"和"如何在数字化时代进行顾客关系管理"等核心问题为焦点，深入浅出地阐述了数字营销的内涵、演变、范式、工具和价值实现等关键问题，并着重阐述了"大数据营销""内容营销""视频营销""直播营销""社交媒体营销"等典型数字营销实践专题，以便为新时代市场营销专业学生、研究者和从业人员提供理念引导和实践技能。

浙江工商大学王永贵教授携其团队基于数字时代的市场营销实践，明确在数字时代，企业应关注什么现象、关心什么核心问题以及怎么做等数字营销实践问题。在本书编撰过程中借鉴了不少优秀的文献与资料。在此向有关的作者表示诚挚的谢意。同时，中南财经政法大学项典典博士、南京理工大学洪傲然博士、首都经济贸易大学李霞博士以及作者在对外经济贸易大学和首都经济贸易大学的博士研究生汪淋淋、张仪、郭笑笑、田庆宏、刘冬梅和高乐伟分工负责完成了初稿的写作。最后，中南财经政法大学项典典博士和对外经济贸易大学图书馆张欣老师一同审校并修正了全书。没有大家的共同努力，本书无法及时与读者见面。鉴于时间和编著者水平有限，书中不当之处在所难免，在此诚恳地希望读者和同行不吝赐教，以便再版时进行修正。

紧跟数字时代的脉搏、掌握数字营销的精髓并践行数字营销的理念，需要市场营销研究者和实践者以更加开放的姿态，携手共进、共商、共谋、共创和共赢。相信本书的出版能够帮助更多的营销人深刻洞察数字营销本质、熟练掌握数字营销工具、精准把握数字营销前沿、科学预测数字市场大势、创新推进数字营销实践和卓越提升数字营销绩效，进而在数字化浪潮中开辟更加美好的营销未来。

王永贵 项典典
2023 年 1 月

目　录

专 题 篇

升 级 篇

先 导 篇

第一章 数字化与数字营销

　　在数字化时代，数字技术正在不断地对企业和消费者进行赋能，使其践行着不同于以往的市场营销战略、策略和行动方案，揭示并利用着一个又一个新的市场规律。因此，以往的市场营销逻辑也在与时俱进，发展创新。洞悉数字化时代崭新的市场营销（即数字营销）框架体系，掌握新的数字营销理念与工具，已成为市场营销实践者和研究人员必备的基本知识和技能。

本章的学习目标：
1. 了解数字化及其对市场营销的启示
2. 掌握数字营销的内涵
3. 理解数字营销与传统营销的异同
4. 学习整合数字营销与传统营销的方法

"三只松鼠"公司的数字化转型

2012 年 2 月,创始人章燎源及其团队在安徽芜湖正式创建了三只松鼠,并于同年 6 月在淘宝平台试运营其坚果类产品。上线仅仅 65 天的时间,公司就实现了天猫平台坚果日销量第一的佳绩。从商业模式来看,与传统主要依赖线下商超渠道的零食品牌不同,其业务模式具备旗帜鲜明的数字化特色。基于对人、货、场的重新定位,公司开展了线上线下的综合布局。

首先,对人的赋能,主要体现在对大数据技术的应用。公司通过对每天近 500 万消费者评价数据的分析,提炼有关产品研发、产品检测、客服等多种维度的信息,从而帮助其优化产品和服务体系,继而极大地满足消费者的期望;其次,对货的赋能,主要体现在库存的智能化管理。通过对人和货数据的匹配,如消费者对特定产品的体验时长及购买数据,公司能够提前预测和定制其营销策略,从而有效降低库存风险;最后,对场的赋能,主要体现在线下门店场景的数字化。例如,通过人工智能技术和移动商业智能系统,不仅能够让店长实时监测店面的运营现状,而且还能够打通不同来源的数据流,为实时了解转化率、客单价、满意度等多维度信息提供数据资料。

在零食食品这一竞争激烈的市场上,公司基于多年的数字化转型实践,在产品严重同质化的当下,成功地抢占了一席之地。不过,未来如何进一步利用数字技术赋能,建立起难以被模仿的竞争优势,以保持企业基业长青,仍然需要公司继续探索。从市场营销的角度来看,三只松鼠公司亟须基于数字化时代的特征,继续探索和实践有效的数字营销战略与方案。

资料来源:花冯涛,汤睿. 三只松鼠:借力好风八年发展,数字化转型赋能未来. 中国管理案例共享中心案例库,2022.

第一节 数字化与市场营销

一、数字化与数字经济

(一) 理解数字化

数字化泛指将企业的产品、服务和流程转化成数据集的过程,这些数据以字节的形式在互联网中得以生成、存储和传播,并广泛地应用到企业的市场营销管理实践当中。其中,移动智能终端、大数据、云计算、社交媒体、3D 打印、人工智能和机器学习等相关数字技术都是驱动数字化的重要力量。

1. 数字化的实现

在市场营销过程中,数字化的实现主要包括三类核心技术的应用:一是在消费者方面,主要体现在移动智能终端技术的普及;二是在企业及机构方面,主要体现在信息处理技术的升级;三是在整个市场方面,主要体现在网络通信技术的巨大进步。

（1）移动智能终端技术的普及。移动智能终端泛指便携式智能化联网设备，如智能手机、平板电脑、可穿戴设备和传感器等。这些智能终端可以源源不断地生成和传输各式各样的数据。例如，当消费者使用智能手机线下支付时，系统会自动从银行账户中扣除费用，同时可能会基于地理位置数据向顾客推送电子优惠券；再如，使用微信、微博和抖音等软件时，消费者每时每刻都在社交网络中生成、发送和接收数据，他们不仅是信息的消费者，同时也是信息的生产者。这些数据既是当前数字化时代大数据的重要来源，也是企业数字营销的数据基础。

（2）信息处理技术的升级。在 21 世纪初，企业在管理活动中广泛地采用了信息技术（Information Technology，IT），如早期的办公自动化（Office Automation，OA）系统和企业资源计划软件（Enterprise Resource Planning，ERP）等。在数字化时代，绝大多数企业都会采用类似的管理软件来提升管理活动的效率和效果。但是，并不能把企业是否使用这些软件作为评判数字化的唯一依据。这是因为：上述这类软件通常只是基础的数字技术载体，其智能化水平有限。而且，它们的目的是支撑"人"的管理活动，未必能延伸到对数字技术的管理。在数字化时代，对信息处理技术的升级主要体现在智能化、自动化和实时化，涉及人工智能、大数据和云计算等先进数字技术的广泛应用。举例而言，以往的计算机只能被动地执行命令，并不能做到像人一样思考。然而，当今的消费者所享受到的智能推荐、智能客服、智能导航和智能问诊等先进服务，主要由人工智能来实现。这种对以往系统的智能化升级不仅变革了企业与顾客进行互动、政府提供便民服务的方式，而且在推动智慧营销、智慧企业、智慧社区、智慧行业及智慧城市等方面发挥着不可忽视的作用。

（3）网络通信技术的巨大进步。在互联网刚刚兴起时，网络通信技术的发展水平十分有限，用户联网的场景主要以有线网络为主。随着通信技术的升级，从 3G 到 4G 再到 5G，从有线的互联网再到无线的互联网，网络连接的传输速度和服务器的响应速度越来越快。同时，可接入互联网的设备所面临的限制也越来越少，人们可以随时随地连接移动热点或移动通信网络，人们能够使用的功能也越来越丰富。例如，从 3G 时代流行的彩信功能到如今可以随时查阅的图文乃至音频播放功能。可见，通信技术的进步极大地拓宽了企业的经营范围，深刻地改变了人们的传统生活与工作方式。再如，在医疗行业中，为了服务一些重症和急症的病人，一些专家或医生往往需要频繁去外地进行会诊，这在一定程度上并不利于医疗资源的最大化利用。但在数字化时代，智慧医疗系统的推出使实时的远程诊疗成为可能，这主要得益于网络通信技术的发展与应用。概括而言，网络通信技术的巨大进步，也为企业开发新产品和新市场提供了非常多的机遇。

2. 数字化的发展阶段

数字化的发展给经济和社会带来了方方面面的影响。数字技术的应用对建设数字社会、数字经济、数字政务等方面具有十分重要的作用，高水平的数字技术正逐渐成为未来国家竞争力的核心维度。实际上，早在 2015 年，习近平总书记在第二届世界互联网大会开幕式上就首次正式提出了推进数字中国建设的倡议。在 2019 年和 2021 年，国家互联网信息办公室先后印发了《数字中国建设发展进程报告（2019 年）》和《数字中国发展报告（2021 年）》，密切关注我国数字经济的发展，并指出未来的发展方向。可以说，中国正在积极引领世界数字经济的发展潮流。

从数字化的发展阶段来看，主要包括以下三个层次：基础层、平台层和数字层，如图

1-1所示。

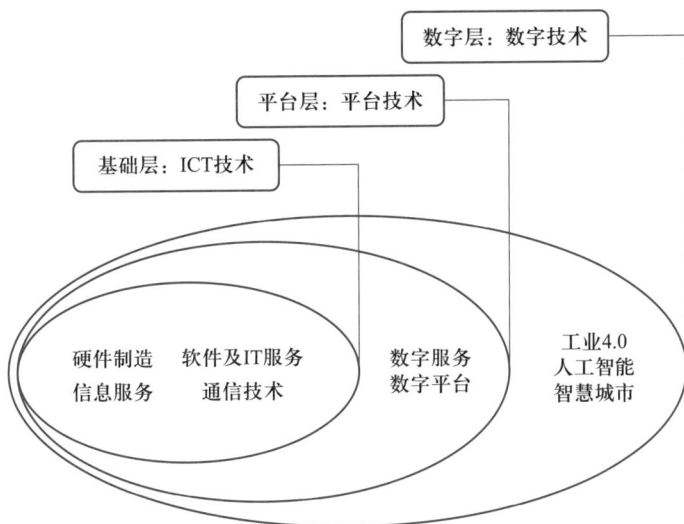

图 1-1 数字化发展阶段

资料来源：Bukht, R., Heeks, R., Defining, Conceptualising and Measuring the Digital Economy. Development Informatics Working Paper no. 68, Available at SSRN, 2019.

从基础层来看，这关乎传统的信息通信技术（Information and Communication Technology, ICT）的普及。以软硬件基础建设为核心，信息通信技术赋予了诸多行业信息化的典型特征：以电子的方式有效获取、传输和显示数据信息。例如，传统的 ERP 软件系统能够帮助企业快速、动态、系统地了解制造、财务、销售等职能的信息。可以说，信息通信技术是现代数字化的雏形和基础，为企业实施信息化管理提供了诸多便利。

从平台层来看，平台技术的进步创新了以往的商业模式——以促进平台商业模式为核心，大幅降低了市场信息的搜寻成本，平台型企业不断涌现。例如，致力于连接买卖双方的平台型企业——阿里巴巴，一度将"让天下没有难做的生意"作为平台的定位；再如，共享经济平台（如小猪短租）连接了愿意分享物质资源的服务提供者和消费者。实际上，平台技术将众多数字技术成功地转化为具体的商业应用，并将数字技术广泛地嵌入到各类商业活动当中。随着企业不断地将市场营销活动转移到各式各样的平台（如微博、微信、抖音等）上，消费者也逐渐将更多的注意力投入到这些平台之中。概括而言，平台技术催生了链接无处不在和万物互联的商业现象以及虚实两大空间的市场。

从数字层来看，数字技术赋能愈发凸显，数字技术的应用范围也更加广泛，并深度地嵌入到经济和社会建设的方方面面，如人工智能（虚拟偶像和虚拟客服等）和智慧系统（智慧公交、智慧农业、智慧城市等）的广泛应用。再如，技术进步促进了制造业从 1.0 的蒸汽时代、2.0 的电气化时代、3.0 的信息化时代向 4.0 的智能化时代迭代。与此相应，一些新的商业现象和概念层出不穷，如人工智能营销、直播营销、视频营销、内容营销、大数据营销等。一方面，数字技术的进步有助于探索更多的蓝海市场，发掘更多的市场机会。另一方面，数字技术应用所带来的新现象也对传统的市场营销观念和理论提出了新的挑战，发展并创新着一系列颇具成效的数字营销工具。可以说，有关数字营销的理论与实践亟须市场营销从业人员和研究人员共同进行探索与研究。

（二）理解数字经济

如前所述，数字化的实现突出了多种类型数字技术的应用和迭代，而数字经济的发展则依赖于市场中数字技术的成熟度①及其应用水平。因此，数字经济的诞生，在一定程度上是数字技术不断向前发展的商业化结果。按照《二十国集团数字经济发展与合作倡议》的定义：**数字经济**是指以使用数字化的知识和信息作为关键生产要素、以现代信息网络作为重要载体、以信息通信技术的有效使用作为效率提升和经济结构优化的重要推动力的一系列经济活动。特别地，互联网、云计算、大数据、物联网、金融科技与其他新的数字技术广泛应用于数据的采集、存储、分析和共享过程之中，改变了社会主体之间的互动方式、企业的价值创造与交付方式以及消费者的购买模式与行为方式。而且，数字化、网络化、智能化的信息通信技术的发展和应用，使现代经济活动更加灵活、敏捷和智慧。具体而言，可以从资源、流程、商业模式和经济体系四个方面来理解数字经济，如图 1-2 所示。

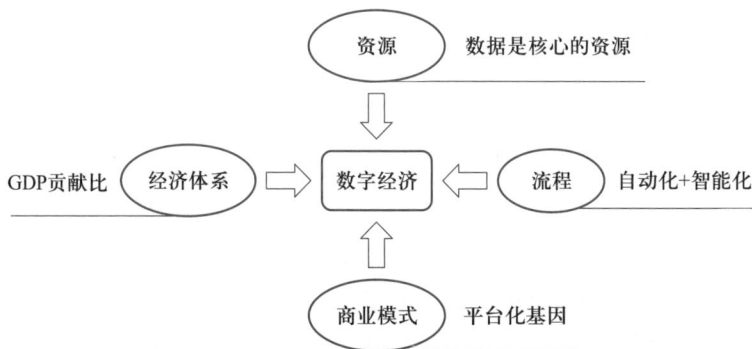

图 1-2　理解数字经济

资料来源：Bukht, R., Heeks, R., Defining, Conceptualising and Measuring the Digital Economy. Development Informatics Working Paper no. 68, Available at SSRN, 2019.

（1）在资源方面，数字技术是数字经济中的重要技术资源，如软件和硬件设备。更确切地说，数据是其中最核心的资源，而围绕数据的硬件基础设施（如数据存储）和应用软件（如数据分析）以及具备数字化能力的人员等，则是数字经济中资源的重要组成部分。

（2）在流程方面，数字技术赋能企业管理的自动化和智能化，大大地提高了组织内部的运营效率。例如，在物流环节，以京东和阿里巴巴为代表的众多企业等都广泛采用机器人来代替传统的人力劳动。

（3）在商业模式方面，数字经济中的企业商业模式具备平台化基因，主要包括以下三种类型：一是内部资源的平台化，如海尔集团内部员工的创客平台建设；二是外部市场的平台化，如京东集团的线上商城平台；三是嵌入到其他平台型企业当中，以便充分利用平台型企业的用户或流量优势，如积攒了海量活跃用户的微信公众平台、微博、抖音等。

（4）在经济体系方面，数字经济已逐渐成为世界经济体系中的重要组成部分。特别是在新冠疫情背景下，传统行业遭受了巨大冲击，许多企业正在尝试通过数字化转型来赢得新的竞争优势②。根据中国信息通信研究院 2021 年发布的《中国数字经济发展白皮书》相关统

---

① 技术成熟度指的是科技的技术水平、工艺、配套资源等方面所具备的产业化和市场化程度。

② 吴非，胡慧芷，林慧妍，等. 企业数字化转型与资本市场表现——来自股票流动性的经验证据[J]. 管理世界，2021，37(7)：130-144+10.

计数据，自 2015 年以来，数字经济的规模在国家 GDP 中的占比逐年递增，截止到 2020 年，占比已达到 38.6%。

二、数字化与数字经济对市场营销的影响与启示

数字化和数字经济对市场营销的理论研究和企业实践的影响十分深刻。时至今日，越来越多的市场营销学者和营销管理者持续关注数字技术对市场营销产生的影响。例如，Herhausen等（2020）从研究脉络的角度梳理了以往市场营销学界对数字技术的关注及其更迭。如图 1-3 所示，从早期的在线渠道的涌现、多渠道的更迭、关系营销的新启示以及近年来百家争鸣的数字营销形式（如移动营销、社交媒体营销等）。实际上，从市场营销的经典框架——"STP+4Ps"的角度来看，数字化与数字经济对市场营销的影响与启示也是方方面面的。

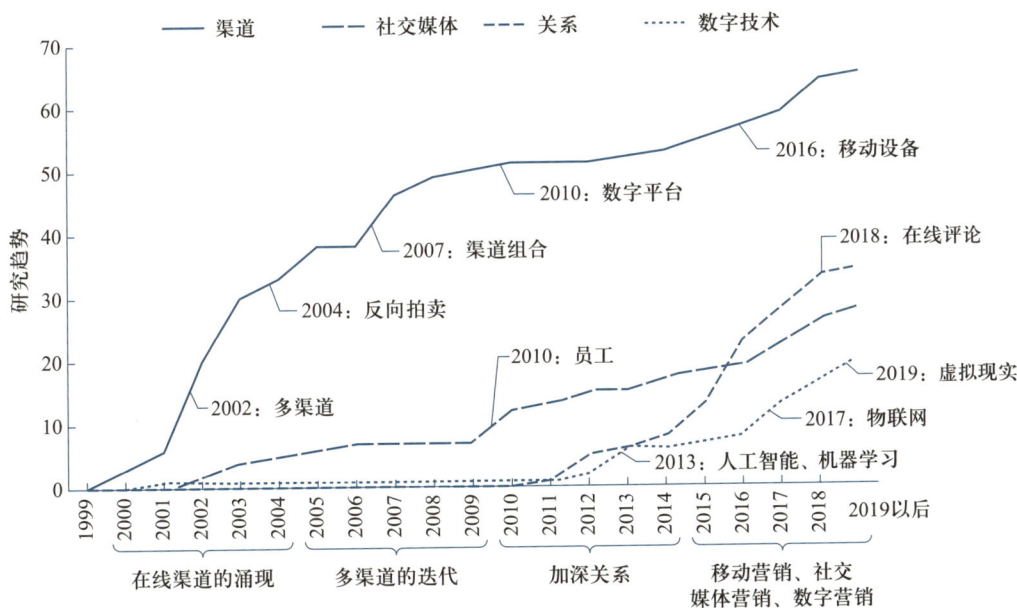

图 1-3　数字化对市场营销的影响

资料来源：Herhausen, D., Miočević, D., Morgan, R.E., et al. The digital marketing capabilities gap[J]. Industrial Marketing Management, 2020, 90: 276-290.

（一）STP 的数字化

通常，企业通过实施STP战略来细分、选择和定位其目标市场。STP 战略包括市场细分（Segmenting）、选择目标市场（Targeting）及定位（Positioning）。在 STP 战略的指引下，众多企业投入必要的营销资源去抢占目标市场的市场份额，并力争在目标市场上占据主导地位。在数字化时代，企业的 STP 战略实践受到了重要影响并进行了逐步升级。

在市场细分方面，传统的市场细分工作所能依据的指标相对有限，主要取决于企业能够获得与分析哪些具体的市场指标。其中，与顾客直接相关的常见指标包括基于顾客消费记录的 RFM 模型（Recency 指的是最近一次购买时间的间隔，Frequency 指的是购买频率，Monetary 指的是购买额度）、人口统计指标（如年龄、性别、受教育水平、职业等）等。随着数字技术的进步，企业能够对每位顾客做更为细致的分析，如基于用户行为赋予用户多种标签的用户画

像技术。现在，企业能够在顾客细分方面做到更加精准且全面的刻画，能够基于此开展更有针对性的关系营销活动、甚至是定制化的或个性化的营销活动。不过，更为细致的顾客细分往往意味着企业要建立起正确的顾客异质性认知，即每位顾客的需求和行为都是独特的。因此，在当前的数字化时代，如何提供定制化和个性化的产品和服务逐渐成为企业需要特别关注的营销重点。在顾客细分方面，企业尤其需要关注那些需求与偏好同其产品、服务及品牌具有较高匹配程度的目标顾客。

在选择和定位目标市场方面，鉴于不同的顾客群体代表着不同的细分市场，这意味着企业要清晰地界定哪些细分市场（顾客群体）是或不是其目标市场。这种战略选择一定程度上能够明确企业未来数年的市场营销的指导方针和具体方向，从而避免营销资源的浪费。不过，在互联网发展初期，众多消费者纷纷涌入互联网这一片蓝海，此时的企业尽情地享受着"人口红利"。只要进入相应的市场，就能迅速建立顾客资产。相应地，企业在互联网蓝海中的目标市场选择也相对较宽。随着更多竞争对手的加入，市场竞争强度越来越大，企业亟须对已有市场进行深耕细作，人口红利逐渐转为流量（Traffic）红利。其中，流量这一词通常用来形容网络中顾客群体的活跃性。在当今的数字经济时代，企业为了吸引流量，可以借助数字平台的精准推送功能将信息迅速推送给海量的潜在顾客群体，在一定程度上，降低了获取顾客的门槛。但这并不意味着企业可以选择更宽广的目标市场。因为这也带来了另外一个问题，即每位顾客面临的选择也更多了，结果到底有多少潜在顾客能够实现真正流量的转化，或成为老顾客，就成为企业所面临的重大营销挑战，而这进一步突显了定位工作的重要性。

在过去，企业顾客关系管理的目标是更多、更深、更稳固的优质顾客关系。但在数字化时代中，技术的进步使得各式各样的企业品牌及其产品服务充斥在消费者的视线当中，他们面临着非常多的替代品选择（或称为替代品的诱惑，Alternative Attraction）。并且，技术的进步也极大地方便了消费者对多种产品和服务进行快速地选择，因为消费者的转移成本（Switching Cost）也在不断降低，这使消费者在不同的品牌之间进行流动性消费成为一种常见的现象。无疑，这给企业通过定位来获得顾客忠诚带来了巨大挑战，在追逐和转化流量的过程中，许多企业逐渐陷入了"流量焦虑"的状态。因此，企业需要转变以往的 STP 思路。具体而言，从消费者身份的角度来看，消费者的流动性会使得消费者具有多重身份。[①] 例如，消费者在工作之余还可能是某平台的一名专业设计师、短租房东等，不同的身份认同会促使其选择不同的品牌和产品，企业需要在充分地分析消费者价值创造活动的基础上，将品牌融入其日常的生活和工作活动，帮助其实现多样化的价值。因此，消费者的这种高流动性意味着未来目标市场选择的依据可能更多的是基于消费者的价值活动，而不再是传统的消费者群体。同时，传统的以差异化路线占据消费者心智的定位工作，可能也需要与时俱进地做出改变，企业尤其需要注重与消费者达成对价值的共鸣、共创和共识。这需要企业在充分地进行顾客旅程分析（Customer Journey Analysis）的基础上，借助数字技术去做好整个旅程阶段中每一个顾客触点（Touch Point）的工作，以便真正地把企业品牌或产品和服务融入消费者的日常生活和工作当中。因此，在数字化时代，企业迫切需要转变传统的"企业主导式"STP

---

① 特奥·科雷亚，陈科典，刘春泉. 流动消费者：数字化时代的未来增长与品牌管理［M］. 谢怡，沈礼莉译. 上海：上海交通大学出版社，2019.

营销思维和手段，进而更加关注如何将其产品与服务的价值融入"顾客主导式"的 STP 战略方向当中。

（二）产品的数字化

数字化技术的进步催生了一系列的科技类的数字化产品，如移动应用程序。如同产品和服务之间存在诸多差异一样，这些科技类数字化产品与传统的实物产品也有着诸多区别。例如，这些科技类数字化产品可能同样具备同服务一样的无形性，但是其生产和消费又和传统实物产品相似，具有一定的分离性。同时，这些科技类数字化产品还具备显著的迭代性，产品的更新换代速度快。而且，这类产品在使用方面十分注重用户的体验，无论是线上（如微博宣传）还是线下（如海报宣传）广告传播的触点，既包括下载的触点，也包括使用的触点和更新的触点，用户的体验都是特别重要的。在这一背景下，能否提供无缝的产品或服务体验就显得弥足珍贵了。例如，苹果就专门开发了 IOS 系统，所有的软件程序都需要在其平台内部无缝对接，因而确保了用户对其产品组合的使用率。再如，小米、美的、华为等代表性品牌都针对智能家居场景开发了各自的平台，对这些平台与其旗下的电子产品实施捆绑营销，致力于打造无缝的智能家居体验，这些不同品牌彼此之间的平台和产品往往并不兼容。因此，产品的演变趋势逐渐以消费者的体验为核心、实体产品和数字服务相融合、科技类数字化产品强化了产品和服务之间的场景关联，即体现在对"人、货、场"①的升级。

在过去，产品策略在市场营销活动中需要考察产品组合的宽度（如有多少品类的产品线）、深度（如每条产品线中有多少款式）和相关性（如每条产品线在生产和渠道方面是否相关联）以及根据产品生命周期来均衡产品的开发、改良和淘汰等重要决策。这些决策的核心逻辑主要是对企业收益与成本间的考量，这种逻辑十分适用于对单个品类产品或产品线的分析。但在数字化时代，不同类型的产品往往共同嵌入到综合的消费者体验场景中（如智能家居），因而考察产品所能产生的收益和成本还需要考虑其使用场景等众多相关因素，这无疑加大了企业对优化其产品组合的难度。不过，优质的产品依然是根本，企业需要转变的思维是创造出恰当的场景并为这些优质产品在这些场景中找到适合的消费者。

（三）价格的数字化

价格反映了企业为实现特定营销目标而采取的定价策略，如基于成本视角的成本加成定价策略、基于新产品先发优势的撇脂定价策略、基于打开市场为目标的渗透定价策略等。在过去，无论基于何种缘由和方法，企业是定价的主要决策者。但在数字化时代，新的定价方式层出不穷。

首先，人工智能定价。这主要基于人工智能和机器学习技术的应用。一些企业，如航空公司和共享出行平台，会使用先进的数字技术基于市场供需的变化自动调整价格，以寻求最优的市场定价方案。这种定价方式一方面大幅度削减了企业制定价格的管理成本，能够自动根据市场供需变化进行动态调整，提高交易效率和企业收益；另一方面，频繁的价格变动又可能使顾客产生心理方面的抵触。

其次，顾客参与定价。例如，一些旅游公司开始采取顾客参与定价的方式来确定市场价格。在以往企业制定的固定价格面前，消费者所能做出的决策是购买或者离去。但现

---

① 这里的人指的是消费者，货指的是产品，场则泛指场景。

在顾客可以通过在线平台来参与定价。这种定价方式一方面为顾客提供了全新的体验，如对价格的控制感；但另一方面也可能增加了顾客的成本，如参与定价的时间、精力与学习成本等。

由此可见，在数字化时代，企业的定价实践发生了新的变化：一是定价的主体发生了改变，不再是企业单方面提供固定的价格，人工智能和顾客都能参与到定价当中；二是定价的方法发生了改变，人工智能的动态定价不再基于市场营销人员的直觉和洞见，而是基于市场中实时的供需变化；而顾客参与定价的方式还借助了顾客的知识和偏好。鉴于定价活动的重要性，这些变化往往意味着，企业在数字化时代实施新型定价策略时，不仅要关注其积极的一面，而且需要关注其潜在的"雷区"。例如，针对人工智能频繁调整价格而引起消费者不适的情况，可能就需要管理者的直觉和经验来适当控制变动的频率；对于消费者参与定价，尤其需要注意透明性和定价的机制，否则可能会引起消费者的不满。

（四）渠道的数字化

2004 年以前，线上渠道(如在线店铺)的涌现就引起了市场营销学者和营销管理者的关注。随着数字平台技术的发展与应用，数字平台逐渐成为线上渠道的主阵地。例如，阿里巴巴公司通过建立线上平台，让供应商和消费者能够在平台上进行互动，从而减少了双方的信息搜寻成本，提高了市场交易效率。

对于企业而言，数字平台技术的革新在很大程度上破除了其在渠道建设方面的传统痛点。以零售业为例，营销渠道成员以前所担当的角色往往是相对固定的。典型的渠道成员包括生产商、品牌商、批发商、零售商等，经由这些渠道成员之间的交换，最终将产品从生产商那里交付给终端消费者。这种渠道模式非常依赖于已有的累积优势，并且渠道环节中包含着诸多难以避免的交易成本。而随着数字平台技术的出现，不仅能够让渠道成员更加便利地构建新的渠道关系，同时还能为其开辟新的渠道提供机遇。这意味着渠道成员能够直接与更优质的渠道伙伴以及终端消费者建立联系，从而大大降低了市场信息的搜寻成本和其他相关成本，市场交易的效率也得到了大幅度提升。因此，在当前的数字化时代，企业不再受传统渠道的角色约束，其所能选择的渠道组合也越来越丰富，能够在多种不同类型的渠道中经营其产品或服务。这种变化的一个重要启示是：企业能够破除传统的渠道模式，有更多的空间去打造新的渠道优势，如全渠道营销[1]。换句话说，这为企业在数字时代积累新的竞争优势带来了机遇。例如，休闲食品类品牌——良品铺子因实施了全渠道营销战略，在线下和线上都打造出了自己的渠道优势。同时，该公司还保持着对新型渠道(如直播)的敏锐洞见。其在 2021 年的直播活动中，仅海苔吐司产品就销售了 10 万盒。尽管面临着电子商务的严重冲击，但良品铺子通过全渠道战略布局依然使自己保持了强劲的市场竞争力[2]。

对于消费者而言，营销渠道的变化也为消费者的产品信息搜寻、评估以及购买、购后评价等活动提供了诸多便利。在过去，消费者对产品信息的搜寻十分依赖于消费者自身的产品知识和周围人的口碑传播。在数字化时代，消费者可以十分便捷地通过互联网平

---

① 全渠道营销(Omni-channel marketing)强调的是针对具体的目标消费群体所触及的全部渠道实施营销活动。
② 搜狐网. 良品铺子持续发力全渠道，从产品到营销不"偏科"，2022.

台获得有关产品的多方面信息。例如，以社交社区为核心的小红书等平台为一些消费类博主提供了发表个人观点的渠道，从而为其他消费者评估相应的产品提供了非常丰富的借鉴；其次，消费者在过去很大程度上依赖于线下渠道购买，但随着数字渠道的拓展，消费者可以随时随地通过移动终端下单购买自己所需要的产品。这些线上渠道中的产品品类几乎能够满足当下消费者的绝大多数需求甚至是汽车和房屋都能够通过数字平台进行交易。此外，产品的交付不再受到太多的时空约束。例如，通过京东公司的次日达配送服务，消费者可以在京东商城的自营店铺中购买产品并选择次日配送的时间和收货方式。显然，这种变化也意味着企业在实施市场营销活动时要尤其关注消费者在营销渠道中的体验和口碑，企业营销渠道的建设和升级要紧密围绕目标消费者群体的需求满足来展开。在数字化时代，营销渠道的日益更迭意味着消费者对替代品的选择空间可能更多，而且口碑的传播也更加迅速；企业不仅要注意产品交付的效率，而且还要关注消费者在渠道中的卓越体验。例如，定制化产品的交付时长通常要长于标准化产品，而交付时长通常还是影响消费者满意度的关键因素。为此，幸福西饼公司通过推出智能化的小程序，让消费者在线自行定制蛋糕产品，并让其了解配送和交付的整个进程，不仅能够让消费者建立合理的产品交付预期，而且还提升其参与体验。

不过，营销渠道的变化虽然为营销实践带来了新的生机，但同时也带来了新的挑战和问题。例如，对于平台企业而言，卖方与买方群体经由网络外部性①逐渐扩大，但如何同时有效地管理双边市场中完全不同的两类群体呢？类似地，在线渠道对营销人员在管理顾客关系方面也提出了新的挑战。而且，在传统 PC 端成为线上渠道的主要入口之后，移动智能设备的普及则使得移动智能手机和便携式电脑等终端成为了新的线上渠道入口。在这种情况下，如何正确地认识这种新渠道终端的利弊，并因地制宜地实施有效的营销活动，就成为新的营销问题了。

（五）促销的数字化

简单来说，传统的市场营销组合战略中的促销的目的之一，就是说服和促进消费者购买企业的产品或服务。在数字化时代，社交媒体的出现和大数据等技术的应用对促销策略产生了一定的影响，特别是对广告相关实践的革新上。

2010 年前后，市场营销学者就开始对社交媒体给予了重点关注。2015 年之后，企业界和学术界对社交媒体营销更是展开了大量的探索。实际上，社交媒体工具对市场营销实践产生的影响是十分巨大的。例如，业界常用的术语——种草营销，指的是消费者通过社交媒体将一件事物推荐给其他消费者，并促使他人也喜爱这一事物，这一点与传统营销中的口碑传播行为类似。不过，无论从传播的广度、还是传播的深度来看，社交媒体在说服消费者方面的作用都远远超过了传统广告的影响力。并且，社交媒体中的信息传播主体和内容创造者均可以是消费者，而未必是企业自身。同时，传播的形式往往与数字技术息息相关（如短视频平台的崛起促进了短视频传播），而且消费者响应的心理机制和行为也存在着众多差异。例如，雪糕品牌——钟薛高并未在传统广告媒介（如电视和印刷品等）中大肆宣传，而是将社交媒体作为其产品和品牌宣传的主要阵地。因此，社交媒体为市场营销人员与消费者的沟通打通了更为便捷的通路，一味恪守传统营销广告宣传的思维可能会在市场中失去优势和错失

---

① 意指用户数量决定了网络平台的价值。

先机。

对于企业而言，在制定促销策略时也需要与时俱进。以往促销活动依托于已有的电视、电台、印刷品(报纸、杂志、传单)、邮寄、户外(广告牌)、电话等传统传播媒介，这种促销广告的传播具有范围广、操作门槛低、工具和流程相对成熟等特征。但社交媒体的涌现，极大地分散了消费者对传统媒介的注意力，使消费者的注意力变得愈加碎片化。结果，传统媒介的广告市场被分割成形式各样的社交媒体宣传平台(如微博、抖音、脸书①等)。因此，企业需要重新审视以往的促销手段，将有限的促销预算投放到目标消费者所重点关注的新媒介平台上。这些在社交媒体上的数字广告不仅具有互动性、可量化追踪、多维度评估等新的特征，而且还能使企业精准地基于用户的标签、时间、地点来选择性地投放广告。

这种变化也意味着企业需要改变传统的单向传播思维，要将一条条促销信息的推送视为一条条有价值的个性化内容，要十分注重消费者观看促销信息的体验和相关信息的内容设计。与传统促销手段旨在最大程度吸引消费者的注意力不同(如巨大的户外广告、电视插播广告)，社交媒体中的促销特别注意将内容整合到消费者浏览社交媒体的体验之中，而不是粗暴地打扰用户或生成对社交媒体中信息流的阅读体验。例如，在消费者浏览微信朋友圈时，将广告的内容和设计与其他朋友圈信息整合在一起呈现给消费者，这种广告理念催生了原生广告(Native Advertising)的概念，旨在由内容驱动，广告的形式和设计与社交媒体环境中的信息融为一体。由此可见，内容俨然成为了企业制定和成功实施促销策略的核心载体，内容营销的重要性与日俱增。

对消费者而言，社交媒体的出现也极大地改变了他们的生活和工作方式。任何人都可以通过安装社交媒体软件与网络上的陌生人进行互动。而且，消费者与企业的互动更加频繁、更加多样、更加便利了。例如，消费者不仅可以查阅企业的广告，而且还能在社交媒体上分享、点赞和转发企业、他人或自己制作的广告。例如，在视频平台——哔哩哔哩中上传视频的人将企业的产品和品牌信息融入其创作的视频中，由此帮助企业达成促销目的。这种现象的出现，意味着传统的人员促销不再局限于企业员工，消费者也可以成为企业品牌及其产品的代言人或免费的推销员。如何借助这些消费者在社交媒体中的影响力来提高企业促销工作的有效性，就成为企业数字营销实践中需要重点思考的问题。

总之，数字技术既能够对消费者赋能，又能够对企业赋能。在消费者方面，主要表现为消费者逐渐适应数字化的生活方式，其偏好和行为模式与数字化技术息息相关。例如，消费者对移动智能终端的依赖、对社交网络和在线社群的嵌入、更加关注个人隐私信息等。在这种背景下，消费者自身的知识和能力无疑都得到了大幅度提升，消费者都能够通过搜索引擎、网商、社交媒体等渠道获取自己所需要的信息。当然，消费者的个性化诉求也日益凸显，渴望更多能满足其个人独特需求的个性化产品与服务。在企业方面，先进的数字技术能够帮助企业解决许多传统营销难以实现的目标。例如，对消费者需求与行为的精确把握和预测、通过大数据技术的应用挖掘顾客的独特需求等。所以，在数字技术的重要影响背后，企业有必要重新审视数字化了的市场营销工作，即在数字化时代如何更好地开展数字营销。

---

① 脸书一般指 Meta，原名 Facebook，创立于 2004 年 2 月 4 日，总部位于美国加利福尼亚州。

第二节　数字营销的内涵

一、什么是数字营销

在传统营销中，市场营销的核心是价值，包括价值的创造、沟通、传播、交换与分享等，市场营销就是为消费者、顾客、合作伙伴以及整个社会带来价值的一系列活动、过程和体系。在数字化时代，怎么理解数字营销呢？从现有的研究与实践来看，对数字营销的内涵有着不同的表述，如表 1-1 所示。

表 1-1　数字营销的内涵

定义	来源
数字营销是适应技术使能的过程，在这个过程中，企业、顾客和合作伙伴一起协同，为所有利益相关者创造、传播、交付和维持价值，是借助互联网、信息通信技术和互动媒体，有效地撬动企业资源以开展营销活动，继而实现营销目标的一种新型营销模式。①	Kannan，2017
借助于数字技术(如人工智能)、数字平台、数字媒体和数字设备等信息通信技术，在物理空间和虚拟空间中扩大市场营销的范围，目的是通过赋能、信息化、鼓舞和促进顾客融入等方式来改善顾客关系。②	Krishen et al.，2021
美国营销协会指出，数字营销是通过数字化设备或媒介而开展的营销活动，这些活动通常会借助于网页、搜索引擎、博客、社交媒体、视频、邮件和其他相似的数字渠道来接触顾客。③	AMA，2021
从技术视角看，数字营销是关乎线上和线下数字渠道的，目的是把产品或服务的价值交付给消费者个人的过程。④	Behera et al.，2020
数字营销研究所(Digital Marketing Institute)指出，数字营销是基于顾客获取和顾客挽留的顾客关系管理目标，使用数字技术创建整合的、有目标的、可测量的沟通路径，以建立深层次的顾客关系。⑤	Royle & Laing，2014
通过采用数字媒体、数据和技术实现市场营销目标的过程。	Chaffey & Ellis-Chadwick，2019

资料来源：作者根据相关文献整理。

---

①　Kannan, P. K. Li. H. A. Digital marketing: A framework, review and research agenda [J]. International Journal of Research in Marketing, 2017, 34(1): 22-45.

②　Krishen, A. S., Dwivedi, Y. K., Bindu, N., et al. A broad overview of interactive digital marketing: A bibliometric network analysis[J]. Journal of Business Research, 2021, 131: 183-195.

③　American Marketing Association. What is digital marketing?, 2021.

④　Behera, R. K., Gunasekaran, A., Gupta, S., et al. Personalized digital marketing recommender engine[J]. Journal of Retailing and Consumer Services, 2020, 53: 101799.

⑤　Royle, J., Laing, A. The digital marketing skills gap: Developing a digital marketer model for the communication industries[J]. International Journal of Information Management, 2014, 34(2): 65-73.

从表 1-1 可以看出，不同的概念有着不同的侧重点，这与市场营销本身所具有的丰富内涵是一致的。有些学者从什么是有效的市场营销的角度来看待数字营销，如从效率维度强调数字技术对实现营销目标的提升和从效果维度强调数字技术对营销活动的量化评估。再如，与传统的传单等形式的广告相比，社交媒体中的广告投放往往要更加迅速。而且，后者更易于监测广告投放的实时效果。也就是说，在数字营销实践中，市场营销人员对市场营销活动的效率和效果的管理有了极大的飞跃，量化是数字营销管理实践的鲜明特征。其他一些对数字营销的界定则强调了数字技术手段的应用，关注的是如何实现传统营销难以或无法实现的目标。例如，运用更多的先进的数字技术更好地接触顾客，以便建立起更积极的顾客关系。再如，数字技术可以赋能企业，通过消费者的移动终端随时随地同他们进行互动，由此挖掘和创造出市场营销机会，而不需要分配市场营销专员去做过多的电话或入户拜访等活动。数字营销往往能够精确到个体消费者价值的传播和交付上，通过线上数字营销渠道可以实现个性化价值信息的精准推送。例如，淘宝的"猜你喜欢"和微信的朋友圈广告推送等。在这类市场营销手段的背后，往往是与大数据分析等新兴的数字技术应用密不可分的。概括而言，不同的定义都蕴含着如何借助数字技术在新的环境下开展有效的市场营销这一预期。特别地，数字营销对消费者异质性的把握程度也有了质的飞跃，能够突破传统营销基于细分消费群体所开展的市场营销活动的固有局限性和片面性，能够使市场营销活动精准到个体消费者。而且，这类市场营销活动的开展，是以日益多样化和个性化的数字技术（如社交媒体）应用为主要支撑的。

实际上，成功的市场营销始终都是兼顾"道"与"术"这两个方面的。其中，在"道"的方面，数字营销和传统营销并无本质的差异，核心依然是价值，包括消费者的、企业的以及全社会的价值。数字营销的独特性，更多的是体现在"术"的方面，从不同营销学者对数字营销内涵的界定可以看出，数字营销强调了数字技术的关键角色与地位。一言以蔽之，没有应用数字技术的营销活动，无法称之为数字营销。

综上所述，本书对数字营销的界定如下：**数字营销**就是基于数字化技术融通市场营销的"道"和"术"，深刻地将数字化基因嵌入到企业的营销战略、营销资源、营销能力和营销过程之中，表现为在数字化时代对传统市场营销"STP+4Ps"范式的超越与升级，以便更好地服务于"数字化了的顾客"及其需求这一关键目标。

从本质上看，数字营销依然关注消费者、企业乃至整个社会的价值创造与交付，依然以识别并满足顾客需求为基础，依然需要在对市场营销环境进行分析的基础上制定和实施有效的市场营销策略。不过，数字技术构成了上述市场营销战略与营销方案中的关键要素。比较而言，在当代市场营销实践中，数字营销往往能够有更多作为，并突显新的营销资源和新的营销能力对市场营销战略实施的支撑作用[①]，而数字技术则通过对上述两个关键要素的提升进一步促进了"STP+4Ps"范式的升级。

（一）新的营销资源：数据

市场营销资源是企业赢得市场竞争优势的基础，如品牌、渠道、顾客资产等，这些都是重要的市场营销资源。在数字化时代，数据是新的生产资料，其作为新的营销资源正逐渐成为数字营销实践的基础。大数据具有海量（Volume）、快速（Velocity）和多样性（Variety）等特

---

① Moorman, C., Lehmann, D. R. Assessing marketing strategy[J]. Marketing Science Institute, Cambridge MA, 2004.

征，丰富的顾客数据能够为企业分配其他营销资源和提供有价值的营销洞见。因此，获取、管理和分析海量数据资源是数字营销工作的关键，它直接影响着数字化时代市场营销活动的效率和效果。

在市场营销活动中，以传统的 4Ps 框架为例，企业在制定市场营销组合 4Ps 时，通常面临着资源和能力禀赋的约束。这就要求企业需要结合自身情况和市场营销环境来配置营销资源。在数字化时代，数据已成为核心的营销资源。因此，企业的市场营销策略中势必包括有关数据的获取、分析和应用等。

（二）新的营销能力：多维度的数字营销能力

市场营销能力是企业能否把市场营销资源转化成卓越的市场营销绩效的前提。数字技术的应用，使企业的综合能力得到了大幅度提升。例如，在顾客分析能力方面，一个耳熟能详的例子就是啤酒与纸尿布这两件看似不相关的商品的关联分析。概括而言，数字营销能力主要包括对内和对外两个方面。

其中，在对内的数字营销能力方面，主要包括以下三个维度：数字化战略能力（Digital Strategy）、数字化整合能力（Digital Integration）、数字化控制能力（Digital Control），这些能力决定着企业能否将市场营销资源转化成现实的市场竞争优势[①]。其中，数字化战略能力指的是企业能够利用数字技术为自身、顾客、合作伙伴创造价值的程度；数字化整合能力指的是企业能够整合数字技术以提升组织流程中的跨边界协同和价值创造的程度；数字化控制能力指的是企业通过数字信息化方式创新以往罗列、监控和评估市场营销活动的形式，进而通过组织流程优化或再造使其适应新的价值体系的程度。

在对外的数字营销能力方面，众多企业关注的主要是对市场快速响应的营销敏捷性（Marketing Agility）。在传统市场营销中，环境因素影响着市场营销组织的结构化（如集权和分权）和非结构化（如跨职能协同和顾客导向等）特征，这些特征对企业的市场绩效具有重要影响。在数字化时代，数字技术作为关键的环境因素，不仅可以对企业进行赋能，而且也可以对消费者进行赋能，企业与消费者获取信息和处理信息的能力都大大增强了，传统的消费者决策链（如需求的产生、对需求的认知、考虑、搜寻、信任、意向、计划、消费、满意、忠诚、互动、宣传）已经不再局限于以前的线性模式，而是由消费者异质性生成了复杂多样且丰富多彩的消费者旅程（Customer Journey），这为理解和满足消费者需求带来了新的挑战和机遇。在这种背景下，企业能否迅速理解市场并做出市场营销决策，以便适应市场的快速迭代——营销敏捷性就成为了市场营销绩效提升的关键所在。相应地，快速响应和迭代能力已成为衡量高效率营销组织的核心能力维度。

（三）新资源和新能力对"STP+4Ps"营销范式升级的影响

数字技术对企业的赋能不仅为企业带来了更多的数据资源和更强大的数字营销能力，而且极大地推动了传统市场营销范式（如 STP+4Ps）的升级，如表 1-2 所示。

[①] Wielgos, D. M., Homburg, C., & Kuehnl, C. Digital business capability: its impact on firm and customer performance [J]. Journal of the Academy of Marketing Science, 2021, 49(4): 762-789.

表 1-2　新资源和新能力对"STP+4Ps"范式升级的影响

营销范式	基本任务	变化
STP	市场细分	传统的顾客细分依赖于有限的指标维度,如人口统计指标,顾客消费记录的购买时间、频率、金额(RFM)指标,企业获取顾客数据的能力有限。而数字化时代中充斥着顾客大数据(海量、多样、速度快),数据颗粒度越来越小,对顾客的分析更加多维、精准、个性化
	选择目标市场	过去十分注重顾客本身的盈利性,但预测能力有限。数字化时代中,"你的价值还由你的朋友的价值来决定",对顾客盈利性的评价更加多维 目标市场中群体顾客的人口红利向流量红利或流量焦虑演变,获取顾客的门槛降低,挽留顾客的难度提高
	定位目标市场	从定位群体顾客到定位个体顾客 从定位顾客到定位顾客旅程的具体环节
产品	实物产品与服务产品的开发、组合策略、更新和淘汰	数字化产品的涌现 产品的数字化更迭
价格	成本加成定价、撇脂定价、竞争定价等	人工智能定价、顾客参与定价、动态定价等
渠道	线上、线下渠道优势的建立,合作伙伴关系管理	实施全渠道营销,注重渠道与产品的匹配。注重消费者的无缝体验,破除体验、购买、交付的时空限制
促销	人员促销和非人员促销	社交媒体种草营销 虚拟数字人的化身营销 信息流广告 原生广告等

资料来源:作者绘制。

1. 在 STP 方面

丰富的数据来源和先进的数据分析技术能够帮助企业突破传统顾客细分的局限,即以人口统计指标等有限信息为主要细分依据。数字技术能够帮助企业获取海量的数据资源,同时提供前瞻性的大数据分析技术来精准地刻画消费者的行为模式,而且数据的颗粒度越来越小。[①] 这种升级使企业的顾客细分工作有了更多的提升空间,并为进一步的目标市场选择提供了十分丰富的材料和更高水平的洞见力。在目标市场的选择方面,传统的 STP 工作十分依赖于营销人员个人的洞见和经验,而数字技术则能够帮助企业在评估和选择目标市场时进行更加系统、更加深入、更加精准的分析。例如,面向针对顾客建立起顾客画像档案,通过

---

① 数据仓库中数据的细化级别,细化程度越高,颗粒度越小。

机器学习技术(如因果推断)计算和分析每个顾客获取和挽留的投资回报率等。这些技术的应用,往往能够帮助企业精准评估当前以及未来目标市场的盈利性,从而能够更有效地完成甄别和选择目标市场的任务。最后,对以往的定位工作而言,其目的是寻求差异化并影响群体消费者的心智,而数字技术则能进一步帮助识别如何更能引起个体消费者的共鸣,以便将企业的产品与服务融入消费者的生活和工作当中。例如,人工智能可以挖掘顾客的历史行为数据(如网页点击流数据、眼动数据、文本中的情感数据等),并基于此制定更富有针对性的、精准的个性化营销建议。

2. 在产品策略方面

传统的产品研发和管理策略通常是基于产品生命周期和波士顿矩阵等工具来进行分析。而且,传统的产品决策也十分依赖管理人员(如产品经理)的洞见和经验,但缺乏数据方面的强力支撑可能会因管理人员的偏见而陷入营销近视症(Marketing Myopia)的陷阱。在数字化时代,数字技术能够为管理人员提供全面且实时的产品数据,为管理者的产品策略决策提供实时且深入的多维度分析材料。例如,对于拥有多个子品牌和产品的企业而言,在过去,开展一次产品分析往往需要大量的人力成本,而现在的大数据技术却能够实时地提供细分市场中有关产品数据的分析和结果呈现。同时,在产品迭代方面,传统企业通常难以在反复与消费者对话的基础上来改良产品,相对缺乏来自消费者视角的准确数据(包括态度的和行为的)。相比较而言,数字社区则提供了这种可能性。例如,小米在初期研发手机产品时,就建立了在线消费者社区,可以实时地获取有关消费者的需求痛点和产品诉求数据。类似地,一些社交媒体(如微博和微信等)同样也可以为企业提供广泛的数据来源。再者,如果想要延长消费者对其 App① 产品的使用时间,还可以通过获得消费者授权的自动报告的屏幕使用时间等行为数据来进行分析,进而提炼出产品改良的具体建议。不过,这类数据的获取往往需要获得消费者的授权,否则可能会触犯消费者的隐私权。

3. 在价格策略方面

过去,企业通常采用成本加成定价、渗透定价、撇脂定价等定价策略。到了数字经济时代,企业的定价策略有了更多选择。除了基于大数据的市场分析来进行定价以外,数字技术也为企业提供自动的智能定价服务。例如,一些航空公司通常不会采取诸如汽车和高铁那样的固定定价模式,而是基于市场变化进行动态定价,这背后显然离不开数字技术的应用和智能分析。这种定价模式通过对市场的监控、信息的搜集和分析,继而动态地优化定价策略,以便确保企业具有更高的盈利性。一些平台服务商,如去哪儿网,还会为消费者提供最低价格监控的提醒服务:基于消费者设定的价格期望,通过实时监测航班价格的变动信息,一旦发现相符的航班,会马上通过 App 推送提醒消费者选购机票的信息。由此可见,这些功能的实现都与市场中价格数据的实时监测和分析能力密不可分。

4. 在渠道策略方面

在数字化时代,传统实体行业面临着电子商务的巨大冲击,但若将企业渠道整体迁移至线上,不仅可能会面临着不确定风险,而且还可能失去以往线下渠道所累积的优势。因此,获取不同渠道的数据并展开分析,对企业而言就显得尤为重要。例如,企业通常需要思考哪些产品应该在线上渠道进行售卖,哪些应该在线下渠道进行售卖,或者企业应该如何规划整

---

① App 是英文 Application 的简称,多指智能设备的第三方应用程序。

体的渠道策略,即如何实施全渠道营销。最近有研究指出①:尽管数字化导致了不少线下门店的关闭,但仍然有一批品牌在持续增设实体店(如亚马逊),所以企业对渠道的决策不应该片面地在线上和线下之间做非黑即白的选择,而是应结合企业自身的产品特征(如依赖于物理交互的香水产品,就尤为适用线下渠道)和行业特征来灵活地制定自己的渠道策略。此外,基于数字技术对供应链的整合,企业还可以实施基于数据分析和预测的智慧营销。例如,零售品牌——便利蜂公司通过主打新零售,在2021年年初快速在全国各大省市布局了线下直营店面②,这些店面采用了基于数字技术应用的智慧管理,消费者在线下店铺中的整个购买活动基本都无须店员的介入。

5. 在促销策略方面

数据的价值主要体现在个性化和精准化方面。传统的促销往往十分依赖传统媒介(如电视、广播、印刷广告等),但这些媒介的一大缺陷就在于无法准确量化和评估促销策略的有效性,这显然不利于企业优化和调整其促销策略。在数字化时代,数据的生成无处不在,特别是在互联网平台中,在可追溯和可量化方面有着明显的优势。企业在实施促销策略之后,以活动网站为代表的网络媒体能够实时地观测促销活动数据的流量指标(如活跃用户数、访问次数、点击率等),并在促销活动实施的过程当中和活动之后,通过进一步的数据分析和呈现,帮助市场营销管理人员优化未来促销策略的制定和实施。例如,一些餐饮店通常会采取这样一种促销手段:诱导进店的消费者拍摄本店的食品,然后发布在微信朋友圈、微博、抖音等社交媒体中,进而发起积赞活动,根据累积的赞数获得优惠券;或者通过微信公众平台选择目标消费者的用户标签,精准地发布优惠券;还可以通过进店消费者转发的方式传递给目标人群,最后再通过实际使用优惠券的数据来分析其促销手段的有效性。同时,虚拟现实、物联网等智能技术的出现,还可以促使企业开辟新的市场,发掘更多的市场营销机遇。例如,传统企业在聘用明星进行代言时,除了要支付高昂的代言费用之外,还有难以掌控的负面传闻等不确定性事件。比较而言,虚拟偶像或数字IP则可以在很大程度上满足企业品牌定位和管理的诉求,这类基于人工智能技术的应用可能会进一步加速企业在市场营销方面的变革。因此,未来的市场营销活动与数字技术的应用是密不可分且息息相关的,这既需要企业树立起有关数字营销的理念,又需要熟悉并充分发挥数字相关技术在数字营销实践中的有效应用。

二、数字营销的特征与优势

如前所述,数字营销主要体现在"术"方面的革新,先进数字技术的应用可以赋能企业有更多的渠道随时随地接触顾客并与顾客进行实时互动,社交媒体、网站、短视频等数字工具所创造的市场机遇无处不在。概括而言,数字营销的特征和优势至少在以下五个方面表现得尤为突出:

(一)市场营销业务的革新:平台化和国际化

与传统营销不同,数字营销的业务范围涵盖了以数字平台技术为依托的线上渠道,这使企业可以轻松地打破传统营销中地理位置的局限。这些线上渠道以社交媒体、搜索引擎、移动

---

① Zhang, J. Z. , Chang, C. W. , Neslin, S. A. How physical stores enhance customer value: The importance of product inspection depth[J]. Journal of Marketing, 2022, 86(2): 166–185.

② 新京报. 便利蜂开启高速扩张模式,未来3年门店将达1万家, 2020.

App 等数字技术为媒介，能够帮助企业迅速地在目标市场上获取目标顾客，并且实施有效的顾客关系管理。同时，这也使企业的价值创造、沟通和交付等活动变得更加有效，企业的经营活动逐渐呈现出强劲的平台化趋势，使企业可以迅速地在世界范围内开展跨国经营业务。例如，不依赖于线下固定资产的共享经济模式①，使不少企业在短短几年就完成了国际化进程。

📁 **案例1-1**

共享平台企业的国际化

据 2022 年 Airbnb 的数据统计，自 2011 年公司开启了国际化业务以来，有来自 220 个国家和地区的 10 万个城市的 290 万名短租房东活跃在平台上。其中，仅在 2022 年，平均每个月就有 1.4 万个新房东加入平台当中。这些来自世界各国的房东，通过短期共享或租赁个人闲置房屋的方式为旅客提供不同于传统酒店的住宿服务。而 Uber，尽管在国际化进程中遭遇到诸多市场进入壁垒，但其通过链接拥有闲置汽车资产的个人与其他消费者，成功地在世界上 80 多个国家和地区提供了临时出行服务。由此可见，移动终端和数字平台技术的涌现，使线上渠道成为了企业竞争制胜的关键市场。

资料来源：Steve Deane. 2022 Airbnb Statistics: Usage, Demographics, and Revenue Growth, 2022. World population review. Uber Countries 2022, 2022.

（二）开辟新市场：降低市场进入门槛

在当今的数字化时代，线下渠道资源的绝对优势在某种程度上被削弱了。不论何种规模的企业都可以通过创建网站、官方微博、社交媒体账号或入驻线上商城等方式轻松地进入目标市场，这在以前可能是连想都不敢想的事情。显然，在数字营销实践中，线上渠道为企业带来了更多的潜在顾客——在数字时代或称为"流量"。对于依赖线下渠道的传统产品而言，如传统零售业，无论企业的规模大小如何，都面临着极大的冲击。而对于一些市场上的新进品牌，如元气森林、江小白、泡泡玛特等则受到市场的大肆追捧。究其缘由，就在于这些企业不再投入过多资源在传统营销渠道上，而是通过低进入门槛的线上渠道去渗透市场并展开角逐。

📁 **案例1-2**

泡泡玛特释放盲盒市场潜力

在数字化时代，数字IP（Intellectual Property）产品催生了新的营销模式。泡泡玛特自 2010 年成立以来，持续基于IP②产品进行研发，在数字化时代开辟了盲盒市场（如图 1-4所示），其"创造潮流，传递美好"的品牌文化构建了覆盖潮流玩具全产业链的综合运营平台。以年轻女性为目标群体，生产可爱的潮流玩具（如卡通娃娃），通过线上（电

---

① Key, T. M. Domains of digital marketing channels in the sharing economy[J]. Journal of Marketing Channels, 2017, 24(1-2): 27-38.

② 传统的 IP 是指知识产权，如技术创新、创意、设计、独特优势等；现代的 IP 则指承载故事（内容）和知识产权的符号、标志、图像等，也可以是一个故事、一种形象、一种人格、一个游戏动漫、一件艺术品、一种流行文化等。

商旗舰店、线上抽盒机和二手交易平台)线下(实体店铺和机器人自动售货店铺)等多渠道综合布局,不断推新自有IP、独家IP和非独家IP产品,以IP产品的稀有性和盲盒的不确定性来吸引消费者,注重惊喜和消费者的收集诉求,很快就在社交媒体中得到了年轻群体的追捧,年净利润超10亿。

图1-4　泡泡玛特公司

资料来源:腾讯新闻.年净利润超10亿,盘点泡泡玛特的IP帝国,2022.

(三)市场营销活动效果的量化:更直观的测量

在传统市场营销中,企业往往很难精准计算市场营销活动的投资回报率(Return on Investment,ROI),但数字营销却能够在最大程度上监测每一项市场营销活动的实施过程及其结果,这为管理者做出有效的市场营销决策并及时进行科学评价提供了重要依据。在市场营销资源的配置中,主要存在两项基本的价值活动:价值创造活动(如用于产品研发的开支)和价值攫取活动(如用于广告宣传的开支)。[1] 无论是在传统还是在数字时代,广告都是营销活动开支的重要方面。不过,在业界有一句俚语:"我知道我的广告有一半是浪费的,但遗憾的是我不知道是哪一半"。时至今日,这条经验仍然具有较好的适用性。但在数字营销实践中,先进的数字技术往往能够更精准地让企业把握广告活动中的各项数据指标(如曝光率和点击率等),营销管理者则可以根据这些数据来实时调整和优化其广告活动计划。据2021年相关行业报告显示:约有88%的受访者表示愿意将传统电视广告的开支转向数字广告,66%的受访者相信基于数字技术(如人工智能和机器学习)的广告有更好的有效性。[2] 实际上,在数字营销实践中,企业可以采取多种有效方式对浪费的另一半广告的投入有所作为[3],继而提高其广告的效率和效果。下面将从提高广告可视化、第三方机构的动态监测、反欺诈审查、提高数字广告的透明度和移除不良广告内容五个方面进行简要介绍。

1. 广告可视化

广告可视化指的是消费者在多大程度上看到了广告的呈现。过去在户外或电视投放了广告之后,企业很难确切地知道有多少消费者真正看到了自己的广告。数字化时代,虽然消费

---

① Mizik,N.,Jacobson,R. Trading off between value creation and value appropriation:The financial implications of shifts in strategic emphasis[J]. Journal of Marketing,2003,67(1):63-76.

② IAS. The 2021 Industry Pulse Report,2020.

③ Pritchard,M. Commentary:"Half My Digital Advertising Is Wasted…"[J]. Journal of Marketing,2021,85(1):26-29.

者使用移动智能终端的频率越来越高，时间也越来越长，但其真正在终端中看到广告的时间往往并不长。有研究报告指出：消费者看到屏幕广告的时间大约为 0.5—2 秒。尽管如此，营销人员仍然可以根据消费者接收到的广告阅读相关指标(如点击率和页面停留时间)来分析广告的有效性(如促进消费者购买的转化率等)。

2. 第三方机构的动态监测

第三方机构的动态监测关乎数字广告服务商(如微信广告)在消费者细分和触达消费者方面的一系列指标。以微信广告为例，腾讯通常会对用户设立多层次、多级别的标签，由此来细分消费者群体。相应地，广告主则可以根据这些标签的组合来筛选目标广告人群，并在后台实时监测整个广告的投放频率、曝光数据和转化效果等数据指标。

3. 反欺诈审查

反欺诈审查指的是分析和排查那些原计划投放给消费者的广告，但实际上却并没有呈现给消费者的"无效流量"(Invalid Traffic)，如来自未知域名的点击和不良机器人的自动点击等不当"刷单"等。实际上，广告主可以通过反欺诈广告平台或相关大数据平台服务来监控"无效流量"，尤其需要重点审查那些高成本广告投放中的无效流量问题。

4. 提高数字广告的透明度

提高数字广告的透明度意味着广告主需要数字广告平台提供尽可能详尽的数据，由此规避可能的信息不对称风险(如虚假点击率数据)。但透明度则可能会触犯到平台中消费者群体的隐私问题和相关法规。为此，企业可以通过不同的数字平台来投放广告。例如，社交种草①可以选择在 B 站、抖音和快手等多个平台进行投放，并在此过程中根据广告的目标和效果来甄选合作平台。或者，与中立的第三方大数据平台机构合作，评估广告发布过程中的风险和未知因素。

5. 移除不良广告

移除不良广告指的是移除那些可能伤害企业及其品牌的内容。在数字化时代，内容成为广告的核心载体。无论是文字、图片、视频或评论，都有可能对已有的品牌定位产生负面影响。例如，在数字媒体平台中，失败的危机公关或不经意的评论，可能会在网络空间中持续发酵，给品牌带来破坏性的后果。因此，企业在利用数字广告诸多优势的同时，还应该特别关注其两面性，警惕可能的负面效应。

(四) 最大限度上满足消费者需求：更精准的个性化

在数字营销中，作为核心生产要素，数据能够使企业营销活动的展开更具有针对性，如前文所提到的更精准的广告推送等。除此之外，企业能根据已有的顾客信息来更加精准地定位目标顾客，继而推荐个性化的产品或服务。在过去，传统营销在为顾客提供个性化产品或服务方面存在着两个痛点：一是缺乏可靠的数据来明晰顾客的真实偏好，难以准确预测顾客偏好的变化；二是定制化产品与服务的生产一般相对缓慢，在交付方面存在一定的滞后性，因而往往对渠道环节(特别是物流环节)的效率有更高的需求。在数字化时代，这些痛点都能够在很大程度上得到缓解。其中，大数据的海量性和动态性能够为企业提供最真实的、最新的数据素材，在对顾客需求的把握和分析方面，能够比以往任何时候都更加精准地进行预测。而且，数字化时代的线上和线下渠道互联互通，更具有兼容性和整合性。同时，数字智

---

① 指在社交平台上分享推荐某个事物，力争使他人也喜欢该事物并产生尝试该事物的欲望。

能技术和移动终端技术的应用，还可以为顾客提供产品与服务的最新信息，顾客可以随时随地地登陆平台去查阅所定制的产品或服务的最新状态，从而进一步明确顾客对交付时间的预期。

（五）升级顾客关系管理：即时且贴心

在过去，顾客试图与企业沟通和互动时主要采取的是电话人工客服这一渠道，传统企业通常也会成立专门的呼叫中心来为顾客提供服务。这种模式虽然能在一定程度上解决某些顾客的诉求，但仍然存在高昂的呼叫中心建设成本、人工客服成本、实时调度、顾客等候等问题。而人工智能技术的应用使企业在顾客关系管理方面更加大有可为。对于人工智能客服而言，除了呼叫中心的等待时间以外，顾客可以随时随地、甚至是在非工作时间呼叫人工智能客服为其提供服务，具有即时性的优势。而且，从顾客与企业沟通和互动角度而言，传统营销往往是单向的沟通，互动渠道相对有限。但在数字营销中，任何一个消费者都可以通过企业官网、社交媒体账号同在线店铺展开交易以外的贴心沟通与互动，如咨询、点赞或转发等，从而为企业建立、培育和维系顾客关系提供了更多的机会和空间。

三、数字营销的误区

在数字化时代，数字营销俨然已表现出强劲的趋势，但这并不意味着数字营销就是可以解决所有问题的"万能灵药"。实际上，在数字营销实践中，存在着不容忽视的诸多误区。之所以出现这些情况，是因为不少企业尚未形成关于什么是有效的数字营销的认知、未能准确地评价其可能产生的价值、未能正视数字营销的特殊性等。结果，有些企业在数字营销实践中出现了某种程度的不适感和低效率，甚至无法实现既定预期或完全丧失了市场机会。尽管数字营销工具能够带来更多的营销机遇，但其成本也是相对高昂的，有些企业的数字营销实践的投资回报率并不理想。概括而言，存在着以下五个常见误区：

（一）数字营销一定意味着高效

虽然传统营销和数字营销的本质都是价值，但这并不意味着在数字营销中可以照搬传统的营销思维，这会使数字营销的效率和效果大打折扣，还可能浪费企业在数字技术方面所投入的资源。在数字化时代，一方面，消费者的偏好、心理和行为都发生了较大的转变；另一方面，整个市场环境中竞争对手和合作伙伴的经营模式也在不断地发生变化。因此，用传统营销思维指导数字营销实践可能存在着诸多局限。例如，在传播价值方面，数字营销中存在着诸多不同类型的社交媒体可供选择，这为企业建立与顾客沟通和互动的有效渠道提供了更多的机会。例如，微信平台，许多企业都在为自己的品牌创建微信公众号，试图通过微信平台更有效地传播其品牌价值。然而，传统的营销思维注重单向的价值传递，诸如电视、广播、户外传媒等传统媒介大多注重在内容方面直接宣传产品和服务的"硬"广告内容，直白地突显特定品牌的价值、品牌的故事乃至品牌的联盟等。如果依然采取该种思维在社交媒体中进行广告发布，对消费者而言可能仅是一条条骚扰性的无价值信息，是单纯为了传播而进行的传播，完全忽视了数字社交媒体本身的特性和独特价值。实际上，数字社交媒体的作用是远超传统的传播功能的，因为这些媒介具有双向沟通性和实时性等特征，企业能够通过积极地与顾客进行关系互动、进行顾客画像分析与口碑分析、挖掘意见领袖、获取更多顾客洞见，继而为企业的精准营销提供借鉴，并增强顾客黏性等。例如，一家互联网企业曾开发了一款新的图表设计平台，在产品上线后，通过建立微信群便利地、有效地获取顾客在使用过程中的反馈意见，通过数月的不断迭代进一步完善和打磨了产品的性能。

同时，传统的营销思维还可能导致新的"营销近视症"。例如，在过去，企业注重获取更多的新顾客和挽留尽可能多的老顾客，但这种思维可能会导致有些企业在数字化时代过度地关注粉丝量及其增长指标。这种思维仍然将数字媒体视为单向的传播工具，并未深入思考获取这些粉丝或潜在顾客之后企业应该进一步展开哪些数字营销活动。之所以会产生这类现象，就在于有些企业可能并未建立起正确的数字营销思维，还存在典型的认识误区，特别缺乏对数字营销工具价值的正确认知和有效应用。

（二）数字营销可以破解任何新的营销困境

相关研究表明，对以往的营销学理论是否仍然适用于数字化情景还存在着许多需要进一步探讨的地方。因而，尽管数字营销在不断地快速发展，但相应的理论基础方面的指导依然不足，一些新的现象甚至催生了新的营销难题。例如，碎片化是数字化时代典型的新特征。对于消费者而言，他们可以随时随地根据自身需要和碎片化的时间来选择自己偏好的产品和服务，继而满足其不断变化的个性化需求。这一特征使消费者更容易在不同的品牌之间进行转换，具体表现为缺乏传统意义的顾客忠诚。相应地，传统营销所渴求的顾客忠诚建立的难度也越来越大。一方面，消费者面临着海量的信息，虽然信息的检索、分析和评价都能比以往更加高效，但平均花费在每个品牌上的相对时间和注意力资源却越来越碎片化了；另一方面，数字时代中的市场进入门槛在不断降低，越来越多的新品牌在源源不断地进入市场，消费者选择的空间也越来越大。无疑，这必然加剧了企业进行营销活动以提升顾客忠诚的难度。因此，数字时代中的不少企业都陷入了"流量焦虑"窘境：如何吸引更多的流量？如何转化更多的流量？目前，仍十分缺乏能够有效指导企业如何应对这些新问题的营销理论。

同时，消费者的偏好也呈现出碎片化特征，越来越众口难调。有研究表明：企业在社交媒体上所发布的信息中，约有48%能够得到消费者的正面响应，约20%的信息只能得到消费者中立性的响应，约32%的信息只会得到消费者的负面响应[①]。因此，对数字技术的不熟练或使用不当，都可能会导致企业在应用的过程中遭受负面影响。企业营销人员如果对数字营销持过于乐观的态度，忽视其可能面临的新挑战和新问题，则很有可能陷入营销低效乃至失误或失败的境地。

不过，企业依然需要坚信：通过社交媒体与消费者建立对话，的的确确是一种非常有效的营销手段。在社交媒体中积极呈现自己（Active Presence），仍然能够为企业实现市场营销沟通目标带来诸多便利。企业虽然无法完全控制整个对话过程，但却可以予以引导。此外，企业需要紧紧围绕具体的市场营销目标来制定相应的营销沟通方针和原则。对此，可行的思路是：在大范围实施某项数字营销活动之前，小范围的测试并在顾客反馈的基础上进行改进，通常是行之有效的选择。

（三）获取数据是数字营销的根本

数字营销实践中虽然有许多可以量化营销活动的数据和指标，但这些数据并不一定能直接被视为有效的市场营销结果。具体而言，有些企业在市场营销活动中追求虚化浮躁的数据（如点击率）、热点、新概念和新模式，奉行流量至上主义，但却忽视了这些仅仅是市场营

---

① Aswani, R., Kar, A. K., Ilavarasan, P. V., et al. Search engine marketing is not all gold: Insights from Twitter and SEOClerks[J]. International Journal of Information Management, 2018, 38(1): 107-116.

销的手段，并未真正关注价值的创造、转化与交付。实际上，无论是技术也好、数据也罢，它们都是营销的手段或工具，企业仍然需要将关注点放在如何利用数字技术和所收集的数据，挖掘和提炼有用的市场洞见；如何把数据转化成顾客价值和市场营销效益，而不仅仅是关注数据本身，以便避免舍本逐末并摆脱对数据技术的过度依赖。如果企业过度关注数据呈现的美观却忽视了营销本质的"价值"，则可能犯了营销近视症。

（四）在数字营销中可以自由地使用顾客数据

在数字营销实践中，数据是关键的生产资料，而对这一新型生产资料的滥用则可能导致新的伦理或道德问题。其中，典型问题就是顾客隐私保护。许多企业在实践中积攒了海量的顾客数据，对于这些数据能否披露以及通过何种方式披露或使用都会受到相关监管政策的严厉约束。例如，在 2021 年 6 月 10 日第十三届全国人民代表大会常务委员会第二十九次会议通过了《中华人民共和国数据安全法》，于 2021 年 9 月 1 日起施行。因此，企业在使用顾客数据时，特别是在数字营销的实践当中，一定要严格甄别和界定数据收集和应用的合规边界，避免数据的泄露或滥用。

（五）数字营销中的数据都是可信的

虚假的营销效果是数字营销实践中的一大盲点。企业发布的数字广告有多种收费模式，如基于点击的付费方式（Pay per click，简称 PPC）。然而，在高点击率的背后到底有多少真实的消费者点击广告页面，并不那么透明。相关行业报告指出：仅有 17% 受访企业相信社交媒体广告是具有透明性的。[①] 例如，宝洁就曾经因为虚假点击的情况削减了 1 亿美元的数字广告开支。[②] 为此，有些企业甚至选择与第三方测评机构建立合作关系，通过应用反作弊监测工具来观察真实有效的流量数据，以便更好地应对营销数据欺诈现象。所以，在数字营销的实践中，企业必须对数据的价值持理性态度，既要正确认识数据背后的潜在价值，又要善于分析数据背后的不可靠性和数据噪音。

第三节　从传统营销到数字营销

一、传统营销与数字营销的比较

如前所述，传统营销和数字营销在本质上都强调价值的创造、传播和交付，主要区别体现在战术层面对数字技术的应用等。本节基于顾客价值的视角，从企业为获取目标顾客、接触目标顾客和管理目标顾客的营销目标角度对传统营销和数字营销进行比较[③]，如表 1-3 所示。

---

① IAS. The 2021 Industry Pulse Report, 2020.
② 搜狐网. 宝洁削减 1 亿美元数字广告对销售毫无影响　公司称虚假点击无效, 2017.
③ Kumar, V., & Petersen, J. A. Using a customer-level marketing strategy to enhance firm performance: a review of theoretical and empirical evidence[J]. Journal of the Academy of Marketing Science, 2005, 33(4): 504-519.

表 1-3　传统营销与数字营销

营销目标	获取目标顾客	接触目标顾客	管理目标顾客
主要工作	评价顾客价值	传播营销信息	对收益和成本的考量
传统营销	重心：评估每位顾客的终身价值	重心：大规模投放传播信息	收益：基于顾客历史消费记录的分析
	关注点：每位顾客	方向：以单向的信息传播为主	成本：客户服务中投入人力成本
	目标：识别对企业盈利性有重要贡献的顾客	目标：促销导向，促进顾客购买	目标：专注于忠诚管理，特别关注服务成本低、收益高的优质顾客
	路径：基于交易价值和终身价值分析的经验技术	渠道：电视、电话、印刷、直邮、户外广告牌等	技术：传统的 IT（信息）技术
	特征：致力于对相似顾客群体实施标准化、程序化营销策略，依赖于直觉经验，顾客大多是价值的被动接受者		
数字营销	重心：多维度和动态分析顾客价值	重心：随时随地定向地传播有价值的信息	收益：对收益的考量基于多维、实时和动态的预测
	关注点：每位顾客及其社交圈中的顾客	方向：双向的信息互动	成本：数字技术的投入节约了人力成本
	目标：更广泛的顾客获取（流量）和更深入的顾客挖掘	目标：包括交易类的行为（如购买）和非交易类的行为（分享、转发、点赞等）	目标：粉丝管理、社群（社区）管理
	路径：流量管理	渠道：社交媒体、移动终端、App、搜索引擎、短视频等	技术：大数据、数据库、人工智能、机器学习等
	特征：能够实现个性化、信息化、可量化、可追溯、动态实时、多维度，顾客的主观能动性更强，是价值的共同创造者和能力的共同开发者、甚至是产消合一者		

资料来源：作者绘制。

（一）获取目标顾客：评价顾客价值

　　顾客是企业利润的源泉，获取能够为企业带来价值的顾客是市场营销的基本任务。在传统营销中，获取一位新顾客的成本通常是挽留一位老顾客的数倍（如经验上的 5—10 倍）。尽管如此，企业仍然需要同时开展获取新顾客和挽留老顾客的营销管理工作。那么企业如何识别和选择有价值的目标顾客呢？在传统营销中，常见的做法是分析每位顾客的顾客终身价值(Customer Lifetime Value)，尤其关注那些高频次、大量购买企业产品的顾客。同时，企业需要额外关注那些提升顾客终身价值的因素，以便将有限的营销资源应用到有价值的顾客身上，最终提高企业的盈利。

在数字营销中，由于企业的平台化和数字媒体的广泛应用，获取顾客和挽留顾客的成本——或称之为流量，与以往不可同日而语，这是因为：企业获取顾客的方式发生了很大的变化，数字渠道中的流量所涉及的顾客类型更加多样，企业可以触达的顾客也更多。而且，市场营销信息的传递也有更强的针对性，企业可以更精准地针对有价值的潜在顾客进行精准营销。同时，对顾客价值的评判也发生了很大的变化。在过去的传统营销中，对顾客价值的判断往往聚焦于其个人，关注个人对企业盈利的贡献。比较而言，在数字营销中，顾客之间的影响更大，评判顾客的价值往往不再局限于其个人在消费方面的潜力，而是更加关注其对其他消费者影响的价值。例如，有研究表明：个人的价值往往还取决于其社交圈中朋友的价值。因此，在数字营销中，精准的用户画像及社交网络分析技术的应用，可以从更多维度综合评价顾客对企业的短期价值和长期价值。

（二）接触目标顾客：传播营销信息

传统营销认为，在判断每位顾客的价值的基础上，企业需要进一步明确自己的市场营销策略以便确定与顾客的互动策略，从而最大化其未来为企业带来的价值。例如，决定企业以多高的频率联系顾客，往往取决于顾客在产生需求时能否在有限的"选择集"中把企业的品牌、产品及服务包括在内。实际上，在传统营销中，因为不同的顾客对不同渠道的响应和偏好存在差异性。企业会定期把营销资源投放到多个渠道中（如直销），继而促进消费者购买更多的产品和服务。因此，选择恰当的沟通渠道和沟通策略是很重要的。不过，在传统营销中，企业采用的沟通渠道和策略往往是较为有限的，如面对面的会议、直邮、电话促销、优惠券发放等，然后对低价值和高价值顾客展开差异化的营销管理。比较而言，在数字营销中，沟通的渠道和策略更加多样化。例如，以往需要通过电话沟通的互动，现在可以通过一条有价值的短信推送、微信推送或App程序内推送等方式来触达顾客，从而大幅度降低了人工成本，使得覆盖面更宽、针对性更强，而且尽可能地触及更多的顾客。企业接触顾客的目的，也不再以促进购买的优惠信息为主，而是注重传播信息内容本身的价值，接触顾客的动机可能是传递一条有价值的信息，以便激发顾客的互动意愿。

此外，在传统营销中，企业最理想的信息传播也是在恰当的时间传递恰当的信息给目标顾客，但由于信息技术的限制，通常难以确保高水平的顾客响应率。比较而言，在数字营销中，新兴的数字技术手段往往能够做到更精准的推送。例如，在"双十一"或"6·18"等购物节期间，基于多样化的算法，企业可以通过App、微信公众号及手机短信等多个互动渠道精准地推送个性化信息给特定的目标顾客。这样数字技术不仅能够实现随时，还可以做到"随地"的信息传播。例如，基于地理位置的营销服务(Location Based Services, LBS)，企业可以根据顾客的即时需求有针对性地提供信息推送和供给个性化的产品与服务。

（三）管理目标顾客：对收益和成本的考量

在传统营销中，通常会基于成本和收益的角度来区别管理目标顾客。在成本方面，主要包括两类成本，获取顾客的成本和挽留顾客的成本；在收益方面，则主要考察顾客对企业盈利的贡献。由此，根据成本-收益的高低来细分顾客，继而制定顾客关系管理中的获取策略、挽留策略和赢返策略。这种区别管理顾客的方式，表现在不同层次的会员制、升级销售、交叉销售等。在数字营销中，对顾客关系的管理仍然需要考察收益和成本，但收益和成本的维度却发生了相应的变化。如前所述，在收益方面，需要考察的是顾客及其社交圈等多维度信息。而且，大数据分析还提供了更强的预测力和洞察力，能够从动态视角来分析顾客未来的价值，继而为企业细分顾客群体提供全新的解释；在成本方面，数字技术的应用，特别是人工智能客服技术的应用，大幅度降低了企业的人工服务成本，企业可以采用智能客服去解决顾客的一般性问题，而对个性化问题再予以特殊应对。因此，在管理目标顾客方面，数字营销有更强的有效性和针对性，表现为信息化和个性化的特征。最后，数字技术对市场营销活动的可测量性和可追溯性，还可以进一步精细化企业对顾客关系管理成本和收益的评估，能够为营销策略的动态调整提供更多的实时数据，提高营销管理的整体效率。

二、传统营销和数字营销的整合

实际上，传统营销和数字营销并不是互斥的，两者的目标均是在既定的市场中开展有效的市场营销活动。在当前的数字化时代，虽然传统营销中的一些营销思维必须做出相应的调整，但这并不意味着传统营销就全无用武之地，也不意味着数字营销可以完全脱离以往的市场营销范式而独立存在。例如，有些注重物理交互的产品(如香水)很难完全通过线上渠道让消费者充分感知和体验。

那么，在数字化时代，如何基于市场营销"道"与"术"的统一更好地实现传统营销与数字营销的整合就变得十分关键了。下面就从市场营销活动的开展、数据资源的利用和市场营销人员的能力三个方面加以阐述。

(一) 市场营销活动的开展

在数字化时代，市场营销活动的开展依然遵从问题的识别、目标的确立、市场营销组合策略的制定以及最终利益相关者价值的评价等一系列过程。不过，在数字营销中，数字技术的应用贯穿了市场营销活动的各个环节。具体而言，主要包括以下四个方面：

1. 识别关键的数字营销问题，因地制宜地制定市场营销目标

无论是传统营销还是数字营销，市场营销目标的确定都是起点。不过需要特别注意的是：数字营销环境中的消费者、竞争对手和合作伙伴均发生了较大的变化。在过去，企业所关注的消费者行为的核心是以产品物权交易为目的，注重转移产品的物质处置权。比较而言，在数字化时代，物质资源极大丰富，以共享经济和体验经济为代表的经济体系，则强调不以物权转移为基础的临时可获性服务(Accessed Based Service)，如共享单车、共享充电宝等。因此，企业需要转变思维，重新审视自身的营销目标，着眼点要更加关注这些新的消费者行为(如物品的共享)以及竞争对手和合作伙伴们在做些什么。在此基础上，因地制宜地识别关键的营销目标。同时，企业还需要警惕数字营销陷阱，如数据背后的虚假流量，避免让自己沉浸在流量数字的表象之中，切忌直接以"流量"指标作为唯一的营销目标。企业需要在传统营销价值思维的基础上，识别关键的数字营销问题，明确可能的实施路径，牢牢把握问题的关键，继而紧紧围绕价值这一核心命题来制定相应的市场营销目标，而不是简单地以"漂亮"的数据为营销目标。

2. 洞察消费者行为，寻求创新营销的机会

在数字化时代，消费者行为发生了诸多变化，企业对消费者的分析能力也相应地得到了强化。数字营销中便利的数据获取和卓越的数据分析能力，可以为企业理解消费者及其行为变化趋势提供更为全面的解释。不过，理解和分析消费者行为的核心目的是为寻找可利用的创新营销的机会。在传统营销中，企业通常会对店面人员进行话术培训，帮助员工在不同的顾客旅程中实施有效的销售促进。举例来说，在顾客选择产品环节，企业可以借助惯性思维的应用，为顾客提供二选一的选项，引导顾客去思考"选哪一件"的决策，而非"买和不买"的决策。在数字营销中，顾客旅程分析依然尤为重要。例如，在 2021 年，李宁察觉了消费者在线下店铺旅程中的拍照打卡行为。于是针对该环节，设计了线下店铺的打卡场景区，融入了"少不入川"的品牌元素，吸引了众多消费者涌入店铺进行拍摄，并广泛地在社交圈进行传播，实施了一次成功的品牌营销活动。[①] 因此，在数字化时代，消费者即便有了新的偏好和行为，企业仍然可以针对不断变化的顾客需求与偏好识别出可能的营销机会，然后借助数字技术和数字媒体提高市场营销活动的有效性。

3. 更精准的顾客细分，锁定高质量顾客的终身价值

在传统营销中，企业为了避免资源的浪费，通常会将资源投入到那些顾客终身价值较高的顾客，并试图与这些顾客建立起更为牢固的关系。然而，如何精准地识别这些高端顾客是众多企业面临的一大挑战。在当前和未来的数字营销中，借助全面的动态分析能力，企业往往可以更精准地识别这些有价值的高端顾客，避免陷入流量焦虑。同时，机器学习等技术的应用可以深度分析用户的各种信息、绘制详尽的用户画像，从而为企业更为精细地顾客细分奠定基础，进而引导企业更加精准地锁定那些真正有价值的顾客。

4. 实时监测和反馈，注重数据和洞见的结合

在传统营销战略的制定和实施过程中，需要对既定的营销活动进行评估，识别需要改进的地方，继而反馈到下一轮的营销战略制定当中，整个过程十分依赖市场营销管理者的专业经验。在数字营销中，数字技术的应用能够清晰地界定具体的评价标准、实现实时的反馈和动态迭代，可以使营销管理者及时调整其营销策划方案。不过，数字化系统或工具并不是万能的。在实践中，仍然需要结合营销人员的专业洞见，这种洞见往往以消费大数据分析为基础。例如，新零售品牌便利蜂开发了一套算法系统来优化店面的产品及其组合，虽然这套系统算法能够得出最优解，但上下游供应链协同方面和实际的店面陈列方面，依然需要人工辅助来反复排查可能存在的问题。[②] 因此，数字营销虽然能够让企业充分享受数字技术所带来的快捷和便利，但仍无法脱离营销管理者的专业洞见。

就其实质而言，数字技术并未创造独特的营销范式。如图 1-5 所示，数字营销实际上是对传统营销的一种升级，是数字时代的市场营销，其最终目的就是如何在数字化时代展开有效的市场营销活动。

从图 1-5 可以看出，数字时代的市场营销环境已经发生了变化，其中充斥着新的数字化技术应用，如搜索引擎的优化等。此时，理解消费者行为并展开顾客互动，往往需要以特

---

① 搜狐网. 李宁 | "少不入川"系列演绎地道四川元素！2021.
② 南方周末. 算法为王，数据存疑，便利蜂的"系统"试验，2021.

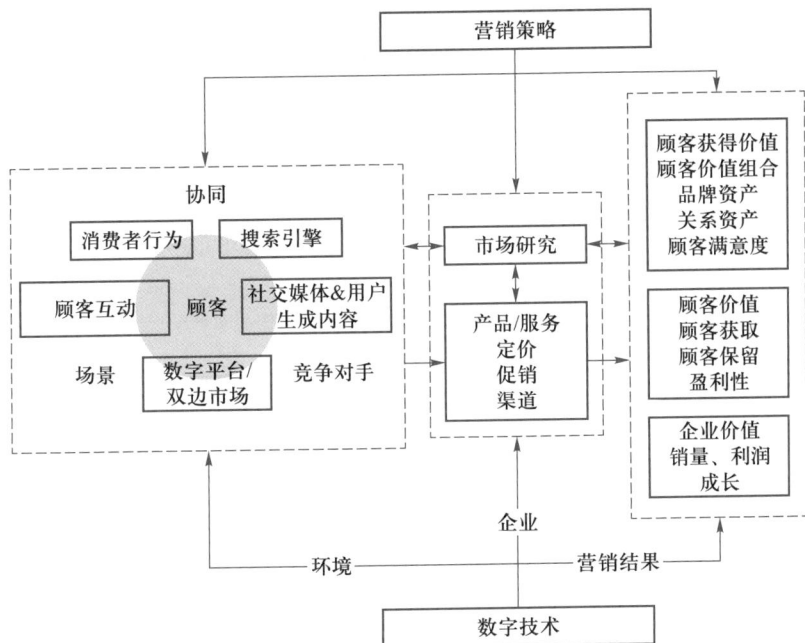

图 1-5 数字技术与市场营销策略的整合

资料来源：Kannan，P. K. Digital marketing：A framework，review and research agenda
［J］. International Journal of Research in Marketing，2017，34（1）：22-45.

定的场景及其分析为基础。而且，新的消费者行为，如社交媒体中的用户生成内容在不断地演进，给企业管理顾客关系带来了新的挑战和机遇。同时，企业的外部市场也逐渐趋于平台化，双边或多边市场广泛存在于各行各业，企业与竞争对手的关系既包括竞争又包括协同、合作。

不过，企业的主要市场营销活动与传统市场营销在框架上并未形成显著的差异，仍然需要展开市场研究，并基于市场营销组合策略来制定和实施相应的营销方案。企业需要考虑的是：如何将数字技术整合到这些策略与方案的制定和实施活动当中。最后，市场营销的结果仍然以价值为核心，这关乎着顾客价值的实现与顾客需求的满足，关乎着企业市场价值的最终实现。

（二）对数据资源的利用

在数字营销中，作为新的生产资料，数据是企业在数字化时代需要特别关注的战略营销资源，企业需要重点做好数据资源的有效管理，包括数据采集、数据分析及其解读、数据呈现及其报告、根据数据分析结果采取行动和更新数据系统等。[①]

企业对数据资源的管理主要包括四个方面：数字营销活动、数据采集、数据分析和洞见、结果报告。其中，数字营销活动的计划和开展是由数字营销团队联合制定并协同实施，采用的工具包括各式各样的数字工具，如活动网站和社交媒体等；数据采集则由专业的顾客数据专家和活动专员(营销管理人员)实时进行，并确保数据采集工作万无一失和避免数据

① Järvinen，J.，& Karjaluoto，H. The use of web analytics for digital marketing performance measurement［J］. Industrial Marketing Management，2015，50：117-127.

的失真。否则，后续的分析结论和决策都将成为无本之木。在实践中，常见的数据采集工具包括浏览器分析(如谷歌分析、百度热点分析)、顾客关系管理(CRM)软件的数据采集等；数据分析和洞见往往需要顾客数据专家和活动专员(营销管理人员)结合彼此的专长，从数理统计和营销思维两个方面共同挖掘、解释和提炼数据中的核心观点，并呈现给数字营销的最高负责人，如数字营销总监。最后，由数字营销总监根据数据分析报告优化已有的数字营销活动，并向企业的高层管理者做出总结性汇报，企业高层管理者则对数字营销总体方案提供方向上的指引，如图 1-6 所示。

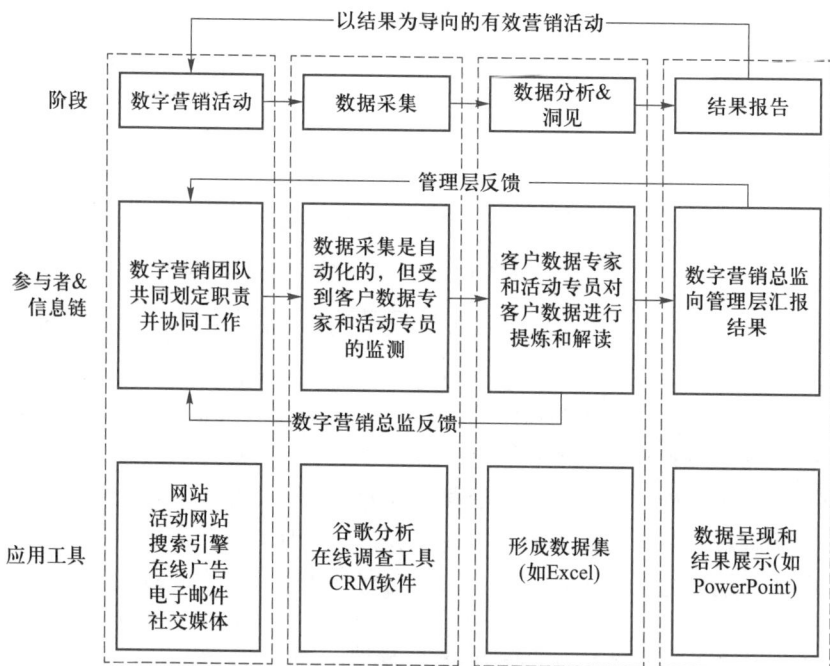

图 1-6　企业对数据资源的使用示例

资料来源：Järvinen, J., Karjaluoto, H. The use of web analytics for digital marketing performance measurement[J]. Industrial Marketing Management, 2015, 50: 117-127.

（三）数字营销人员的双元能力

在数字化时代实施有效的市场营销，仍然离不开营销从业人员的主观能动性。一方面，数字营销人员需要利用专业洞见来指导整个市场营销活动；另一方面，数字营销人员也需要与时俱进，充分把握数字相关技术及其在市场营销中的应用。因此，对数字营销人员而言，需要同时掌握营销管理技能和数字技术技能，表现为数字营销人员的双元能力，如图 1-7 所示。

从图 1-7 中可见，数字技术技能不仅仅是在传统营销管理技能基础上的附属物，而是提升到对等的技能维度。掌握必备的数字技术，往往可以帮助市场营销人员更精准地测量、监视和评估数字营销活动；反过来，这些基于数据的依据也能够进一步强化市场营销人员对未来市场的展望与预见能力。由此可见，数字营销人员需要对重要的数字技术有着清晰的理解和把握，时刻关注如何有效地将其应用到数字营销实践中去，并在这个过程中不断革新自身原有的营销思维，最终统一到实施有效的数字营销活动中。

不过，对于数字营销人员而言，工作的重点仍然是以顾客为中心，传统的项目管理沟通

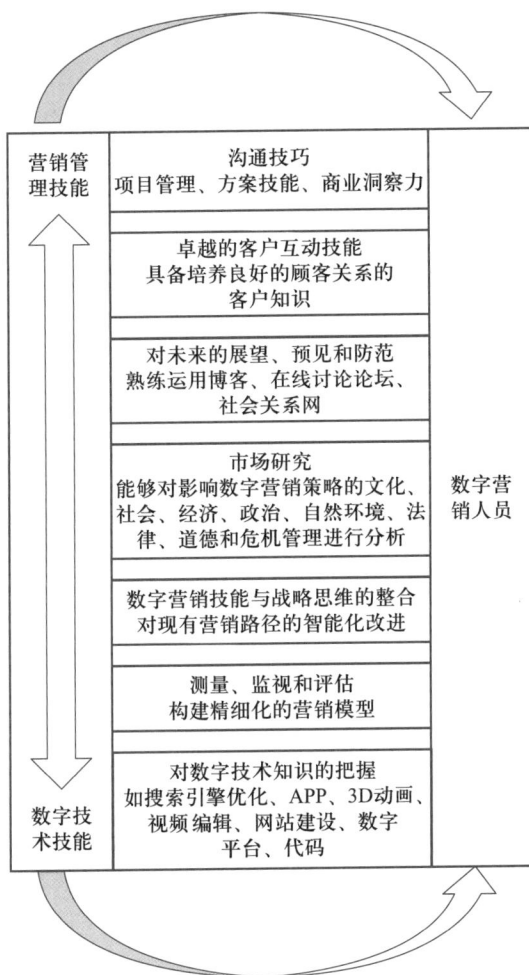

图 1-7　数字营销人员的双元能力

资料来源：Royle, J., Laing, A. The digital marketing skills gap: Developing a digital marketer model for the communication industries[J]. International Journal of Information Management, 2014, 34(2): 65-73.

技能仍然适用于数字营销活动，并且文案技能在数字化时代变得更加重要了，这是因为：数字媒体中的内容营销不仅可以传递有关企业及其产品的价值信息，而且也可能成为损害企业的利刃。

　　此外，在数字化时代，随着机器人和人工智能等技术的发展，虚拟偶像、机器人员工、智能客服、数字人、虚拟人等新兴"群体"的代名词如雨后春笋般涌现。对于这些新技术的理解以及如何运用到数字营销活动就十分考验营销管理者的双元能力。例如，阿里巴巴在虚拟营销方面寻求突破，培育了一系列虚拟员工。① 在此背景下，员工与虚拟员工的关系、虚拟员工与顾客的关系等都为数字营销实践带来了翻天覆地的变化。再如，对于顾客而言，

———————————

　　① 网易. 虚拟人 AYAYI 入职阿里，数字员工如何撬动电商消费市场? 2021.

智能客服会提供高效率的服务，但也可能因拟人化让顾客感到厌恶或恐怖；同时，机器人与员工之间的冲突也可能不断升级。因此，如何在数字时代充分利用这些技术并有效地展开营销工作就成为一项重要议题。

本 章 小 结

伴随着数字经济的发展，数字化在全球已经俨然成为一股不可逆转的潮流，不断推陈出新的数字技术正在持续赋能企业和消费者展开全新的市场活动。本章首先界定了数字化与数字经济，阐明了数字技术对传统营销"STP+4Ps"范式的重要影响。在此基础上，本章介绍并阐述了数字营销的内涵，透视了数字营销资源和能力对传统市场营销升级的影响。同时，本章还进一步剖析了数字营销的特征及其优势，分析了数字营销的五大误区，以便帮助读者对数字营销形成相对全面、完整的认识。最后，本章从获取、接触和管理目标顾客的角度描述了数字营销和传统营销的整合问题、数据资源的利用问题和数字营销人员的双元能力问题。

关键概念

数字化   数字经济   数字营销

即测即评

☞ 请扫描二维码答题

复习思考题

1. 请结合生活中的例子探讨数字化对市场营销"STP+4P₀"范式的影响。
2. 请谈谈自己对数字营销的内涵及其实践的理解。
3. 数字营销与传统营销存在哪些异同？
4. 如何在数字化时代更好地实现数字营销与传统营销的整合？

本章案例分析

新冠疫情背景下海底捞的数字营销破局之路

在新冠疫情期间，以餐饮业为代表的实体企业遭受了巨大冲击，社交隔离和疫情常态化防控等举措给线下餐饮行业带来了前所未有的挑战，这对以消费者线下服务体验为核心卖点的海底捞火锅品牌而言，无疑是雪上加霜：经济效益锐减，海底捞一度关闭了多家线下店铺。如何在疫情期间应对到店消费流量少、店内翻台率骤降和销售额锐减等危机呢？数字营销为海底捞提供了关键的破局之路，海底捞在以下几个方面实施了变革：

1. 通过数字平台将海底捞服务带回家

为了刺激消费和破解疫情期间消费者到店率低的困境，海底捞在外卖点餐软件、官方App等多个数字平台上增设了无接触外卖配送的"安心送"服务。通过投放大量消费券、打折券和限购券等方式，利用私域运营提高了用户转换率。同时，为了实现"优质、全面、细心的服务体验"的品牌定位，海底捞还结合阿里云数字化技术在其线上App推出了"Hi捞送"服务，即外卖及时送达的不只有新鲜美味的食材，还有海底捞员工的贴心服务，如带着电源线、火锅、垃圾桶等，全程帮顾客涮菜、涮肉，尽可能还原和店面一样的服务。以数字平台的外卖配送服务为入口，海底捞成功地延续了优质服务的品牌定位，优化了用户体验并促进了顾客购买意愿。

2. 打造新品自热小火锅和半成品菜款，以全渠道营销促进良性的流量闭环

对于线上销售情况良好的明星产品——自热小火锅，海底捞还积极为其探寻线下渠道，利用各大网购平台（如京东、淘宝、拼多多等）为其宣传造势、扩大品牌和产品的影响力，进而在超市、火车站、旅游景点等地持续投放产品，扩大线下产品的曝光度，进一步促进线上线下渠道的流量转化。

同时，针对不便出门却又追求健康和美味的潜在消费者，海底捞进一步推出了半成菜品，消费者可以按照个人需求进行网上下单，接到订单后开始生产，然后再把按照要求制作完毕的半成品菜通过便捷的物流网络进行配送，从下单到收货在24小时内完成，整个过程都避免了人员接触。消费者的操作数据也将实时地记录在公司后台的数据库中，便于企业了解菜品消费趋势和顾客偏好等，最终为产品的改良提供进一步的借鉴。

3. 子品牌快餐面食店，实现就餐过程全自动化

在疫情期间，相比火锅，以一人食为特点的海底捞快餐子品牌——"十八汆""捞派有面儿"表现出自己的市场发展潜力。区别于聚集性消费的火锅，"十八汆"等快餐形式的面食产品具有更高的性价比和安全性，同时，依托数字技术实现了全自动化点餐、半自动化后厨制作和智能结账等功能。顾客只需在结账时放上餐盘，智能机器会自动识别扫描，随后自动生成账单，实现了整个就餐过程的全自动化。

4. 优化海底捞App系统，提升服务人员的服务效率

消费者可以提前在海底捞的App上进行预约排号、选择座位和完成点餐。同时，线上App还能实时更新用户消费数据，并及时反馈到企业的数据库中。一方面，这能够帮助企业收集消费者的信息，便于进行数据分析；另一方面，也可以生成用户个人的个性化标签，如嗜辣或素食等饮食偏好，从而保证服务员能够事前准备更加精准的个性化服务。

5. 无人化的"智慧餐厅",延续人性化服务特点

为节约疫情期间的人工成本,海底捞在北京开设了首家"智慧餐厅",率先实现了智能化的后厨,洗菜和配菜等工作都被机器人所代替,从而极大程度减少了顾客的等餐时间。同时,海底捞公司还增设了"无人酒水区",设有包含了1 100多种酒类的自动酒水柜,可以根据用户点餐信息进行即时配送。最后,作为最有标志性服务特色的"人性化等位区",继续保留了其"人性化"特点,用影院级巨幕电影屏代替了美甲和擦鞋等服务,用户在等待时可以选择联机进行游戏,既有利于增加等候顾客的耐心和好感度,又能吸引路过的潜在消费者。

资料来源:李振华,马艳慧. 疫情突袭,海底捞凭数字化赋能化危为机. 中国管理案例共享中心,2022.

案例讨论题

在借助数字技术来全面提升市场营销工作有效性方面,海底捞有哪些可圈可点之处?海底捞未来的数字营销重点在哪里?

延伸阅读

[1] 陈剑,黄朔,刘运辉. 从赋能到使能——数字化环境下的企业运营管理[J]. 管理世界,2020,36(2):117-128+222.

[2] 钱雨,孙新波,孙浩博,等. 数字化时代敏捷组织的构成要素、研究框架及未来展望[J]. 研究与发展管理,2021,33(6):58-74.

[3] 王永贵,史梦婷. 提升数字管理能力 推动数字经济健康有序发展[N]. 光明日报,2022-4-6(6).

[4] 王永贵,汪淋淋. 传统企业数字化转型战略的类型识别与转型模式选择研究[J]. 管理评论,2021,33(11):84-93.

[5] Benoit, S. , Wang, Yonggui. , Teng, Lefa. , et al. Innovation in the sharing economy:A framework and future research agenda[J]. Journal of Business Research, 2022, 149:207-216.

☞ 更多资源请扫描封底拓展资源码→文献目录

第二章 数字营销环境分析

　　面临"百年未有之大变局",数字营销亟须对"大变局"中的新现象、新问题、新变化、新挑战、新机遇和新趋势形成深刻认知。相应地,企业迫切需要深入分析数字营销环境的现状和趋势,进而有针对性地制定和实施合适的数字营销战略。本章从宏观层面——数字化现状与未来、中观层面——数字平台与治理以及微观层面——数字技术赋能三个方面分别对数字营销环境进行了阐述。

本章的学习目标:

1. 了解数字经济的发展现状、趋势及其对市场营销的影响
2. 了解数字经济政策对市场营销的影响
3. 理解数字平台治理对市场营销的影响
4. 理解数字技术对企业与消费者的赋能

开篇案例

美团的成长秘籍

2019 年 11 月，美团以 728.56 亿美元的市值成为仅次于阿里巴巴(4 594.26 亿美元)和腾讯(3 992.62 亿美元)的中国第三大互联网公司。上市仅一年的美团，其快速成长的秘籍是什么呢？

从业务领域来看，有大而全的阿里巴巴和腾讯，还有小而专的小红书和蘑菇街等。在这种背景下，美团找到了一个特别的定位：团购——这使其得以在众多的互联网企业中脱颖而出。而且，以团购起家的美团迅速增长，覆盖了餐饮、住宿、电影、出行等领域。在美团延伸的业务领域中，外卖业务和电影票务市场占有率分别超过了50% 和 70%，均处于行业第一的位置，图 2-1 展示了美团 App 的界面以及重要的业务模块。

图 2-1 美团的 App 界面及重要业务模块

资料来源：美团官网，2022.

从市场环境来看，美团以 O2O 交易型平台起家，而平台则意味着流量的获取和转化至关重要。此时，顾客流量在整个平台市场中就成了最为珍贵的战略资源。为了尽可能地获取和留住顾客，美团定位的业务本质是通过构筑以消费者服务为中心的体系，形成各项服务之间的交叉引流和整体闭环，尽可能地将市场流量吸引过来并留在美团的服务体系当中。

从宏观环境来看，在数字化时代，高度活跃的数字消费市场、人们对美好生活的迫切需求以及移动智能生活的普及等，都为美团的快速成长营造了良好的数字化环境。在这一背景下，美团将其使命界定为"帮大家吃得更好，生活更好"，并致力于为消费者提供全方位的生活服务。

资料来源：中欧商业评论. 市值第三，互联网界的"八爪鱼"美团的增长模式是什么，2019.

在美团快速增长的背后，离不开企业对市场营销环境的精准分析。数字技术的快速发展以及与实体经济的加速融合，催生了当前的数字经济，开启了全新的数字化时代。相应地，企业的数字营销环境也发生了重要变化。随着人工智能、大数据、5G 等数字技术对市场营销领域的渗透逐渐深入，一个全新的数字营销时代已经来临。

第一节　数字营销的宏观环境分析

数字经济已成为我国经济高质量发展的重要引擎。相应地，企业所处的宏观环境也发生了巨大变化。为了认清其中的关键变化及其影响，本节从数字经济环境、数字技术环境、数字政策环境三个主要方面来分析企业的数字营销宏观环境，如图 2-2 所示。

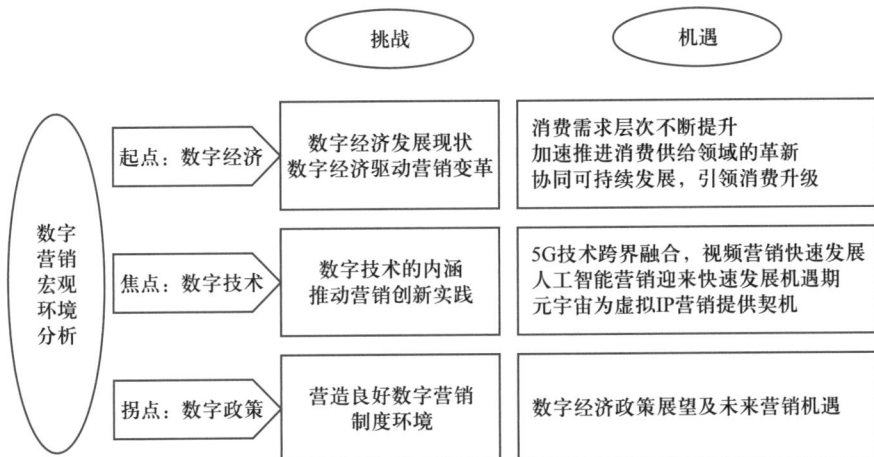

图 2-2　数字营销的宏观环境分析

资料来源：作者绘制。

一、数字营销的起点：数字经济的发展

数字经济的发展促使企业的市场营销由传统营销向数字营销转变。正是从这个意义上讲，数字经济的涌现成为了企业开展数字营销的起点，其繁荣发展更是为企业开展数字营销创造了良好的经济环境。概括而言，数字经济中存在诸多新的变化和新的趋势，它们为数字营销实践带来了全新的挑战和机遇。

（一）数字经济发展及其引发的数字营销变革

1. 数字经济发展现状

以移动互联网、大数据、云计算、人工智能和区块链等为代表的数字技术的快速发展与应用，标志着数字化时代的来临。其中，数字经济是指一系列包括以下内容的经济活动：以使用数字化的知识和信息作为关键生产要素、以现代信息网络作为重要载体、以信息通信技术的有效使用作为效率提升和经济结构优化的重要推力[1]。近几年，我国数字经济规模不断

---

[1]　中华人民共和国国家互联网信息办公室. 二十国集团数字经济发展与合作倡议，2016.

发展壮大，占 GDP 的比重日益增加，取得了令世界瞩目的成绩，如图 2-3 所示。到 2020年，我国数字经济规模已经达到 39.2 万亿元人民币，占 GDP 比重为 38.6%，同比提升了2.4 个百分点。[①] 放眼全球，与其他国家（如美国、德国、英国）数字经济的发展步伐相一致，但中国和爱尔兰等国的数字经济增速尤为突出。特别地，中国数字经济同比增速已位居全球第一。[②]

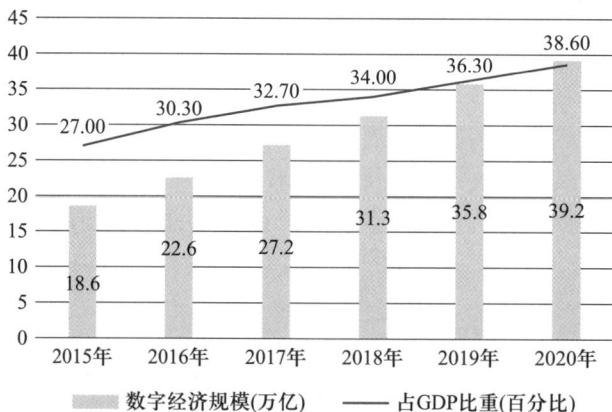

图 2-3　中国数字经济规模及其占 GDP 比重

资料来源：中国信息通信研究院. 中国数字经济发展白皮书，2021.

2. 数字经济驱动着市场营销的变革

数字经济给企业经营和人民生活都带来了巨大的冲击和深刻的变革。尤其是全球新冠疫情暴发以来，数字经济在全球疫情防控、支撑社会正常运行和保障人民生活以及经济复苏中起到了关键作用。数字经济的快速发展促进了数字化生活、数字化生产经营、数字化治理、数字化城市、数字化政府以及数字化企业等多方面的数字化发展。这些发展变化对企业开展市场营销活动的需求端、供给端以及市场营销环境都产生了十分重要的影响。例如，数字化生活改变了消费者的消费行为和习惯，越来越多的消费者喜欢线上购物。再比如，数字化生产运营催生了新的商业模式——O2O 模式，即消费者线上选择、线下体验的新模式，这改变了传统市场营销的渠道、促销和定价等策略。当前，人类社会正在加速迈向一个更加美好的数字化时代：以技术和数据为关键要素的数字经济的蓬勃发展，正在成为中国经济社会高质量发展最为重要的推动力。

（二）数字经济发展为数字营销带来的机遇

1. 数字经济助力人民美好生活需求的满足

截至 2022 年 6 月，互联网普及率高达 74.4%[③]，强大的内需市场为数字经济的发展奠定了良好的基础。近年来，中国居民的消费水平呈现明显的高端化、智能化、服务化、绿色化、个性化、健康化趋势，消费层次不断提高，数字技术所带来的数字产品发展和服务创新大大提升了市场活力。而且，数字经济在领域的蓬勃发展，也为企业在健康、教育、文化等领域开展数字营销实践带来了新机遇。企业在选择目标市场、制定数字营销策略时可以立足

[①]　中国信息通信研究院. 中国数字经济发展白皮书，2021.

[②]　中国信息通信研究院. 全球数字经济白皮书——疫情冲击下的复苏新曙光，2021.

[③]　中国互联网络信息中心. 中国互联网络发展状况统计报告，2022.

于国内国际双循环这一大背景，以满足消费者在健康、教育、文化等领域的美好生活需要为核心价值主张，开展有效的数字营销活动。

2. 数字经济加速推进消费供给领域的革新

中国具有独立完整的现代工业体系，数据显示，2021 年中国制造业增加值总量为 31.4 万亿元，已经连续 12 年位居世界首位。依托完整的工业体系和庞大的市场需求，未来仍将继续加速深入推进企业在研发、生产、销售、服务等环节的数字化发展。其中，柔性智能制造、网络化协同、个性化定制、服务型制造、精益化管理等新模式层出不穷，加速了产业的数字化进程。这些进程使得企业能够向消费需求端提供更加智能化、更加个性化的产品或服务，提升了企业的供给水平和能力。未来数字经济在消费供给领域的深入推进与革新，为企业开展数字营销实践带来了新的机遇，这意味着企业在制定数字营销战略规划时，除了关注消费端的个性化动态需求以外，也要注重自身数字化能力和数字化水平的提升，加速企业自身的数字化转型，提升企业为消费者提供个性化定制产品或服务的能力。例如，基于大数据技术的革新与应用，使青岛酷特智能股份有限公司（原红领集团）的大规模个性化智能定制成为可能，为消费者带来了精准触达和智能交互的个性化服装体验。

3. 数字经济推动可持续发展与可持续消费

2020 年 9 月 22 日，习近平总书记在第七十五届联合国大会一般性辩论上提出，中国将提高国家自主贡献力度，采取更加有力的政策和措施，二氧化碳排放力争于 2030 年前达到峰值，努力争取 2060 年前实现碳中和。"3060 双碳目标"的提出，表明了中国经济将开启长期的低碳转型模式。根据世界经济论坛（WEF）的评估结果，使用数字技术可以减少至少 15% 的碳排放。数字技术创新成为推动可持续发展的重要途径。[①] 数字经济与绿色可持续协同发展，促进消费升级。越来越多的消费者开始关注可持续消费。据埃森哲 2022 年对我国消费市场调研分析：越来越多的消费者意识到可持续发展的重要性，并愿意为环保付出精力和金钱。其中，43% 的受访者表示愿意为环保产品支付溢价，全民参与绿色环保逐渐发展为一种趋势。这为企业制定数字营销策略，引导绿色可持续消费指明了新的方向，未来企业可以通过数字技术的创新与应用，将绿色可持续发展的理念融入产品的研发设计、营销推广、品牌升级等方面，为推动可持续发展贡献力量。如，蚂蚁集团推出带动公众低碳减排的公益项目——蚂蚁森林，基于数字平台技术，将消费者的绿色消费行为转化为线上"绿色能量"，这些线上能量又可以转化为认领线下一棵树的环保行为，进而助力生态环保。

二、数字营销的焦点：数字技术的创新与应用

大数据、物联网、人工智能等数字技术的创新与应用促使企业开启了数字营销时代，而数字技术是企业开展数字营销实践的重要工具，更是企业开展数字营销活动的焦点。因此，了解数字技术给营销带来的挑战与机遇，对企业把握技术环境，从而制定正确的数字营销策略具有重要意义。

（一）数字技术为数字营销带来的挑战

1. 数字技术的内涵

数字技术与实体经济的融合开启了数字化时代，数字技术作为数字经济的重要驱动因

---

① 王永贵，汪淋淋．"数字化赋能"助力解决发展不平衡不充分问题［N］．光明日报，2021-08-17(11).

素，一直以来备受产业界和学术界的关注。确切而言，数字技术以计算机技术、微电子技术和现代通信技术组成的新技术群体为基础，经过不断地发展和演变而来，其本质是实现对各类信息的识别、转化、存储、传播和应用。在实践中，数字技术改变了产品的研发生产过程和形态、提升了企业管理运营的效率、催生了新的商业模式和组织形式。[①] 了解数字技术的内涵有助于企业更好地利用数字技术进行商业活动。关于数字技术的内涵，业界有着十分丰富的观点，如表 2-1 所示。

表 2-1　数字技术的内涵

内涵	来源
数字技术是可以将信息标准化并且能够快速编码、存储、形式化和分发知识的信息和通信技术系统。[②]	Williams et al.，2009
数字技术包括设备、网络、服务和内容四个层次。设备层包括计算机硬件等物理部分和对计算机的控制以及与其他层次连接的部分。网络层包括光纤电缆、无线电波等物理部分和媒体访问等部分。服务层包括访问、创建、存储和操作内容等应用程序功能。内容层包含各种形式的数据，如文本、声音、影像等。[③]	Yoo et al.，2010
数字技术是以物联网、云计算、人工智能、区块链等为代表的信息、计算、沟通和连接技术的组合。[④]	Bharadwaj et al.，2013
数字技术是指数字组件、数字基础设施和数字平台三个不同但有关联的元素。[⑤]	Nambisan，2017
数字技术是一系列信息、计算、沟通和连接技术的组合，包括社交技术、移动技术、分析技术、云计算技术和物联网技术等主要内容，通常概括为数字技术的 SMACIT：社交（Social），移动（Mobile），分析（Analytics），云计算（Cloud），物联网（Internet of Things）模型。[⑥][⑦]	Sebastian et al.，2017；Vial，2019

---

① Nambisan, S. Digital entrepreneurship: Toward a digital technology perspective of entrepreneurship [J]. Entrepreneurship Theory and Practice, 2017, 41(6): 1029-1055.

② Williams, M. D., Dwivedi, Y. K., Lal, B., et al. Contemporary trends and issues in IT adoption and diffusion research [J]. Journal of Information Technology, 2009, 24(1): 1-10.

③ Yoo, Y. Computing in everyday life: A call for research on experiential computing [J]. MIS Quarterly, 2010, 34(2): 213-231.

④ Bharadwaj, A., El Sawy, O. A., Pavlou, P. A., et al. Digital business strategy: Toward a next generation of insights [J]. MIS Quarterly, 2013, 37(2): 471-482.

⑤ Nambisan, S. Digital entrepreneurship: Toward a digital technology perspective of entrepreneurship [J]. Entrepreneurship Theory and Practice, 2017, 41(6): 1029-1055.

⑥ Sebastian, I. M., Ross, J. W., Beath, C., et al. How big old companies navigate digital transformation [J]. MIS Quarterly, 2017, 16(3): 197-213.

⑦ Vial, G. Understanding digital transformation: A review and a research agenda [J]. The Journal of Strategic Information Systems, 2019, 28(2): 118-144.

续表

内涵	来源
数字技术是指改进了的信息通信技术或系统，既包括数字硬件等物理部分，也包括网络连接、访问和操作等逻辑部分，还包括数据、产品、平台和基础设施等结果部分。①	郭海和杨主恩，2021
数字技术主要表现为数字产品技术、数字平台技术、数字基础设施技术，以及数字技术的应用、组件或媒体内容。②	Berger et al.，2021

资料来源：作者根据相关文献整理。

从表 2-1 可以看出，数字技术是在信息技术的基础上演变而来，是信息、计算、沟通、连接等技术的组合，物联网、云计算、人工智能、区块链等技术是数字技术的常见表达形式。本文借鉴 Vial(2019)的研究，从市场资源的角度，将数字技术界定为：**数字技术**是一种可以改变消费者行为和期望，打破竞争格局，促进数据生成并增加数据可用性的颠覆性资源。数字技术本身对企业没有价值，只有应用在特定的环境中，才能体现出数字技术的价值所在。例如，数字技术在市场营销领域、生产领域、运营管理领域的应用，催生了数字营销、智能生产和数字化管理等。

2. 数字技术推动数字营销领域的创新实践

据悉，在亚马逊每分钟卖出的 4 000 件商品中，有一半是通过个性化推荐技术呈现给用户的。当消费者浏览亚马逊网站时，其算法会预测消费者此刻的购物需求，进而从约 3.53 亿件商品里选出一组推送给消费者。③ 由此可见，数字技术能够改变企业向消费者提供产品和服务的方式。此外，应用于健康检测的移动传感技术、人工智能和机器人、社交媒体、店铺零售技术等数字技术在营销实践中的应用能帮助企业提升顾客满意，获得顾客忠诚，提高员工福利，提升企业的盈利能力，进而有助于构建可持续生态系统。不过，如图 2-4所示，在应用数字技术的过程中，企业需要善用大数据分析、关注顾客体验管理、规避数字技术应用带来的安全问题和隐私问题。

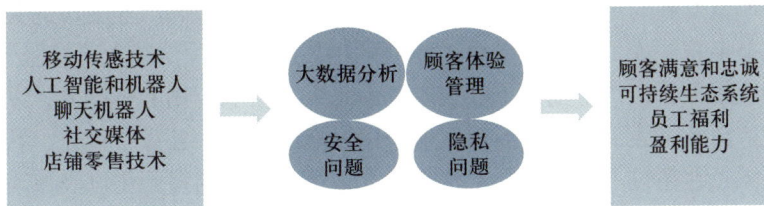

图 2-4　数字技术在市场营销领域的应用逻辑

资料来源：Grewal，D.，Hulland，J.，Kopalle，P. K.，et al. The future of technology and marketing：A Multidisciplinary perspective[J]. Journal of the Academy of Marketing Science，2020，48(1)：1-8.

---

① 郭海，杨主恩. 从数字技术到数字创业：内涵、特征与内在联系[J]. 外国经济与管理，2021，43(9)：3-23.

② Berger，E. S. C.，Briel，F. V.，Davidsson，P.，et al. Digital or not—The future of entrepreneurship and innovation[J]. Journal of Business Research，2021，125(3)：436-442.

③ 维贾伊·戈文达拉扬，文卡特·卡特拉曼. 下一个数字化大优势，为什么是数据图谱? 哈佛商业评论，2022 年第 5 期.

数字技术正在对市场营销实践产生深远的影响，主要表现在：（1）增强现实、面部识别、计算机视觉等新互动形式的数字技术以及基于数字技术应用的数字平台，支持消费者和企业之间以各式各样的形式进行互动；（2）利用计算机视觉方法分析销售人员的面部表情在直播营销中的有效性，优化产品发布与淘汰的决策等新技术的应用，产生了新的数据形式，进而使新的营销分析方法成为可能；（3）聊天机器人等数字新技术提供了新的营销沟通工具，推动了服务营销的创新；（4）数字虚拟人等数字新技术催生了新的营销代言人策略等①。

（二）数字技术发展为数字营销带来的机遇

5G、人工智能等数字技术在营销领域的创新实践，为企业开展视频营销、人工智能营销等数字营销实践带来了新的发展机遇。同时，基于数字技术应用的元宇宙概念势如破竹，为企业未来开展虚拟 IP 营销提供了契机。

1. 5G 技术赋能敏捷营销

5G 是指第五代移动通信技术，具有高速率、多连接、低时延的优势，可以极大限度地促进万物互联，是物联网技术的支撑。根据中国信息通信研究院 2021 年的最新统计数据显示：截至 2021 年 6 月，中国已开通 96.1 万个 5G 基站，占全球 70% 以上，覆盖了全国所有地级以上城市和部分重点城镇。5G 终端连接数超过 3.65 亿，占全球 80%，用户渗透率达到 17.8%，居全球前列。② 不过，对 5G 技术的应用是发展 5G 技术的关键和重点，未来会加快 5G 应用的探索，全球即将迈入一个高速多屏的时代。随着移动互联网的普及应用以及人们对手机的依赖程度逐渐升高，5G 技术对市场营销的视频、音频、体验等领域产生了重要影响，进而也带动短视频营销的快速发展。增强现实（Augmented Reality，AR）技术、4K/8K 直播、沉浸式体验等 5G 技术应用，将会大大提升消费者的体验，为企业开展视频营销、直播营销等活动，提供流畅便捷的数字基础设施，使随时随地，万物互联成为现实。以上种种现象揭示了企业营销活动的敏捷性逐渐成为了数字营销活动中的关键，能否借助迅捷的移动通信技术时刻洞察市场、洞察顾客、洞察竞争对手，并作出快速响应变得越来越重要。

2. 人工智能助力高效的数字营销

人工智能是能够表现出智能的程序、算法系统和模仿"人类智能行为"的机器，是驱动数字经济高质量发展的重要力量，正在成为新一轮科技革命和产业变革的关键驱动力，其应用场景也日益丰富。人工智能在经历了初期的爆发式增长后，进入了扩张整合的新阶段。从人工智能的应用来看，特定场景下的技术创新是人工智能应用的驱动力，以深度学习为代表的算法爆发，拉开了人工智能在商业领域繁荣发展的序幕。计算机视觉、智能语音、自然语言处理等领域相继超过了人类识别的水平，人工智能算力的多元化以及单点算力的不断提升支撑了人工智能的快速发展。在营销领域，企业可以在数字营销实践中利用智能算法、机器人等人工智能技术提升消费者服务体验。同时，企业也要关注人工智能技术的使用所带来的伦理问题和安全问题。详情可见本书第十四章人工智能营销。

3. 元宇宙助力未来的 IP 营销

2021 年最火的新概念，莫过于"元宇宙"（Metaverse）。因此，2021 年也被称为"元宇

---

① Hoffman, D. L., Moreau, C. P., Stremersch, S., et al. The rise of new technologies in marketing: A framework and outlook[J]. Journal of Marketing, 2022, 86(1): 1-6.

② 中国信息通信研究院. 全球数字经济白皮书——疫情冲击下的复苏新曙光, 2021.

宙元年"。可以说，元宇宙已成为当下人们最为关注、谈论最多的热点。不过，目前社会各界对元宇宙的认知并不统一，其中较为普遍的观点是："元宇宙是通过数字化形态承载的平行宇宙，是具备一系列要素的虚拟世界"；元宇宙是整合多种新技术产生的、下一代新型虚实相融的互联网应用和社会形态，它基于扩展现实技术实现时空拓展性，基于 AI 和物联网实现虚拟人、自然人和机器人的人机融生性，基于区块链、Web3.0、数字藏品①等实现经济增值性，在社交、生产、经济系统上虚实共生。从时空性来看，元宇宙是一个在空间维度上虚拟而在时间维度上真实的数字世界。

概括而言，元宇宙是支撑个人、组织、各行各业数字化创造及应用的共享技术平台，是承载人类全部数字创造物及创造活动的底层操作系统，是人类数字化生存的新空间。② 未来企业可以基于元宇宙的概念成功打造虚拟 IP，以虚拟数字人为代表深入开展元宇宙数字营销实践。具体而言，虚拟人形象在产品设计上的可塑性强，结合人工智能技术等数字技术，能够以虚拟主播、数字员工、虚拟偶像等新业态来满足消费者的多样性需求，进而产生巨大的市场机遇。在 2021 年，数字虚拟人带动的整体市场规模和核心市场规模分别达到了1 074.9 亿元和 62.2 亿元，预计 2025 年虚拟人带动的产业规模将达到 6 402.7 亿元。③ 不过，数字虚拟人只是管中窥豹式地去看待元宇宙的应用，相信元宇宙的应用潜能(尤其是虚拟 IP 所带来的商业价值)将会不断地得到挖掘和释放。

三、数字营销的跃迁拐点：数字政策的激励与保障

我国从国家战略层面高度重视数字经济建设，《数字经济发展战略纲要》等数字经济支持政策为促进数字经济健康有序发展提供了良好的制度环境，加快了数字社会、数字中国建设，为企业数字营销实践带来了新的跃迁。

（一）数字政策营造良好的数字营销制度环境

中国高度重视数字经济发展。自党的十八大以来，国家就把数字经济上升为国家战略，并持续完善数字经济发展的政策和法律体系，坚持包容审慎的监管态度，着力构建促进数字经济健康有序发展的制度环境。例如，《数字经济发展战略纲要》从国家层面进行战略部署以推动数字经济发展，各地政府积极响应，立足本地优势，推动数字经济战略政策落地实施。2022 年 1 月 12 日，国务院发布的《"十四五"数字经济发展规划》指出：到 2025 年，中国数字经济核心产业增加值占国内生产总值的比重应达到10%④；2022 年 1 月 16 日，《求是》杂志发表了习近平总书记《不断做强做优做大我国数字经济》的文章。习近平总书记明确指出，要站在统筹中华民族伟大复兴战略全局和世界百年未有之大变局的高度，统筹国内国际两个大局、发展安全两件大事，充分发挥海量数据和丰富应用场景优势，促进数字技术和实体经济深度融合，赋能传统产业转型升级，催生新产业新业态新模式，不断做强做优做大我国数字经济。可以说，国家层面和地方层面的数字经济支持政策与规划不断推出，为企业开展数字营销提供了良好的制度环境。

---

① 通常指的是基于区块链技术为特定的产品生成的唯一数字凭证，成为数字版权，用以收藏、购买和发行。
② 十一维．重新定义"元宇宙"，2021.
③ 艾媒网．2022 年中国虚拟人行业发展趋势：虚拟人带动产业规模预计 2025 年达到 6 402.7 亿元，2022.
④ 中华人民共和国中央人民政府．国务院关于印发"十四五"数字经济发展规划的通知，2022.

（二）数字政策与未来营销机遇

首先，数字产业化和产业数字化转型为企业开展数字营销活动提供了良好的产业技术环境和市场环境，数字技术的应用是企业的数字营销实践的必备要素；其次，建设数字中国需要加快数字社会的建设步伐，促进数字技术全面融入人民的日常生活，这为企业进一步开展社交媒体营销提供了新的机遇；再次，建设数字中国需要将数字技术广泛应用于政府的管理服务，推动政府治理流程再造和模式优化，加强公共数据开放共享，推动政务信息化共建共用，提高了数字政府建设水平①；最后，建设数字中国要坚持放管并重，促进发展与规范管理相统一，构建数字规则体系，进而营造出开放、健康、安全的数字生态，这就要求企业实施负责任的、可持续的、符合伦理规范的数字营销实践。

第二节　数字营销中观环境分析

数字营销的中观环境主要涉及企业所处的市场环境。在数字化时代，数字技术成为推动经济社会发展的新动能，数字平台成为新的产业组织模式，在购物、社交、资讯、出行、金融、健康等领域涌现出一批超大规模的数字平台企业，如阿里巴巴、腾讯、百度、美团等。相应地，数字平台市场作为新的经济业态应运而生。其中，数字平台市场作为数字经济中的一种特殊形态，是数字经济的重要组成部分。换句话说，在提及数字经济市场的时候，平台是其中重要的分析要素。不过，尽管数字平台是企业开展数字营销实践的主要市场，但若没有良好的平台治理，则很容易出现平台垄断、不正当竞争、数据泄露、用户隐私被侵犯等问题。因此，平台治理对营造健康繁荣的平台市场环境而言至关重要。基于数字平台市场及其治理的重要性，本节重点从数字平台市场和数字平台治理这两个方面来分析数字营销的中观环境，如图2-5所示。

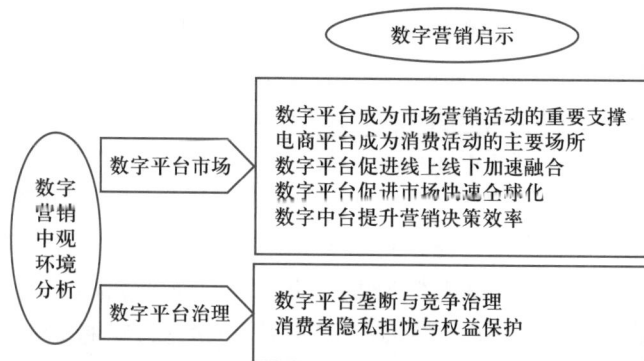

图 2-5　数字营销中观环境分析

资料来源：作者整理。

---

① 卢向东. 准确把握数字化转型趋势　加快推进数字政府建设——从"数字战疫"到数字政府建设的实践与思考[J]. 中国行政管理, 2020(11): 12-14.

一、数字平台市场发展带来的数字营销挑战与机遇

移动互联网、大数据、云计算等数字技术引发的新技术革命，催生了数字平台企业。作为一种新型的组织形式，这些数字平台企业已成为驱动数字经济发展的主要组织模式。在2021年全球市值100强上市公司排行榜中，前10名中有7家是数字平台企业，包括苹果（操作系统 IOS 平台）、微软（操作系统 Windows 平台）、亚马逊（电商平台）、谷歌（搜索引擎平台）、腾讯（社交平台）和阿里巴巴（电商平台）等。由此可见，数字平台市场已然是数字经济市场的主阵地。因此，在数字化时代，理解数字平台的内涵、类型及其营销启示是至关重要的。

（一）数字平台的内涵与类型

1. 数字平台的内涵

概括而言，数字平台是由一系列的互补性产品、技术或服务的公司组成，使得生产者与消费者进行价值创造与交互的数字资源集合体。① 数字平台促使企业突破地域、领域、技术的界限，不断拓展企业的资源配置边界，一定程度上有效地降低了交易成本。对数字平台的界定，学界主要从技术架构、组织架构、双边市场理论、生态系统理论、分工理论五个视角展开，如表 2-2 所示。

表 2-2　对数字平台的界定

理论视角	内涵
技术架构	数字平台是一个稳定的技术架构，具有模块化生产功能。
组织架构	数字平台是由累积性、互补性资源和能力构成的组织架构。
双边市场	数字平台是一种实体或虚拟的交易空间，促进两种不同群体之间互动，降低交易成本，实现交易利益。
生态系统	数字平台是由控制知识产权和治理的平台所有者、连接平台和用户的平台提供者、生产创造产品的平台生产者和使用消费产品的平台消费者组成。
分工	数字平台是一个以数字共享平台为黏合剂，由数字化分工的自治主体构成的元组织，呈现"实体平台—数字平台组织—数字平台生态系统"的演进路径。

资料来源：李春利，高良谋，安岗. 数字平台组织的本质及演进：基于分工视角[J]. 产经评论，2021，12(6)：134-147.

从表 2-2，不同理论视角对数字平台的界定可以看出：数字平台是利用数字技术向双边或多边用户提供交易与互动的空间，具有多边架构（如淘宝中存在企业供应商、个人供应商和消费者等）和网络效应②两个主要特征。数字平台突破了传统平台所面临的地域、时间、交易规模、信息沟通等方面的约束，获得了全新的规模、效率和影响力。同时，

① 曾德麟，蔡家玮，欧阳桃花. 数字化转型研究：整合框架与未来展望[J]. 外国经济与管理，2021，43(5)：63-76.
② 包括同边网络效应和跨边网络效应。以淘宝为例，前者指的是使用淘宝的现存消费者数量会吸引新的消费者加入；后者指的是现存的消费者数量会吸引新的供应商加入。

这也驱动了企业通过多边架构的开放式创新实现与多个利益相关者之间的价值共创和共享。本书基于双边市场理论认为，**数字平台**是基于数字技术的应用来广泛连接不同群体的网络空间，这些群体包括产品生产者，服务提供者以及消费者等，而数字平台的价值与单边群体和多边群体中的用户数量紧密相连。例如，百度搜索就是同时服务于有网络推广需求的广告商和有信息检索需求的用户的应用平台，微信则是链接个体与个体以及服务商的应用平台。

2. 数字平台的类型

在现实世界里，数字平台具有十分丰富的类别。例如，商品交易类的电子商务平台：天猫商城、京东商城、亚马逊、拼多多等；服务类的在线办公以及生活服务类平台：腾讯会议、企业微信、钉钉，美团、饿了么等；社交类平台：新浪微博、微信、QQ 等；用户生成内容类和内容付费平台：抖音、快手、YouTube、喜马拉雅等；操作系统平台：IOS、Android、鸿蒙等软件开发平台等。表 2-3 概括地描述了不同划分视角下的数字平台类型。

表 2-3　数字平台的类型

划分视角	数字平台类型	数字平台举例
平台的开放性程度	企业内部平台	海尔集团员工创客平台
	企业外部平台	京东电商、淘宝、微博
平台的应用	数字媒体平台	抖音、未必
	数字交易平台	天猫、淘宝、京东、拼多多
	数字分享平台	Uber、Airbnb、滴滴出行
平台的服务对象	生产服务平台	智能制造服务平台、大数据服务平台
	生活服务平台	互联网零售平台、酒店住宿平台
	科技创新平台	互联网技术交易平台、知识产权平台
	公共服务平台	互联网政务平台、交通服务平台

资料来源：作者整理。

如表 2-3 所示，从平台开放程度的视角看，数字平台主要包括两种类型：一是企业内部平台，这类平台不对外开放 API① 接口，如海尔集团内部的员工创客平台；二是企业外部平台，这类平台对外开放 API 接口，为其他企业提供服务，如京东集团的线上商城平台、阿里巴巴的淘宝商城平台、美团外卖平台等；或是嵌入到其他外部平台企业当中，以便充分利用平台企业的用户或流量优势，如积攒了海量活跃用户的微信公众平台、小程序、微博、抖音等。

从平台的应用视角看，数字平台主要包括数字媒体平台、数字交易平台、数字分享平台

---

① API（Application Program Interface，应用程序接口）是指为应用程序与开发人员提供软件或硬件访问的一组定义、程序及协议的集合。

三大类应用模式。① 其中，数字媒体平台是指以互联网为载体，通过信息汇集、检索和交互等，聚集一批用户，然后吸引广告商的应用模式，如抖音、微博等；数字交易平台是指通过互联网平台直接实现供需双方对接和交易的商业应用。数字交易是对数字技术应用和功能的极大拓展，使数字平台由单纯的媒体属性向交易属性拓展。随着数字技术的进步和竞争环境的变化，数字交易平台也在不断地丰富完善，交易的内容和渗透的环节不断深入；数字分享平台是指供需双方通过数字平台进行闲置资产或技能经验分享和交易的平台，如 Uber、Airbnb、滴滴出行等。

从平台服务对象的视角看，数字平台可以分为生产服务平台、生活服务平台、科技创新平台、公共服务平台四种类型。其中，生产服务平台是指专门为生产服务提供第三方服务平台的互联网活动，覆盖研发设计、生产制造、经营管理、销售服务等领域，如智能制造服务平台、大数据服务平台等；生活服务平台是指专门为居民生活服务提供第三方服务平台的互联网活动，覆盖"衣、食、住、行、玩"等领域，如互联网零售平台、酒店住宿平台、旅游平台等；科技创新平台是指专门为科技创新、创业等提供第三方服务平台的互联网活动，覆盖科研创意、技术、产权、孵化等领域，如互联网技术交易平台、知识产权平台、众创众包平台等；公众服务平台是指专门为公共服务提供第三方服务平台的互联网活动，覆盖政务治理、环保节能、数据共享等领域，如互联网政务平台、交通服务平台、物联网数据开放平台等。

（二）数字平台对数字营销的启示

在数字化时代，消费者的消费活动几乎离不开数字平台市场。因此，数字平台市场的快速发展在为企业开展数字营销带来新的挑战的同时，也蕴含着新的营销机遇。

1. 数字平台成为企业数字营销的重要支撑

从数字平台企业的数量来看，中国目前有 36 家大型数字平台，涵盖了电子商务、在线教育、在线医疗、数字媒体和物流等诸多领域。② 数字平台不仅打破了传统市场营销中的时空限制，而且带动了巨大的消费和就业机遇。有数据显示：2020 年 3 月至 2021 年 3 月滴滴在中国有 1 300 万名年活跃司机；2020 年全年，在美团上获得收入的骑手超过 470 万人；2019 年 8 月至 2020 年 8 月，在抖音上获得收入的创作者和主播达到 2 097 万人、网络零售平台店铺数量为 1 994.5 万家。③ 由此可见，数字化时代中的大多数交易行为都跟平台有着直接或间接关系。即便是路边的摊点，也通过微信或支付宝支付平台来进行交易。可以说，数字平台现在关乎着人们交通、学习、工作、社交、娱乐、消费、支付等几乎所有活动，已经成为支持企业数字营销的最重要基础设施。

2. 电商平台成为消费活动的主要场所

电商平台是数字平台市场繁荣发展的重要支撑力量。据统计，我国电商平台从业人员规模超过了 6 000 万，交易额从 21.8 万亿元增长到了 37.2 万亿元，电商平台已经成为市场交易的关键渠道。截至 2020 年 6 月，中国电商直播用户规模达到了 3.09 亿，成为 2020 年上半年增长最快的个人互联网应用。在 2020 年，实物商品网上零售额占社会消费

① 中国信息通信研究院．互联网平台经济的主要模式及其演进，2016.
② 潇湘晨报．互联网平台治理，正在成为全球议题，2021.
③ 第一财经．看不见的手：平台即市场，2022.

品零售总额的比重接近四分之一，我国已连续 8 年成为全球规模最大的电商平台市场。① 可见，电商平台已成为大众消费活动的主要场所。再如，俞敏洪正在带领"新东方"向直播电商转型，截至 2022 年 6 月 21 日，东方甄选抖音账号粉丝已经突破了 1 700 万，处于抖音直播榜的第一位。因此，电商平台的市场力量甚至可以迅速地帮助企业实现业务转型。

3. 数字平台促进线上线下加速融合

在数字化时代背景下，数字平台的加速发展和数字技术的迅猛突破，使移动互联网无处不在，无论身在何处，消费者都可以连接上网。特别地，全球新冠疫情加速了线下业务向线上的转移，同时大大增强了消费者对互联网的依赖，进一步促使人们的购物、社交、娱乐等也纷纷向线上转移，并激发了人们对远程医疗、在线教育、远程办公等方面的需求，培养了用户线上生活的习惯，从而实现了数字平台市场的持续增长。数字平台的繁荣发展，正在促使众多企业线上线下渠道的加速融合，这意味着企业必须重视如何在全渠道中开展有效的数字营销实践。

4. 数字平台促进市场快速全球化

2022 年 1 月 1 日，《区域全面经济伙伴关系协定》正式生效，这是亚太地区规模最大、最重要的自由贸易协定，各国实行关税互惠，为各国的数字平台企业国际化与全球化布局带来了巨大的市场优势，为数字平台企业构建全球化的服务生态体系营造了良好的外部环境，有利于提升我国数字经济的国际竞争力，在实现高水平的对外开放等方面具有重要的现实意义。而且，数字平台企业也推动了全球产业链和国际分工的变化，以互联网和信息技术为基础的数字平台企业降低了产品、信息和人员流动的成本，提高全球范围内的产品和服务的交易量和信息的交换效率，赋能世界各国企业以更多样化的方式参与到全球价值链当中，推动着普惠贸易和服务贸易的发展，引领着数字化时代的全球产业链创新。此外，"二十国集团数字经济发展与合作倡议"等也在全球赢得了广泛共识，信息基础设施互联互通取得了明显成效；"丝路电商"等也大大提升了我国数字平台企业全球化的影响力和竞争力。以上种种信息预示着企业的数字营销实践不仅要立足于本土化，而且要有全球化视野，要综合考虑不同国家的经济、文化、政策、数字经济发展水平等因素，因地制宜地制定国际化数字营销策略。

5. 数据中台提升市场营销决策效率

淘宝所收集的海量行为数据带来了高昂的储存成本，而广告、商家、搜索等各种功能都需要调用淘宝的基础数据，以便进行分析和建模。相同数据的相互重叠存储、不同团队的各自为营、缺少数据的分享和复用，导致了数据储存成本成倍增长且浪费严重。针对这一问题，阿里巴巴斥资数亿元建设了顾客数据中台（Customer Data Platform），它汇集企业所有顾客的数据，将数据存储在统一的、可为多部门访问和轻松使用的数据平台。作为企业级的数据共享平台和企业数字化转型的中枢系统，顾客数据中台是获取、管理、应用企业的全域顾客数据的一种系统，主要应用于企业的后链路营销和运营。该平台能够将细分人群数据输出给市场营销自动化工具和机构，展开有针对性的、个性化的消费者触达、沟通和互动，帮助企业以数据驱动全链路的市场营销管理和运营决策。而且，

---

① 中国信息通信研究院．平台经济与竞争政策观察（2021）报告，2021.

数据中台还可以有效地解决企业内部各系统之间的数据孤岛问题，将企业全域海量、多源、异构的数据进行整合，为业务前台提供数据资源和分析能力支撑，进而实现数据驱动的精细化运营与精准化营销。

数据中台的核心任务就是推进企业数据资源的运营、持续沉淀数据技术和数据产品的能力，它有利于构建"消费便捷、质量可靠、安全稳定、生产经济"的数据资源体系，进而驱动业务数据化运营并产生价值、释放数据红利，最终帮助企业制定出正确高效实时的市场营销决策。

二、数字平台治理在数字营销中的关键问题

数字平台市场在促进经济发展和为消费者带来便利的同时，在如何实施有效的治理方面却遇到了新的问题和新的困境。例如，数字平台垄断、数据广泛应用所带来的消费者隐私担忧、网络安全与消费者权益保护等问题在数字营销管理实践中尤其突出。这关乎着如何处理好平台垄断与有效竞争的关系、如何处理好隐私保护和数据有效利用的关系等问题。应对上述挑战，维护数字平台的健康长期发展，是数字平台治理工作的关键所在。

（一）数字平台垄断与规治

数字平台的规模扩张使一些平台企业利用自身的市场优势和信息不对称开展"自我优待"、强制"二选一"、滥用市场地位、数据垄断、价格歧视、排他性交易等平台垄断行为成为可能，严重破坏了公平的市场竞争秩序，损害了消费者的合法权益。从 2020 年开始，数字平台市场的治理与反垄断已经成为全社会普遍关注的重点问题。2021 年年初，国务院反垄断委员会制定发布了《国务院反垄断委员会关于平台经济领域的反垄断指南》，2021 年 11 月 18 日，国家反垄断局正式挂牌；2021 年 12 月，中央网络安全和信息化委员会发布了"十四五"国家信息化规划，其中明确提出：鼓励企业开放平台资源，推动资源共享，提升企业共享生产的能力，进而促进平台经济健康发展。这些举措进一步规范了平台市场的竞争格局，为企业开展数字营销实践营造了更加公平有序的竞争环境。

（二）消费者隐私担忧与权益保护

数字平台承载了大量的业务、用户和数据信息，其灵活多元、快速迭代的特征，使其制度的制定和实施不可避免地面临着滞后或缺失的挑战。特别是在数据安全和个人信息保护的问题频繁发生的情况下，亟须治理体系的进一步完善。2021 年 11 月 14 日，国家互联网信息办公室发布了《网络数据安全管理条例（征求意见稿）》，规范了网络数据处理活动，进一步加强了平台用户的数据安全。对于平台上的经营者、服务企业、用户等市场主体权益的保护，是平台治理的重要内容。微信社交平台、淘宝电商平台、百度搜索平台等，都有着明确的平台用户隐私保护条款以便确保用户权益得到保护且不受侵犯；微信公众号平台、知乎等知识创作平台还进一步明确了相应的知识产权保护条例，建立了用户争端解决机制，这对促进数字平台主体间的信任和推动数字平台市场的良性发展具有重要意义。因此，企业在平台市场基于数据分析开展数字营销实践的时候，需要关注用户的隐私担忧等重要问题，以便确保用户的合法权益不受侵犯。

第三节　数字营销微观环境分析

大数据、云计算、人工智能、区块链、5G 等前沿数字技术正在加速创新，以新一代 ICT(Information and Communication Technology)技术为基础的数字技术发展正在引领着新一轮的市场变革，具体表现为数字技术对市场主体(如企业与消费者)的赋能。其中，**数字技术赋能**是指以数字技术为基础来驱动经济社会以及各方面创新与增长的过程。从企业和顾客这些市场的基本单位来看，数字技术是当下企业开展数字营销的关键要素和工具，也是消费者参与市场活动的重要技术支撑。因此，本书对企业微观环境的分析主要从数字技术赋能企业和数字技术赋能消费者这两个方面进行展开，如图 2-6 所示。

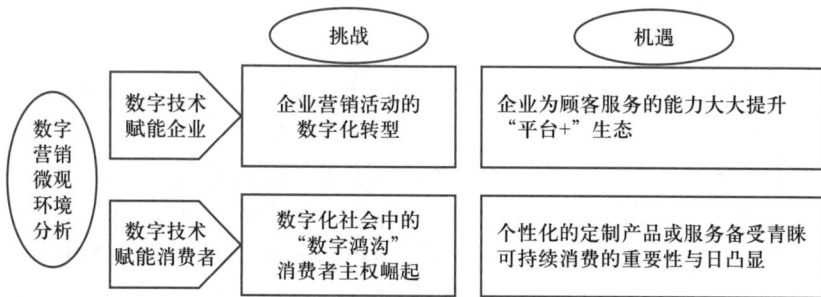

图 2-6　数字营销微观环境分析

资料来源：作者绘制。

一、数字技术赋能企业带来的营销挑战与机遇

数字技术赋能企业是指企业以大数据、云计算、人工智能等数字技术为依托，构建和提升有利于企业价值增值活动的数字化能力，进而表现为增强企业在市场活动中对需求识别的精确性、反应的敏捷性、衔接的灵活性以及决策的高效性。[①] 由此可见，数字技术赋能企业能够帮助企业达成许多传统营销难以实现的目标。例如，大数据技术应用可以帮助企业更加精准地预测顾客的需求、人工智能技术可以帮助企业提升顾客服务的水平等。

（一）数字技术赋能企业为数字营销带来的挑战

从整体战略层面来看，数字技术对企业的赋能主要体现在整个市场营销体系与营销过程的数字化转型方面。

1. 企业数字化转型的内涵

关于数字化转型的内涵，多位学者从不同的方面对企业数字化转型的内涵进行界定，如表 2-4 所示。可以说，数字化转型是众多企业适应数字经济发展的主动选择，也是数字经济高质量发展中的关键一环。例如，华为将数字化转型确定为企业未来五年最重要的发展战

---

① 周文辉，王鹏程，杨苗. 数字化赋能促进大规模定制技术创新[J]. 科学学研究，2018，36(8)：1516-1523.

略。不过，对企业来说，数字化转型是一项复杂而艰难的旅程，面临着技术、资源、能力、文化和管理等各方面的挑战。其中，数字技术是企业数字化转型的重要驱动力量，数字技术可以催生新的商业模式、增强企业获取客户资源的能力并推动企业更有效地践行客户服务意识和推动企业向智能化转型等。

表 2-4 数字化转型内涵的界定

学者	内涵
Singh&Hess，2017	数字化转型是指企业使用新的数字技术以实现重大业务改进或创新、组织变革或创建新的商业模式的过程
Vial，2019①	数字化转型是指通过信息、计算、沟通和连接技术触发企业重大变革的过程
肖静华，2020②	数字化转型是指企业通过新一代数字技术对业务进行升级，使得数字技术与实体经济深度融合，从而提升企业生产效率的过程
曾德麟，蔡家玮，欧阳桃花，2021③	数字化转型是以数字化技术、数字化产品和数字化平台的基础设施为支撑起点，进而引发个人、组织、产业等多个层面变革的过程
康瑾和陈凯华，2021④	企业的数字化转型是企业数据资源不断整合应用的过程，如何加工利用数据、释放数据是企业数字化转型的关键

资料来源：作者整理。

从表 2-4 中可以看出，数字技术是企业实现数字化转型的关键要素，业务革新、组织变革、生产效率提升、商业模式创新是企业实现数字化转型的重要手段。基于此，本书借鉴王永贵和汪淋淋（2021）的研究认为：**数字化转型**是指企业通过使用新的数字技术来改进企业的核心业务，增强顾客体验、简化运营流程或创建新的商业模式的变革过程。数字化转型可以帮助企业利用先进的数字技术将某个生产经营环节乃至整个业务流程连接起来，形成有价值的数据资产，通过智能计算、反馈和管理这些数据信息，最终赋能到企业商业价值创造的过程。

2. 企业数字化转型对数字营销实践的挑战

2021 年 10 月发布的《2021 中国企业数字化转型指数》报告显示：我国数字化转型成效显著的企业比例持续上升，由去年的 11% 提升到 16%，但仍有 84% 的企业数字化转型成效并不显著。实际上，企业数字化转型不可避免地涉及前端市场营销的数字化转型。从营销战略的角度看，企业在实施数字化转型这种涉及企业整体战略的制定与实施的各种举措时，势必面临着诸多前所未有的挑战。

从本书对数字营销的"道"与"术"的探讨来看，在"道"方面，数字化转型就对企

① Vial，G. Understanding digital transformation：A review and a research agenda[J]. The Journal of Strategic Information Systems，2019，28(2)：118-144.
② 肖静华. 企业跨体系数字化转型与管理适应性变革[J]. 改革，2020(4)：37-49.
③ 曾德麟，蔡家玮，欧阳桃花. 数字化转型研究：整合框架与未来展望[J]. 外国经济与管理，2021，43(05)：63-76.
④ 康瑾，陈凯华. 数字创新发展经济体系：框架、演化与增值效应[J]. 科研管理，2021，42(4)：1-10.

业传统的战略思维提出了挑战。例如，波特的竞争理论是否仍然适用？或何时不再适用？数字化转型也意味着企业的"战场"（即市场）发生了变化，竞争对手可能变成了跨界的竞争对手，新进者对行业的颠覆正变得越来越常见。再如，随着企业数字化程度的加深，资源在线上线下的流动性不断加强，如何攫取数据和流量等新的资源以维系乃至提升竞争力也成为企业数字化转型的巨大挑战。毋庸置疑，在"道"方面，企业仍然需要明晰创造、锁定和传递的顾客价值以及获得市场竞争地位等一系列战略目标，但目标的构成及其实现方式则有了更加丰富的内涵并充满了变数。

在数字营销的"术"方面，虽然企业能够尝试转变传统的市场营销思维和手段，但践行市场营销活动的数字化却并非一蹴而就的。如今，在数字化转型过程中，企业既可以运营企业IP、经营社交媒体，也可以通过短视频、电商+直播等途径与消费者密切互动。同时，作为企业数字化转型的重要组成部分，如何实现客户管理的数字化、渠道管理的数字化、服务管理的数字化以及开展有效的短视频营销、电商直播营销等，都是企业必须面对的严峻挑战。而且，诸如此类的数字技术及其应用的不断更迭，也为企业如何甄选和应用适合自身发展需要的数字化技术带来了选择困境。此外，如何利用数据技术提升顾客体验、如何提高营销决策效率和缩短市场营销流程，如何更有效地满足消费者日益个性化的、即时的、复杂多变的需求，也是企业数字营销所面临的重要挑战。

（二）数字技术赋能企业带来的数字营销机遇

可以预见，在未来的数年，数字技术将持续为企业进行赋能，加速数字技术与企业市场营销活动的融合，进一步提升企业的营销智能化水平和为顾客提供服务的能力。同时，数字技术的应用也使企业有能力同顾客一起实施更为密切的价值共创活动，"人–货–场"的生态链将更加多样，"平台+"的新场景将层出不穷。

1. 企业为顾客服务的能力大大提升

在中央各部委发布的与制造企业数字化转型相关的"十四五"规划纲要中，有53%的规划将数字化转型列为重点任务和重点工程，从数字基础设施、关键技术攻关、数字产业布局等方面为企业数字化转型提供保障①。这无疑为企业实施市场营销的数字化转型提供了坚实的基础。可以说，数字技术赋予了各行各业的企业更强大的市场洞察能力和更加敏捷的市场反应能力。同时，通过运用各式各样的数字营销手段（如直播营销、人工智能营销、视频营销、社交媒体营销等），能够大大提升为顾客提供卓越服务的能力。在新时代，衡量企业市场营销效果的重要维度之一，就是能否应用数字化技术为顾客提供更加卓越的服务。

2. "平台+"生态的未来发展趋势

目前，数字化的发展也给企业带来了巨大的挑战，比如竞争环境的复杂度倍增、新生态模式的出现等。未来企业之间的竞争与发展，不再是单打独斗，企业与企业之间由激烈的竞争关系转向命运共同体，各方都通过彼此之间整合产品和服务来共同创造价值，形成资源共享、合作共赢的新生态。另外，随着互联网平台融合应用走向纵深，数据之间的相互连接正变得愈加重要和普遍，以数字平台为核心的生态体系必将逐渐丰满，"平台+"日益成为企业未来的新经济形态。"平台+技术"必将有助于促进技术和产业数字化融合，"平台+场景"则一定有助于企业为顾客开发出更加高效可靠的数字化解决方案。可见，平台已成为

---

① 国装智库. 中小企业数字化转型分析报告（2021年版）发布，2022.

企业数字营销实践的主要市场环境，未来"平台+"的新业态场景将会层出不穷。

二、数字技术赋能消费者带来的数字营销挑战与机遇

数字技术赋能消费者是指消费者借助自身掌握的或企业提供的数字技术工具，主动参与企业的经营活动、表达自身需求并充分发挥消费者作为设计者、参与者、监督者的权力，与企业共同创造价值，并主要表现为消费者对数字化生活方式的适应。

（一）数字技术赋能消费者对数字营销的挑战

数字技术为消费者赋能，为数字技术在企业数字营销实践中增添了新的内涵，使消费者在市场营销活动中更加积极并拥有了更大的话语权，进而促进了消费者主权的崛起。这种赋能同时为数字营销实践带来了新的挑战，主要表现在：

1. 均衡领先科技与人文关怀的挑战

在数字化时代，随着智能设备的普及、电商平台的深入和多元化发展，产品选项极大丰富，消费者表达自我诉求的途径愈加多元，消费者的自我选择意愿也更加强烈，人们的消费方式更加趋向线上化与理性化。如今，数字化生活已成常态，数字化社会逐渐形成，人们对数字技术的角色有了更多维的思考。在数字产品和服务为消费者提供便利的同时，消费者更加注重数字技术所带来的体验。

然而，人类社会对科技的发展历来就有着"双刃剑"的讨论。例如，移动智能手机和无线通信的普及，拉开了人与人之间的线下社交距离。虽然数字化赋能了消费者，但不同地域和不同人群之间的"数字鸿沟"却依然存在，这主要表现在对数字化生活的适应程度。例如，一些老人对智能终端的使用并不熟悉。从杰拉尔德·蔡尔曼和菲利普·科特勒于20世纪70年代所提出的社会市场营销的角度看，市场营销不仅应该注重经济效益，而且还应该注重社会效益的实现。在数字化时代，企业虽然在践行数字营销的过程中有了更多提高效益的手段和工具，但应该尤其注重负责任的数字营销、有伦理道德的数字营销和有温度的数字营销，在为消费者提供优质价值的同时，还应该特别注重社会价值的实现，即如何更好地兼顾数字化发展过程中的人文关怀，这就为企业实施数字营销带来了新的挑战。[①]

2. 营销沟通的挑战：消费者主权的崛起

数字技术赋能消费者也加速了消费者主权的崛起。首先，这主要表现在消费者的决策逻辑发生了变化，由线上发现、线下体验、社区讨论到下单购买、分享心得，逐渐成为数字化时代中的新决策逻辑；其次，消费者的决策模式也发生了相应的变化，消费者除了关注产品性价比之外，同样关注参与权，诸如评论、分享和弹幕等渠道均成为消费者表达主权的方式；最后，消费者逐渐成为设计、生产、销售、服务全流程的一部分，并且不再是被动的、纯粹的产品接受者，而是合作的生产者、价值的共同创造者和核心能力的共同开发者。因此，在消费者主权崛起的时代，任何一位消费者在网络中的言论都有可能发酵成一场公关危机。因此，在数字营销实践中，企业将持续地面临如何与消费者展开有价值的营销沟通这一挑战。具体而言，企业应该避免传统的、单方向的、主导式的沟通方式，时刻关注消费者偏好的变化，如实时关注社交媒体评论信息、实施舆情监测、评估消费者发声的渠道和内容

---

① 新华网. 数字化社会呼唤更多的人文关怀，2020.

等。同时，企业与消费者的沟通不仅仅是服务接触点，而且还包括营销沟通幕后的数字技术支撑系统。例如，一些顾客尤其注重服务响应和服务效率。在拨打投诉电话的同时，服务人员应及时获取有关该顾客的所有信息，甚至预测出顾客的痛点。相反，如果反复将顾客切换到其他的热线服务，则很可能会引起顾客的不满。概况而言，在数字化时代，时刻保持对消费者需求与行为模式的洞察至关重要，这为企业在新时代建立起强大的洞察系统带来了诸多全新的挑战。有关营销洞察系统的内容，请参阅本书第四章的数字营销洞察系统。

（二）数字技术赋能消费者带来的数字营销机遇

在未来的数年里，数字技术会进一步为消费者赋能，这为企业开展数字营销带来了新的机遇，主要表现在以下两个方面：一是数字技术赋能消费者使个性化定制产品或服务备受消费者的喜爱，二是消费者更加注重绿色可持续发展，实施负责任的营销和绿色营销的企业则大受裨益。

1. 个性化的定制产品或服务备受青睐

如果想要买一件衣服，消费者会如何购买呢？打开淘宝搜索当季流行？浏览品牌官网？还是关注直播由主播推荐？在数字化时代，数字技术的发展与商业应用，使消费者可以通过多种途径触达产品、了解产品和体验产品。而且，在数字化背景下，消费者的需求更趋个性化，并越来越看重数字技术体验，AR 互动体验、创意全息投影、高清视觉盛宴、科技触觉体验……在数字技术的赋能下都已经成为了现实。在数字营销实践中，企业可以基于数字技术创新，为消费者提供更加个性化、定制化的极致体验。可以预见，那些能够在数字化时代洞察消费者需求并通过产品和服务的开发和迭代来持续满足消费者个性化诉求的企业，势必在未来的市场竞争中占据主导地位。

2. 可持续消费的重要性与日凸显

随着我国"3060 双碳目标"的提出，人们更加关注个体消费行为对环境可持续性的影响。在埃森哲 2021 年的全球消费者调研中，98% 的中国受访者认可"环保和可持续发展的价值，并对自身行为和产品选择产生了影响"。相应地，消费者预期也由"我从企业获得好的产品、服务和体验"（小我需求）逐步转化为"通过我的消费行为让这个世界更美好"（大我需求）。在数字营销实践中，企业应该把握消费者的新消费理念及其变化趋势，关注可持续消费的引领与升级，进而制定和实施与数字经济环境和可持续发展相适应的数字营销策略。

本 章 小 结

当今世界正在经历百年未有之大变局，对环境的分析是企业合理制定数字营销策略的前提和基础。本章从宏观、中观、微观三个层次详细阐述了数字营销环境给数字营销所带来的挑战和机遇。在宏观环境方面，数字经济成为经济增长的新引擎，数字技术的快速发展和商业应用是数字经济的重要驱动力量，数字经济支持政策保障了数字经济的健康有序发展；在中观环境方面，数字平台市场是数字营销重点关注的中观环境，数字营销的有效开展离不开数字平台市场，而解决数字平台治理中的垄断和消费者权益保护问题，则事关数字营销实践是否具备了良好的市场环境。在微观环境方面，数字技术赋能是数字营销的重要微观环境，把握数字技术对企业的赋能和对消费者的赋能，往往可以帮助企业有效地把握微观环境，从而制定和实施符合时代发展的、符合有责任意识的、符合可持续发展目标的数字营销策略。

关键概念

数字技术　　数字平台　　数字技术赋能　　数字技术赋能企业　　数字化转型
数字技术赋能消费者

即测即评

☞　请扫描二维码答题

复习思考题

1. 请结合生活中的例子，谈谈数字技术在市场营销领域的应用。
2. 请结合具体事例谈谈数字化时代的消费者有哪些新的变化？
3. 数字技术赋能给企业带来了哪些挑战和机遇？

本章案例分析

数字化赋能：小米之家的营销神话

小米科技有限责任公司成立于 2010 年 4 月，是中国首家以手机、智能硬件和物联网平台为核心业务的互联网企业。在小米成立之后，仅用了 7 年的时间，其年收入就突破了千亿元人民币，是继苹果、三星、华为之后，第四家能够自主研发手机芯片的科技公司。小米不仅自己发展迅速，而且还建成了连接超过 2.35 亿台智能设备的全球最大的消费类物联网平台。2017 年，小米开启了新零售转型之路，开始布局线下零售，小米之家因此诞生。通过数字化赋能，小米之家实现了对人、货、场的重新定义，打造了数字化时代的营销神话。

1. 数字化赋能"人"

"人"在这里主要是指消费者。在数字化时代，消费者的行为大多可以实现数字化。消费者产生的数据为企业的产品设计、生产、销售和服务提供了信息和决策支撑，帮助小米之家更好地预测消费者的偏好趋势及其个性化需求，从而为企业的营销战略决策提供重要支持。小米之家基于地理围栏等数字技术，使消费者从进入小米之家门店的辐射范围开始，就与小米之家产生了连接。同时，通过以往 POS 交易记录将消费者与小米 MIUI 的数据进行关联，以便实现小米智能产品生态圈中相关设备的关联，从而刻画出一部分用户画像。基于用户画像，市场营销人员可以更加准确地了解消费者的偏好，从而向消费者推出定向或个性化的市场营销内容。

2. 数字化赋能"货"

"货"在这里主要是指产品。在货物数字化的环境下，小米之家通过大数据等数字技术选择产品，实现了智能互联和产品的个性化定制。同时，个性化定制还有效降低了企业的库存风险。随着店内数字化技术设备(如面部识别系统、展示区停留时长记录等)的安装与启用，小米之家还可以通过分析消费者行为数据来实现更加智能化的产品展示与销售。而且，小米之家还利用前期互联网营销所积累的用户数据，初步筛选出陈列店铺的各种畅销品。从消费者进店挑选展品开始，小米之家就可以根据消费者数据化模糊画像选择本店展示和销售的产品，并将陈列位置和宣传方式与相关数据进行匹配协调，以实现精准"选品"。通过数字化赋能，小米之家可以利用数字技术拿到产品的体验数据，如根据消费者在店内的停留区域来分析客户进店的意图及其产品购买意向，并根据消费者在产品前的体验时长来分析消费者对产品的购买意愿和相应的成交概率等。基于此，小米之家通过人与货的数据匹配，对企业的销售数据、库存数据进行联动分析，进而识别出产品存在的问题并及时进行产品改进和价格调整。

3. 数字化赋能"场"

"场"在这里主要是指门店。门店的数字化不再强调线上线下固定的零售场所，而是一种泛零售的情境。小米之家关注消费者触达场景的多元化，用数据赋能，打通信息流、资金流和物流，使高效性与体验性相结合、便捷性和安全性相结合、跨度性和即得性相结合，提升购买场景的效率。实际上，小米之家不仅具有传统线下店铺零售的职能，而且还具备体验和引流的职能，致力于为数字化时代的消费者提供沉浸式的消费体验。

此外，小米之家还通过大数据、人工智能等数字技术对门店运营全流程进行数字化追踪，借助移动的数字化商业智能系统和基于小米云平台的大数据分析进行更加全面的实时分析，以便帮助店长或区域经理实时关注门店的运营情况。数字化智能商业系统可以清晰地显示店铺的销售情况、客户转化率、连带率(店铺一天销售的总件数除以小票总单数)、客单价、甚至是客户的满意程度及其对员工的评价等。对这些信息的把握，往往能够有效地提高店面的运营效率和安全系数。

资料来源：王永贵，焦冠哲，张欢，等. 为发烧而生，小米的数字化转型之战. 中国管理案例共享中心案例库，2020

案例讨论题

结合案例试分析，小米之家是如何立足于数字营销环境进行数字化赋能和打造营销神话的？

延伸阅读

[1]　王永贵，汪淋淋．传统企业数字化转型战略的类型识别与转型模式选择研究[J]．管理评论，2021，33(11)：84-93．

[2]　Edelman，B. How to launch your digital platform[J]. Harvard Business Review，2015，93(4)：90-97.

[3]　Fitzgerald，M.，Kruschwitz，N.，Bonnet，D.，et al. Embracing digital technology：A new strategic imperative[J]. MIT Sloan Management Review，2014，55(2)：1-12 .

[4]　Hanelt，A.，Bohnsack，R.，Marz，D.，et al. A systematic review of the literature on digital transformation：Insights and implications for strategy and organizational change [J]. Journal of Management Studies，2021，58(5)：1159-1197.

☞　更多资源请扫描封底拓展资源码→文献目录

策 略 篇

第三章 数字营销中的消费者旅程分析

随着人工智能、大数据等新兴数字技术的迅猛发展，消费者在购物方式和消费行为等方面发生了重大的变化，并呈现出崭新的行为特征。本章首先描述了数字技术对消费者角色及其行为的影响，介绍了数字化时代的消费者特征。随后，重点阐述了消费者旅程的概念、主要阶段以及数字技术对消费者旅程各个阶段的重要影响。最后，详细介绍了绘制消费者旅程图的步骤以及可视化工具。

本章的学习目标：
1. 理解数字时代中消费者行为的变化
2. 理解消费者旅程的内涵和阶段
3. 掌握消费者旅程的绘制步骤和可视化工具

开篇案例

重新定义汽车企业的消费者旅程

思特沃克公司（Thoughtworks）是一家全球领先的咨询服务公司，旨在汇集团队智慧为全球企业客户提供数字化转型相关的咨询服务。在与汽车行业合作伙伴的咨询业务中，思特沃克公司对有关消费者旅程进行了重新设计与创新，并最终顺利完成了基于数字技术和设备的消费者旅程，如图 3-1 所示。汽车企业的消费者旅程主要包括以下五个阶段：消费者获知信息阶段、深入探索阶段、评价准备阶段、决策购买阶段以及购后行为阶段。首先，消费者会利用手机应用软件、网上商城等在线上或通过线下经销商店首先了解其喜欢的车型、款式和配置等信息；其次，消费者可以在线上进行不同车型的比较，分享征求好友意见，还可以利用虚拟现实技术对汽车的内外部结构进行详细了解；再次，消费者在线上与销售代表进行讨论以及填写相关信息，在线下经销商店直接进行试驾；然后，消费者可以选择全款购买或者分期付款的方式完成购买；最后，消费者在购买后对车辆进行评价、维修保养、口碑宣传或重复购买。可以预见：在未来，以客户为中心，基于消费者全生命周期，基于数字技术和设备重新定义的汽车生活解决方案，必然是每家汽车企业数字化转型的必由之路。

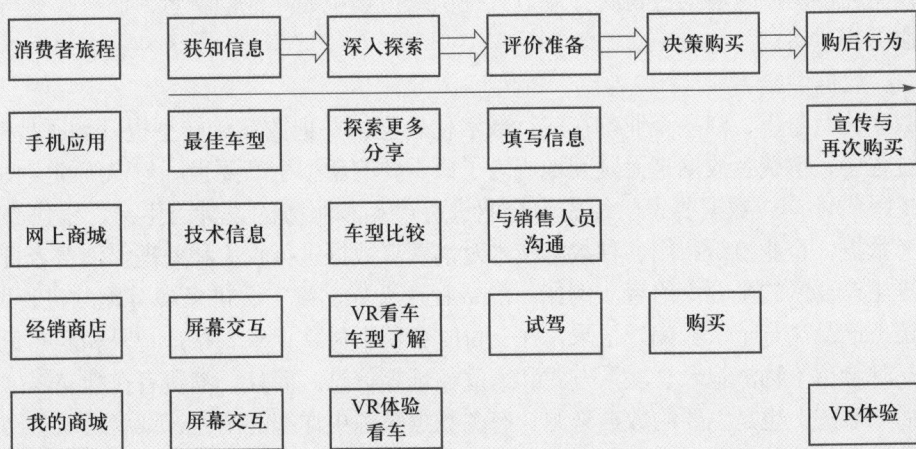

图 3-1　汽车企业的消费者旅程

资料来源：夏寅. 重新定义客户旅程. 商业洞见，2018.

第一节　理解数字化时代中的消费者

随着移动互联网、人工智能、物联网、云计算、大数据、区块链等数字技术的日趋成熟，与现实社会相互映射的数字虚拟世界也逐渐形成。数字虚拟世界与现实社会相互联系却又存在不同，活跃在其中的消费者同样与现实社会中的消费者有所差异，其偏好和行为模式势必也发生了相应的变化。2021 年发布的第 48 次中国互联网报告指出：在数字经济迅猛发展的新时代，数字技术加速更新迭代，对现有的消费市场产生了方方面面的影响，尤其是在消费者的角色和消费行为特征这两个方面。

一、数字化时代赋予了消费者新的角色

数字化时代中的消费者不再被动地作为购买者接受企业的产品或服务，而是能够发挥主观能动性并积极地参与到价值的创造、传播与交付活动当中，并在市场上拥有多重新的身份，担任新的角色，如数字产消者、数据供给者、数字内容生产者等等。

（一）数字产消者

数字产消者意味着消费者突破了传统以物权交易为目的的角色，进而利用物质资源（如闲置房屋等）和非物质资源（如时间与精力等），同时扮演着产品的拥有者和产品或服务提供者的角色①。一方面，数字平台的建立是为了更好地满足消费者群体的需求，更有效地连接产品和服务的提供方和需求方；另一方面，数字平台赋能消费者新的角色，即除了作为购买产品或服务的角色以外，在交易平台上还可以作为产品和服务的提供者，即同时兼具买方和卖方的角色。例如，在小猪短租平台上的房东，既可以作为消费者去使用其他房屋产品，又可以利用空闲的房屋资源通过付费分享方式提供给市场中的其他消费者，而自身充当服务活动中的服务提供者。

（二）数据供给者

在数字化背景下，众多企业都在践行数字化转型，并把数字化转型提升到了战略高度。在这一过程中，消费者数据毫无疑问地成为了最重要的新型生产要素。与传统的实物类生产要素（如工厂）不同，数据要素已经成为企业进行产品和服务的设计、生产、销售等活动的重要参考依据，企业纷纷利用各种数字技术对消费者数据进行收集和处理。消费者日益成为企业数据生产要素的主要供给者。例如，消费者在天猫、淘宝、拼多多等网站进行购物时，必然会留下产品浏览记录和偏好记录，在支付时会留下付款记录、账户记录和购物记录，在签收产品时会留下物流记录、联系方式和家庭住址等信息。而且，消费者在社交媒体中各式各样的活动痕迹，也是主要的数据来源。有关数据来源更详细的阐述，读者可以参阅本书第六章大数据营销的相关内容。概括而言，企业不应该用目标顾客或非目标顾客的观念来区分消费者，一位消费者可能不是企业的潜在顾客，但却可能是企业数据生产要素的供给者，并在企业的数字营销实践中发挥重要的作用。

（二）数字内容生产者

在数字平台上，消费者可以上传自己生成的数字内容。例如，消费者可以上传与日常生活、工作任务、心得体会、游玩体验等相关的文字、图片、音频、视频等数字内容。据统计，平均每人每天单日浏览短视频的时间超过两个小时，更有过半数的短视频用户表示其每天都要浏览短视频节目，而许多短视频都是消费者自己创作的。因此，与以往的市场营销传播不同，企业不再是内容创作的主要来源，任何一位消费者都可以在数字平台上建立自己的个人账户、打造个人 IP、发布各式各样的内容、传播自己的价值观念并在市场中形成一定

① 项典典，包莹，焦冠哲. 数字经济视域下的产消者：研究述评与展望[J]. 外国经济与管理，2022，44（3）：36-52.

的影响力。由此可见，在数字平台投入诸多时间与精力的消费者，他们同时兼具着数字内容的生产者与传播者角色。

二、数字化时代催生了消费者行为的新特征

数字化时代所催生的新兴数字技术，也使消费者的生活方式与消费方式发生了重大的转变，呈现出日益虚拟化、智能化以及数字化的趋势。例如，在日常生活中，消费者的学习、工作、购物、娱乐、聊天等活动都离不开数字环境，这使消费者的行为逐渐派生出一些新的特征，具体体现在：

（一）消费者偏好更加个性化

相较于传统消费者而言，数字化时代中的消费者深刻地受到互联网等数字技术的影响，变得更趋自由化和个性化。具体来说，消费者不再满足于传统经济中千篇一律的标准化产品和服务，而是会通过各种渠道寻求更具特色的个性化定制产品和服务。除了想要获得符合自身偏好的消费体验以外，消费者更加希望所购买的产品和服务能够满足其个性化的需求与期望，即设计和消费定制化乃至个性化的产品和服务。例如，约有49%的受访消费者表示希望能够在网络上购买到定制化的产品和服务，[①] 同时表示：市场中现有的标准化产品和服务并不能很好地满足其个性化需求，仅有18%受访消费者表示其接收到的推荐产品和服务正好符合其自身偏好。再如，家装行业数据显示：顾客更加青睐于根据个人喜好对家装风格方案进行定制，而且希望家装公司可以提供丰富的设计方案供其选择。

（二）消费者行为更加难以预测

相较于传统消费者而言，数字化时代的消费者在产品和服务方面具有更加广阔的选择范围，消费者行为的不确定性相应地有所增加。数字技术的发展催生了不同类型的大量的数字平台，这类新兴的信息传播媒介逐渐替代了传统媒介，使信息传播的架构演变成了巨大的互联网络。消费者信息获取和传播的效率和范围都得到了提升，同时消费者接收到冗杂信息的可能性也逐渐增加。越来越冗杂的产品信息、越来越丰富的产品种类，很容易使对产品信息敏感的消费者面临选择困境，结果导致消费者的行为变得更趋于感性化和非理性化，最终产生难以预测的冲动型市场行为。此外，诸如小红书、淘宝、天猫、京东等数字平台的市场营销手段也越来越丰富，直播带货、大数据用户画像、重定向广告、个性化推荐等借助于数字技术和算法的新型营销方式，也导致消费者的冲动市场行为越来越多。在这种情况下，消费者可能会购买一些自己并不需要甚至后期会试图退货的产品或服务。例如，在2021年的"双十一"期间，淘宝平台的产品退货率超过20%，京东平台的产品退货率接近10%。类似地，对于直播电商来说，某些产品退货率甚至逼近了60%。由此可见，高退货率现象揭示了消费者行为背后存在着诸多复杂性和难以预测的情况。

（三）消费者更加注重多渠道的体验式消费

相较于传统消费者而言，数字化时代的消费者逐渐倾向于进行多渠道消费，并十分注重消费活动的综合体验。目前，淘宝、天猫、京东、拼多多等电商平台的不断发展，为

---

① 人人都是产品经理. 从消费旅程，洞察新零售模式，2020.

消费者提供了更加便捷的购物方式。与此同时，消费者仍然对线下购物存在着大量需求，不少实体商店也在逐渐升级，并努力为消费者提供更好的综合购物体验，力图提供线上购物所无法提供的场景体验。不过，为了在购物活动中提供更多场景化的体验，基于虚拟现实 VR 的购物也在不断地融入各大购物平台，如某个消费者想要购买一个摆件，他可以通过移动智能手机的摄像功能将摆件置于真实的桌面上，由此来评估产品。在现实当中，线上购物和线下购物总是相互促进、相辅相成的，线上线下相融合的多渠道购物正逐渐成为主流的消费方式。例如，阿里巴巴公司旗下的盒马鲜生的成功正是瞄准了消费者"一边逛街一边网购"的需求，为消费者提供线上可进行商品查询、线下可入店挑选、线上可便捷消费、线下可就地取货的综合购物体验。同时，数字化时代中的消费者越来越从产品消费逐渐转变为体验消费。消费者不仅追求高品质的产品和服务，而且需要在购买商品时收获愉快的购物体验，甚至有些消费者更加重视购物过程中所带来的整体愉悦感，而非产品的价格。①

（四）消费者行为更加社交化

相较于传统消费者，数字化时代的消费行为受社交网络的影响更大，甚至部分消费行为直接是社交活动的"副产品"，社交媒体营销迅速兴起。基于社交媒体而产生的消费，是消费者在社交生态中衍生出来的一种新的消费模式，消费者在社交媒体上与商家进行互动，或通过关键意见领袖和在线社区的方式与商家进行互动，消费者行为与社交生态是紧密相连的。例如，社区团购就是基于社区的社交网络建立起来的新型消费模式，消费者的消费行为与社交网络紧密相连。有研究报告显示：互联网用户平均每天花费在网上的时间约为 6 小时 30 分钟。其中，消费者花费在社交网络上的时间超过 2 小时，占其所有在线时间的 32%，居于消费者在线时间分配的第一位。② 70% 的受访者通过社交媒体发现心仪的产品，而 50% 的受访者认为社交媒体影响了其购物决策；另外一份数据也表明：接近 70% 的消费者愿意在喜爱的品牌的微信或电商渠道中购物。而且，由于社交媒体在市场营销中的应用，在社交媒体上的各类消费者评价也占用了消费者 10% 的额外购物时间③。微信、微博、抖音等社交媒体工具的不断迭代，不仅允许消费者进行丰富的社交活动，同时也推出了以小程序为代表的众多功能来帮助消费者在社交平台上实现商品的购买和消费。因此，在社交网络中，社交媒体的功能已经不仅仅是聊天、游戏和浏览新闻等，而是已经成为消费者进行产品和服务购买与消费的重要渠道。有关社交媒体营销的更多内容，可参阅本书第八章的社交媒体营销。

（五）消费者行为更加共享化

相较于传统消费者而言，数字化时代的消费者开始接受共享化的消费方式。数字经济的繁荣催生了共享经济的发展，从共享房屋、共享汽车或自行车，到共享服装、箱包，再到共享充电宝、共享雨伞等，年轻消费者更加热衷于产品和服务的共享。例如，消费者可以出租自己的房屋来获得额外的收入，在空余时间利用私家车兼职网约车司机等。于 2012 年成立并正式上线的共享出租平台——小猪民宿，致力于向寻求特色房屋租赁服务的消费者提供闲

① 王玮，卜览，廖念玲，等. 重新定义新零售时代的客户体验——麦肯锡 2017 中国数字消费者研究[J]. 科技中国，2017，（9）：24-28.

② GlobeWebindex. Digital VS Traditional Media Consumption Global Trends Report，2019.

③ 任保平，杜宇翔，裴昂. 数字经济背景下中国消费新变化：态势、特征及路径[J]. 消费经济，2022，38(1)：3-10.

置房屋资源。这种共享经济模式在很大程度上催生了新的社交模式和服务模式，消费者不仅能够通过共享的方式最大化自身资源的利用效率，而且还能够通过这种方式收获新的社交体验和服务体验。

（六）消费者行为更加健康化

一直以来，世界各地的消费者都十分重视自身的健康问题。有数据显示：健康生活理念持续升温，有40%的受访者将人身安全和健康视为驱动其购买的三大因素之一。[①] 其中，运动和健身成为越来越多消费者生活中不可或缺的重要组成部分，消费者对于运动消费的投入逐年增加，运动消费正成为消费者行为的一个新特征。随着移动应用的发展和数字技术的升级，消费者可以通过各种各样的运动软件进行健身活动。例如，消费者通过使用 Keep 应用程序，利用地理位置定位技术记录运动轨迹，利用虚拟现实、增强现实和直播等新技术来获取专业的指导等。再比如，一些运动品牌企业也纷纷推出了跟踪和培训数字平台，消费者不仅可以在该类平台上购买运动产品，而且还可以与其他消费者以及企业进行持续的互动，如与社区中喜爱锻炼的人以及其他人（如教练等）进行交流以获取信息和训练指导等。

（七）消费者行为更加效率化

相较于传统消费者而言，数字化时代的消费者更倾向于提升消费的效率。有研究显示，大多数的消费者对排队购买的等待上限是半小时，一旦超出这一时间上限很多消费者就会感到反感和不满意。随着消费者开始变得缺乏耐心，其更加倾向于自身个性化需求能够得到及时的满足，越来越看重产品和服务配送的时间和速度，即便需要为此支付一定的费用，"闪送"业务正是基于这样的背景而成长起来的。例如，在线上看到（O2O）平台所提供的产品和服务可以及时送达之后，更多的消费者就会愿意在 O2O 平台上进行购买和消费。一部分受访消费者对及时送货具有更多的偏好。如果消费者在 O2O 平台上购买的商品能够在短时间内送达的话，那么不仅该类商品的销量会有所提升，而且消费者的满意度也会相应地增加。

综上所述，数字时代的消费者不仅拥有了新的角色，而且呈现出了一系列新的消费特征。因此，在数字化时代，为了满足消费者的需求和提供更加优质的产品和服务，理解和把握这些数字化的消费者的偏好及其行为变化就变得十分迫切。换句话说，对于企业而言，如何利用现代数字技术前瞻性地获取有关"数字化了的消费者"的知识及其行为模式，已成为企业构建先发优势、明确数字营销方向、最大化利用市场营销资源的关键所在。

第二节　数字化时代的消费者旅程

为了尽可能揭示数字化的消费者的全貌，下面就基于消费者旅程分析这一工具来全面阐释如何理解数字时代中的消费者行为，以便识别不同消费者旅程中的市场营销机遇从

---

① 毕马威国际. 新形势下的消费者：新冠疫情下全球消费者动向调查第五次访谈，2021.

而实施有效的市场营销方案。其中，消费者旅程是对消费者完成目标的过程和行为的概述，是由多个阶段组成的。为此，企业需要明晰消费者旅程的各个阶段，并深刻理解不同阶段中具体的消费者行为，掌握消费者的需求和偏好，以便通过提供更有针对性的产品和服务来满足其异质的需求并提高其满意程度，从而在数字化时代中赢得竞争优势和更大的市场空间。

消费者旅程的内涵

消费者旅程(Consumer Journey)是指包括消费者从认知问题开始到信息收集与方案评价再到购买决策、实际消费和购后行为的整个过程。换句话说，消费者旅程是将消费者完成目标的整个过程进行可视化的一种工具，是由一系列消费者行为按照时间顺序排列而成的。

实际上，对消费者旅程的分析有着多种不同的角度。例如，西蒙认为消费者的决策旅程是一个分阶段的连续认知过程，其开发的西蒙模型(Simon Model)将决策旅程分为三个阶段，即智力活动阶段(收集与环境和目标等有关的情报信息)、设计活动阶段(制定、分析和修改各个备选方案以及评估可能的影响)以及选择活动阶段(选定和实施最终方案)。比较而言，麦肯锡公司的消费者决策旅程动态模型(McKinsey's Dynamic Model of The Consumer Decision Journey)则强调决策旅程应该具有循环性，即开始考虑决策方案、主动评估决策方案、开始购买品牌产品和服务、购买后的消费者体验这四个阶段，是一个动态循环过程。此外，由Engel、Kollat 和 Blackwell（1995）提出的 EKB 模型则总结出消费者进行决策的四个关键要素，即信息的输入、信息的处理、制定决策以及影响决策的因素，并进一步把决策过程概念划为以下五个阶段：需求识别阶段、信息搜寻阶段、方案评估阶段、购买决策阶段以及决策结果阶段。

由此可见，对于消费者旅程的描述总是建立在消费者决策基础之上的。综合已有的相关研究，本节将消费者旅程概念划为五个阶段，分别是认知问题、收集信息、评价方案、决策购买以及购后行为，而且这五个阶段构成了按照时间顺序依次发生的动态过程，如图 3-2 所示。

图 3-2　消费者旅程

资料来源：王永贵. 市场营销[M]. 2 版. 北京：中国人民大学出版社，2022；夏寅. 重新定义客户旅程，2018.

（一）消费者认知问题阶段

1. 认知问题的内涵

消费者旅程首先从认知问题阶段开始。其中，**认知问题**指的是消费者发现自己的理想状态与个人实际情况存在一定的差距，由此意识到自己需要采取行动来弥补或缩小两者之间的差距。在这一阶段中，如果消费者追求的个人状态或生活方式与当下的处境不存在差距，那么消费者就会产生满意的感觉，就不会意识到自己需要采取行动。相反，当消费者追求的个人状态或生活方式与当下的处境存在差距，消费者则会开始意识到自己需要采取行动来弥补差距。认知问题阶段对于整个消费者旅程意义重大，因为只有这一阶段认知产生才能刺激消费者进入下一阶段。

2. 数字化时代的消费者认知问题阶段

在数字化时代，迅猛发展的数字技术基本上能够渗透到消费者旅程的每一个阶段。数字化时代下的消费者对问题的认知要更加直接和清晰。具体来说，数字技术使消费者更容易认识到自身理想状态与实际情况之间存在的差距。一方面，随着数字技术的发展，尤其是移动互联网技术与社交媒体技术的普及，消费者更加容易暴露在海量的商品信息当中。大量的数字平台，如淘宝、天猫、京东、微信、微博、抖音、快手、小红书等，在源源不断地向消费者提供全面且多维的商品信息与内容，从而使消费者意识到自身所面临的广阔的产品选择空间和非常多的尝试新产品或新服务的机会。

另一方面，数字技术有助于使消费者所收到的推荐信息更具有吸引力并实现更高的购买转化率。借助数字技术和关键意见领袖不仅可以通过文字的形式推荐产品或服务，而且还可以利用图片和视频的形式呈现产品信息、使用过程、心得体会等，从而增加了产品或服务推荐的说服力，提升了最终的说服效果。这些内容不仅十分直观地让消费者重新审视理想状态与自身实际处境之间所存在的差距，更能够直接促使消费者迅速地采取行动去改善现有处境，以便快速弥补或缩小理想状态与实际情况之间的差距。

（二）消费者收集信息阶段

1. 收集信息的内涵

收集信息是消费者旅程的第二个阶段，是指消费者在意识到理想状态与实际处境存在差距之后，开始着手收集来自内部和外部两个来源的信息，以便进行下一步操作的过程。其中，内部信息的来源主要是指消费者个人的知识储备、购物经验、对产品的了解等；外部信息的来源是指消费者从外部信息源主动获取的信息，如来自身边人的推荐信息、网络上的评论信息、意见领袖的推荐、广告宣传信息、科普信息等。同时，外部来源信息又可以具体分为个人、公众、商业来源等。其中，个人来源信息是指来自家人、同事、朋友等提供的信息。一般而言，消费者对于信息的信赖程度，在一定程度上取决于关系的远近或者对于该群体的信任程度。据调查数据显示：有将近三分之二的消费者在购买新车时，会受到周围人观点的影响。而且，以往消费者的信息来源主要来自在线网站、传统广告宣传（如电视、广播、户外、印刷等）和营销专员（如电话推销）等。

2. 数字化时代的消费者收集信息阶段

在数字化时代，数字技术能够助力消费者更快、更多地收集所需要的信息，他们所能获取信息的类型、范围、数量、速度等都得到了大幅度的提升。如前所述，在过去，消费者收集信息一般是通过询问周围的人和传统商业广告等，而当今的消费者可以依靠无处不在的移动互联网、社交媒体（如微博）、即时新闻媒体（如今日头条）、网络社区（如微信群）、内容App（如小红书）等渠道，更快、更广泛、更及时地获取产品相关的全方位信息，如文字描述、图片、音频、视频等。有研究数据显示，在线下渠道，大约有近50%的消费者一般会去2家实体商店挑选商品。但比较而言，在线上渠道，大约有近45%的消费者至少会去3家以上的店铺进行选择比较。[①] 这是因为：在线购物平台可以让消费者花费更少的时间去了解

---

① 人人都是产品经理．从消费旅程，洞察新零售模式，2020.

更多的商品，并进行商品的比较和选择。

不过，尽管这些来源的信息体量庞大、种类多样、专业性较强，但是其权威性往往相对较低，而且质量参差不齐、透明度比较低，消费者和企业之间的信息不对称仍然存在。然而，数字技术的发展却为消费者缓解上述问题提供了可能，消费者可以获取和利用其他消费者反馈的文字描述、图片、音频、视频等真实信息。例如，淘宝商城的买家秀这一模块的主要功能，就是为买过某个产品的消费者提供一个分享的渠道，方便其针对这一产品的品质、功能、体验等上传反馈的信息、图片、音频、视频等，以便帮助其他消费者更好地了解该产品。据相关数据显示：对于消费者所能接受到的产品和服务信息而言，其中有一半左右是通过网络红人或者关键意见领袖获得的，他们可以为消费者提供更具权威、可靠的数据和信息。

此外，消费者甚至可以通过虚拟现实和增强现实技术提前感受产品或服务。具体来说，这类技术可以让消费者在购买前通过虚拟体验来完成对产品的信息获取和评估，这有利于减少消费者在购买活动中的不确定性，并增加购买信心。① 例如，消费者可以通过虚拟现实看房系统和 3D 模拟微沙盘，直接在线上即可全景看房，并一目了然地了解期望购买的房间和居住环境。

（三）评价方案阶段

1. 评价方案的内涵

评价方案是消费者旅程的第三个阶段。在这一阶段，消费者的最终目的是选择所需要的产品和服务，因此，会对产品和服务的诸多方面进行评估，如品牌的知名度、口碑、美誉度以及产品和服务的质量、体验感、性价比等。综合来看，消费者往往倾向于重点评价以下三个方面的内容：产品和服务的属性（能为我带来什么价值）、产品和服务的整体效用（能否让我满意）、品牌信念（是否符合我理想中的优质信念）。首先，产品和服务的属性指的是可以满足消费者需求的产品自身特性，如产品的功能属性、美观属性等。消费者总是期望其选择的产品和服务所拥有的属性，能够在最大限度满足其需求。其次，产品和服务的整体效用指的是消费者主观上感受到的，产品和服务拥有的属性所能达到的标准。只有产品和服务的属性达到了消费者所认为的最低标准，消费者才会接受和认可该产品和服务。最后，消费者的品牌信念指的是消费者对于某品牌的主观认知，主要与消费者对于该品牌以往产品和服务的最终认知密切相关，通常体现为对该品牌是否优质的看法和信念。

2. 数字化时代的消费者评价方案阶段

在数字化时代，数字技术能够进一步提升消费者评价方案的效率与效果。一方面，消费者可以直接利用企业提供的个性化定制广告来评估最需要的产品和服务。目前，企业开始使用大数据和机器学习等技术对消费者的消费行为和购买记录进行分析，识别消费者的偏好，并快速结合消费者偏好进行行为预测和精准推荐。例如，企业可以根据推断出的兴趣和偏好，为每个消费者定制广告。这些定制广告可以直接转化为消费者的点击意向，从而提高了在线广告的效果。同时，消费者也可以参考明星代言、网络红人、关键意见领袖推荐的产

① Bharadwaj, N., Ballings, M., Naik, P. A., et al. A new livestream retail analytics framework to assess the sales impact of emotional displays[J]. Journal of Marketing, 2022, 86(1): 27-47.

品。例如，消费者在购买美妆产品的时候，经常会进入美妆产品主播的在线直播间，除了观看产品的介绍以外，还会与主播进行即时互动和咨询。

另一方面，消费者会利用数字平台上的网络口碑等来评价方案。例如，为了节省评价所需的时间和精力，消费者可以购买在线好评数多或口碑佳的产品。同时，消费者还可以进入在线社区寻求帮助——在线社区中存在不同主题的论坛板块，消费者可以选择感兴趣或者需要的主题，并在论坛上浏览关于产品和服务的评测意见和建议。

（四）决策购买阶段

1. 决策购买的内涵

决策购买是消费者旅程的第四个阶段。在这一阶段，消费者将做出最终购买与否的决定。但值得注意的是，消费者的购买意向和真正的购买行为之间还会受到以下三个方面因素的影响：他人的态度、突发意外情况以及预期风险。其中，他人的态度指的是消费者周围的人对其购买行为的看法和意见。由于这些人（如亲人、朋友、同学、同事等）对消费者具有社交影响力，所以他们的看法和意见具有很强的参考价值，很有可能会直接影响消费者的购买意愿能否成功转化为购买决策。突发意外情况指的是消费者或外部环境突然发生的变化，如消费者被辞退导致收入骤减，消费者身体出现重大疾病或者家庭发生变故等。消费者所处的环境，特别是商业环境发生的变化，如店家推出了新的产品、开展了优惠力度很大的促销活动。预期风险指的是消费者在购物时，其所能认知到的未来可能发生的变故或风险。当消费者预期的风险越大，其在购买时产生的顾虑就越多，这将大幅度降低消费者购买产品和服务的可能。

2. 数字化时代的消费者决策购买阶段

在当今的数字时代，数字技术往往可以在一定程度上刺激消费者的冲动消费（Impulse Buying）。首先，数字技术通过提升消费者体验来刺激消费者的冲动消费行为。例如，便携的移动设备、精心设计的网络购物平台、流畅的购物流程等往往能够向消费者提供沉浸式的购物体验，免去了消费者亲自去实体店体验和比较产品的环节，节约了消费者的时间和精力。这时，消费者仅需滑动手指就可以便利地浏览海量的商品信息。有研究显示，当在线购物网站播放动听的音乐时，消费者的情绪会产生波动，这很可能引起消费者的冲动购买行为。[①]

其次，数字技术通过丰富的信息内容刺激消费者的冲动消费行为。除了基本的文字介绍，淘宝、天猫、京东等购物平台更是能够提供精美的图片、视频等类型的素材，以便让消费者切实感受到产品的优点和良好的用户体验。例如，相较于文本信息而言，精美的图片和视频往往能够更直接地传达信息和内容，更好地吸引消费者的注意力，从而进一步促进消费者的购买欲望，提升产品和服务的购买转化率，增加冲动消费的可能性。

最后，数字技术通过增加临场感刺激消费者的冲动消费行为。相较于其他的网络购物方式，通过观看在线直播进行网络购物更能增加消费者的冲动消费行为。作为一种新兴的媒体形式，在线直播融合了信息通信等多种数字技术，能够将人的声音和图像迅速地传递给消费者，同时消费者也能够在线与主播进行实时互动。有研究表明：在线直播具有良好的环境氛围，可以通过主播的展示和推销进一步凸显产品和服务的特性。通过在

---

① 王嵩. 移动电商环境对冲动消费意向的影响——基于情绪的中介效应[J]. 商业经济研究，2020，(11)：35-39.

线直播的形式，消费者往往更容易了解产品和服务的性能和优点，也更容易促使消费者在不经过深思熟虑的情况下即刻做出购买决定，形成冲动消费。

（五）消费者购后行为阶段

1. 购后行为的内涵

购后行为是消费者旅程的第五个阶段，也是最后一个阶段。该阶段往往发生于消费者使用完产品或体验过服务之后。在这一阶段，消费者会对产品或服务产生满意或者不满意的主观认识，是消费者对期望水平和实际使用水平之间进行比较的结果。

一方面，满意的主观认识表示的是消费者期望水平与实际使用水平不存在或存在微小的差距。如果消费者对产品和服务具有满意的评价，则有可能产生三种结果：第一，消费者对该产品和服务的品牌产生忠诚度，即在面对其他不同品牌时，消费者仍然会倾向购买该品牌的产品和服务，表现为态度上的忠诚；第二，消费者对该产品和服务形成重复多次的购买习惯，表现为行为上的忠诚；第三，消费者对该产品和服务进行正向宣传又称为正向口碑传播，具体指的是消费者对于某个品牌及其产品和服务进行积极的宣传，表现为成为某品牌的"传道者"。

另一方面，不满意的主观认识表示的是消费者期望水平与实际使用水平存在较大的差距。如果消费者对产品和服务产生了不满，则有可能做出以下四种行为：第一是消费者可能自认倒霉，即不采取任何相应措施和表达出任何的抱怨；第二是消费者将自己的抱怨和不满表达出来，并告诫其他消费者不要购买该品牌的产品和服务；第三是消费者就个人的抱怨和不满直接向商家反馈，并要求商家赔偿其相应的损失；第四是消费者认为如果自己的合理诉求无法得到满足，则会求助于第三方，如新闻媒体、行业协会、政府相关部门等。

2. 数字化时代的购后行为阶段

在数字化时代，数字技术的发展进一步增加了消费者的分享意愿、促进了消费者在线口碑行为的传播，提升了消费者满意度。首先，数字技术增加了消费者分享意愿。数字平台的出现改变了消费者之间的信息传播方式，信息传播的路径演变成巨大的互联网络，处于不同网络节点的消费者互相分享信息的意愿十分强烈。特别是微博、微信、QQ、抖音、小红书等平台能够更加快速和便捷地满足消费者分享信息的愿望和需求。同时，消费者在这些数字平台上分享的内容，其影响力在互联网的作用下被放大，成为其他消费者作出购买决策的参考。分享内容的消费者会在此过程中获得相应的成就感与满足感，信息分享的价值由此得到显现，这反过来还会进一步刺激消费者未来的分享意愿。

其次，数字技术的发展促进了消费者的在线口碑行为的传播范围和深度。在过去，消费者的口碑行为更多的是体现在线下人与人之间的口口相传。但数字化时代下的消费者习惯通过使用移动设备进行社交活动，其口碑行为则以线上数字平台为载体，以点赞、转发和评论等形式为主。同时，数字技术的应用还能使得消费者在口碑传播后更易获得回报，例如，消费者在向朋友和粉丝成功推荐产品后，能够方便地获得折扣或者数字消费券，这些反馈促进了消费者点赞、转发和评论等行为。

最后，数字技术的发展进一步提升了消费者满意度。例如，虚拟助理、聊天机器人等可以及时为消费者提供实时信息，帮助消费者更好地体验宜人的消费旅程。这样的人工智能聊天机器人，能够理解90%以上的客户查询。据统计，在阿里巴巴，94%的在线服务是人工智能完成的，而且其客户满意度比员工提供的服务还要高出 3%。[①]

第三节　数字化时代的消费者旅程绘制

在了解完消费者旅程的内涵以及数字技术对消费者旅程各阶段所产生的影响之后，本节将在进一步阐述消费者旅程对数字营销的价值的基础上，重点介绍如何绘制消费者旅程图，描述消费者旅程的绘制步骤和相应的可视化工具。

一、数字化时代消费者旅程图的营销价值

（一）有利于形成对消费者的一致理解和认知

在创建消费者旅程图的过程中，产品和服务开发团队需要切实了解消费者的购买需求、购买行为以及购买流程。反过来，这一过程也有助于团队成员更好地了解消费者的实际需求，并对消费者需求和体验形成一致的理解和认知，为切实地提升用户体验奠定坚实的基础。而且，消费者旅程图具有简洁准确的特点，可以有效地传达消费者的相关信息，呈现消费者旅程不同阶段的业务质量以及消费者在不同阶段体验的详细状态。显然，这有助于团队成员快速准确地传达与共享消费者相关信息，帮助团队成员进一步明晰产品和服务的设计目标，确定消费者最关注的产品和服务功能。此外，消费者旅程图也有助于解决企业内部难以建立对消费者形成一致认知的问题，进而在一定程度上降低了沟通成本和协调成本。[②]

（二）有助于确定市场营销任务和事项的优先级

在市场营销实践中，随着项目的不断推进，新的建议和要求会不断涌现，这可能会导致团队成员无法聚焦最核心的消费者需求和期望的功能，从而导致产品和服务开发流程的低效率。在这种情况下，团队领导者往往可以根据预先设定的消费者旅程图来决定哪些任务是需要最先完成的、哪些功能是需要最先开发的，从而帮助团队成员优先聚焦这些目标，促使团队明确多个任务之间的优先次序，进而使工作流程变得更加顺畅，确保不会轻易偏离原先预定的最终目标。

（三）有利于提升消费者满意度与体验感

消费者旅程图是基于消费者视角来绘制的，是可以帮助企业提升消费者满意度和体验的一种可视化工具。具体来说，消费者旅程图可以为企业全面系统地洞察消费者提供一幅完整的视图，可以帮助市场营销人员直观地分析企业与消费者交互过程中的所有接触点，有利于团队成员快速发现和明晰交互过程中消费者的需求点和痛点，帮助市场营销人员深入挖掘提升消费者满意度和体验感的市场营销机遇。

---

① Mark, J. G., Katherine, X., George, S. Y. How Chinese Retailers Are Reinventing the Customer Journey, 2021.

② 知乎. 用户旅程初探 Customer Journey, 2019.

二、数字化时代消费者旅程绘制步骤

如图 3-3 所示，绘制消费者旅程图可以分为以下五个步骤：搜集消费者信息、绘制消费者行为轨迹、拆解具体的消费者行为、提炼关键的项目任务和更新迭代消费者旅程图。

图 3-3 绘制消费者旅程图的步骤

资料来源：人人都是产品经理 . 如何制作用户旅程图？2021；人人都是产品经理 . 用户旅程图进阶：实操与模板，2019.

（一）搜集消费者信息

搜集消费者信息是首先需要考虑的步骤。在过去，市场营销经理需要和团队成员讨论与消费者需求紧密相关的问题，如确定产品和服务的目标消费者、明晰消费者的目标、分析其关键痛点、讨论产品和服务能够为消费者提供什么、消费者的最终价值诉求是什么等等。在数字化时代，企业还可以使用 Hadoop、Not Only SQL（或 NoSQL）数据库、Cassandra、HBase、MongoDB 等技术进行非结构化数据存储和计算，然后结合对海量消费数据的分析做到对消费者信息的全面搜集和提炼。再如，企业也可以借助 Word Count、WordStat、VovSoft Text Statistics 等文本分析工具来追踪记录消费者的在线行为活动。此外，市场营销经理需要注意的是：必须要在一开始就让团队成员，邀请其他部门责任人参与到消费者信息搜集阶段。这是因为：在将共同目标确定下来之后，参与的人越多，之后在根据消费者旅程进行产品和服务开发时所产生的冲突就会越少。在讨论完成之后，还需要让每位团队成员明确总结出目标消费者群体的关键需求和关键痛点等一系列关键问题，让整体团队围绕消费者信息形成高度一致的共识。

（二）绘制消费者行为轨迹

在完成消费者信息搜集之后，营销执行团队需要具体描述消费者的行为，即消费者在旅程中需要完成的具体步骤。首先，团队成员需要精确地呈现消费者的需求和痛点以及产品和服务最终需要达成的目标等；其次，团队成员需要据此还原消费者的一系列行为与基本活动，即在明确了消费者最优价值的行为和基本活动之后，营销团队需要按照顺序排列和调整这些行为活动，形成具体的消费者工作流程，以便进一步确定消费者旅程图的主线，并为未来设计产品功能和提升用户体验提供指导。

（三）拆解具体的消费者行为

绘制消费者旅程图的第三个步骤是拆解具体的消费者行为，进一步明确具体的消费者任务，从而确定产品和服务的特定功能。具体而言，企业需要将第二步中所确定的消费者行为和活动逐个进行分解，并从消费者的角度描述各个行为所对应的、产品和服务需要达成的目标和功能以及团队成员需要完成的具体任务。显然，这是较为复杂和耗时的一个步骤。企业可以先按照顺序列出具体的行为活动，然后再在每个行为的下方列出与之相关的任务和目标，这有利于营销团队成员理解具体的消费者行为、产品和服务的目标以及团队需要完成任务之间的关系。

（四）提炼关键的项目任务

在完成上述步骤之后，消费者旅程图的初稿已基本形成但并不完善，因此，需要团队成员进行反复提炼与修改，使其更加整洁、美观和清晰，也更加准确、符合逻辑和易于遵循。同时，每种消费者行为都可能涉及多个任务，所以营销团队还必须具体地甄选任务以便帮助团队成员聚焦其中最为关键的任务，避免因为消费者旅程图太过复杂而无处入手。

（五）更新迭代消费者旅程图

消费者旅程图需要真正以消费者为中心，不同的消费群体可能存在着完全不同的行为活动，因此，需要根据现实情况的变化不断进行迭代。营销执行团队成员在正式完成消费者旅程图的绘制之前，需要对其进行测试，检验其与目标消费者的实际消费情况所存在的具体差异。例如，根据消费者旅程图模拟产品和服务设计的具体流程。一般情况下，企业会对消费者旅程图进行 4 至 20 次测试，确保其更加贴合消费者的真实情况。而且，企业往往还会根据需要对消费者数据进行深度挖掘，不断地优化和迭代消费者旅程图，以便确保对目标消费者的理解始终都是最新的。

案例3-1

应用程序搜索项目的消费者旅程示例

在数字化时代，消费者在手机应用程序上进行搜索必不可少。当企业想要创建应用程序的搜索功能时，首先就需要了解消费者的活动信息，此时需要和团队成员一起确定消费者主体以及研究消费者的活动范围和内容，如图 3-4 中第一行的界定：应用程序使用者。其次，概述消费者行为轨迹。在对消费者活动有所了解之后，营销团队成员需要对消费者行为进行概述，如图 3-4 第二行中的寻求关键字、搜索关键字、评价结果、确定结果和分享行为。再次，拆解具体的消费者行为，如图 3-4 第三行中的产生关键字搜索想法、找到相关关键字、使用搜索界面检查相关性等。然后，提炼任务项目。营销团队成员需要进一步确定移动 App 产品所要完成的任务，如图中第四行自定义关键字搜索功能、数据库检索功能等。最后，营销团队成员还需要持续地对产品功能和该消费者旅程图进行测试、改进和迭代。

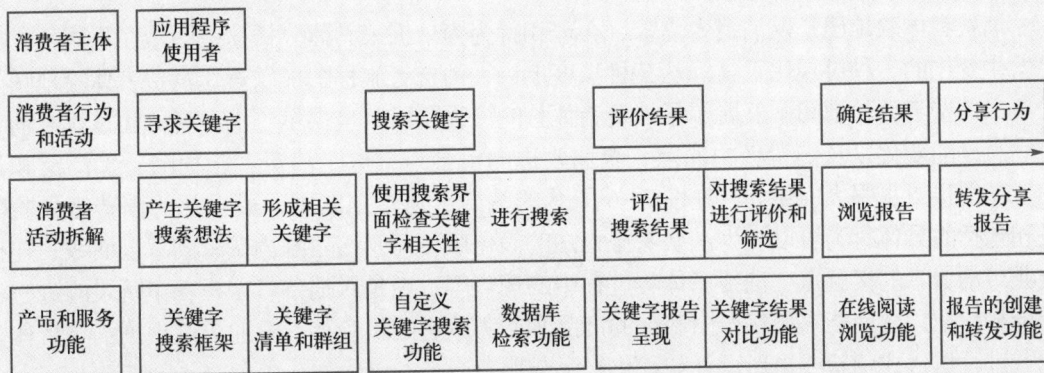

图 3-4　应用程序搜索项目的消费者旅程分析

资料来源：人人都是产品经理. 如何制作用户旅程图？2021.

三、数字化时代消费者旅程的可视化工具

在数字营销实践中，存在着丰富的消费者旅程可视化工具，如基于场景的消费者旅程图、消费者体验地图、消费者服务蓝图以及数据中台等。这些可视化工具有利于企业高效快捷地描绘出消费者旅程的不同阶段以及各阶段所包含的具体行为活动。

（一）常见的消费者旅程可视化工具

1. 基于场景的消费者旅程图

基于场景的消费者旅程图是基于用户体验的轨迹、关注消费者整体旅程的可视化工具，可用于整体服务流程设计和体验规划设计等。如图3-5中的消费者旅程图，它可以很好地帮助零售商店店主准确地了解消费者在进店前、进店中和进店后的全部行为活动。例如，消费者在进店前会首先了解门店的品牌、地理位置等信息，进入店面之后则会产生选购产品、体验产品、与店员互动、购买产品等关键行为，在离开店面以后，消费者还会继续关注和分享店铺以及相应的产品信息，并在需要的时候体验具体的售后服务。显然，这一消费者旅程图可以为店面改善服务设计和提高消费者体验提供更为清晰的指导。

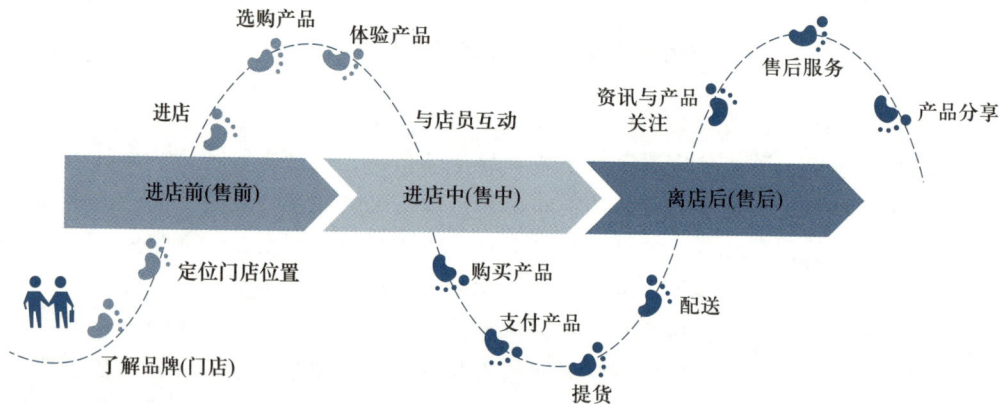

图3-5 基于店面活动轨迹的消费者旅程图

资料来源：人人都是产品经理. 从消费旅程，洞察新零售模式，2020.

2. 消费者体验地图

消费者体验地图是以消费者需求、心理和行为为依据来具体分析这些因素在不同阶段如何发生变化的一种可视化工具。从某种程度上讲，消费者旅程图可以看作消费者体验地图的子集。消费者体验地图不仅展示了消费者体验的流程阶段，也揭示了消费者体验过程中消费者满意度的变化以及消费者的痛点、企业改进的机会点，这比消费者旅程图更加广泛和详细，功能也更加强大。例如，在图3-6所示的消费者体验地图中，最上部的消费者体验阶段和包括的具体行为可以视为消费者旅程图的简化版，而紧接着的消费者满意度曲线、连接企业与消费者的接触点、消费者体验过程中的痛点等，则是对消费者旅程各个阶段的进一步分析和挖掘，从而能够最终得出底部的产品和服务改进的机会点。企业可以根据消费者体验地图进行迭代式创新或重新设计与优化产品与服务。

3. 消费者服务蓝图

消费者服务蓝图是基于企业服务系统前台和后台视角来描述消费者旅程的一种可视化工具。服务蓝图的最终目的，是通过将服务系统中的要素、流程、逻辑关系等进行整合，以期

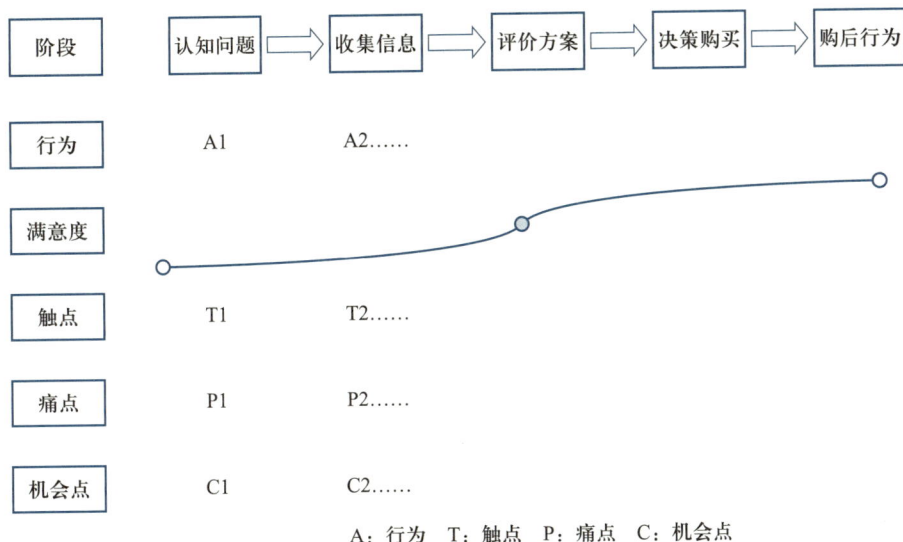

A：行为　T：触点　P：痛点　C：机会点

图 3-6　消费者体验地图

资料来源：根据韦伟，吴春茂. 用户体验地图、顾客旅程地图与服务蓝图比较研究[J]. 包装工程，2019，40（14）：217-223；知乎. 如何有效设计用户体验地图，2022.

实现消费者需求与服务系统之间的匹配，从而改进和优化现有的服务系统。如图 3-7，消费者服务蓝图从上到下主要包括物理实物、用户行为、前台企业行为、后台企业行为和服务系统支持过程等，它有助于为一线市场营销人员提供相对直观的操作指引。而且，消费者服务蓝图中还有"三条线"需要特别注意。其中，首先是用户行为和前台行为之间的外部作用交互线，该条线把企业内部的服务系统和外部用户分离开来。其次是前台行为和后台行为的可视化线。在可视化线以上是前台企业行为、用户行为和物理实物等消费者可以直观看到的部分，而可视化线以下是后台行为和支持过程，它们往往是消费者无法直接察觉的企业活动。最后是后台行为和支持过程的内部作用交互线，该条线把企业的后台操作行为和服务系统支持过程分离开来。

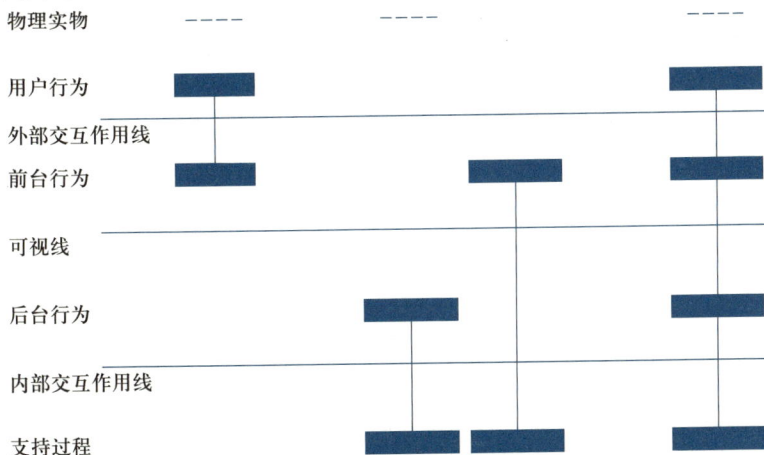

图 3-7　消费者服务蓝图

资料来源：整理自韦伟，吴春茂. 用户体验地图、顾客旅程地图与服务蓝图比较研究[J]. 包装工程，2019，40（14）：217-223.

4. 数据中台

在数字化时代，作为一种新型的数字智能技术，数据中台在企业数字营销中的应用方兴未艾，正逐渐成为对新的智能化消费者旅程进行管理的一种可视化工具。数据中台汇集了企业所有顾客的数据，将数据存储在统一的、可供多部门访问和轻松使用的数据平台。具体来说，数据中台能够汇总消费者在消费旅程中的所有相关数据，如跟踪和整合消费者在线下和线上的所有行为数据（如线下实体店和线上商城的购物数据）。同时，数据中台还能在管理人员需要时迅速传达和呈现有关消费者行为的全部信息，并有针对性地与消费者进行密切互动和沟通。如图3-8所示，云徙科技的数据中台就是以数据为中心，不仅可以帮助企业整合出全渠道的消费者业务数据，按照统一标准进行存储，然后在需要的时候通过实时大屏幕对这些数据进行展示，详细地刻画和清晰地呈现出消费者旅程以及消费者画像，以便帮助企业管理层迅速做出决策，进一步优化现有的产品和服务流程，并针对不同消费者进行精准营销和个性化推荐，从而高效地满足消费者需求。

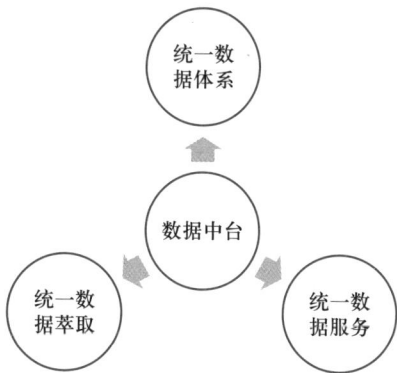

图 3-8　云徙科技的数据中台

资料来源：百家号．增长智能引领营销数字化，数据中台掌控消费者旅程，2019；腾讯云．云徙科技：数字中台是数字经济下的新基建，2019.

（二）消费者旅程可视化工具优缺点比较

消费者旅程图、消费者体验地图、消费者服务蓝图、数据中台这四种可视化工具各具特色，其各自的优点和缺点如下。

首先，消费者旅程图的优点在于：能够聚焦消费者旅程中的各个阶段，并可以按时间顺序清晰地罗列出各个阶段消费者的具体行为活动，这有利于企业构建出消费者的行为特征，从而分析消费者活动中能够改进服务流程和体验设计等内容。不过，消费者旅程图缺点在于：一般无法很好地反映消费者在各阶段中的痛点、满意度等主观感受，不利于企业做出有针对性的改进和优化；同时，也未直接与企业服务体系进行匹配和对应。因此，有效的干预举措还需要市场营销人员进一步分析和提炼。

其次，消费者体验地图的优点在于：不仅展示了消费者旅程各个阶段以及各阶段的行为活动，而且还展示了消费者在各阶段的满意度变化、消费者的痛点以及企业改进的机会点。显然，这比消费者旅程图更加深入和详细，有利于企业针对具体的满意度和痛点等实施更有效的产品和服务改进。相对而言，消费者体验地图的缺点在于：仅仅展示了消费者方面的信息和行为活动，并没有展示企业方面的要素，如员工行为、系统支持等。因此，与消费者旅程图类似，对于一线服务人员而言，缺乏可操作性的指引。

再次，消费者服务蓝图的优点在于：综合了企业和消费者的要素，全面地展示了消费者行为以及企业服务系统，能够帮助企业实现消费者需求与服务系统之间的匹配，从而改进和优化现有的服务系统。而且，服务蓝图能够为一线服务人员提供可操作性的指引，具有一定的现场实操性。不过，消费者服务蓝图的缺点在于：无法深入洞悉消费者的具体心理特征变化，注重哪些流程和标准化的操作，并且一旦确定之后往往难以随时改动，因为这可能涉及企业流程的再造。因此，服务蓝图设计还需要兼顾弹性。

最后，数据中台的优点在于：能够整合出全渠道的消费者业务数据，并通过实时大屏幕呈现出消费者旅程和消费者画像，有旗帜鲜明的数智化特色，能够帮助企业管理层做出更有效的实时营销决策，高效地满足消费者的需求。不过，数据中台的缺点在于：需要企业长期投入大量资金和组织人员培训，需要花费精力进行平台与业务的融合，准入门槛较高。

本 章 小 结

伴随着人类社会的不断发展和人民生活水平的日益提高，消费者对美好生活的向往和人均购买力也在不断提高，表现为消费者在日常购买行为中对产品或服务的要求和品位也在不断增强。而且，随着数字时代的到来，人工智能、大数据等新兴数字技术得到迅猛发展，消费者在市场中的角色和消费行为也受到了重要影响。本章首先从数字时代下的消费者入手，介绍了数字技术对消费者的影响，消费者在数字时代的新身份和新角色。在此基础上，介绍并阐述了消费者行为的新特征。之后，基于数字化时代对消费者行为分析的迫切性，重点介绍了消费者旅程的概念和具体阶段以及消费者旅程图在数字营销中的价值。最后，为了进一步帮助读者理解如何绘制消费者旅程，本章还详细地描述了绘制消费者旅程图的具体步骤和多种可视化工具。

关键概念

消费者旅程	认知问题	收集信息	评价方案
消费者体验地图			

即测即评

☞　请扫描二维码答题

复习思考题

1. 请谈谈消费者旅程的概念是什么？主要包括哪几个阶段？
2. 请思考数字技术对于消费者旅程各个阶段分别有什么影响？
3. 消费者旅程的五个阶段对于企业的营销实践有着什么样的启示？
4. 作为企业首席营销官，应该如何利用消费者旅程开展数字营销？

本章案例分析

盒马鲜生的消费者旅程

盒马鲜生是阿里巴巴集团旗下以大数据和新兴数字技术驱动的新零售平台，旨在用科技赋能传统零售商超，为消费者提供一站式美味生活体验。盒马鲜生在设计商业模式的初始阶段，强调注重线上和线下并线发展与无缝融合，从而提升消费者线上和线下的综合体验。

如图 3-9 所示，盒马鲜生以此为基准，在设计上将消费者旅程划分成了七个阶段，即认知、抵达、准备、购买、体验、物流、售后，结合新兴数字技术，为消费者量身打造了跨渠道购物体验，以便为消费者提供更多的价值。

在购买阶段，特别是消费者到店接触产品的时候，盒马鲜生采用数字导购、数字产品、语言版商品详情页等线上工具进行辅助，以方便消费者直接在线上了解产品和服务，从而避免了线下购物时无法快速找到销售人员了解产品的痛点。而且，盒马鲜生线下实体店没有收银人员，全部是消费者线下自助扫码，线上直接支付。这一举措减少了消费者的付款等待时间，满足了消费者快速购物的需求，提升了消费者体验。

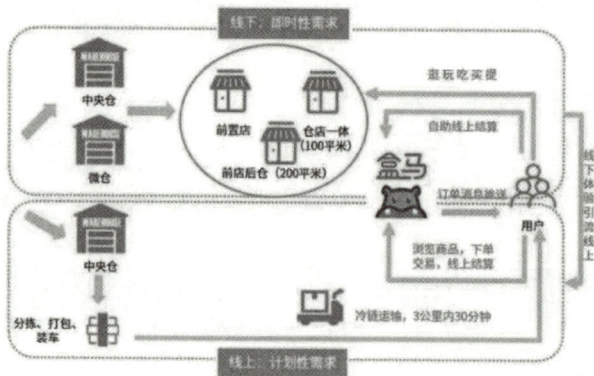

图 3-9　盒马鲜生的消费者旅程分析

资料来源：云听 CEM. 三步绘制客户旅程地图！重塑客户体验的最佳工具, 2021.

在物流阶段，盒马鲜生引入了先进的物流运输设备，采用前置仓储的分布模式，将从店铺到消费者的直接配送时间减少至两个小时以内。同时，盒马鲜生通过 App 采用线上预约的方式，提前获取消费者需求，以精细化的方式对产品进行进货与调配。例如，一些小众但价格昂贵的商品如果不能充分保证商品快速流转到消费者手上，则消费者的体验将会大打折扣。

在售后阶段，盒马鲜生将在线用户社群作为提高消费者黏性的重要一环，重点推出了直播功能，直接向消费者推送美食烹饪的内容；小马领养功能，以游戏的方式吸引消费者驻足，提高消费者对应用程序的使用时长；群聊功能，以方便消费者之间的聊天交流。

上述这些消费者旅程阶段的设计与改进为盒马鲜生带来了积极的影响，帮助其取得了高于普通商场3倍的坪效，消费者转化率接近35%。而且，和传统电商平台相比，盒马鲜生的用户黏性和线上转化率均表现优异并处于领先地位。

资料来源：夏寅. 重新定义客户旅程，2018.

案例讨论题

1. 请结合上述案例，阐述盒马鲜生在消费者旅程方面做出了哪些改进与优化？谈谈自己对其消费者旅程的理解。

2. 结合上述案例，请思考盒马鲜生是如何利用数字技术进行助力消费者旅程优化？还有哪些阶段可以进一步优化？

延伸阅读

[1] Bharadwaj, N., Ballings, M., Naik, P. A., et al. A new livestream retail analytics framework to assess the sales impact of emotional displays[J]. Journal of Marketing, 2022, 86(1): 27-47.

[2] Bleier, A., Eisenbeiss, M. The importance of trust for personalized online advertising [J]. Journal of Retailing, 2015, 91: 390-409.

[3] Bolton, R. N., Gustafsson, A., Tarasi, C. O. Designing satisfying service encounters: website versus store touchpoints[J]. Journal of the Academy Marketing Science, 2022, 50: 85-107.

☞ 更多资源请扫描封底拓展资源码→文献目录

第四章 数字营销洞察系统

在数字经济时代，各种数据都呈现出爆发式增长，企业所能获取的数据信息类型和数量都在大幅度增加。与此同时，随着人工智能、区块链、云计算、大数据等新兴数字技术迅猛发展和普及应用，企业的数据加工与分析方法和数字营销洞察系统的洞察精度与响应速度等方面也都得到了前所未有的提升。本章重点描述了数字技术对于企业营销信息系统的变革性影响，阐明了传统营销信息系统和数字营销洞察系统的联系与区别，并在此基础上探讨了数字营销洞察系统的构成。同时，本章还系统地介绍了数字营销洞察的基本流程、可供企业利用的数字营销洞察工具和企业进行数字营销洞察需要关注的事项。

本章的学习目标：

1. 了解营销信息系统与数字营销洞察系统的内涵与构成
2. 把握数字营销洞察系统与营销信息系统的联系与区别
3. 理解数字营销洞察的基本流程
4. 学习数字营销洞察的工具

开篇案例

小猪民宿的数字营销洞察

　　小猪民宿于 2012 年成立并正式上线，致力于向顾客提供特色民宿服务，是中国共享经济领域中的代表企业。为了更好地将闲置房屋资源与寻求特色房屋租赁服务的顾客相匹配，小猪民宿通过利用大数据和机器学习等新兴数字技术，对顾客留下的在线评论信息进行文本挖掘分析，识别出广为旅行者提及和最受旅行者喜爱的要素。例如，从在线顾客评论中更多地提及"参与"这一事实可以推测出，顾客更加看重房东在整个服务过程中的多样化参与，如亲自带领顾客参观共享住宅并将其作为欢迎顾客的一种方式。类似的分析结果可以为房东和平台管理者提供有价值的市场营销洞察。从小猪民宿的例子中可以看出：数字营销洞察能够帮助企业更加准确地识别出当下顾客最重视的产品或服务因素，甚至是顾客自己尚未意识到、但却十分重要的因素。同时，市场营销洞察有利于企业实时地、及时地进行产品或服务的优化和改进，进一步增强顾客的消费体验。

第一节　从营销信息系统到数字营销洞察系统

　　以人工智能、大数据、区块链、云计算为代表的新兴数字技术的迅猛发展和普及应用，企业获取数据信息的方式、速度和成本等都发生了翻天覆地的变化。传统的营销信息系统更是受到了深刻的影响，开始向数字营销洞察系统转型。

一、营销信息系统及其构成

（一）营销信息系统

　　营销信息系统（Marketing Information System）是指由人员、计算机硬件和软件程序组成的一种综合信息系统，旨在帮助市场营销人员更加便捷地收集、整理、分析和评价市场信息，并在需要时提供及时准确的决策支撑信息，以便最终提高企业营销活动的及时性、准确性和有效性。就传统的营销信息系统的工作流程而言，首先是对市场信息进行及时地收集、分类、分析、解释、评估与存储，然后针对决策需求将相应的信息呈现给市场营销人员，以便其做出高质量的营销决策。正因如此，营销信息系统对企业开展市场营销活动而言具有不可或缺的价值。

　　如图 4-1 所示，典型的营销信息系统框架包含了对营销环境的分析、营销管理者的职能以及 4 个子系统模块（即内部报告系统、营销情报系统、营销分析系统以及营销调研系统）。其中，营销环境包括宏观环境（如政治、法律、技术、文化等）、中观环境（如行业、渠道与供应链体系、竞争等）以及微观环境（如组织环境和消费者等）这三个方面。营销管理者根据营销信息系统分析的营销信息来明晰营销问题，并据此制定和实施相应的市场营销战略、策略与营销活动方案。

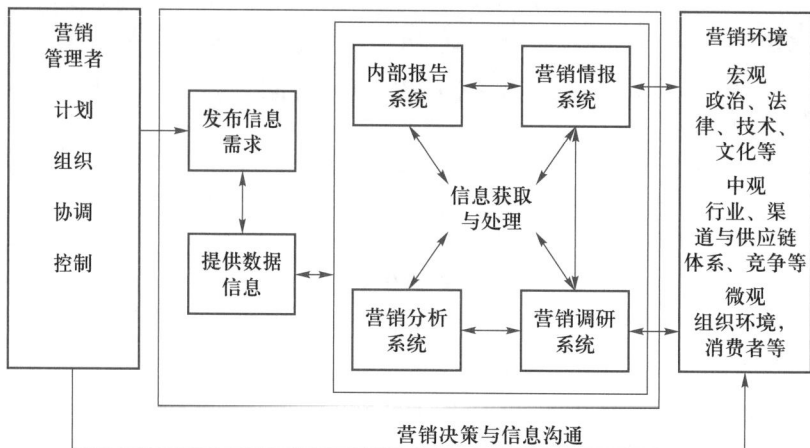

图 4-1 营销信息系统

资料来源：王永贵. 市场营销[M]. 2 版. 北京：中国人民大学出版社，2022.

（二）营销信息系统的构成

1. 内部报告系统

内部报告系统（Internal Reporting System）主要用来汇总收集来自企业内部各个部门的价值信息，同时为市场营销人员开展市场营销活动提供需求信息。具体而言，市场营销人员可以获得与订单、销售、价格、成本、库存、账款等方面相关的信息。例如，送至企业的顾客订单及其相关信息经由销售部门处理，形成多份发票、运单以及账单副本，并送至各相关部门。例如，系统包含了各类产品动态变化的销售量和库存量，从而提醒市场营销人员及时与供应商沟通，进行所需产品的下单补货。

2. 营销情报系统

市场营销情报是开展有效的市场营销活动的重要前提。通常，那些以市场为中心，并且致力于收集、分析市场情报并基于此采取行动的企业，与那些不积极关注市场动态的竞争对手相比，往往能够获得更佳的绩效，如更高水平的产品接受度、顾客满意度、财务回报等。[①] 为此，营销情报系统（Marketing Intelligence System）主要是帮助企业的市场营销人员及时获悉外部市场环境的发展趋势。在实践中，企业可以通过营销情报系统有针对性地收集外部营销情报信息，这些信息的来源渠道多种多样，如神秘顾客、员工、经销商、竞争对手等。

3. 营销调研系统

营销调研系统（Marketing Research System）又称为专题市场调查系统，主要是为了满足市场营销人员在特定情况下进行调查和研究的需要，针对具体的市场营销问题来专门获取特定的情报信息，并在此基础上进行分析讨论，继而总结研究结果与解决方案。例如，小米集团期望了解其新发布的 Air 轻薄笔记本电脑的用户偏好等信息，就使用了其市场营销调研系统。比较而言，内部报告系统和市场营销情报系统并不能直接提供全面深入的洞见信息，而能够对其用户展开针对性调查研究的营销调研系统则可以提供相应的功能。再如，通用汽车

---

① Gebhardt, G. F., Farrelly, F. J., Conduit, J. Market intelligence dissemination practices [J]. Journal of Marketing, 2019, 83(3): 72-90.

利用营销调研系统来获取内部报告系统和营销情报系统所无法收集的信息，如顾客对于 EV1 提速和驾驶速度的具体评价，根据汇总的顾客反馈对汽车变速和制动系统进行了优化，从而帮助顾客获得了更好的驾驶体验。

4. 营销分析系统

营销分析系统（Marketing Analysis System）旨在辅助市场营销人员做出市场营销决策，其最终目标是为了从大量的数据信息中提炼出准确且有价值的市场洞见。该系统可以从内部报告系统、营销情报系统以及营销调研系统中获取原始或已经预处理的数据信息，并对这些信息予以深度的分析和解读。一般而言，该系统包含了一些基础的数据分析工具和方法，如相关分析、回归分析、因子分析、聚类分析、判别分析和关联分析等，以便从企业数据库中提炼出最有价值的情报信息，更好地服务于系统分析和预测市场以及顾客需求的变化等等。

二、数字技术对营销信息系统的影响

新兴数字技术普及与使用提升了企业对营销数据进行搜集、处理和分析的能力。与此同时，企业的营销数据思维和工作流程也发生了相应的变革。

1. 数字技术极大地丰富了企业的营销情报数据来源

新兴数字技术可以提高数据的质量，增加数据的数量，为企业的营销洞察提供多种全新类型的数据（如视频、点击流等）。而且，移动数字设备和 App 应用程序的发展与普及创造出了海量的数据流。这使得企业可以获得以往可能无法获取到的社交数据。例如，充斥在社交媒体上的海量结构化数据（如数字）和非结构化数据（如文字、图片、音频、视频等）。新兴的数字技术甚至能够帮助企业获取顾客的眼动数据、网页点击流数据、语音数据、销售人员的面部识别数据、甚至是顾客基因方面的数据等。基于对这些多元化数据的分析，企业可以获取更多不同以往的、富有前瞻性的洞见，从而有助于其快速地做出市场反应。

2. 数字技术极大地提升了企业对市场营销数据的分析能力

无论是研究者还是企业的市场营销部门，以往研究大都通过问卷调查来获取市场信息和顾客信息，但是大范围的顾客调查通常是昂贵的、劳动密集型的、耗时的、主观的、信息相对滞后的、准确性相对较低的。[①] 比较而言，数字化技术的发展却能对现有的问卷调查提供有益的补充和改进，因为这可以赋予企业对顾客的其他非结构化数据信息（如文本、音频、视频等）进行分析的能力，并由此准确地推断出特定顾客的偏好及其行为变化。例如，企业可以通过对大量顾客生成的在线评论进行系统的文本分析，从而洞察出可能存在的市场营销机遇。再如，研究人员也可以利用文本分析方法来提取社交媒体网络中自有品牌以及竞争对手品牌相关的实时舆情信息，从而及时采取有效的行动。实际上，文本分析目前已经成为探讨市场营销问题的一种相对成熟的研究方法，可以帮助管理者和研究人员理解多种市场营销问题。而且，人工智能技术的进步也为企业分析数据提供了更多的可能性，包括数据挖掘、机器学习、语音识别、图像识别和情感分析等。由此可见，从传统的问卷调查分析到文本分析、再到图像分析以及视频分析等，数字技术正使企业所能够分析的数据越来越趋于多元化。

---

① Pamuksuz, U., Yun, J. T., Humphreys, A. A Brand-New Look at You: Predicting Brand Personality in Social Media Networks with Machine Learning[J]. Journal of Interactive Marketing, 2021, 56(1): 55-69.

3. 数字技术有效地促进了企业营销数据思维和工作流程的革新

新兴数字技术的应用并不意味着不再需要营销管理人员的经验和知识。在当前的数字化时代，尤其需要企业与时俱进地建立起新的营销数据思维，并将这种思维应用到市场营销工作流程的革新当中，从而有效地将数字技术的价值转化为企业在产品和服务营销方面的种种创新。例如，为了优化销售业绩，企业过去会探究线下销售人员与顾客互动的过程中有哪些因素会影响顾客的购买行为，如销售人员对于产品的熟悉程度等等。随着数字技术的发展，尤其是在线直播和人工智能技术的发展，企业可以探索销售人员在直播过程中的不同表情对直播销售绩效的影响。例如，通过利用计算机视觉和人工智能，研究人员成功地收集了直播零售平台上的 99 451 个销售案例，并成功提取出销售人员在与顾客直播互动时的面部表情数据。之后，研究人员将其归类到快乐、悲伤、惊讶、愤怒、恐惧和厌恶六种面部表情，进而分析这些情感类的表情对销售量促进影响，并发现它们之间呈现出典型的倒 U 关系。因此，该研究报告建议直播人员应该合理地使用表情。这一结果能够帮助市场营销人员创造、沟通、交付和捕获顾客价值，也进一步推动了销售过程中的服务创新。① 由此看来，新技术能够帮助市场营销人员开发和部署新的营销数据、思维和工作流程，从而有利于产品和服务营销绩效的提升。

三、数字洞察与数字营销洞察系统

（一）数字营销洞察

在数字化时代，数字营销洞察的重要性与日凸显，企业越来越重视利用数据洞察来驱动相应的决策和运营，以便更加深入地理解市场和目标顾客，最终实现业务增长。美国市场营销协会（American Marketing Association, AMA）在 2016 年便将"发展和使用洞察来塑造营销实践"列为营销经理所面临的七大关键问题之一，并认为理解和发展洞察力对于企业来说是至关重要的。现有研究显示：洞察是企业知识资源最重要的来源之一，它能够让企业处于对顾客和市场时刻保持清晰认知的境地。② 国际咨询公司 Happy Thinking 的市场营销总监爱德华·阿普尔顿表示，洞察的目的是为了寻找机会和察觉威胁，并提出相应的观点、评估和建议。因此，本书认为：**数字营销洞察系统**是一种全面的技术系统，企业通过运用先进的数据采集、分析和管理等数字化技术来提炼有关市场变化及未来发展趋势、顾客群体及个体、顾客的偏好及行为模式以及竞争对手动向的营销洞见，继而为企业的市场营销战略与战术决策的制定、实施和调整提供重要依据。其中，这里所说的数字营销洞察主要包括对顾客的洞察、对数字营销环境的洞察和对竞争对手等利益相关者群体的洞察以及对企业自身的洞察。

1. 对顾客的洞察

根据营销国际协会（Sales & Marketing Executives International, SMEI）的观点，顾客洞察指的是企业研究顾客的心理、态度、行为，同时发现真相并提出深刻见解的过程。因此，在对顾客的洞察方面，市场营销洞察的一个重要目的就是了解和研究顾客的心理、需求、行为相关的具体数据或信息。在数字化时代，有关顾客的心理、需求、行为等（如顾客线下购买行

① Bharadwaj, N., Ballings, M., Naik, P. A., et al. A New Livestream Retail Analytics Framework to Assess the Sales Impact of Emotional Displays[J]. Journal of Marketing, 2022, 86(1): 27-47.

② Gao, J., Yao, Y., Zhu, V. C. Y., et al. Service-oriented manufacturing: A new product pattern and manufacturing paradigm[J]. Journal of Intelligent Manufacturing, 2011, 22(3): 435-446.

为数据、线上购买旅程数据）都可以进行数据化处理。例如，对于顾客的线下足迹，具体包括顾客线下购物时的地理位置、移动轨迹和购买频次等，企业都可以获取相关数据并对顾客进行分类和描绘顾客画像，然后分析其对最终购买行为的影响。对于顾客的线上购买旅程数据而言，包括顾客在线上的各种活动，如顾客在社交媒体上发布的信息、对其他信息的点赞及评论等。数字营销洞察的目的正是分析如上所述的数字化足迹或数据，以便更好地了解和研究顾客的心理、需求、行为。因此，企业需要升级自己的营销信息系统，并建立起相应的数字营销洞察系统。

2. 对数字营销环境的洞察

对于整体营销环境的分析和追踪，是企业在制定市场营销决策时的重要方面。在当前的数字化时代，企业的整体营销环境会受到数字经济和数字技术的影响，所以企业需要关注国家或区域的整体数字经济发展水平、政府对于数字经济或数字技术相关的政策和规划（如数字经济发展规划等）、数字技术整体发展水平、社会对于数字技术的态度和看法（如公众对于隐私保护的重视和隐私泄露的抵制）等环境因素。换句话说，企业需要对整体的营销环境进行洞察、追踪和把控，收集信息并尽可能地预测出未来可能的发展趋势。例如，企业可以关注政府机构所发布的与企业相关的公开信息，如政府的规划纲要、招投标信息等，然后企业可以利用这些公开数据信息来判断自己所处的营销环境，并迅速做出反应或采取有针对性的行动。

3. 对竞争对手等利益相关者的洞察

如前所述，市场环境的变化和发展趋势是企业需要密切关注的，企业应该及时进行洞察以便获取和分析相关的情报信息。首先，随着数字化转型成为众多企业发展的必经之路，企业需要及时关注竞争对手和行业的数字化转型动态，并根据自身的数字化转型的实际情况进行必要的动态调整，以便实现取他人长处来弥补自身短板的目标。其次，企业必须重视对产品战略的洞察。为此，企业可以通过直接购买竞争对手的产品，学习其产品的设计思路或其营销战略及其变化趋势，为自身开发新产品、优化已有产品或调整其营销战略提供借鉴。而且，企业还可以进一步分析产品的销售情况、产品的销售前景和市场占有率，以便调整自身的市场营销方案和生产计划。再次，企业也可以通过收集公开信息等方式获取竞争对手的专利申请情况，并以此来分析竞争对手未来的产品计划。最后，除了竞争对手以外，通过对渠道中的经销商与诸多合作伙伴以及互动频繁的消费者的洞察，企业还可以便捷地捕捉到市场的变化趋势及其发展动态的信息。实际上，相对于顾客群体纷繁复杂的数据信息而言，经销商所提供的信息往往更加精练，并具有较强的可靠性和较大的商业价值。

（二）数字营销洞察系统的构成

数字营销洞察系统（Digital Marketing Insight System）是指由企业员工、数字技术和分析工具、计算机硬件和软件程序等组成的一种数字化信息系统。该系统旨在帮助企业在更大范围内以更加快速、更加高效的方式收集、整理、分析和评价市场信息，并为企业决策提供实时的支撑信息，以便提高企业数字营销活动的及时性、准确性和有效性。

实际上，我们可以将数字营销洞察系统看作新兴数字技术对传统营销信息系统的赋能和优化，具体体现在各子系统的创新与发展——子系统在数据的获取、搜集、处理、分析等方面都发生了变革并得到了拓展，功能也更加强大，如图4-2所示。接下来，我们将进一步讨论从企业营销信息系统各子系统到数字营销洞察各子系统的转变。

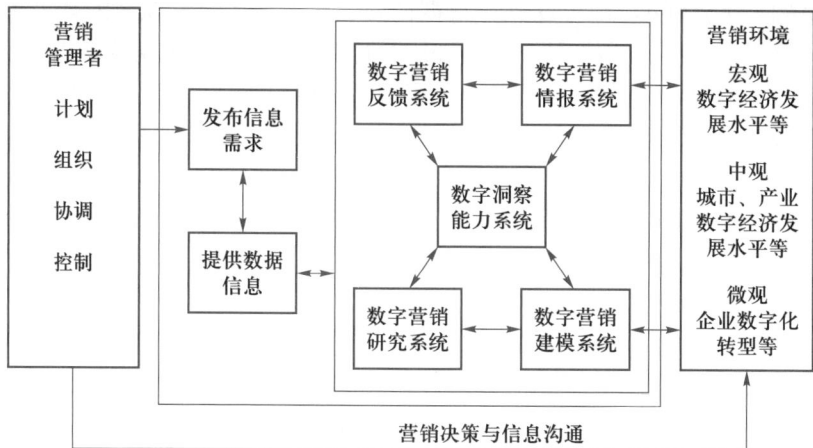

图 4-2　数字营销洞察系统

资料来源：王永贵. 市场营销[M]. 2 版. 北京：中国人民大学出版社，2022.

1. 数字营销反馈系统

数字营销反馈系统（Digital Marketing Feedback System）是由内部报告系统演变而来的。具体而言，数字技术对内部报告系统在管理数据类型方面进行了升级。数字营销反馈系统是一个内部运作系统，致力于从各部门中获得不同以往结构化数据（如销量、价格、成本等）的非结构化数据（如在线评论、音频、视频等），从而为市场营销人员提供可用于日常营销活动的、更加丰富且更多维度的信息。除了包含在传统营销信息系统中的对于企业内部各职能部门信息的收集和汇总（如销售、物流、生产、仓储等部门的数据和业务信息），数字营销反馈系统还增加了数据库和数据仓库，这有助于市场营销人员敏锐地捕捉市场动态和洞悉市场机会。

数据库存储的多是未经处理加工的原始数据，主要是为了满足数据分析需求而建立的，致力于对多方面来源的数据进行统一管理，如利用 SQLServer 技术。比较而言，数据仓库则是在此基础上根据主题分类的、集成的和持续更新的数据集合（包括部门级和企业级），能够为企业提供多元的决策信息，如利用 OLAP 服务器技术。在数据仓库中，包含了不同主题的顾客、产品、销售人员等数据，市场营销人员可以从中获取所需信息，从而更好地做出市场营销决策，如获取销售人员的个人资料、业绩、评价建议等。而且，销售人员也可以查看顾客以往的订单信息、订单履约情况、与企业的信函往来和货物交易等实时信息。同时，销售人员还可以通过多种途径向系统提供或更新相关的数据。例如，通过建立顾客档案，既方便顾客跟踪和信息维护，又便于进行订单管理，避免其他销售人员对同一顾客重复投入资源。

此外，数字营销反馈系统还强化了对于非结构化数据的收集和汇总。举例来说，作为一家互联网零食公司，三只松鼠在早期就上线了大数据系统，用来对顾客评价进行分析，并依据此不断地改进产品和顾客体验。具体来说，三只松鼠利用大数据系统，对顾客在网络店铺留下的产品评论进行收集和分析，从中提取出顾客对产品或服务的评价关键词，如坚果规格较小、物流时间长、包装破损等等。之后，三只松鼠基于对这些关键词与评论的分析和洞见的提炼，实时联系相关责任部门进行有针对性的改进，如产品筛选、物流服务、包装配送等，最终成功实现了产品和服务的多次迭代，提高了顾客满意度。类似地，早年采用线上销售模式的小米科技公司也建立了小米之家线下服务店。正是有了线下顾客消费的基础,小米之家开始利用到店顾客留下的电话号码,与该用户小米账户进行了关联和数据链接,从而相对精准地刻画出所有的用户画像,进而有针对性地调整其市场营销策略,最终很好地满足了顾客的个性化需求。

2. 数字营销情报系统

数字营销情报系统(Digital Marketing Intelligence System)是由营销情报系统演变而来,具体而言,数字技术对营销情报系统在数据获取来源的广度与深度等方面都进行了优化和提升。数字营销情报系统是一个外部运作系统,致力于使企业可以通过多种数字化渠道从员工、经销商、竞争对手等处获取外部营销情报信息,并将其传递给内部的市场营销人员,以便帮助企业的市场营销人员及时地获悉外部市场环境及其发展变化趋势。

传统的营销情报系统模块主要是通过依靠市场调查(如问卷调查)来获取顾客偏好和评价等方面的情报信息。但随着智能设备需求的扩大、4G 和 5G 移动网络的普及,新兴数字技术使企业可以建立起更多的销售渠道和营销宣传渠道,如企业官网、移动应用程序、官方微博、微信公众号、微信商城、意见网站、行业协会的网站、各大电商平台等。值得注意的是,这类情报信息往往数量较大、价值密度(即有价值的信息所占的比例)较低、更新速度更快,这就需要企业拥有强大的数据搜集和分析能力,尽可能地提升其所获取营销情报的质量和效益。此外,数字营销情报系统也促进了网络营销情报活动的开展。同时,借助数据挖掘技术和大数据分析工具,数字营销情报系统也能够帮助企业从大型数据库中提取或检测特定的行为模式或预测顾客行为。

从营销情报的角度看,在数字化时代,社交媒体平台是企业获取情报的重要数据源,也是传统企业信息系统难以获取和管理的信息来源。在社交媒体平台上,用户通过发帖、分享、点赞、评论、照片等方式提供数据,所以每个社交媒体平台的数据都有助于企业做出更加合适的实时营销决策,如帮助企业选择特定的广告策略等。例如,通过收集来自 100 多个时尚品牌样本的信息(来自一线时尚博客、时尚公司网站和 Facebook 页面),市场营销研究者运用从中提炼出来的一系列关键字作为其品牌个性特征的有效测量。此外,为了获取印尼手机市场上的营销情报,研究人员还专门针对基于印尼语的网络文本(如评论或推文)进行分析计算,成功地识别出其中的积极和消极情绪。类似地,也有一些最新研究利用机器学习方法从文本数据中检测品牌的个性特征,并分析这些特征是如何通过社交媒体渠道进行传播的,这一先进的工具组合有助于管理者通过分析测评网络上有关品牌的文字信息(如留言、评论等)来评估顾客对特定品牌个性特征的看法。由此可见,在数字化时代,情报信息的获取越来越多样化、智能化、自动化和实时化。

3. 数字营销研究系统

数字营销研究系统(Digital Marketing Research System)是由营销调研系统演变而来的。具体而言,数字技术对营销调研系统的影响主要体现在研究工具和路径的升级上。数字营销研究系统是一个外部运作系统,同样致力于优化和改善对于特定情况和市场营销活动中的具体问题,它通过利用新兴数字技术来获取特定情景下或细分市场上的数字情报信息(如消费者在淘宝平台的线上购物历史记录),并为企业提供细致的场景化解决方法。

例如,为了明确猫粮市场的目标顾客的消费画像,确定顾客新的消费需求和核心需求点,京东利用历史数据和现实的顾客消费倾向等大数据开展了用户趋势研究,从而帮助玛氏宠物品牌制造商生产出"美士无谷全价成猫猫粮"。而且，京东还帮助玛氏进行了消费环境的模拟测试，收集和分析该款产品的消费评价，最终使得该款猫粮成为同品类中的爆款产品。诸如此类的分析就是依托于京东的市场营销研究平台，依靠其行业、市场等数据分析系统来探索潜在的产品细分市场、顾客消费洞察和消费变化倾向的。此外，中信银行信用卡中心的客服中心也成功地研发了精准化的数字营销平台，助力其高效地分析顾客的价值属性与社会属性，并及时捕获顾客对于各种增值产品的反馈。而且，中信银行还启动了"波浪式营销""顾客360度标签"等项目，旨在通过先进的数据挖掘技术，整合顾客的购买数据和历史数据、分析顾客的行为、细分顾客类群，进而提供相匹配的增值产品和服务。例如，在为持卡顾客提供咨询服务或办理相关业务时，通过数字平台引导顾客进行产品购买、推荐信用卡增值业务、信用卡关联产品以及其他相关理财产品，成功实现精准化营销。

4. 数字营销建模系统

数字营销建模系统（Digital Marketing Modeling System）是由营销分析系统变革演化而来的。概括而言，数字技术对营销分析系统的影响主要体现在预测模式的差异上。具体而言，传统的营销分析系统十分依赖于市场营销人员的专业洞见，如传统营销中的框架思维（如4Ps）及概念模型。而数字营销建模系统则在很大程度上坚持数据先行，其中数据的搜集、分析和处理是一个逻辑黑箱，并不预设传统的营销理论模型，而是基于所获得的数据本身来进行建模，并特别注重预测力的提升，以便从数据的角度提供更加可预见的商业洞察。

数字营销建模系统是一个内部系统，致力于从数字营销反馈系统、数字营销情报系统以及数字营销研究系统中获取已经收集到的或者经过初步加工处理的数据和信息。具体而言，该系统主要包含了3个基础模块：即数据库、统计库以及模型库。其中，数据库类似于电子图书馆，而情报信息相当于电子图书资源。数据库的功能是安全存储企业从内部和外部所收集的大量营销情报信息，同时也可供市场营销人员便捷地进行数据检索、转换、调用；统计库则是用来提取企业数据库中有价值的情报信息，从而深度分析市场和顾客需求及其变化趋势；模型库则存储着企业各种市场营销模型及其组合，如市场反应模型、媒体组合模型、广告预算模型、销售区域优化模型等。其中，市场反应模型中的Syntex子模型是用来解决如何进行销售努力的合理分配的，即给各种销售促进因素（如顾客、产品或服务、目标市场）分配资源，以便获取最大化的销售利润。因此，市场反应模型也可以应用于销售队伍管理当中。此外，上述营销模型及其组合还展示了某些系统中各要素之间的数据关系，可以用于辅助市场营销人员制定适合的市场营销策略。

5. 数字洞察能力系统

数字洞察能力系统（Digital Insight Capability System）是在数字营销洞察系统中新增的子系统。数字洞察能力系统是一个内部系统，致力于综合利用新兴数字技术对上述四个子系统进行赋能和管理，监控和提升整体系统的运行能力，强调对现有系统功能方面的补充和强化。该子系统是以理解顾客需求为最终目标的，其中突出了使用数字技术为实现目标的重要途径并以此来提升企业理解顾客关于产品或服务需求和偏好的能力。

对于该系统的理解往往关乎着企业市场洞察能力的高低。一般而言，洞察能力是企业探寻顾客需求的一种能力，具体表现为企业能够深悉顾客的需求、能够深悉顾客需要的服务。而且，企业会根据顾客的需求对其产品或服务、甚至营销战略与策略进行相应的调整等。不过，也有学者认为洞察能力是企业对市场、特别是对顾客的理解程度，如顾客在哪里、他们的需求是什么、产品应该如何交付等。为了提升自己的洞察能力，企业往往需要对环境、顾客、竞争对手和技术保持着高度的敏感性。具体来看，洞察能力主要强调的是对顾客的需求进行理解和探索。在实践中，企业的洞察能力往往与其数字转型能力、数字业务能力和数字感知能力密切相关，都强调对数字技术资源的开发和有效利用。例如，数字转型能力通常指的是运用人工智能、云计算、区块链等数字技术实现重大业务的改进的能力，以便增强客户体验、简化运营或创建新的商业模式；数字业务能力是指企业通过数字技术的组合为自身、客户和合作伙伴创造价值的能力；数字感知能力强调了利用数字技术感知以顾客为中心的市场趋势的能力。总之，数字洞察能力是衡量企业是否能够有效利用数字技术来实现洞察目标的程度，这关乎着市场营销管理人员和数字技术是否能够在洞察工作中相互融合和相辅相成。

因此，数字洞察能力系统关注的重点是如何结合市场营销人员的直觉经验来监控和确保数字洞察系统中数字技术能够得到合理且有效的利用。虽然企业可以分析和管理过去无法掌控的非结构化数据和多样化的大数据，但有关数据的管理和分析并不是廉价的，技术的投资通常都意味着一笔不菲的费用。因此，确保数字洞察系统的技术投资回报是数字洞察能力系统的意义所在，这依赖于人力资源和技术资源的相互融合与相互促进。举例来说，顾客的满意度可以反映出企业产品和服务的好坏，顾客的反馈则能够帮助企业做出有关产品和服务的设计、生产、更新、下架等决策。当企业的业务面临风险的时候，市场营销经理需要及时的反馈信息，以便能够及时地调整服务和运营，最终防止业务的失败。在以前，经常使用的工具就是 SERVQUAL 服务质量模型[①]，虽然该方法能够对服务质量进行精确的评估，但其局限性在于数据收集的数量和范围有限，而且对人力和物力的耗费也比较高。随着数字技术的发展，顾客在线评论的出现为企业收集顾客反馈提供了便利。在线评分能够在一定程度上反映顾客的满意程度，并且不受时间和空间的影响、顾客群体数量庞大、允许顾客直接向企业提供关于满意度的反馈。显然，这些评价是商业洞察的重要信息来源，可以进一步弥补传统的静态调查所固有的局限性。因此，企业需要结合营销管理人员的直觉经验有针对性地把控数字洞察系统对数据的获取、管理和分析的方向，避免出现脱离常识或企业难以实施的市场洞见。

（三）营销信息系统和数字营销洞察系统的比较

如表 4-1 所示，营销信息系统和数字营销洞察系统存在着明显差异。首先，系统的构成要素不同。传统的营销信息系统包含了内部报告系统、营销情报系统、营销调研系统、营销分析系统；这些系统的运行在很大程度上依赖于市场营销人员的直觉经验，并主要为其决策提供支撑。比较而言，数字营销洞察系统包含了数字营销反馈系统、数字营销情报系统、数字营销研究系统、数字营销建模系统和数字洞察能力系统。这些系统的运行体现了数据驱动决策，人员的直觉和经验则承担着监控和校对的辅助作用。而且，数字营销洞察系统的质量和量级相比传统营销信息系统更加优秀，其包含的子系统更多，功能也更加强大，能够获取和分析的数据也更加庞大。

其次，依托的技术资源不同。传统的营销信息系统依托的是传统信息技术，如计算机技

---

① Service Quality 的缩写，包括五个维度：有形设施（Tangibles）、可靠性（Reliability）、响应性（Responsiveness）、保障性（Assurance）、共情（Empathy）。

术；而数字营销洞察系统依托的则是新兴数字技术，如大数据、人工智能、云计算、区块链技术等。由此可见，数字营销洞察系统依托的技术更加先进，正是这些先进的数字技术进一步促进了其数据获取和分析方面能力的提升。

最后，分析数据的主要类型不同。传统的营销信息系统分析的多是结构化数据，如订单数据、销售数据、仓储数据等；而数字营销洞察系统分析的多是非结构化数据，如顾客评论、产品图片、产品视频、来电语音等。总体来看，数字营销洞察系统分析的数据类型更加多元、结构也更加复杂，但是其能够获取的信息和洞察也更加丰富。

表 4-1　营销信息系统和数字营销洞察系统的对比

系统名称	逻辑基础	系统构成	依托技术	主要数据类型
营销信息系统	营销人员的直觉经验占据决策主导地位	内部报告系统、营销情报系统、营销调研系统、营销分析系统	传统信息技术	结构化数据（例如订单数据、销售数据、仓储数据等）
数字营销洞察系统	数字驱动决策，人员直觉和经验担任辅助和监控的角色	数字营销反馈系统、数字营销情报系统、数字营销研究系统、数字营销建模系统、数字洞察能力系统	大数据、人工智能、云计算、区块链等新兴数字技术	非结构化数据（例如顾客评论、产品图片、产品视频、来电语音等）

资料来源：作者整理。

（四）数字营销洞察系统的认识误区

尽管数字洞察系统能够为企业的市场营销决策和预见未来市场趋势提供诸多便利，但这并不意味着数字营销洞察系统就是万能的，企业在使用数字营销洞察系统时仍然应该注意规避对其的滥用和误用。概括而言，以下几个方面尤其需要企业注意。

1. 数据、技术和系统能够直接生成洞察

数据、数字技术、洞察系统等等仅仅只是生成数字营销洞察的资源要素或辅助工具，无法自动或直接产生能够服务于营销管理人员决策的数字营销洞察。[①] 例如，领导力论坛的执行董事利亚姆·费伊表示：企业拥有的数据、知识、技术等都在迅速增长，比以往任何时候都要多，但是这些企业实际所拥有的洞察能力却并没有提升。由于大多数企业并不知道什么是真正的洞察能力，所以许多管理者也并没有通过恰当的路径来开发和提升自己的洞察能力。因此，企业需要认识到：要想获得有价值的数字营销洞察，只对数字技术和系统进行投资是不够的。只有将这些资源要素有机嵌入到市场营销的组织管理当中，市场营销决策才能把企业引向成功。

2. 全面投资数字洞察系统就一定是有效的

企业在制定市场营销规划目标时，可能会因为盲目迷信系统和数字技术而片面追求新兴数字技术的投资，急功近利地投入资源来建设其数字洞察系统，并未参照企业自身及其所处

---

① Herhausen, D., Miočević, D., Morgan, R. E., et al. The digital marketing capabilities gap [J]. Industrial Marketing Management, 2020, 90: 276-290.

环境的特征，结果在短期内根本无法充分释放数字洞察系统的潜力，从而导致大量的财力与物力的投资回报率不尽如人意。因此，企业需要认识到：并不是每家企业都需要同时投入诸多资源到数字洞察系统的每个子系统的建设当中。实际上，企业需要基于自身战略目标和需要有针对性地、有选择性地、有条不紊地建立起符合其自身发展需要的数字洞察系统，应该致力于逐步将技术系统嵌入到组织的日常管理活动和战略目标的制定与战略决策的实施中去。

3. 数字洞察系统的建立是一劳永逸的

企业数字营销洞察系统的建设是一项长期工程，不仅体现在对软件与硬件上的持续投入和更新，更体现在对人员的持续培训和技能更新上。企业若片面地认为数字营销洞察系统的建设是一蹴而就的，很容易陷入固步自封的境地，系统的更新和维护很有可能无法跟上数字技术快速发展的步伐。因此，企业需要认识到：要想持续获得有价值的数字营销洞察，企业往往需要加强危机意识，根据外部环境变化及时进行适当的系统更新和投入必要的配套资源。在数字化时代，不断迭代是最为鲜明的特征之一。

第二节　数字营销洞察的流程、工具

随着数字营销洞察的重要性日益凸显，企业需要关注如何利用数字洞察来驱动自己的决策和优化经营活动。因此，如何科学有效地获取数字营销洞察，就成为企业经营的重中之重，而这显然需要从了解数字营销洞察的基本流程开始。

一、企业获取数字营销洞察的流程及配套资源概述

（一）明确数字营销洞察的基本流程

如图 4-3 所示，数字营销洞察的基本流程包括数据收集、数据的预处理、对数据结果进行分析、数据分析指标的检测以及数据和分析结果的可视化。

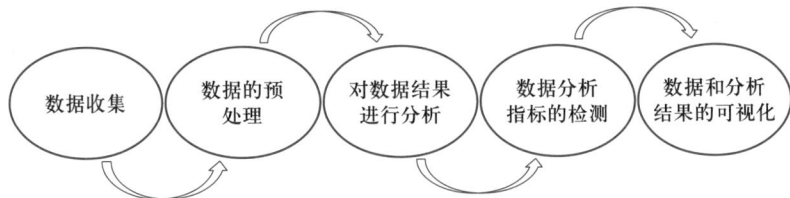

图 4-3　数字营销洞察的步骤

资料来源：Berger, J., Humphreys, A., Ludwig, S., et al. Uniting the Tribes: Using Text for Marketing Insight[J]. Journal of Marketing, 2020, 84(1): 1-25.

1. 数据收集

企业需要广泛选取不同来源的顾客数据信息，包括但不限于顾客的线下足迹、顾客的线上购买旅程数据等，如顾客线下购物时的地理位置以及移动轨迹、顾客社交媒体发布的信息、顾客生成的网络评论、顾客发送的电子邮件、顾客生成的照片、顾客与企业之间的电话

沟通录音、顾客生成的视频等。例如，从顾客个人创作的文本中，企业可以发现顾客的个性是内向的还是外向的，是敏感的还是谨慎的，同时也可以发现顾客的真实感受或想法、实时状态以及需求偏好。当然，企业还可借此推测顾客未来的行为。此外，企业需要牢记在从公共来源抓取数据时，应该遵守有关数据隐私的相关法律法规。

2. 数据的预处理

企业需要对所收集的文本数据、图片数据、语音数据、视频数据等进行预处理，主要包括数据的标记、筛选、清洗、纠错等。其中，标记指的是将整体的数据分解成细小的数据单元。例如，将整体的文本分解成句子或短语。数据分析时还需要确定定义标记的分隔符，如空格、句号、分号等，因为空格或标点往往是无意义的，需要在数据分析中予以剔除；清洗是将与主题无关的信息进行删除，如标点符号或者模糊的图片或者噪音等将会从数据仓库中清除出去，清理的需求通常取决于数据分析的目的；纠错是比清洗更加复杂的步骤。当有些信息与分析的主题相关但存在着表达偏差的时候，直接删除该类数据可能会造成分析结果的偏差，如文字的拼写错误、图片倒置等。此时，就需要分析人员进行人工干预，或者借助软件进行修复，如自动拼写软件检查等。

3. 对数据结果进行分析

一旦完成了数据的预处理步骤，研究人员就可以开始分析数据了。此时，往往需要利用现有的文本、图片、语音以及视频分析工具集(如词性分类器、词袋数据库、情感分析、机器学习等)对清洗之后的数据进行主题建模，以便抽取其与主体之间的关系。例如，利用主题建模算法确定一篇文档的一个或者多个主题；利用 Mturk 平台等工具对新闻媒体中的照片进行评价，并从中提取出情感信息来研究其与市场活动之间的关系；利用人工智能技术自动检测视频中销售人员的面部表情，并提取其潜在的情感表达信息，然后将其连同其他因素一同纳入销售绩效建模分析过程等。

4. 数据分析指标的检测

此后，还需要对上述数据分析指标或步骤进行衡量与检测，目的是佐证分析结果的可靠性，如进行相似度度量、准确度度量、可读性测量等。此时，召回率、精度等常用的测量指标就派上用场了。同时，企业还需要评估所提取的信息及其度量的有效性，经常会用到诸如内部效度、外部效度、通用性和稳健性等指标。[1]

5. 数据和分析结果的可视化

最后，在完成数据分析与检测之后，还需要将数据和分析结果进行可视化呈现。这一步骤主要是通过可视化图表的方式呈现所分析的数据信息，目的是为了更加清晰地表达分析结果以及数据背后的发展趋势，使管理者更加容易理解数据和分析的结果，更容易从中获取有价值的数字洞察，减少理解数据的时间成本和精力投入。具体来说，数据和分析结果可以以图形、图表以及多种类型的综合方式加以呈现和展示。此时，利用数据可视化工具进行处理就显得十分便捷。例如，百度图说[2]中具有丰富的图表种类，企业可以利用其进行数据的分类和可视化展示，以方便管理者进行数据的套用和修改。

---

[1] Berger, J., Humphreys, A., Ludwig, S., et al. Uniting the Tribes: Using Text for Marketing Insight[J]. Journal of Marketing, 2020, 84(1): 1-25.

[2] 百度团队打造的一款专业的大数据可视化分析平台。

（二）了解获取数字营销洞察所需要的资源

1. 数字营销洞察的技术资源

具体来说，这里所说的技术资源包括结构化和非结构化的数据资源、数字技术以及其他基础设施资源。其中，数字营销洞察系统就属于这种类型的资源。首先，企业可以加强对文本评论、图片、音频、视频等非结构化数据的获取力度，包括内部数据的收集和存储、外部数据的搜集和购买；其次，企业需要相关的设施来存储这些数据，如 Not Only SQL（或 No-SQL）数据库和 Cassandra、HBase、MongoDB 等，它们可以有效地存储和检索非关系、非结构化数据；最后，企业还可以对新兴数字技术进行投资，包括文本分析技术、音频处理技术、视频处理技术等。例如，Hadoop 是一个基于 Java 的软件框架，可以实现分布式存储并分析大规模的非结构化数据集。类似的，基于社交媒体的、自上而下的语言词典和自下而上的机器学习方法，企业可以据此提取社交媒体文字中的情绪，并将其与顾客心态指标联系起来，由此可以消除在提取品牌相关的价格和数量方面因缺乏共识而导致的障碍。

2. 数字营销洞察的人力资源

具体来说，企业的人力资源包括员工的经验、知识、领导能力、解决问题的能力等。已有研究表明：技术技能是与数字技术相关的人力资源的关键技能。基于这一思路，我们认为数字营销洞察人力资源的重点在于技术性技能，是指使用数字技术从数据中提取商业洞察所需要的技能，具体包括：掌握机器学习方法、数据提取、数据清洗、统计分析和理解编程范式等。企业可以通过招聘新的人才和培训现有员工来开发技术技能。同时，企业还应该帮助员工了解其他业务部门、客户和其他合作伙伴的当前需求并预测他们未来的需求，进而帮助员工与其他职能管理者建立起良好工作关系，这将有助于员工在技能方面获得提升。

3. 数字营销洞察的无形资源

具体来说，无形资源并没有清晰可见的边界，其价值大小往往高度依赖于特定的组织情境。在众多的组织情境中，组织文化就是其中的一种。换句话说，组织文化也会对无形资源的价值大小产生重要影响。企业努力塑造数字营销洞察驱动的组织文化，对于成功开发数字营销洞察所需要的无形资源至关重要。这是因为：数字营销洞察文化往往有助于形成员工利用数字技术或工具从数据中挖掘市场洞察的共识和习惯，从而避免员工仅仅依靠自己过去的经验或直觉来做出判断。同时，企业还需要形成良好的保护顾客隐私和避免数据滥用的组织文化氛围。为此，企业需要提前了解相应网站或平台的具体访问条款和公告，提前获得数据所有者的相关许可。当然，企业也可以通过与网络或平台的合作等方式来解决数据收集与开发过程中的难题。

二、常见的数字营销洞察的分析工具

领导力论坛执行董事——利亚姆·费伊表示，企业要想获得有价值的市场洞察，商业数据分析是个关键着力点。对于文本数据、图像数据、音频数据、视频数据等不同类型的非结构化数据进行分析，也就自然而然地成为了重中之重。面对上述不同类型数据，企业应该运用与之相适应的数据分析工具。

（一）文本分析工具

文本分析是一种计算机辅助技术，能够对文本数据自动进行量化分析，从而提取数据中的潜在价值，以此帮助企业测量、跟踪、理解和解释市场行为的动因和后果。在实践中，企业可以使用 Word Count、WordStat、VovSoft Text Statistics Analyer 等软件统计在线评论和博客的内容，以便了解顾客是否喜欢一部电影或讨厌一家酒店，了解企业产品或服务的哪些属性与顾客购买决策高度相关。例如，通过对博客内容的情感分析，研究人员发现了老年人和年轻人对于幸福的不同定义和评定方式，并由此进一步解释了上述两个群体对于不同类别产品购买行为的差异；[①] 再如，通过 10 个不同在线社区论坛中 115 000 个用户与用户之间的对话帖子进行文本分析，研究人员发现了在线品牌社区中的顾客情绪，并以此判断出特定的市场营销活动是否取得了成功。[②]

（二）图片分析工具

尽管文本分析可以帮助管理者和研究人员理解多种市场营销问题，并已成为探讨市场营销问题的一类关键研究方法，但相较于文本分析，图片分析往往能够更加直接地传达关键的信息和内容。有研究表明：在阅读的时候，照片会把人们的注意力从文字上吸引过来。而且，照片往往更能有效地传递重要的情感信息。目前，从图片中提取情绪已经成为一种热点话题，如从新闻媒体中的照片中提取情感来研究其与市场活动之间的关系等。对于如何进行图片分析这一问题，企业可以通过调查网站或者众包网站中的某些功能对照片进行评价，这已经成为从照片中提取信息的主流方法。同时，企业还可以将机器学习应用于基于情绪的照片分类与识别当中，这类方法也可以降低图片分析难度，缓解识别准确率低等问题，同时保证情感准确和较高的投入产出比。

（三）音频分析工具

长期以来，对音频进行分析一直都很具有挑战性，但现在的语音识别和分析技术却可以相对准确地量化人类的声音，如量化企业销售人员的语音语调与情绪状态。在实践中，语音识别和分析软件可以通过标准化的方式，帮助音频编码人员处理更多的音频文件，同时还能够提高识别和分析的准确度。以色列的语音分析技术公司 Nemesysco 的 QA5 系统被称为"当今最复杂、最灵活、最尖端的语音分析技术系统"，并已经在员工招聘、呼叫中心监控和欺诈检测等方面得到了广泛的商业应用。例如，有研究利用该系统软件的音频挖掘技术测量推销人员的不同声调，并将其与顾客资金支付结果联系起来，进而找出最能引起支付行为的语音语调，[③] 而这在传统的营销分析工作中是不可想象和难以实现的。

（四）视频分析工具

视频分析是利用计算机进行数字图像处理和分析，进而理解视频画面中的内容。具体的分析过程主要包括运动目标的识别、目标跟踪、行为理解等。例如，销售演示视频就可以使用先进的计算能力进行分析，如 Nvivo 和 VideoEye 等。同时，营销科学家也可以利用人工智能技术或者眼动仪软件（如 EyeLink 等）自动检测每一帧销售人员的面部表情，从中提取情感表达，并将它们与客户的行为数据联系起来，这样就可以产生新的顾客洞察了。例如，Bharadwaj et al.（2021）收集了某个直播零售平台上的 99 451 个销售案例，正是通过应用包括

① Mogilner, C., Kamvar, S. D., Aaker, J. The shifting meaning of happiness [J]. Social Psychological and Personality Science, 2011, 2(4): 395-402.

② Homburg, C., Ehm, L., Artz, M. Measuring and managing consumer sentiment in an online community environment [J]. Journal of Marketing Research, 2015, 52(5): 629-641.

③ Wang, X., Lu, S., Li, X., et al. Audio Mining: The Role of Vocal Tone in Persuasion [J]. Journal of Consumer Research, 2021, 48(2): 189-211.

实时人脸检测和实时情绪分类这两种机器学习算法，分析了视频直播中销售人员的面部数据，进而探究不同面部表情对直播销售绩效所产生的影响。[①]

本 章 小 结

数字经济时代的到来，各种数据都呈现出爆发式的增长，人工智能、区块链、云计算、大数据等新兴数字技术也得到了迅猛的发展和普及。受此影响，企业数字洞察系统的洞察广度、深度、精度和速度等都得到了前所未有的提升。本章首先从传统的营销信息系统开始，介绍了营销信息系统的概念及其子系统构成，即内部报告系统、营销情报系统、营销调研系统以及营销分析系统四个子系统。在此基础上，重点讨论了数字技术对于企业营销信息系统的变革性影响，即数字技术丰富了企业的营销情报数据来源、极大地提升了企业对营销数据的分析能力、飞速地促进了企业营销数据思维和工作流程的革新。随后，本章重点探究了数字营销洞察系统的概念及其子系统构成，即数字营销反馈系统、数字营销情报系统、数字营销研究系统、数字营销建模系统以及数字洞察能力系统。此外，本章还讨论了传统营销信息系统和数字营销洞察系统的联系与区别，概括了数字营销洞察系统的认识误区。

数字营销洞察的重要性日益凸显，企业需要特别重视利用数据洞察来驱动相应的营销决策和运营过程。为此，本章还重点介绍了数字营销洞察的基本过程，即数据收集、数据的预处理、对数据结果进行分析、数据分析指标的检测以及数据和分析结果的可视化。最后，阐述了数字营销洞察的技术资源、人力资源和无形资源，描述了获取数字营销洞察的文本分析工具、图片分析工具、音频分析工具以及视频分析工具。

关键概念

营销信息系统　　数字营销洞察系统

即测即评

☞　请扫描二维码答题

---

①　Bharadwaj, N., Ballings, M., Naik, P. A., et al. A New Livestream Retail Analytics Framework to Assess the Sales Impact of Emotional Displays[J]. Journal of Marketing, 2022, 86(1): 27-47.

复习思考题

1. 请谈谈数字技术对营销信息系统的影响？
2. 概述营销信息系统与数字营销洞察系统的区别和联系。
3. 什么是数字洞察能力系统？请谈谈它在数字营销洞察系统中扮演着什么角色？
4. 作为企业的首席营销官，应该如何提升企业的数字营销洞察能力呢？

本章案例分析

"美的小煮锅"的数字营销洞察实践

美的集团于 1968 年在广东成立，业务涉及空调、冰箱、洗衣机、电饭煲、电压力锅、电暖气在内的多种家用电器，具备完整的家电产业链。美的集团于 2013 年在深圳证券交易所成功上市，2020 年在《财富》世界五百强企业榜单中排名第三百零七位。美的生活电器事业部主要业务包括经营电风扇、电磁炉、豆浆机等小家电产品线，在国内小家电多个产品品类市场上占据领先位置，市场占有率名列前茅。

为了弥补小型手持电煮锅的低端产品市场，同时提升品牌在年轻顾客群体的市场占有率，美的集团顺势推出了美的小型电煮锅。该款电煮锅主要针对的是年轻一代的学生群体和独居群体，适用于寝室、出租屋以及其他小空间场景。首先，美的收集了淘宝、天猫、京东等购物平台上关于电煮锅的顾客评论。之后，通过对顾客在线评论进行文本分析，抓取出关键信息以形成新的数字营销洞察。例如，对搜索词、商品标题、顾客购物前的顾虑以及顾客购买后评论等进行关键词分析，提炼出若干关键词。例如，产品外观方面的"简约""干净""高颜值"等，功能方面的"多功能""上蒸下煮"等，容量方面的"一两个人没问题"等，产品场景方面的"学生宿舍"等，安全保护方面的"自动断电""不跳闸"等关键词。美的通过对这些关键词进行系统地提取与研究，将关键词生成了产品设计的指标和规格，并最终打造出了美的多功能小煮锅。

在 2021 年的淘宝"6·18"购物狂欢节大促当天，美的这款电煮锅取得了电热火锅类单品综合排名第三的好成绩，该单品对美的品牌的总体销售额的贡献率高达 11.8%。由此可以看出，数字营销洞察对于美的的新产品开发产生了十分重要的影响。

资料来源：美的. 产品创新案例：打造 6·18 单品第三的长把手小煮锅. 2022 年中山大学"企业数字化转型创新跨界系列论坛"第二期。

案例讨论题

1. 请结合上述案例，阐述数字营销洞察在美的小煮锅产品开发中是如何发挥作用的？谈谈你对数字营销洞察的理解。

2. 结合上述案例，请思考美的是如何利用数字技术进行数字营销洞察的呢？

延伸阅读

［1］王永贵，洪傲然. 营销战略研究：现状、问题与未来展望[J]. 外国经济与管理，2019，41(12)：74-93.

［2］王永贵，焦冠哲，洪傲然. 服务营销研究在中国：过去、现在和未来[J]. 营销科学学报，2021，1(1)：127-153.

［3］王永贵，李霞. 面向新时代创新发展中国特色企业管理学[N]. 人民日报，2019-11-25.

［4］王永贵，王帅，胡宇. 中国市场营销研究70年：回顾与展望[J]. 经济管理，2019，41(9)：191-208.

［5］Benoit，B.，Yonggui Wang，Lefa Teng，et al. Innovation in the sharing economy：A framework and future research agenda［J］. Journal of Business Research，2022，149：207-216.

☞ 更多资源请扫描封底拓展资源码→文献目录

第五章 数字营销组合策略

　　数字技术深刻地影响着企业的经营活动，企业传统的市场营销组合策略（4Ps）的内容、工具乃至思维都发生了全面的变革。本章在介绍数字经济时代产品、价格、渠道和促销策略的数字化发展现状和趋势的基础上，结合企业的数字营销实践案例重点阐述了数字营销组合策略及其优缺点，并介绍了数字时代下营销组合策略的演变，以帮助营销管理人员在制定数字营销组合决策方面提供借鉴。

本章的学习目标：

1. 了解数字化产品以及产品数字化的内容
2. 熟悉数字营销中的定价策略
3. 了解全渠道营销模式的内涵以及优缺点
4. 掌握数字营销中不同促销策略的内涵以及优缺点
5. 了解数字营销组合策略的演变

开篇案例

王者荣耀在数字时代的市场营销组合策略

随着移动互联网的发展，手机游戏逐渐渗透到了日常的生活中。"王者荣耀"是腾讯游戏天美工作室群开发并运行的一款国产手游，自公测以来，用户数量一路猛增，迅速拔得了手游市场的头筹。

市场营销组合策略是市场营销实践中常见的手段。在数字化时代，传统的4Ps组合策略不仅得到了全面升级，还催生了新的营销组合"4Is"。以在游戏市场占据一席之地的"王者荣耀"为例，其在市场营销方面的成功与数字营销组合策略紧密相连。从其营销组合策略来看：

一是产品（Product）中的互动（Interaction）。"王者荣耀"注重产品的社交属性与玩家参与。玩家可以通过QQ和微信登录，与好友随时随地组团。游戏内还可以设置"情侣""闺蜜"等好友关系，强化游戏本身的社交属性。这种深度嵌入社交价值的产品理念催生了数字时代营销组合中的第一个要素，互动。

二是价格（Price）中的趣味（Interest）。"王者荣耀"使用部分免费的价格策略。玩家可以在手机的应用商店中免费"下载王者荣耀"，并且部分英雄的使用也是免费的。但是如果想要提升游戏的乐趣，英雄、皮肤和特效的购买则是需要额外付费的。此外，诸如一些设计十分精巧、美观的典藏版皮肤，则需要在游戏商城中通过抽奖获得。这种通过免费使用激发消费者热爱，继而推出升级产品和交叉销售的做法凸显了数字化时代营销组合中的兴趣要素，消费者为其热衷的英雄购买皮肤，"为爱发电"。

三是渠道（Place）中的交互界面（Interface）。"王者荣耀"主要采用线上的方式来宣传品牌。线上主要包括各大平台的运营，例如微信公众号、视频号、官方微博、赛事等。为了引导消费者更多地参与其品牌活动，在王者荣耀App的交互界面中，设置了多种"红点"提醒信号，提醒消费者点击去观看、分享和参与品牌活动。例如，引导消费者观看电子竞技赛事。这种渠道的引流做法体现了交互界面设计的重要性，即通过交互界面的设计来获得消费者的关注，引导其行为。

四是促销（Promotion）中的个性化（Individualization）。"王者荣耀"根据不同类型的消费者来制订促销计划。例如，对于新玩家，首次6元充值，可以获得丰厚的礼包。对于氪金玩家，则推出不同的战令系统、VIP系统、星元皮肤计划等十分丰富的促销方案，玩家可以根据自身偏好做出选择。由此，促进不同类型的玩家对游戏的资金投入。这种做法体现了在数字化时代消费者促销方案的个性化趋势。

可见，在数字时代，经典的4Ps营销组合仍然是一个有效的分析框架，不过其中与时俱进地增加了新的元素。换言之，数字时代特征赋予了4Ps营销组合框架新的生命力。

资料来源：姚丹，刘师言. 我国网络游戏营销策略分析——以《王者荣耀》为例[J]. 经贸实践，2018(06)：201+203.

第一节　数字营销中的产品策略

产品策略是企业市场营销组合决策中的核心问题之一。在某种程度上，企业产品满足消费者需求的程度以及产品组合策略的恰当与否，是决定企业能否成功实施市场营销组合策略的前提。数字经济的发展催生出了数字产品，并不断推动着传统产品朝数字化方向发展。与此同时，企业开始广泛采用数字化的管理策略和开发策略，努力实现产品策略的数字化和智能化。本节将重点介绍数字化背景下产品策略中的一系列重要问题。

一、数字产品及其属性

（一）数字产品的定义

数字产品(Digital Products)，又叫数字化产品，通常指的是那些可以在线上购买和即刻消费，并且使用时不用担心其退化或丢失的产品。[①] 它们可以通过数字媒介进行分享和传播，并且可复制的成本和门槛都很低。例如，在线音乐和移动 App 都是最常见的数字产品。

（二）数字产品的属性

与实物产品相似，数字产品的类型也是多样化的，如虚拟游戏和社交 App 等娱乐型数字产品以及工具型 App(如浏览器)、学习型 App 和电子书等功能型数字产品等。不过，从数字产品本身的特殊性来看，往往可以从非物质性、即时性、迭代性、易传播性和可保存性这五个维度来理解数字产品的属性。

1. 非物质性

非物质性是指产品的存在并不依赖于特定的物理空间。与传统实物产品的有形性不同，数字产品具备非物质性的特征。例如，洗衣机、汽车等传统产品，会占据一定的真实物理空间。而数字产品，如我们日常听到的在线音乐，除了存储数字产品的设备以外，它们通常不会占据诸如储物柜和书桌等真实的物理空间。同时，消费者也无法对数字产品进行物理接触(如触摸和嗅)，但却可以通过技术设备(如电脑、手机、平板电脑)来感受它们(如看或听)。例如，通过视频应用程序来播放相应的视频产品。

2. 即时性

即时性是指数字产品的消费和使用不依赖于特定的时间和空间。例如，洗衣机需要在布置了洗衣机、电力、水等要素的场景中才能使用。在消费者产生了购买需求的时候，对于实物产品(如矿泉水)而言，通常需要经由线下渠道的交付才能收到产品并进行消费。又如，比较而言，数字产品，如移动 App 或电子书等，在网络覆盖水平较高的地域，消费者可以不受时间和空间的限制，随时随地购买或使用这些产品。实际上，数字产品的这种即时性极大地提升了消费者的消费体验。

---

① Atasoy, O., Morewedge, C. K. Digital goods are valued less than physical goods[J]. Journal of Consumer Research, 2018, 44(6): 1343-1357.

3. 迭代性

迭代性是指企业根据消费者需求对数字产品进行不断地优化和升级、对产品及其新功能进行不断地改进和完善。传统实物产品的更新换代通常涉及定位、生产、渠道等多方面营销工作的调整，升级改造的过程往往具有成本高、速度慢、风险大（如用户不认可）等局限性。因此，企业对实物产品的改进往往是较为慎重的。比较而言，数字产品则不同，对其功能和设计的频繁迭代已经成为一种常态。用户只需要下载最新版本就可以迅速地获得迭代之后的产品。同时，在数字化时代，消费者表达诉求的渠道也逐渐增多（如社交媒体），企业可以根据消费者对旧版本的反馈信息进行迭代和优化，且更新换代后的新产品更容易被消费者所接受，市场风险大大降低。举例而言，微信不断地迭代其产品，（如图5-1所示）在3.0版本中增加支持繁体中文功能、在4.0版本中增加了对朋友进行星标的功能、在6.0版本中增加了钱包可以单独设置密码功能、在8.8.0.14版本中通过增加关怀模式优化了界面设计并提升了产品的设计感。微信功能的不断迭代升级，对用户来说提升了其使用体验，对企业来说则获得了更高的用户黏性。

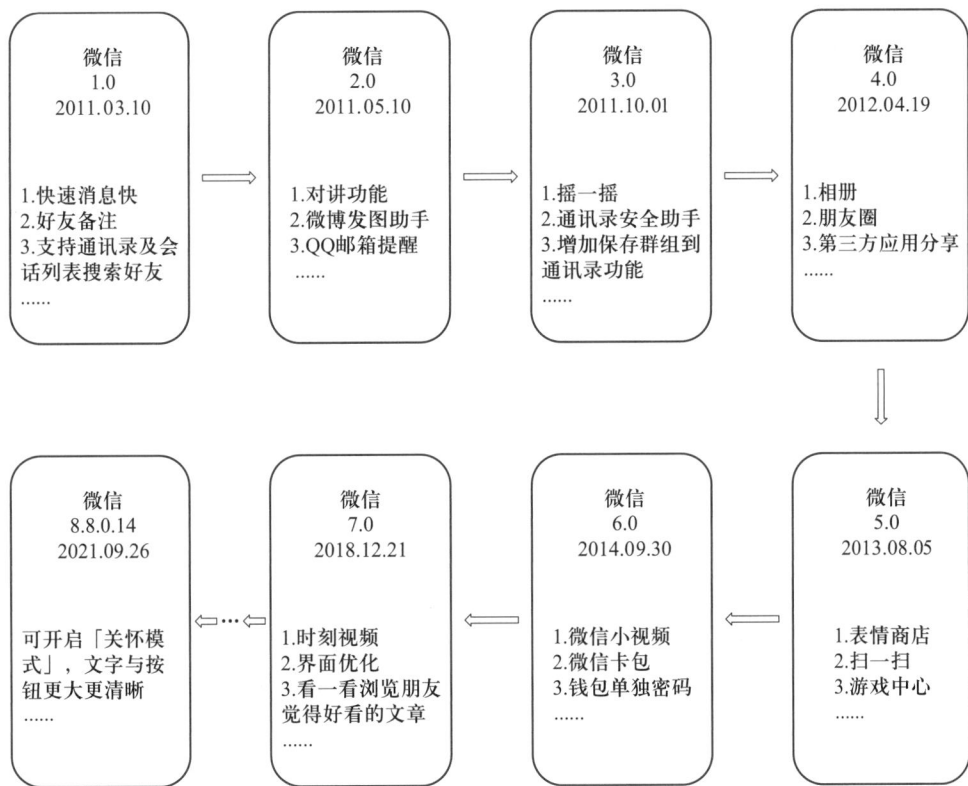

微信 1.0 2011.03.10	微信 2.0 2011.05.10	微信 3.0 2011.10.01	微信 4.0 2012.04.19
1.快速消息快 2.好友备注 3.支持通讯录及会话列表搜索好友 ……	1.对讲功能 2.微博发图助手 3.QQ邮箱提醒 ……	1.摇一摇 2.通讯录安全助手 3.增加保存群组到通讯录功能 ……	1.相册 2.朋友圈 3.第三方应用分享 ……

微信 8.8.0.14 2021.09.26	微信 7.0 2018.12.21	微信 6.0 2014.09.30	微信 5.0 2013.08.05
可开启「关怀模式」，文字与按钮更大更清晰 ……	1.时刻视频 2.界面优化 3.看一看浏览朋友觉得好看的文章 ……	1.微信小视频 2.微信卡包 3.钱包单独密码 ……	1.表情商店 2.扫一扫 3.游戏中心 ……

图 5-1　微信 App 产品的迭代

资料来源：微信. 微信，是一个生活方式，2022.

4. 易传播性

易传播性是指产品可以以较低的成本进行快速复制、存储和传播。例如，实物产品的传播通常需要经由企业或消费者口碑来进行，随后促进其他消费者进行购买。比较而言，数字产品可以以较低的成本进行快速的复制、存储和传播，并且不会对产品本身产生任何磨损。例如，视频内容和音频内容，消费者可以在使用的同时很方便地进行转发和分享。数字产品的易传播性提高了其他消费者购买产品的传播效率，甚至在一些情况下会使产品的消费和口碑的传播同时发生。例如，抖音平台中推广的数字产品 App，可以通过分享链接在社交媒体圈中快速传播，其他消费者可以在观看传播视频的同时直接下载相关的数字产品。

5. 可保存性

可保存性是指产品能够以一定的形式长期存在。实物产品通常具有磨损和使用寿命的限制。例如，家用电冰箱的安全使用年限一般为 10 年，家用洗衣机和干衣机、吸油烟机、家用燃气灶的安全使用年限往往是 8 年。随着使用频率的增加，产品的使用寿命也将随之减少。但与实物产品不同，数字产品自生产出来以后，在不损害存储设备的情况下，可以长期、甚至永久保留其存在形式，而且无论使用多少次，其原有的质量水平不会下降。例如，我们使用购物 App 时，不论我们每天打开多少次、每次使用多长时间，都不会影响其质量。

综上所述，数字化时代中的数字产品具备诸多新的属性。不过，这并不意味着以往的产品就是一成不变的。在数字技术不断普及的情况下，除了数字产品这一新的产品形式以外，传统产品也得到了新的数字化升级，表现为产品的数字化。

二、产品的数字化及其主要特征

产品的数字化（Product Digitalization）是指传统产品利用数字技术，实现向数字化与智能化的转变，如智能家居实现了消费者和产品之间的虚拟化互动。

实物产品通常具有 5 个核心层次，分别为核心产品、形式产品、期望产品、附加产品和潜在产品。其中，核心产品是指消费者购买某种产品时所追求的核心利益，是产品整体概念中最基本的部分；形式产品是指满足消费者核心利益的产品表现形式，如产品包装和产品的呈现形式等；期望产品是指符合消费者喜好的产品部分，包括价格、便利性和对产品功能、设计的期望等；附加产品是指消费者购买产品时所获得的全部附加信息和利益，如送货和维修等；潜在产品是指现有产品包括所有附加产品在内的、可能发展成为未来最终产品的潜在状态的产品，它体现了现有产品可能的演变趋势和前景。例如，彩色电视机可能发展为放映机、电脑终端机等，电影院可以围绕放映电影的业务拓展到影迷见面会和电影文化交流会等。

传统产品的数字化是数字经济发展的必然产物。一般而言，产品的数字化也主要体现在核心产品、形式产品、期望产品、附加产品和潜在产品这 5 个层次的数字化升级上。

1. 核心产品的数字化升级：产品功能的智能化

核心产品是消费者从产品中获取的基本功能，也是消费者购买产品时真正想要获得的基础效用。例如，对洗衣机而言，传统的核心产品的功能就是洗干净衣服；对于灯具而言，传统的核心产品的功能就是照明。

在数字化时代，消费者的偏好和需求也在不断地发生演变，他们对网络的使用以及对移动设备的依赖大大地改变了其原本的生活方式和工作方式。换句话说，在新的数字经济时代，人民对美好生活的需求变得愈发迫切了，这与数字技术所带来的福祉紧密相连。这就使得消费者越来越渴求注重产品核心功能的数字化元素。其中，最典型的代表就是智能家居。有数据显示：2016—2020 年我国智能家居市场规模由 2 608.5 亿元增长至 5 144.7 亿元。实际上，产品核心功能的智能化具体体现在：洗衣机的核心产品已经从把衣服洗干净拓展到可以通过手机和平板电脑等移动设备进行远程操纵，根据衣服的材质选择合适的水温等；对于灯具来说，其核心产品已经从单纯的照明功能拓展到可以根据时间设定或周围光照来自动调节灯光的强弱和色温等。

2. 形式产品的数字化升级：产品互动的虚拟化

传统的形式产品主要关注产品如何通过外观样式和包装等传达有关产品功能和设计的信息。在传统营销中，对于形式产品的价值评判，很多时候需要通过消费者与产品之间的物理互动(如触摸)来体现。例如，对于项链、鞋、口红等产品来说，只有真正使用或者试穿试戴后才能评价产品效果。并且，消费者从产品包装中获取的信息内容仅仅局限于包装上所呈现的有限信息。

AR(Augmented Reality,增强现实)技术的发展则彻底改变了消费者与产品的互动形式，突破了传统的物理互动，实现了虚拟互动。例如，在线选购帽子时提供的 AR 试戴，只要将头部放在移动设备屏幕中间，消费者就可以看到自己戴上帽子的样子。类似地，还有手表的 AR 试戴，只要消费者将手机摄像头瞄准手腕，就可以看到自己戴上手表的样子。

再如，QR 技术(Quick Response)或二维码技术在产品包装上的应用也突破了传统产品信息的载体。消费者可以通过扫描二维码获取更多的产品信息，包括产品生产过程、产品运输过程以及生产厂家的相关信息。例如，扫描果蔬包装上的二维码可以查看产品的原料信息、生产过程控制信息以及出厂检验报告等；扫描冰箱上的二维码可以获取产品的节能等级、生产厂家、生产时间、甚至是品牌故事和品牌理念等丰富的信息。

3. 期望产品的数字化升级：社交价值的实现

传统的期望产品是指消费者购买产品时根据自己以往的购买经验或常识所形成的、默认或者期望的一组基本属性。例如，消费者在购买空调时，质量过关和商家能够及时解答相关问题等已经成为消费者的基本期望。

随着社交媒体平台的发展，消费者不仅重视产品的功能属性，而且更加重视产品的社交属性。对于衣服来说，很多品牌都已经拥有了自己的品牌社区，在同一个社区内部的消费者会认为互相之间拥有同样的审美和偏好。在社区内部，消费者之间互相交流购买该品牌产品的心得，或者在新产品即将发售前对产品的预期表现进行深入探讨。品牌社区具备的天然社交属性使其逐渐成为企业维护品牌形象、扩大品牌影响力、提高品牌忠诚度的重要营销工具。

4. 附加产品的数字化升级：个性化便捷服务的实现

在过去，对于附加产品的要求主要关注售后服务。例如，对于电视、电脑、洗衣机等家电，附加产品包括送货上门、使用说明和安装服务等。

数字技术的发展赋予了附加产品更加个性化的特征。通常，在消费者做出购买决策之后，交付产品阶段的支付和配送两个方面都支持线上和线下的多样化选择。消费者可以根据自己的需要选择支付和配送方式(如送货上门、店内自提)，也可以自由地选择交付时间。例如，如果想要购买一台冰箱，消费者可以先去社交媒体平台上(如小红书)查看冰箱相关的产品评价，然后去实体店对产品进行"实地考察"，最终在品牌官网上进行购买，并要求配送时间为本周周日上午十点。此外，以往的安装说明等大都是基于文字或上门安装服务，而在数字化时代，消费者可以通过扫码二维码和关注企业公众号等方式在线观看详细的安装或使用教程。同时，便捷的沟通渠道(如智能客服)还能让消费者通过自主填写表单(如地理位置等信息)来寻求进一步的附加服务。

5. 潜在产品的数字化升级：破除产品与服务的边界

潜在产品意味着产品未来的演变和可能的发展趋势。数字化技术赋能使这一方面的特征更加凸显。这是因为：消费者通过技术应用所能实现的目的正变得愈发多样，对产品使用的方式，已不再局限于具体产品的使用空间、时间和用途。例如，传统的家电使用需要物理交互，主要局限于家庭场景中的使用。但智能家居的推出，使得消费者能够通过移动终端控制多个家电设备，从过去对单一家电的物理交互升级成对家庭生活环境的远程掌控，甚至是防盗预警（如识别陌生人出现在家门口的智能猫眼）。试想，在炎热的夏天，通过远程控制，就可以在下班到家前开启灯光、空调、加湿器等设备，从而提升了顾客的产品体验。

此外，数字化还破除了传统产品的所有权边界。在过去，产品的交易是消费的核心目标。但是在数字化时代，共享产品就破除了所有权的约束。例如，共享单车和共享充电宝，消费者可以不再为了获得所有权而进行购买，而是基于使用来进行购买。这种共享产品的数字化实现了产品和服务的相互融通。

三、产品的数字化生命周期管理

从制造商角度来看，产品生命周期（Product Life Cycle，简称 PLC）是指从提出产品概念、进行产品设计、购买原材料、产品制造、物流、销售、使用、售后服务、产品回收和处置在内的产品循环过程。通过产品生命周期管理，可以推动新产品的开发并降低企业制造成本，从而对企业的竞争制胜产生重要影响。具体而言，产品生命周期管理可以分为三个阶段，分别为产品设计阶段、产品交付阶段和产品服务阶段。

数字经济对产品生命周期管理提出了新的要求：首先，在产品设计阶段要加快产品更新速度。随着环境和技术的变化和发展，企业可以通过调整产品策略来缩短相应的产品生命周期；其次，在产品交付阶段要创建产品可持续生态系统。在数据信息共享的互联网时代，企业可以通过互联网技术与利益相关者和竞争对手合作，并通过资源共享塑造出可持续生态系统；最后，在产品服务阶段要提高产品服务响应质量。随着消费者越来越重视消费体验，这就要求企业完善信息监控、跟踪和管理体系，努力建立响应更快的在线服务平台，提供远程产品维修、维护和升级服务能力。为了满足这些新的要求，企业在产品生命周期管理的不同阶段中引入了更多的数字化工具（如图5-2所示）。

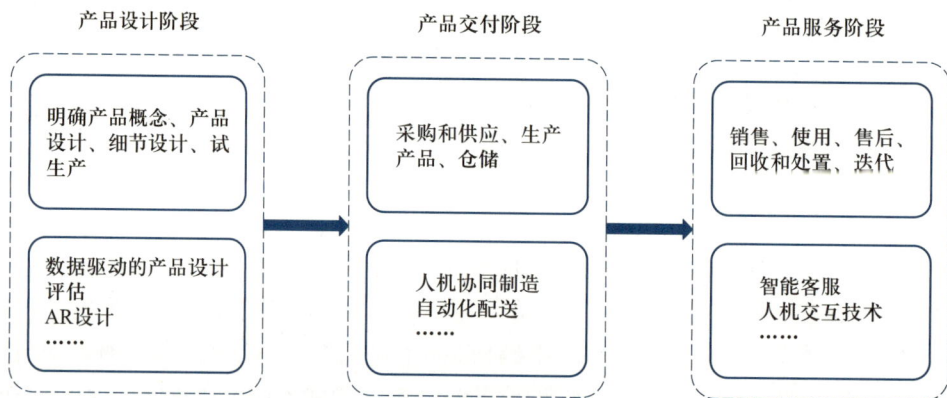

图5-2　产品生命周期管理中的数字化工具

资料来源：作者绘制。

1. AR 技术和数据分析工具在产品设计阶段的应用

产品设计阶段的主要任务包括明确产品概念(分析市场需求、确定基本解决方案结构等)、产品设计(确定产品整体设计方案等)、细节设计(确定形状、材料、尺寸、加工方法等)、试生产(通过样品生产和小批量生产检验产品是否符合预期要求和质量标准等)。

例如,在明确产品概念阶段,消费者可以通过 AR 技术参与到产品的设计过程之中,实现产品设计信息在"消费者—企业"之间的双向传递,即企业向消费者传递产品设计理念和产品概念,消费者向企业传递对新产品的评价。在对产品设计进行评估时,数据分析工具的使用进一步提高了评估的效率。对产品设计进行评估的目的,是通过分析产品需求和设计方案之间的差异,以此来优化产品的细节设计。传统的评价方法主要依靠专家经验确定评价标准,利用一些固定的规则进行评价。比较而言,数据分析工具则可以通过对产品的多个属性(如性能、成本、质量、与消费者需求的匹配度)进行综合评价,实现评价过程的动态性以及评价结果的客观性。

2. 人机协同制造和自动配送服务在产品交付阶段的应用

产品交付阶段的主要任务包括采购和供应(物料清单采购和准备生产所需的资源)、生产产品(根据生产任务和现有资源制订生产计划、进行产品的生产)、仓储相关的事项(整合与制造相关的仓储和运输活动)。

在产品生产阶段,引入人机协同制造技术能够实现生产过程的高度自动化,提高生产的灵活性和安全性。同时,还可以实时监测产品生产状态、反馈生产过程中的产品信息,为进一步改进生产流程提供数据支持。在产品运输方面,自动化配送技术极大地提高了产品的运输效率。企业引进自动配送系统,利用路径规划算法提高对复杂路况的处理能力,帮助企业简化运输过程、减少货物损失、降低运输成本并提高物流服务的质量。

3. 智能客服系统在产品服务阶段的应用

产品服务阶段的主要任务包括销售、使用、售后(为顾客提供使用、维护、维修等技术咨询等支持服务)、回收和处置(当产品达到使用寿命或不能满足用户需求时,可以对产品进行回收分解,寻找有价值的模块)、迭代(产品功能不断的优化升级,不断地在更高水平上满足用户的需求)。

例如,在产品使用阶段,人机交互技术(如无线传感、计算机视觉、语音识别等)使产品的应用场景更加人性化,实现了消费者与产品之间的信息传递从单向到双向的转变,全面提高了产品使用的安全性、便捷性和易用性。在产品售后服务环节,智能客服系统的应用可以有效提升消费体验。智能客服系统通过各种渠道(如品牌官方网站、移动 App 等)提供全天候在线咨询服务,这在一定程度上提高了服务效率。

四、新产品的数字化开发策略

虽然开发新产品是企业重要的创新活动,但新产品开发的失败率非常高。在传统的新产品开发策略中,企业要想获得消费者对新产品创意的偏好信息,需要将成型的产品推向市场,通过消费者的评价和反馈获得。在产品设计方面,更多依靠的是专业的产品设计师的相关知识以及企业高层管理者对市场的洞察力。

在数字营销快速发展和产品生命周期不断缩短的背景下,企业完善新产品开发策略刻不容缓。例如,最小化可行产品策略能够有效地帮助企业获得消费者对新产品创意的偏好,而数字孪生技术也可以对新产品的使用和运行效果进行仿真模拟，从而改进和完善新产品的功能和表现，并极大地缩短了产品开发周期，降低了产品开发成本。而且，企业还可以通过在线创新社区来收集消费者对新产品的期待，这些都是企业开发新产品时可以选用的有效策略。

（一）最小化可行产品策略

最小化可行产品（Minimum Viable Product，MVP）是指只包含能够满足消费者基本需求的产品，可以为产品未来的发展奠定基础。

在产品开发时，如果只考虑"最小化"，往往会导致产品无法满足消费者的需求。在设计时将"可行性"加入"最小化"中去，常常可以设计出一款刚好满足消费者主要需求的产品。当然，最终目标是实现产品可用性的最大化，达到产品的理想形态（如图5-3所示）。企业通过执行最小化可行产品策略，往往可以检验新产品的市场需求程度、是否能够解决消费者的问题以及是否具备商业价值。具体而言，最小化可行产品策略涉及两个核心概念：快速试错和更新迭代。其中，快速试错是指先用最小的产品单位来进行市场营销效果试验，按照试验结果来决定是否继续推荐产品。如果试验结果理想，则继续改进、完善新产品，如果试验结果不理想，则调整方向或者直接放弃，实现快速试错；更新迭代是指最小化可行产品策略的成功只是产品开发的第一步，迭代才是这里的主要内容。在收集到第一批消费者的反馈之后，按反馈的优先级对产品进行迭代。通常，产品的迭代速度可以灵活设置，一周一次、一周两次、甚至每天都进行迭代。而高速迭代则意味着每次迭代更新的需求功能都必须简单精益，这对企业的技术能力提出了更高的要求。

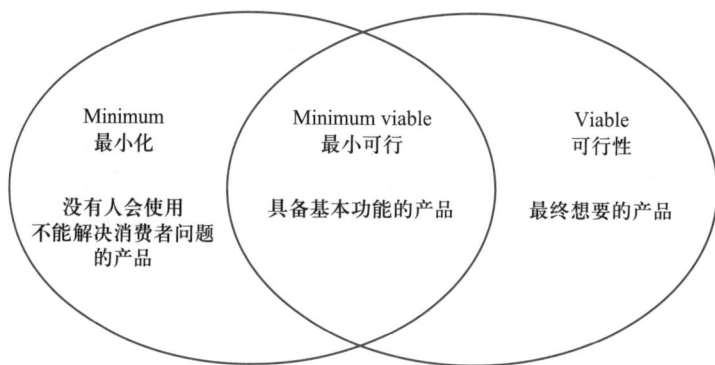

图5-3　最小可行性产品

资料来源：知乎. MVP（Minimum Viable Product），2021.

在数字化时代，消费者往往面临着更加多样化的选择，对产品和品牌的忠诚度不断下降。因此，企业要关注具体场景下消费者的痛点，满足消费者更高层次的需求。企业在执行最小化可行产品策略之前，需要明确产品的用户画像、预期市场规模、市场定位、优势等问题。只有搞清楚这些问题之后，企业才能从最小化可行产品策略中获得最大的好处。

企业利用数字技术，对数据资料进行整理和分析，能够帮助企业更准确地发现消费者的需求，并由此来驱动相应的产品决策。企业只有从消费者角度出发，以消费者需求为导向，不断地进行科学验证和科学试错，最终才能快速迭代出符合市场需求的产品。因此，数字技术提升了企业实行最小化可行产品的效率和效果，并提高了企业开发产品的成功率。

（二）数字孪生技术赋能产品开发策略

数字孪生技术（Digital Twin, DT）是一种产品模拟技术，通过将现实产品的一系列数据特征映射到虚拟空间当中，从而实现对产品新功能的虚拟测试，以便为提升新产品的质量和性能奠定基础。[①] 数字孪生技术具有实时反应、互动性和自我迭代等特点。其中，实时反应是指虚拟空间内产品的表现必须是物理空间内产品表现的真实反映；互动性是指历史数据与实时数据的交互与融合；自我迭代是指数字孪生技术可以实时更新产品相关的数据，在虚拟空间和物理空间中进行不断的优化升级和模型改进。[②] 概括而言，利用数字孪生技术进行新产品开发的流程如下。

1. 概念设计

产品概念设计是新产品开发的第一步，也是其中最重要的一步。产品经理需要根据消费者对现有产品的反馈、市场环境、产品竞争力、投资计划等大量信息来定义新产品的概念、外观和主要功能。数字孪生技术则可以将大量信息进行整合和分析，可以让产品经理快速地了解上一代产品需要改进的地方或者快速地发现消费者的新需求。同时，数字孪生技术还可以通过数据的实时传输，让消费者和产品经理之间的沟通变得更加透明和更加快捷。例如，在利用数字孪生技术设计汽车的例子里，在产品概念设计阶段，仿真平台运行虚拟试验场、车辆传感器模型和测试场景，以便形成一个或多个自动驾驶测试场景（如十字路口通行场景），从而准确地将汽车的各种物理数据映射到特定的虚拟空间中。

2. 详细设计

在这一阶段，产品经理要利用数字孪生技术完成产品的设计和建造，包括产品功能、外观、设计参数、测试数据等。同时，需要对产品进行重复的模拟测试，以便确保产品能够达到预期的性能。而且，数字孪生技术可以弥补之前技术所无法实现的实时数据和环境影响数据，协助实现模拟试验效果的最优化。仍然以前面的汽车开发为例：在这一阶段，汽车设计师会根据消费者的反馈、测试数据以及消费者在使用上一代汽车时出现的各种问题，进一步细化设计方案。例如，根据不同的行驶习惯、车身材料和制动性能进行改进，以确保设计方案的可行性。

3. 虚拟验证

在传统的产品开发过程中，设计方案的有效性和可行性要等到产品投入市场之后才能知道市场对新产品的反应。这不仅会延长产品的生产周期，而且会大大增加企业投入到产品开发中的时间成本和资金成本。相对而言，数字孪生技术则可以将产品任何配件的质量和数据在实际生产之前通过虚拟模型的调试和预测进行分析，从而避免繁琐的市场验证和测试工作。在虚拟汽车试验场的例子中，自动驾驶汽车根据自身算法对十字路口信息进行处理，并根据路口信息自动做出制动减速、缓慢通过路口等行驶决策。该车辆的行驶数据，通过车上安装的动态测量设备实时地进行采集并上传至仿真平台，然后通过数据分析提出有效的汽车行驶改进方案。

---

① Liu, M., Fang, S., Dong, H., et al. Review of digital twin about concepts, technologies, and industrial applications [J]. Journal of Manufacturing Systems, 2021, 58: 346-361.

② Tuegel, E. J., Ingraffea, A. R., Eason, T. G., et al. Reengineering Aircraft Structural Life Prediction Using a Digital Twin[J]. International Journal of Aerospace Engineering, 2011: 1-14.

（三）利用在线创新社区实现新产品开发

企业不仅可以依靠内部的资源来开发新产品，同时也可以利用企业外部的人员（如消费者）来开发和改进产品。换句话说，消费者对产品开发起到十分重要的作用。其中，在线创新社区就是一个消费者参与产品开发过程的数字营销工具，它可以大大降低新产品在市场上不受欢迎的风险和产品开发成本。

互联网的发展拉近了消费者与消费者之间以及消费者和企业之间的距离，这为在线创新社区的建立提供了前提条件。其中，在线创新社区（Online Innovation Communities，OICS）是指企业在产品开发阶段所创建的，为收集消费者对新产品的想法和建议的一种社区。[①] 对于消费者来说，他们可以通过在线创新社区针对产品开发相关的话题进行积极讨论和评价，提出自己的想法，进而生成有价值的信息。这一过程不仅增强了消费者对产品的了解，而且还强化了消费者作为社区成员的归属感和对企业品牌的喜爱度和忠诚度。对企业而言，企业可以利用在线社区收集产品开发的相关信息，与消费者进行沟通和协作，为新产品的开发奠定基础。此外，在线创新社区还允许消费者对社区中所发布的产品创意进行投票和评价，这对在线创新社区的成功是非常重要的。因为，它不仅有助于提高新创意的质量，而且还有助于企业识别出新的创意在目标市场中受欢迎的程度。

在实践中，戴尔所采用的头脑风暴（Idea Storm）项目就是典型的利用在线创新社区帮助企业实现新产品开发的典型例子。公司的首席执行官一直强调要倾听消费者的声音，因此，成立了社交媒体聆听管理中心，主要用来监测、回应和引导社交媒体上有关戴尔品牌的话题。公司除了把社交媒体作为倾听消费者声音的重要途径之外，还通过社交媒体与消费者近距离地进行密切沟通。在头脑风暴项目中，产品经理和消费者直接进行互动，消费者分享他们的产品创意，产品负责人经理与消费者就创意的可行性进行深入沟通和交流。

第二节　数字营销中的定价策略

有研究表明：在提价 1% 的情况下，如果销售量不减少，则企业利润平均可提升 8.7%，但 1% 的价格上涨会导致企业的好评率下降 3%—5%。[②] 由此可见，企业的定价策略对企业经营绩效的影响是多方面的、复杂的。因此，在实践中，定价策略是企业市场营销组合决策中的关键所在。在过去，可供企业营销人员使用的定价策略包括成本加成定价、撇脂定价、心理定价等。本节将重点介绍数字化背景下的一些新型定价策略。

实际上，在数字化时代，随着大数据和人工智能等数字技术的发展，市场营销人员有了诸多新的定价策略可供选择。例如，企业可以利用机器学习技术提高企业调整定价的自动化程度，或利用数据分析技术提高个性化定价的效率等。可以预期，数字技术的进

---

① Han, C., Yang, M. Stimulating Innovation on Social Product Development: An Analysis of Social Behaviors in Online Innovation Communities[J]. IEEE Transactions on Engineering Management, 2022, 69(2): 365-375.

② Luca, M., Reshef, O. The Effect of Price on Firm Reputation[J]. Management Science, 2021, 67(7): 4408-4419.

步将会帮助企业突破以往的定价决策困境,即兼顾企业最大化盈利又能提高消费者忠诚和满意度。

一、数字产品的定价策略

如前文所述,与传统产品相比,数字产品具有特殊的非物质性、即时性、易传播性、迭代性和可保存性,这就决定了数字产品在定价方面势必与传统产品有所差异。实际上,许多企业利用数字产品边际成本为零的特征,采取免费定价策略来吸引消费者,这种定价策略的主要思想是企业免费向消费者提供基本产品或有限的服务,继而推出升级销售或交叉销售策略。一般而言,免费定价策略包括部分免费与限时免费两种策略。

(一)部分免费策略

部分免费策略是指消费者可以免费下载和使用产品的部分功能,若要使用产品的全部功能则要另外进行购买。显然,这一定价思想与传统的升级销售十分类似。例如,用户可以免费下载滴答清单 App,其中打卡功能、专注功能以及提醒功能都是可以免费使用的,但是"日历视图功能"则需要进行额外的付费才能使用(如图 5-4 所示)。

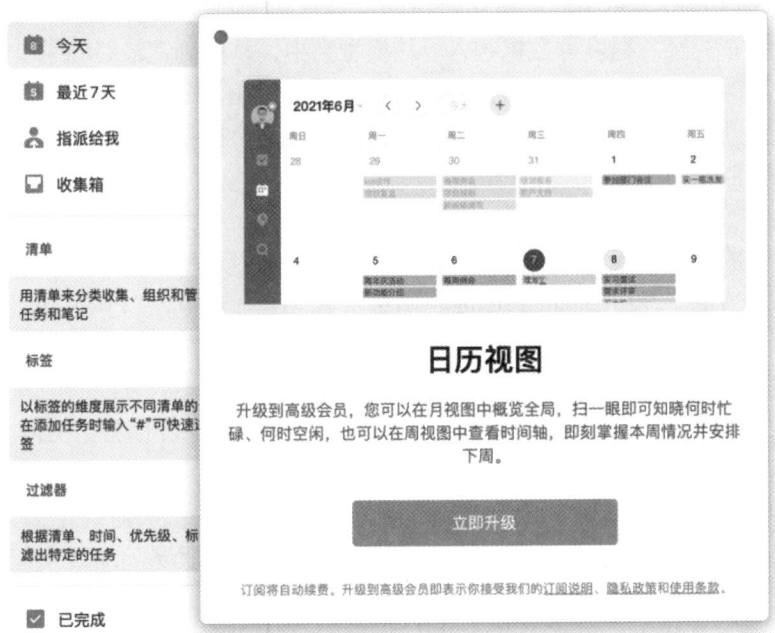

图 5-4 滴答清单 App 免费定价策略

资料来源:滴答清单. 功能介绍-滴答清单,2022.

(二)限时免费策略

限时免费策略是指消费者可以免费下载和使用,但是在使用一段时间之后就会受到限制,主要包括次数限制和期限限制两种情况。其中,次数限制是指消费者可以免费使用一次或几次,超出限制的使用次数之后则需要额外付费;期限限制是指在规定时间内可以免费使用,但在超过规定的使用时间之后则需付费使用。这种策略的应用往往是通过先试用的方式来获得消费者的认可和使用意愿,然后在此基础上正式收取费用。例如,王者荣耀针对新款英雄皮肤推出训练营计划方便玩家预先体验。对于部分免费策略和限时免费策略，企业并不一定是单独使用的，有些企业将上述两种策略同时使用在一个产品的不同功能上。

二、数字技术定价策略

随着越来越多的数字技术在市场营销实践中的应用，一些技术也逐渐拓展到了定价实践当中。例如，在市场的供需关系中制定出最优的定价水平以及根据市场的变化实时调整定价等。究其本质而言，数字营销中的定价实践依然是以企业定价效率和效益最大化为目的。

（一）智能动态定价策略

1. 智能动态定价策略的概念

智能动态定价策略是指基于机器学习和人工智能定价技术的应用，结合市场中的供需关系、季节变化等影响因素来确定最终的产品价格。[①] 企业可以将期望的利润、季节、日期、消费者评价、搜索率等指标输入到定价模型中进行计算，并利用机器学习或人工智能算法来确定最优的产品或服务价格。例如，峰值定价(Surge Pricing)就是智能动态定价策略的一种应用形式。优步(Uber)所使用的峰值定价策略，就是基于对海量实时数据的建模优化，将时间、地点和用车的紧急程度等数据纳入算法模型当中，从而确定最终的用车价格。优步在市场需求比较大的时候，通过提高价格来平衡市场供需，在打车界面显示提价窗口，用户可以选择接受或离开。在这种情况下，需求较强的用户通常会接受提高价格，而需求较弱的用户则会选择放弃叫车。

2. 智能动态定价策略的应用

为了使房东的收益最大化，爱彼迎公司(Airbnb)也采用了智能动态定价策略。爱彼迎公司推出了"Price Tips"和"Smart Pricing"两种定价工具。其中，"Price Tips"可以根据房东目前的定价，显示该房间每天被预订出去的概率和相应的推荐价格；在"Smart Pricing"工具中，房东可以设置一个最低值和最高值，之后会自动生成不同日期的推荐价格。

在具体的定价过程中，首先采用预测算法模型来预测某一日期某个房间预订出去的概率，之后预测的概率会被输入到定价模型当中，并智能生成推荐价格。当然，房东也可以在定价模型中加入其他参数(如目标利润、节假日、天气等)，从而确定最终的价格。在当今的数字经济时代，这一定价策略也逐渐应用到了其他服务行业，如零售业和航空业等。

3. 智能动态定价策略的优缺点分析

概括而言，智能动态定价策略具有以下三个优点：第一，智能动态定价策略实现了自动化定价，提高了定价的速度和灵活性；第二，智能动态定价策略实现了帮助企业从全局视角来优化最终价格的目标，智能算法允许企业将影响价格的多种因素考虑在内，通过自动迭代计算，帮助企业做出最优的价格决策；第三，智能动态定价策略能够一定程度上预测市场趋势，通过分析产品或服务过去和现在的相关数据，智能算法能够提前预测变化并调整价格，这在一定程度上有助于企业提高对市场的洞察力。

---

① Bauer, J., Jannach, D. Optimal pricing in e-commerce based on sparse and noisy data[J]. Decision Support Systems, 2018, 106: 53-63.

但是，智能动态定价策略缺乏对消费者心理的关注。而且，由于算法技术关注的是实时的供求波动，并且过度关注效率，这可能导致产品价格变动过于频繁。一般而言，价格变动通常会影响消费者对企业声誉的评判，可能导致企业利润和声誉之间存在某种冲突。[①] 为此，一个可行的做法就是在引入智能定价算法的初期，可以利用人工辅助和优化智能算法。企业不应将定价决策全权委托给智能算法，而应在利用算法技术的基础上辅之以市场营销人员的智慧来确定价格调整的频率和幅度。

（二）算法驱动的个性化定价策略

1. 算法驱动的个性化定价策略的概念

算法驱动的个性化定价策略是指基于数据收集和数据分析工具的应用，结合消费者的个体差异（如支付意愿）来确定最终的价格。[②] 随着信息技术的发展，联邦贸易委员会（Federal Trade Commission, FTC）发现：99%的在线企业可以获得用户访问其网站的行为信息，[③] 如位置信息、浏览和购买记录、收藏记录、某一产品的浏览时间、支付方式等。企业可以利用"Cookies[④]"等信息收集工具对消费者行为数据进行跟踪，进而通过分析消费者行为数据来解读消费者的个人特征和偏好，从而预测其支付意愿等。同时，企业也可以根据这些消费者的在线行为数据来创建长期的数据追踪库。[⑤]

2. 算法驱动的个性化定价策略的应用

Root Insurance 公司（以下简称 Root）创立于 2015 年，是一家为美国 30 个州的驾驶员提供汽车保险的保险科技公司。与保险行业的其他企业不同，在确定保险价格时，Root 公司并不使用人口统计学数据（如年龄、性别等），而是将投保人的日常驾驶习惯数据、信用评分和保险欺诈率等信息输入到算法模型进行分析计算，以便获得个人驾驶安全系数，最终根据每个人的驾驶安全系数来确定投保资格以及个性化的保费。[⑥]

3. 算法驱动的个性化定价策略的优缺点分析

通常，算法驱动的个性化定价策略具有以下两个优点：第一，可以帮助企业通过价格判断消费者的个人偏好，并使价格合理化；第二，可以在一定程度上开发潜在消费者，扩大市场规模。利用个性化定价策略，企业可以针对新用户设置新人优惠来留住用户。例如，饿了么为新注册的用户发放无门槛外卖红包。

不过，这一定价策略存在大数据杀熟的局限性。大数据杀熟是指针对某一件商品，或者某一项服务的时候，老顾客所看到的价格反而比新顾客更高。大数据杀熟现象可能是大数据无意识的算法所导致的，也可能是企业有意而为之。但是，无论是无意还是有意，

① Bertini, M., Koenigsberg, O. The Pitfalls of Pricing Algorithms: Be Mindful of How They Can Hurt Your Brand [J]. Harvard Business Review, 2021, 99(5): 74-83.

② Richards, T. J., Liaukonyte, J., Streletskaya, N. A. Personalized Pricing and Price Fairness[J]. International Journal of Industrial Organization, 2016, 44(1): 138-153.

③ Taylor, C. R. Consumer Privacy and the Market for Customer Information[J]. RAND Journal of Economics, 2004, 35(4): 631-650.

④ Cookie 是通过浏览器将服务器返回的数据保存在本地的一小块数据。Cookies 记录下来你输入的一些资料和信息。再访问同一个网站，就会依据 Cookie 里的内容来判断使用者，送出特定的信息内容给你。

⑤ Seele, P., Dierksmeier, C., Hofstetter, R., et al. Mapping the Ethicality of Algorithmic Pricing: A Review of Dynamic and Personalized Pricing[J]. Journal of Business Ethics, 2021, 170(4): 697-719.

⑥ Bertini, M., Koenigsberg, O. The Pitfalls of Pricing Algorithms: Be Mindful of How They Can Hurt Your Brand [J]. Harvard Business Review, 2021, 99(5): 74-83.

该现象长期来看都可能会对消费者的购买体验产生不利影响。价格以较高的频率上涨或下跌可能会导致消费者对产品、甚至是对企业产生负面评价。因此，国家规定要求保障消费者的算法知情权和算法选择权，企业不得利用算法实施不正当竞争行为。因此，对于企业来说，一定要慎用算法技术，采用服务策略与定价策略相结合的方式进一步优化相应的定价策略。

例如，京东公司就采用了算法驱动的个性化定价策略与保价服务策略相结合的方式，在保证企业利润的同时，还提升了消费者的购物体验。在京东公司的价格保护政策中提到：在京东网站购物，如商品出现降价（不包括支付方式的相关优惠），在价保规则范围内，将赠送与差额部分等值的金额补偿或"京豆"。其中，家用电器商品在订单商品签收之前或签收30天内可申请价格保护，生鲜商品在订单签收之前或签收之后的48小时之内可以申请价格保护。

三、消费者参与定价策略

消费者参与定价策略是指消费者参与到企业设定产品价格的过程中去。其中，按需付费（Pay What You Want，PWYW）定价策略和选择价格（Pick Your Price，PYP）定价策略是最具代表性的两种消费者参与定价策略。

（一）按需付费定价策略

按需付费定价策略是一种参与式定价，将产品或服务价格的决定权交给消费者。简单来说，就是企业只提供产品或服务，而由消费者来决定价格。

按需付费定价策略需要消费者在定价过程中付出较多的努力，因此，可能会降低消费者的购买意愿。但是，对认知需求高的消费者来说，他们往往希望感受到自己在定价过程中所付出的努力，而按需定价策略则正好满足了这类消费者的需求，从而提高他们的购买意愿和购物体验。

（二）选择价格定价策略

选择价格定价策略是指企业为消费者提供多个价格选项，消费者可以自主选择他们想要支付的价格。在这一定价策略中，消费者仍然对价格享有最终决定权，但他们不必自己生成价格选项。例如，旅行平台 Priceline 就曾推出过这类定价策略。消费者参与到选择价格定价策略的过程中，会增加对价格的控制感，同时企业所给出的价格选项也降低了消费者参与定价需要付出的努力，优化定价过程的体验感。

第三节　数字营销中的渠道策略

营销渠道是连接市场上的买家和卖家，并实现买卖双方交流的关键所在。有关营销渠道的决策，通常是一系列复杂的过程，包括渠道合作伙伴关系的管理、渠道组合的评估和选择等。对于企业来说，渠道策略的有效与否决定了企业的市场营销目标能否实现；对于消费者来说，营销渠道则决定了其购买产品的便利性。本节将重点介绍数字化背景下渠道策略的一系列重要问题。

一、营销渠道的数字化

根据营销渠道职能的不同，可以分为分销渠道、交易渠道和沟通渠道。其中，分销渠道是指帮助产品从企业流向消费者的场所和方式；交易渠道是指买卖双方进行交易的场所和方式；沟通渠道是指企业和消费者在产品购买前、中、后针对产品的价格、质量、附加服务等一系列问题进行交流的场所和方式。

传统营销渠道的建设成本往往较高，十分依赖于线下已有的累积优势。而且，技术应用的不足也使传统渠道在满足便捷购物和个性化需求方面的能力相对有限，如渠道建设十分依赖物流体系，因而交付时长容易受到影响，消费者往往并不知道产品在渠道中的哪一个环节以及大约还需多久才能送达。而数字技术的进步在一定程度上破除了这些限制，并促进了营销渠道的数字化。可以说，数字技术的应用推动了分销渠道、交易渠道和沟通渠道的数字化发展。相应地，传统分销渠道向电子商务平台分销渠道转变，移动支付丰富了交易渠道的形式，人工智能客服拓宽了沟通渠道的边界，全渠道营销模式应运而生。营销渠道的数字化和全渠道营销模式突破了产品购买的时间和地点限制，满足了消费者的个性化需求，提高了市场营销活动的效率与效果。

（一）数字化分销渠道策略

1. 电商平台分销渠道

许多企业都开始考虑在第三方在线平台市场（如亚马逊、淘宝、天猫等电商平台）上销售自己的产品或服务。其中，电商平台（E-commerce Platform）是基于互联网技术发展起来的，是买家和卖家在网上进行交易的场所。电商平台主要分为四种类型，分别为 B2B、B2C、C2C、O2O（其中 B 代表企业，C 代表消费者）。其中，B2B 是企业与企业之间的一种电商平台形式，是企业与企业之间通过互联网进行产品的交换和传递，如阿里巴巴是网上 B2B 交易市场的领军企业；B2C 是存在于企业与消费者之间的一种电商平台形式，是企业通过互联网面向消费者进行产品的销售，如亚马逊、天猫等就是典型的 B2C 电商平台；C2C 是存在于消费者与消费者之间的一种电商平台形式，个体商户通过互联网面向其他消费者个体进行产品销售，如个人卖家可以在淘宝上注册个人店铺；O2O 是指线上购买和线下门店相结合的一种模式，如外卖和打车等。

随着互联网技术以及移动社交媒体的发展，电商平台的形式也日益呈现出多样化。其中，电商直播呈现出巨大的发展潜力。电商直播的内容主要包括品牌宣传和直播带货等，平台主要包括淘宝、抖音、拼多多等。随着我国网民规模的进一步扩大，消费者对直播互动性、社交性、娱乐性特点的认知逐渐加深，消费者对电商直播的接受度也在逐步提高。

电商平台打破了产品购买的时间和空间限制。依靠电商平台，消费者可以通过移动设备在任何时间和任何地点购买自己想要的产品或服务。例如，在淘宝上，消费者可以随时随地地购买自己所需要的产品，从图书到家具，甚至是电影和音乐等。消费者只要登录其个人账户，搜索和选定自己需要的产品，然后加入购物车并点击确定即可实时结账。同时，消费者还可以自由选择提货方式（如自提或送货上门），也可以指定产品送达的时间和地址。在购买成功之后，物流跟踪技术还允许消费者实时查看所购产品的运输状态、产品目前所在位置以及预计的送达时间。

但是，随着各种类型的电商平台层出不穷，有些商家利用消费者无法看到产品的"真实面目"，趁机弄虚作假或进行虚假宣传。担心商品质量没有保障，已经成为不少消费者在使用数字化电子商务平台时的主要顾虑。为此，国家已经出台了相应的平台工具服务，严控商家入驻资质审查，规范和维护平台生态健康发展。因此，对于商家来说，要规范自己的行为，并努力保证产品和售后服务的质量，以便实现可持续发展。

2. 社区团购

社区团购是依托于真实居民社区的互联网购物消费模式，是一种区域化的、本地化的、网络化的团购形式。社区团购以生鲜水果和生活必需品为切入口，通过微信小程序、微信群等社交媒体工具，快速聚集消费者的需求。自 2018 年以来，社区团购得到了飞速发展，市场规模快速增长。有相关统计显示：在 2021 年，中国社区团购市场的交易规模达到了 1205.1 亿元，同比增长 60.4%。

美团优选是众多社区团购中成功案例的典型代表。美团优选采用"预购+自提"的模式，其提供的产品涵盖了大部分食品和生活用品，包括酒水乳饮、休闲零食、时令水果、粮油调味、冷冻冷藏等。例如，团长通过微信群、微信小程序等渠道向社区居民发送拼团活动，社区居民在线上完成产品的购买。团长在对订单进行汇总之后，提供给商家，商家再根据订单配送发货。次日，由团长通知居民去自提点提取货物。美团优选采用"T+1"配送模式，也就是消费者可在每天 0 点到 23 点之间进行下单，次日 16 点去自提点取货。

社区团购模式在一定程度上降低了企业的成本。企业根据消费者的下单量按需备货，这在很大程度上缓解了产品的库存压力，并在一定程度上缓解了企业的资金风险，而节省的这部分成本便可以让利给消费者，使消费者可以购买到物美价廉的产品，进而实现良性循环，提升消费者的购物体验。同时，社区团购模式下的消费者黏性也相对较强，而且裂变速度更快，社区里熟人之间互相推荐团购产品，提高了消费者对产品的信任。不过，社区团购也存在着售后处理系统不完善等缺点。在社区团购模式下，消费者不能自己确认提货，不能直接对此订单做出任何实质性的评价。当遇到产品质量问题时，只能反馈给团长，团长再向商家反映，整个处理过程速度较慢而且效率较低。因此，建立完善的售后处理与评价系统，是社区团购模式未来实现长远发展的关键举措。

（二）移动支付交易渠道策略

移动支付是以移动端为主要载体，通过移动终端对所购买的产品进行结算支付的一种支付方式。目前，手机支付是移动支付的主要形式。

实际上，移动支付的类型是多种多样的，不同的移动支付类型可以满足用户在不同场合的实际需求。当前，主要的移动支付方式主要包括密码支付、指纹支付、刷脸支付和近场通信支付。其中，密码支付是指买家确认购物时，向卖家支付货款时需要输入用户设置的支付密码，只有输入正确的密码才能完成支付操作；指纹支付是消费者提前在支付端录入自己的指纹，将消费者银行卡和指纹进行关联，在支付时核对指纹即可完成支付；刷脸支付是指基于人工智能、机器视觉、3D 传感等技术实现支付，用户通过刷脸设备进行刷脸即可完成支付；近场通信支付是消费者在购买商品时，通过手持设备与收款设备进行感应，从而完成支付。通常，近场通信支付在线下特定的感应设备上进行交互。

例如，星巴克于 2016 年推出了为中国会员量身定制的移动支付。星享俱乐部会员通过在最新的星巴克 App 中绑定星礼卡，就能即时开启星巴克移动支付新体验。同时，星礼卡的充值功能使其成为顾客在星巴克的移动钱包。星巴克会员只需在最新的星巴克 App 中绑定任何一种面值的星礼卡，就可以在中国大陆的星巴克门店内，通过扫描电子星礼卡二维码完成支付。专门为电子星礼卡而生的"余额保护申请"功能，为会员账户提供额外的安全保护。此外，贴心的在线余额查询功能，也让会员可以随时掌握自己的消费动态。

移动支付丰富了交易渠道策略，使交易过程变得更加简单，而且速度也更快。这项技术的应用缩短了消费者从产品选择到进行购买决策的时间，提高了购买转化率。虽然快速简单的移动支付方式具有一定的吸引力，但许多消费者表示安全性仍是使用移动支付时担心的主要问题。因此，移动支付平台需要不断创新技术，提高交易环境的安全性，以便提高用户留存率和增加用户黏性。

（三）数字化沟通渠道策略

在人工智能技术不断发展与客服行业持续转型升级的背景下，智能客服逐渐兴起并迎来了快速增长。很多企业开始采用"机器人客服"来帮助消费者更高效地解决购买过程中所出现的问题。同时，有些企业通过社交媒体与消费者进行便利的沟通，进一步提升了消费者的沟通体验。

与传统在线客服相比，智能客服可以实现：第一，智能问答，智能客服可以预测消费者的问题，判断并引导消费者在会话中通过对问题的简单选择，在一触即达的便捷交互中直接解决问题，从而使服务化繁为简。第二，即问即答，消费者发送问题之后，智能客服能够立即回复，快速响应消费者的需求，真正做到了零延迟和零等待。第三，关键词模糊匹配，对消费者问题进行分析处理和必要的语义理解之后，智能客服可以推荐关联度高的问题，从而供消费者选择和查询对应问题的解决方案。

当然，也有一些企业在微信、微博等社交类 App 内开通官方账号，然后安排专门的员工来进行运营，实时了解消费者对产品的评价和反馈。通过社交媒体与消费者进行沟通，可以使企业与消费者之间的感情迅速"升温"，并使企业在与消费者保持长期关系中获得更高的利润水平。同时，这些社交媒体的快速发展也促进了消费者与消费者之间的沟通。例如，在品牌官方微博下，消费者之间可以针对产品的使用效果与使用体验等进行密切的沟通与交流，实时分享愉快的或不愉快的购物体验。

二、全渠道营销模式

在二十年以前，如果想要购买一件外套的话，消费者只能选择去附近的服装店购买。但现在，如果想要购买一件外套的话，可以选择打开淘宝来搜索当季流行的外套款式和颜色，或者去品牌的官网看看是否推出了外套新品，也可以看看小红书上服装搭配博主所推荐的外套穿搭。换句话说，消费者可以通过越来越多的渠道购买到自己所需要的产品，企业也可以通过越来越丰富的渠道将产品展示给目标消费者。随着互联网技术的发展，全渠道营销模式在市场上变得越来越普遍。

（一）全渠道营销的概念

全渠道营销（Omnichannel Marketing）是指企业整合多种营销渠道，消费者可以通过这些渠道接触到企业的产品，并且在所有的营销渠道中消费者能够获得一致的产品信息。①

传统的营销渠道主要采用单一渠道策略，如实体店销售。随着市场营销环境的变化，很多企业开始由单一渠道策略向多渠道策略转变。而且，企业为了满足消费者在任何时间、任何地点、以任何方式购物的需求，最终向全渠道营销策略转变。实际上，全渠道营销策略是在多渠道策略的基础上进一步发展而来的，两者的区别主要体现在渠道重点、渠道范围、各渠道之间的关系、品牌—渠道—消费者关系以及渠道管理的指标五个方面。第一，渠道重点。在多渠道营销策略中，企业主要关注可以与消费者进行交流互动的渠道数量；而在全渠道营销策略中，企业将互动渠道和传统的单向传播渠道（如广告）进行融合，使它们之间的界限逐渐模糊，从而扩大企业与消费者的接触点范围和提高沟通信息的一致性，企业与消费者之间的交互既可以是单向的，也可以是双向的，交互程度既可以是浅层的，也可以是深入的。第二，渠道范围。在多渠道营销策略中，企业主要关注线下商店、线上网站和其他一些直接营销渠道。而在全渠道营销策略中，企业除了关注线下商店、线上网站和直接营销渠道以外，移动渠道（如智能手机、平板电脑、应用程序）和社交媒体渠道（如电视、广播、印刷广告）也是企业关注的重点，而且强调各渠道之前的彼此协同。第三，渠道之间的关系。在多渠道营销策略中，各渠道之间通常都是彼此分离的、不重叠的。而在全渠道营销策略中，企业对各渠道实行整合管理，目的是为消费者提供一致的购物体验。第四，品牌—渠道—消费者关系。在多渠道营销策略中，企业主要关注消费者和渠道之间的关系。而在全渠道营销策略中，企业将关注的重点拓展到了品牌，关注品牌—消费者—渠道之间的关系。第五，渠道管理的指标。在多渠道营销策略中，企业关注的是不同渠道各自的表现（如各渠道的绩效表现、各渠道的消费体验）。而在全渠道营销策略下，企业关注整个渠道的综合表现（如消费者在整个渠道中的购物体验、整个全渠道的绩效表现等）。

（二）全渠道营销策略的应用

京东超市致力于为消费者提供丰富的产品与服务，并在最大程度上保证了产品与服务的品质。目前，已经有90%的核心品牌将京东超市作为新品发布平台。京东超市作为行业领先的全渠道商超，已成为众多消费者购买生活日用品的首选。

京东超市的全渠道策略包括线上渠道、线下渠道和创新渠道。其中，线下渠道包括京东自有渠道（如京东母婴生活馆）和合作伙伴渠道（如沃尔玛和永辉超市）；线上渠道包括京东自有渠道（如京东 App 和七鲜 App）和外部渠道（如微信、抖音等）；创新渠道包括京东餐饮、集采商品中心和物竞天择项目②。京东超市的全渠道营销能力在帮助其品牌开拓、打通、整合更多不同位置的场域③营销资源的同时，也触达到了更多的目标消费者。随着京东超市全渠道营销能力的逐步升级和完善，必将在继续为商家带来更多增量的同时，为消费者带来更好的购物体验。

---

① Cao, L., Li, L. The impact of cross-channel integration on retailer's sales growth[J]. Journal of Retailing, 2015, 91(2): 198-216.
② 物竞天择项目以打造的去中心化网络为目的，将订单以信息流的方式传达到离消费者最近的网点，再由网点进行配送，大大减轻了物流成本压力。
③ 通常泛指物理和非物理的关系网络，是相对独立的社会空间。

（三）全渠道营销的优缺点分析

1. 全渠道营销的优点

（1）覆盖范围更广

全渠道营销最大的特点是对营销渠道进行整合，更大程度上以消费者为中心。利用电商平台、线下宣传、社交媒体平台等各种方式进行营销，并形成统一的整体。对于企业来说，单一的营销渠道只能覆盖有限数量的消费者，因此选择单一渠道就代表只选择了一部分消费者。相对而言，全渠道营销策略则覆盖了所有可能的潜在消费者，提高了产品的曝光度；对于消费者来说，可以从不同的渠道获取统一的产品信息，这在一定程度上提高了消费者的购物效率。

（2）营销效果更强

企业能够从多个渠道中获取消费者的行为数据，然后依据数据分析结果获得更加精准的消费者画像，提高了同消费者的接触效率与效果。同时，还可以实现个性化渠道服务。例如，根据不同渠道中消费者的年龄、购买偏好等信息，为顾客提供不同的渠道服务内容。此外，全渠道营销还能够增强品牌的辨识度，对企业品牌形象塑造产生重要的促进作用。

2. 全渠道营销的缺点

（1）可能会引起消费者对数据隐私的担忧

应用全渠道营销的企业往往需要对消费者的姓名、年龄等基本信息以及购物频率、购物时间段等行为信息进行采集、整合、分析，以便更好地实现市场营销信息的精准投放。但在互联网时代，数据安全和数据隐私问题仍然是消费者和企业关注的重要问题。许多消费者在进行实名认证、填写财务信息或者公开地理位置时，仍然会犹豫。消费者一旦对企业的数据安全管理能力失去信任，就会对企业形象产生负面的影响。

（2）可能会给消费者带来不好的购物体验

全渠道营销模式下的消费者可以根据自己的需求选择任一渠道，这就要求企业在每个渠道投放的信息具有一致性。如果没有一致的信息，当消费者从一个渠道转移到另外一个渠道时，可能就会感到困惑，并且可能会转向其他企业。而且，消费者还可能会失去对企业的信任，从而对产品质量和性能产生怀疑。

因此，企业应该提高渠道整合的质量，以便为消费者提供跨渠道的无差别购物体验。换句话说，渠道整合质量是企业与顾客关系的关键所在，是全渠道营销的核心。具体来说，渠道整合可以针对不同类型的产品，从渠道服务质量和保证渠道信息一致性两个方面做出改进。对于购买卷入度高的产品（如汽车）而言，与提高渠道服务质量相比，保证渠道信息的一致性往往对提高消费者购买满意度影响更大。企业要保证产品本身和营销信息在全渠道内的一致性，并指导员工遵循标准化的业务流程和程序，以便确保能够对消费者的询问做出一致的、专业的回应。而对于购买卷入度低的产品（如牙刷）而言，与保证渠道信息的一致性相比，提高渠道服务质量往往会对消费者购买的满意度影响更大。此外，企业还应该为消费者提供渠道选择的灵活性，使他们可以通过自己所偏好的渠道便利地购买产品。

第四节　数字营销中的促销策略

一般而言，促销过程中存在着诸多的不确定因素，这些因素影响着促销效果，如促销活动受众面窄、消耗人力较大、产品销售量不高等。因此，促销活动的成功开展是比较困难的。通常，促销策略包括非人员促销和人员促销两类形式。其中，前者依赖于传播媒介来达成沟通目的，后者则依赖于营销和销售人员的主观能动性。在数字化时代，非人员促销和人员促销的形式都得到了进一步的发展，极大地丰富了数字营销中的促销形式。本节将重点介绍数字化背景下促销策略的一系列关键问题。

一、数字营销中的非人员促销策略

在非人员促销方面，数字技术不仅提供了更多的传播媒介平台，使企业能够根据消费者的位置、购物偏好等信息来推送广告以及发送优惠券，实现精准营销。例如，随着数字技术发展，广告形式正在发生着翻天覆地的变化，个性化广告和移动广告迅速兴起。

（一）个性化广告

个性化广告（Personalized Advertising）是指根据消费者的在线行为，为不同特征的消费者投放不同的广告信息和广告形式。[1] 如今，个性化广告不仅依赖于消费者的实际数据，而且还依赖于消费者数据的发展模式或衍生数据。企业利用这些数据对消费者特征进行推断，从而预测可能的消费行为。

作为个性化广告的一种形式，在线行为广告（Online Behavioral Advertising, OBA）是指通过监测和分析消费者的在线购物行为，利用所收集到的行为信息展示有针对性的广告。[2] 其内涵中主要包括以下两个特点：一是对消费者在线行为的监控和追踪；二是依据数据分析结果来投放有针对性的广告。简而言之，这类广告是基于对消费者购物行为的跟踪，以便了解他们的潜在兴趣，并传递与消费者偏好相匹配的个性化广告。

与传统广告相比，在线行为广告给企业和消费者都带来了诸多新的好处。对企业来说，在线行为广告在一定程度上显著提高了企业与消费者之间的沟通效率。这是因为：将高度个性化的信息传递给潜在消费者，往往能够提高消费者的购买意愿、参与度、忠诚度以及对广告信息的响应度。对消费者来说，他们可以毫不费力地获得自己真正感兴趣的产品信息，这提高了他们消费活动的效率。

但是，在线行为广告是近乎完全建立在对消费者在线行为数据的收集和应用基础之上的，因此不可避免地会涉及消费者数据隐私问题。例如，可能会涉及未经同意获取消费者数据的风险。如果没有告知消费者其上网行为被追踪了，那么在线行为广告应用本身就存在侵

---

① Dolnicar, S., Jordaan, Y. A market-oriented approach to responsibly managing information privacy concerns in direct marketing[J]. Journal of Advertising, 2007, 36(2): 123-149.

② Boerman, S. C., Kruikemeier, S., Zuiderveen Borgesius, F. J. Online behavioral advertising: a literature review and research agenda[J]. Journal of Advertising, 2017, 46(3): 363-376.

犯消费者隐私的风险，可能会涉及消费者画像侵权的风险。消费者画像的本质是还原个体信息，对这些信息的收集往往涉及对消费者网络行为全方位的监控。画像越是精准，就越有可能暴露个体的真实身份、行为习惯乃至心理偏好，这可能直接构成了对消费者个人隐私的侵犯，可能会涉及个人信息的泄露。消费者信息被大规模搜集和存储在企业的数据库中，被泄露的风险和破坏性也将随之增大。

（二）移动广告

移动广告（Mobile Advertising）是指以智能移动设备为载体，将广告信息以多种形式传达给目标消费者的一种广告形式。[1] 随着移动设备技术的发展以及在全球范围内的普及，越来越多的企业逐渐使用移动设备作为主要的广告媒介。

随着社交媒体的发展，微信、微博等社交应用逐渐成为企业投放移动广告时的新宠。在移动互联时代，主动创造情景内容获得了越来越多消费者的好感，赢得了很好的口碑，并构成了当下广告营销的主要趋势。例如，微信朋友圈广告就是出现在好友动态信息流中的一种广告形式，具有极强的创意性，包括静态的图文广告、动态的视频广告、创意性的出框式广告以及剧情互动式广告等。例如，vivo 手机在发布新品的时候，会在朋友圈投放出框式广告，给消费者带来非常大的视觉冲击；中国农业银行投放的剧情互动式广告，激发了消费者的参与乐趣（如图 5-5 所示）。此外，微信朋友圈广告还利用微信的社交属性，开通了评论功能，消费者可以看到其他朋友在广告下的评论，通过评论与品牌进行互动。同时，移动广告通常还附有购买链接，消费者只需轻轻点击，就可以跳转到购买界面。

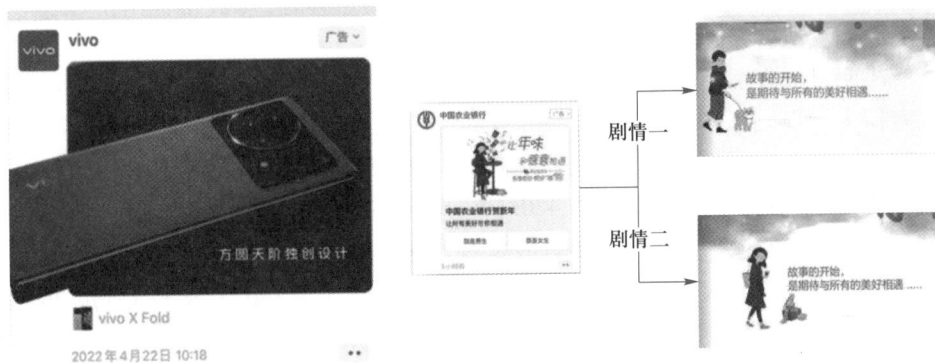

图 5-5　朋友圈广告

资料来源：艾瑞.2020 年移动广告用户体验研究报告，2020.

与传统广告相比，移动广告具有以下三个优点：[2] 首先，移动广告界面更加清晰、内容更加生动。移动广告能够利用图片、文字和视频等不同形式来突出广告重点，方便消费者对产品的了解。其次，移动广告便于分享，消费者可以通过分享链接或者转发直接与其他人分享广告。最后，移动广告可以进行个性化投放，实现精准营销。移动广告可以根据消费者的地理位置、时间等来更新广告投放内容和投放时间，这在一定程度上提高了广告的投放效率与效果。

① Zubcsek，P. P.，Katona，Z.，Sarvary，M. Predicting Mobile Advertising Response Using Consumer Colocation Networks [J]. Journal of Marketing，2017，81（4）：109-126.

② Park，S.，Park，B. Advertising on Mobile Apps Versus the Mobile Web：Which Delivers Better Advertisement Recognition and Willingness to Buy？ [J]. Journal of Advertising Research，2020，60（4）：381-393.

但是，移动广告如果投放不当的话，可能也会引起消费者对数据隐私的担忧，进而产生对广告的厌恶情绪。同时，对于众多企业来说，随着移动广告形式和内容的不断丰富，要想成功制作出吸引消费者注意力的广告，也并不是一件易事。

二、数字营销中的人员促销策略

除了典型的非人员推销以外，人员促销策略还包括：在市场营销活动中，通过合理地选择品牌代言人、意见领袖等角色来实现促销目标。在这一方面，虚拟代言人作为新的代言者在不断地涌入市场。

（一）虚拟代言人策略

广告不仅要挖掘产品的卖点，而且还要赋予产品人性化的形象。这样，产品代言人的选择就成为市场营销获得成功的重要因素之一。

很多企业都倾向于选择明星作为代言人，结合明星自带的流量，在最大程度上吸引目标消费者的关注，以便提高产品的曝光度和知名度。而且，明星代言还能利用粉丝经济增加销售的转化。但是，很多有经验的企业往往把与明星的合作看作十分危险的营销行为，原因是这类合作可能会出现品牌形象与明星形象难以契合的问题，或者出现明星行为失当（翻车）的风险。即使在选择明星做代言人之前，品牌方会对其进行一系列调研，但最终所选择的明星有时也很难与品牌的形象和理念达到深度契合。在实践中，还可能会出现单个明星代言多个品牌的情况，甚至会出现同一个明星代言的多个品牌之间存在相互"冲突"的情况。同时，消费者往往会倾向于把明星的声誉与品牌形象视为一体，因此，明星的"翻车"事件也会直接关系到消费者对其代言产品的态度。

为了解决明星代言存在的各种问题，很多企业开始尝试使用虚拟代言人。其中，**虚拟代言人**是拥有拟人外观但却非人类的数字虚拟人，是由品牌商根据市场目标所设计的、向消费者传达品牌信息的虚拟形象。[1] 有数据显示：预计 2025 年，中国虚拟人带动市场规模和核心市场规模将分别达到 6 402.7 亿元和 480.6 亿元。[2] 实际上，虚拟代言人目前已经在食品餐饮领域、企业服务领域、快消品领域以及文娱产品领域广泛使用。

在实践中，虚拟代言人主要分为以下两种类型：一类是品牌方自主打造的虚拟人形象，目的是借助虚拟形象的社交性和娱乐性拉近与消费者之间的距离，进而达到传递品牌理念的目的。例如，雀巢咖啡的代言人——Zoe（见图 5-6），就是利用数字技术自创的虚拟偶像。另外一类是品牌与外部团队打造的虚拟人进行商业合作。目前，在全球社交网络上已经有多家团队开发制造不同的虚拟人，并进行独立运营。例如，作为安慕希与燃麦科技公司合作的产物，**AYAYI**[3] 正式成为安慕希酸奶的数字潮流艺术推荐官。

数字技术的发展也在不断完善虚拟代言人的功能，从而使虚拟代言人在品牌讲解、产品应用情景展示等方面表现出色。而且，虚拟代言人与消费者的交互能力、沟通流畅性等方面越强大，就越有可能给消费者带来全新的互动体验。通过与消费者的高频交流与互动，强化与消费者的情感连接，虚拟代言人常常还可以提供诸多娱乐性互动方式，从而实现为品牌吸

---

① Phillips, B. J. Defining Trade Characters and Their Role in American Popular Culture [J]. Journal of Popular Culture, 1996, 29(4): 143-158.

② 艾媒咨询. 2022 年上半年中国虚拟人百强榜，分析师解读虚拟人行业情况, 2022.

③ AYAYI 是燃麦科技公司创造的国内首个 3D 写实虚拟人物。

图 5-6　雀巢咖啡自创虚拟偶像——Zoe

资料来源：腾讯网．虚拟偶像扑面而来，时尚品牌争奇斗艳，2022.

引流量、为品牌宣传增添活力、帮助消费者更好地了解企业品牌的目标。

对企业来说，在选择虚拟代言人方面往往还需要考虑以下几个因素：第一，产品和代言形象的匹配。不管是虚拟代言人还是明星代言人，重点都是要注重产品属性与代言人形象的契合。与明星代言人相比，虚拟代言人不仅可以找到或打造与产品属性相符合的代言人，而且还能通过自创虚拟代言人的方式来孵化出与产品完全匹配的虚拟形象。第二，企业的知名度。目前，有关虚拟代言人的代言仍然处于探索期，且投资成本并不低。在企业知名度不高时，选择当下较红的流量明星代言，往往可以通过流量效应快速带来营销效益，明星代言的相对优势也依然较为稳固。第三，目标人群。从目标人群的角度来看，当产品的目标群体年龄较大时，他们对明星代言的感知会更强，因此企业选择明星代言人更加合适。当产品的目标群体年龄较小时，他们在一定程度上寻求新鲜感和刺激感的倾向更加强烈，此时企业选择虚拟代言人可能更为合适。在实践中，应用虚拟代言人的企业可以通过提升消费者对虚拟代言人的感知体验来强化与品牌的联结，从而强化品牌依恋。[①] 同时，企业也可以通过整合营销传播，运用多种渠道传播方式与目标群体进行类社交互动，进一步提升消费者的购物体验。[②]

不过，有些消费者可能会认为虚拟代言人没有感情，因此无法产生情感共鸣，并认为虚拟代言人只是信息技术的衍生品，其背后是机械的算法，不具有真实性。同时，相关技术应用常常需要企业投入大量的资金和时间。而且，虚拟代言人的技术也尚未成熟，在使用过程中可能出现不可控问题。

（二）关键意见领袖促销策略

关键意见领袖（Key Opinion Leader，KOL）是指在拥有更多、更准确的产品信息，且为相关群体所接受或信任，并对该群体的购买行为有较大影响的人。在数字营销中，关键意见领袖的形式也在不断地发展和创新，如关键意见领袖直播和 B 站视频平台中的 UP 主，都是新的 KOL 营销模式。

1. 关键意见领袖直播

随着直播的广泛应用，关键意见领袖采用直播的形式与消费者进行实时互动。

来自第三方的关键意见领袖直播，帮助企业解决消费者的信任问题。直播间内容展示更真实且讲解更有效，往往可以向消费者传达最真实的性价比认知，而这种认知在传统的销售

[①] 指消费者与某一品牌独特的情感联系或纽带。
[②] 周飞，冉茂刚，陈春琴．虚拟代言人感知真实性与消费者品牌依恋关系的实证研究[J]．软科学，2018，32（5）：112-115.

渠道里通常是很难在短时间内建立起来的。实际上，消费者对于关键意见领袖的信任也会转嫁到对产品的信任上，而这种信任与品牌的口碑效应有异曲同工之效。基于对关键意见领袖的信任，直播中的市场营销活动实现了很好的转化。同时，关键意见领袖直播具有线上零售和内容电商的双重优势。一直以来，主播的直播间都被认为是一个巨大的新流量池，直播间最重要的作用也在于引流。在这样的流量池中，主播的粉丝效应更能有效地发挥作用。除了带来销量以外，还能获得额外的品牌曝光率和实现更高的知名度。此外，关键意见领袖直播还能帮助消费者实现场景化的购买体验。而且，直播形式实现了产品讲解与产品的同屏显示，消费者可以直接进行购买，实现了真正的边看边买的场景化购物体验。①

2. UP 主 "恰饭"

在互联网中，通常用 "恰饭" 一词来形容 UP 主在原创作品中植入广告的行为。在 B 站，大部分 UP 主会通过广告推广来实现商业变现，也就是在原创作品中植入产品广告。

根据呈现形式的不同，可以把 B 站 UP 主们的恰饭方式分为植入类广告和定制类广告。其中，植入类广告是在某期视频中有一到两分钟介绍产品，植入方式包括台词植入、场景植入、剧情植入、道具植入等，如 UP 主开箱视频、爱用物分享等；定制类广告是围绕推广产品专门出一期视频介绍给观众，是 B 站目前比较主流的推广方式之一。同时，根据表达方式的不同，又可以分为软广类广告和硬广类广告。其中，软广类广告就是向观众 "隐瞒" 广告植入的行为，硬广类广告就是直接告诉观众是在打广告。

但是，"恰饭" 对于 UP 主来说也是一个很敏感的问题。首先，这可能会降低粉丝对 UP 主的信任，如果 UP 主打着爱用物推荐的名义，实际上却在其中植入广告，久而久之也可能会降低粉丝对 UP 主本人的喜爱；其次，可能存在难以转化的问题。对于软广视频，有些观众会认为软广并不是 UP 主真心实意地分享。因此，常常很难使观众转化为消费者。而且，反而会质疑品牌价值和 UP 主的可信度，最终影响品牌投放效果。

对于品牌商来说，在与 UP 主合作的过程中，首先，要最大化地利用 B 站的各种市场营销工具，如各种节日营销计划和 B 站的特色推广计划；其次，品牌推广在与 UP 主内容共创的时候，应该充分尊重 UP 主账号风格的特点，维持 UP 主的视频内容定位，不影响粉丝对原有视频的偏好；最后，要特别注重对特色数据的分析，B 站里的数据有很多的独特性，比如一键三连②。对于品牌商来说，可以根据对这些数据的分析，有针对性地对广告的质量和效果进行评价和分析。

第五节　数字营销组合策略及其演变

市场营销组合策略是市场营销领域的核心框架，分析的是一系列有关企业选择什么样的产品、制定什么样的价格、通过什么样的渠道和实施什么样的促销活动的营销决策。有效的

---

① 新零售联盟. "直播+KOL"，供应链企业营销新模式应该怎么玩? 2021.
② 是指观众长按点赞键可以同时点赞、投币和收藏该条内容。

市场营销组合，通常是企业获得竞争优势的关键。

从传统市场营销组合到数字营销组合策略

传统 4Ps 营销组合策略包括产品策略、价格策略、渠道策略和促销策略 4 个方面。不过，数字技术的发展给市场、企业和消费者带来许多方面的新变化，这也促使着企业不断创新以往的市场营销组合策略，一些业内营销人士还基于此提出了新的市场营销组合策略，如图 5-7 所示，4Ps 营销组合策略向 4Is 和 4Es 演变和发展。

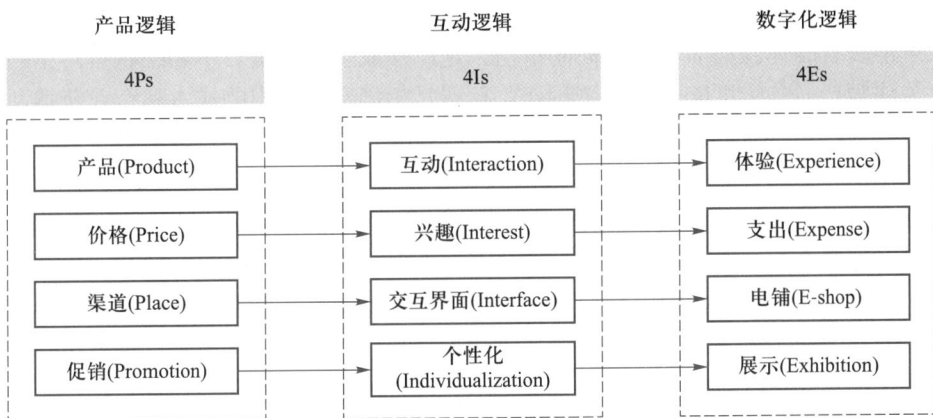

图 5-7　从 4Ps、4Is 到 4Es

资料来源：环信. 营销经典理论概述：4P、4C、4R、4S、4V、4I、4E，2020.

（一）4Ps、4Is 和 4Es 市场营销组合策略的内涵

1. 4Ps 营销组合策略的内涵

4Ps 是指产品策略（Product）、价格策略（Price）、渠道策略（Place）和促销策略（Promotion）。其中，产品策略是指在市场营销过程中，企业以满足消费者需求为前提，向目标市场提供产品，从而实现其营销目标。企业更加注重产品的开发，将产品的功能性放在第一位。价格策略是指企业以一定的标准为参考来制定价格和变动价格，从而实现其营销目标。产品的价格并不是一成不变的，而是受到产品特征、时间、需求、供给等各种因素的影响。在价格制定过程中强调生产成本，根据不同市场制定不同的价格策略。渠道策略是指企业通过合理地选择营销渠道，来实现营销目标。企业不与消费者直接接触，更加注重销售网络的建立。促销策略是指企业利用各种信息传播手段来刺激消费者的购买欲望，从而实现营销目标。企业通过品牌宣传、公关和促销等一系列推广行为，增加与消费者的沟通，提高产品在目标群体中的曝光度和知名度。

2. 4Is 市场营销组合策略的内涵

4Is 是指互动（Interaction）、兴趣（Interest）、交互界面（Interface）和个性化（Individualization）。其中，互动意味着消费者需求不再由企业单方面来满足。消费者甚至可以借助数字化工具参与到产品的设计和制造中，例如，乐高用户可以 DIY 产品，实现消费者与企业共创价值。此外，消费者之间的互动更加密切频繁，产品的价值不再局限于功能价值，还包括浓厚的社交属性。兴趣是指企业提供的产品直击消费者的兴趣点，从而触发其潜在的需求，引导并提升消费者的支付意愿以获取更大利润。兴趣逐渐促成了形形色色的社群，饭圈、粉圈、唯粉、CP 粉、事业粉等网络术语层出不穷，其背后就是各式各样具有相似兴趣爱好的

消费群体。交互界面是指在数字时代，企业可以通过自建交互平台或借助于第三方平台（如微信小程序）来与消费者互动。交互界面成为了新的触点，企业能够与消费者更快、更多地进行交流沟通，这为企业实施营销活动提供了诸多不同以往的营销机遇。个性化是指企业借助大数据等技术，通过不断迭代、产品创新等方式来实时响应和满足消费者的个性化需求。

3. 4Es 市场营销组合策略的内涵

4Es 是指体验（Experience）、花费（Expense）、电铺（E-shop）、展示（Exhibition），4Es 也成为了新的营销组合。其中，体验是指在数字技术不断发展，产品生产效率在不断提升的背景下，消费者已经被各式各样的产品和服务所包围。因此，企业能否成功地刺激消费者的感官，注重消费者的体验而非功效方面的价值，是产品成功的关键。例如，感官营销的兴盛就与十分关注消费者多维度的体验紧密相连。花费是指消费者付出的成本和企业获得利润的形式发生了改变。在传统的营销组合中，低价、打折等是企业惯用的竞争策略，但现在越来越多的产品使用免费的定价策略，虽然未能马上获得盈利，但这为企业带来了另一个核心绩效——流量。流量包括点击人数、滞留时间等指标，不过对消费者而言，就是对时间的花费，也是对注意力资源的分配。因此，消费者的支出成为价格和时间的总和，这两者构成了花费。与之对应的，企业的收入则包括销售额和客流额两个方面。电铺是指数字时代下产品的销售渠道，主要是物流和电铺的结合。电铺是指利用电子技术将商品信息放在网络上进行销售，或者在实体终端中引入电子信息以优化销售。例如，对于实体店来说，借助大众点评、微博、微信等平台实现线上引流和线下消费的做法已然成为当下绝大多数实体店的标配。展示是指企业有效地整合网络、媒体、终端、户外等资源来制定促销策略。重点是将产品的独特优势精心地展现在消费者面前，吸引消费者的注意力，提高点击率和浏览时间。因此，产品在网络上的展示尤其不可忽视，包括在品牌的展示（PC 官网、移动官网、App）、社交媒体上的展示（微信、微博、小红书等）和第三方平台上的展示（淘宝、京东、大众点评等）等。在数字化时代，吸引眼球的宣传图文或视频一定是经过精心设计、编排和美化的。

（二）市场营销组合策略的演变过程

随着数字技术的发展，企业与消费者的互动关系也逐渐被重塑，企业使用的市场营销工具也在不断地更新换代。因此，4Ps 市场营销组合策略也在不断地演变和发展。

4Ps 市场营销组合策略是以产品逻辑来展开的，主要帮助企业解决如何在恰当的时间、恰当的地点、以合适的价格把合适的产品通过恰当的渠道促销给目标消费者。该策略基本的市场营销任务包括通过优化产品组合、推动新产品开发、调整价格、管理渠道效率、确定促销方式来提高企业的利润水平。比较而言，4Is 市场营销组合策略是以互动逻辑来展开的，旨在帮助企业针对消费者的兴趣和需求，利用数字化的交互技术（如 App）实现与消费者的互动和沟通。其中，互动是核心的手段，兴趣是互动的着眼点，交互界面是途径，满足消费者的个性化需求是目的。类似地，4Es 市场营销组合策略是以数字化逻辑展开的，旨在帮助企业实现数字化支付、店铺线上线下同步发展、产品多渠道展示等，以此来提升消费者的数字化体验。其中，消费者的数字化体验是核心，消费者的花费包括金钱和非金钱的方式，店铺线上线下相融合是数字化时代营销渠道的常态化。

（三）市场营销组合策略演变对数字营销策略的启示

综合来看，数字化时代中市场营销组合策略的发展，为管理者描绘了企业市场营销策划方案的发展方向，对企业顺利开展市场营销活动具有重要的指导意义。不过，这并不意味着传统的 4Ps 框架彻底不再适用。实际上，无论是 4Is 还是 4Es，都和以往的 4Ps 紧密相连。确切地说，从市场营销关注价值的本质来说，在数字化时代中，企业依然需要靠产品来实现价值，依然需要靠定价来攫取价值，依然需要靠促销来宣传价值，依然需要渠道来交付价值，而发生变化的是数字技术所创造的新手段及其对市场营销路径和具体举措的调整与优化。

本 章 小 结

数字技术的发展和普及深刻地影响着企业的经营活动，企业传统的市场营销组合策略的内容、工具和形式发生了深刻的变革。本章以 4Ps 市场营销组合策略为出发点，介绍了数字时代下传统营销组合策略的新内容、新工具和新形式。首先，介绍了数字经济时代中产品形式和内容的变化，即新型的数字产品以及传统产品的数字化发展。同时，介绍了企业采用产品数字化管理策略和数字化开发策略，实现产品策略的数字化和智能化等相关内容。在此基础上，本章介绍了数字时代中的新型定价策略、数字经济时代中市场营销渠道的数字化演变，并重点阐述了全渠道营销模式的内涵、应用及其优缺点分析。随后，介绍了数字时代中人员促销和非人员促销的数字化变革。最后，根据市场营销组合策略在数字经济时代的发展和演变，阐述了 4Ps、4Is 和 4Es 市场营销组合策略的内涵，并分析了市场营销组合策略演变对数字营销的启示。

关键概念

数字产品	产品数字化	最小化可行产品	按需付费定价策略
选择价格定价策略	全渠道营销	在线行为广告	虚拟代言人

即测即评

☞ 请扫描二维码答题

复习思考题

1. 结合具体的例子，谈谈你对"产品数字化"的理解。
2. 数字化的定价策略有哪些？优点和缺点分别是什么？
3. 数字化营销渠道有哪些？谈谈营销渠道数字化及其对消费者所产生的影响。
4. 促销策略的数字化体现在哪些方面？对企业的数字营销实践又有着怎样的启示？

本章案例分析

微信读书 App 的数字营销组合策略

微信读书是由阅文集团与腾讯联合推出的移动阅读类 App，其主打的特色是社交阅读，并且内容更加精品化。有数据显示，微信读书在 2020 年 1 月至 2020 年 6 月的活跃人数在 1 601 万以上[①]。

在产品策略方面，微信读书 App 以"让阅读不再孤单"为口号，突出产品的社交属性。首先，用户通过微信登录后，可以查看微信朋友的阅读书架、阅读市场和阅读想法，增加好友间的联系与话题。另外，利用书评功能，用户可以找到与自己有着类似阅读偏好的书友，并与好友组成读书小队。读书小队就是一个以用户兴趣为出发点的、具有类似兴趣爱好的用户群体。微信读书给予用户一个以读书为中心的互动平台，在满足阅读需求的同时，也满足了分享心理和社交需求，进一步增加了用户黏性。

在价格策略方面，微信读书 App 主要采用部分免费定价策略。用户可以在手机应用商店中免费下载微信读书 App，并且其中部分书籍是全部免费，另一类是部分免费。对于部分免费的书籍，在规定页数内的阅读是免费的，超出规定页数的内容需要开通"阅读无限卡"才能继续阅读。另外还有些书籍只有使用"书币"购买之后才能阅读。用户可以通过累计阅读时长或者邀请好友组队来获得无限阅读卡。阅读时长越长或者邀请好友越多，用户获得的奖励就会越大，同时，企业也会获得更多的流量。

在渠道策略方面，微信读书 App 渠道营销主要通过线上渠道来触达用户。通过手机应用商店，还有如手机浏览器等第三方应用市场来实现与用户的接触。另外，通过微信的朋友圈、微博等社交平台的分享。包括用户书评的分享，书单的分享等，都间接提高了 App 在市场中的曝光率。微信读书以用户的交互界面设置清晰明了，主要包括"阅读""书架""发现"和"我"4 个模块。通过拓宽渠道和优化与用户的交互界面，微信读书不断优化用户阅读体验。

在促销策略方面，微信读书 App 主要通过社交媒体进行相互分享。用户通过"想法"功能，将优秀的书籍"安利"给微信的其他朋友。同样，其他用户可以对好友的读书笔记想法进行评论点赞。这种双向互动会在潜移默化中造就一个有影响力的人，可以称之为"读者领袖"。更多的读者会更倾向于阅读他所推荐的书籍和他的书评，成为一个有黏度的社交化阅读群体。另外，微信读书会根据用户的阅读风格和历史阅读记录在首页进行书籍推荐，在一定程度上满足了用户的个性化读书需求。

资料来源：闫青. 微信读书 App 的 4p 营销策略研究[J]. 广西质量监督导报，2019(07)：125.

---

① 人人都是产品经理. 微信读书产品分析报告，2022.

案例讨论题

1. 结合"微信读书 App"的案例，谈谈数字营销时代中 4Ps 组合策略的变化有哪些？

2. 结合市场营销组合策略的演变过程，谈谈"微信读书 App"的市场营销组合策略未来可以做哪些改进或优化？

延伸阅读

［1］ 王永贵. 服务营销［M］. 北京：清华大学出版社，2019.

［2］ 王永贵. 客户关系管理(精要版)［M］. 北京：高等教育部出版社，2018.

［3］ 王永贵，刘冬梅，晏丽，行为定向广告透明度对广告效果的影响［J］. 经济管理，2022，7：159-174.

［4］ 王永贵，史梦婷. 提升数字管理能力 推动数字经济健康有序发展［N］. 光明日报，2022-4-6(6).

［5］ 王永贵，汪淋淋. 传统企业数字化转型战略的类型识别与转型模式选择研究［J］. 管理评论，2021，33(11)：84-93.

☞ 更多资源请扫描封底拓展资源码→文献目录

专 题 篇

第六章 大数据营销

　　大数据营销是一种围绕数据来展开营销活动的数字化营销方法。在数字化时代，数据已然成为新的核心生产资料，能否充分挖掘和运用大数据来开展有效率、有效果的市场营销活动，逐渐成为当下企业赢得竞争优势的关键因素之一。本章围绕大数据营销这一主题，首先介绍了大数据的定义与特征以及对营销实践的启示，接着介绍了大数据营销的内涵和特征，最后详细阐述了大数据营销的实施流程以及注意事项。

本章的学习目标：

1. 了解大数据以及对营销实践的启示
2. 理解大数据营销的内涵和特征
3. 掌握大数据营销的实施流程
4. 了解大数据营销中的注意事项

奈飞(Netflix)的大数据营销实践

作为全球最大的流媒体服务商，奈飞(Netflix)从一家线上 DVD 租赁公司逐渐成长为流媒体行业中最具价值的黑马，根源就在于其将大数据作为核心资产。具体而言，奈飞公司将大数据技术应用到其整个商业模式的方方面面，特别是在智能推荐和影视创作两个方面表现得尤为突出。

首先，公司利用大数据的预测功能来实施智能推荐以吸引用户。为了尽可能多地拓展新用户和留存老用户，公司通过收集和分析用户的节目搜索、观影记录、影视评分、网络互动等多维度的数据，针对不同用户对影视作品的偏好来设计和呈现不同的检索页面，实现为平台用户提供高度个性化的观影体验。公司全球传播总监 Joris Evers 早在 2013 年就曾表示，奈飞拥有 3 300 万个不同的智能推荐版本，这吸引了一大批用户的关注。据 2021 年第三季度财报显示，公司全球用户已经达到 2.14 亿。

其次，公司还将大数据技术应用于影视作品创作。首席内容官 Ted Sarandos 与团队在分析了近 3 000 万条平台用户观影的习惯数据后最终决定投资一亿美元开发《纸牌屋》，使其一战成名。从奈飞的成功经验我们可以清晰地看到，大数据在企业洞察顾客和实施产品创新方面具有惊人的力量，随着企业对其进一步的延伸应用，可以预见，其将在企业的营销活动中发挥巨大的价值。

资料来源：腾讯网. 大数据是万能的吗？——从 Netflix 失速看大数据决策陷阱, 2022.

第一节　大数据及其营销启示

在数字化时代，大数据作为一种全新的生产资料，已经在各个领域都得到了广泛的应用，如电子商务、智慧城市、社会安全与保障、智慧教育等。在市场营销中，大数据的价值也日益凸显。例如，通过收集消费者全生命周期的行为数据，可以构建消费者的全景式人物画像，进而设计出精准度高、活动可度量的个性化市场营销方案。基于大数据的营销模式势必是数字营销未来发展的核心组成部分，并预示着市场营销实践的主流方向。为此，本节将首先介绍大数据的定义和特征及其对市场营销的启示。

一、大数据的定义

"大数据"一词由英文"Big Data"翻译而来，虽然早在 80 年代就已经出现，但在当时主要概括计算机科学中的"海量数据"，并未受到商界的重视。直到 2008 年 Nature 杂志设立了"大数据"专刊，从不同的角度分析了大数据所蕴含的价值和趋势。自此之后，大数据在商业实践和管理理论中逐渐受到关注，特别是从 2011 年之后，其在全世界范围内迅速地流行起来①。当前，从市场营销的角度，业界和学界对大数据定义的界定尚未达成统一，不同的组织和学者做出了不同的表述，如表 6-1 所示。

表6-1 大数据定义的不同表述

定义	来源
大数据是能用低代价、新形式进行处理的大容量、高速度和多样化的信息资产，以增强洞察力和制定决策的能力。	Gartner 公司②
大数据是一类能够反映物质世界和精神世界运动状态变化的信息资源，它具有复杂性、决策有用性、高速增长性、稀疏性和可重复开采性、一般具有多种潜在价值。	杨善林和周开乐，2015③
大数据是指随着交易、互动、通信以及日常体验逐渐数字化而产生的大容量、高速度和多样化的数据。	McAfee et al.，2012④
大数据是一种管理、处理和分析 5 个 V，即容量(Volume)、种类(Variety)、速度(Velocity)、真实性(Veracity)和价值(Value)的整体方法，以便为持续的价值交付、衡量绩效和建立竞争优势提供见解。	Fosso Wamba et al.，2015⑤
大数据是以大容量、高速度和多样性为特征的信息资产，需要特定的技术和分析方法才能将其转化为有价值的内容。	De Mauro, Greco, and Grimaldi, 2016⑥

资料来源：作者根据相关文献整理。

　　尽管对大数据的定义并不统一，但可以看出，大规模的数据容量、超快的数据生成速度和多种多样的数据类型是共识性的观点。因此，我们认为**大数据**是指那些具备大容量、多样性和快速生成、客观真实地呈现以及需要特定的分析方法才能将其转化为价值的一类信息资产。

二、大数据的特征及其对市场营销的启示

　　大数据的特征随着大数据概念的发展不断延伸。在大数据研究的初期，主要包含规模性、多样性及高速性这三大基本特征。随着大数据实践及研究的深入，大数据特征开始进入"5V"时代，即规模性(Volume)、多样性(Variety)、高速性(Velocity)、真实性(Veracity)和

---

① Gandomi, A., Haider, M. Beyond the hype: Big data concepts, methods, and analytics[J]. International Journal of Information Management, 2015, 35(2): 137-144.

② Gartner. Big data. 2022.

③ 杨善林，周开乐. 大数据中的管理问题：基于大数据的资源观[J]. 管理科学学报，2015，18(5)：1-8.

④ McAfee, A., Brynjolfsson, E., Davenport, T. H., el al. Big data: The management revolution[J]. Harvard Business Review, 2012, 90(10): 60-68.

⑤ Wamba, S. F., Akter, S., Edwards, A., et al. How "big data" can make big impact: Findings from a systematic review and a longitudinal case study[J]. International Journal of Production Economics, 2015, 165: 234-246.

⑥ De Mauro, A., Greco, M., Grimaldi, M. A formal definition of Big Data based on its essential features[J]. Library Review, 2016, 65(3): 122-135.

价值性(Value)，如图 6-1 所示。

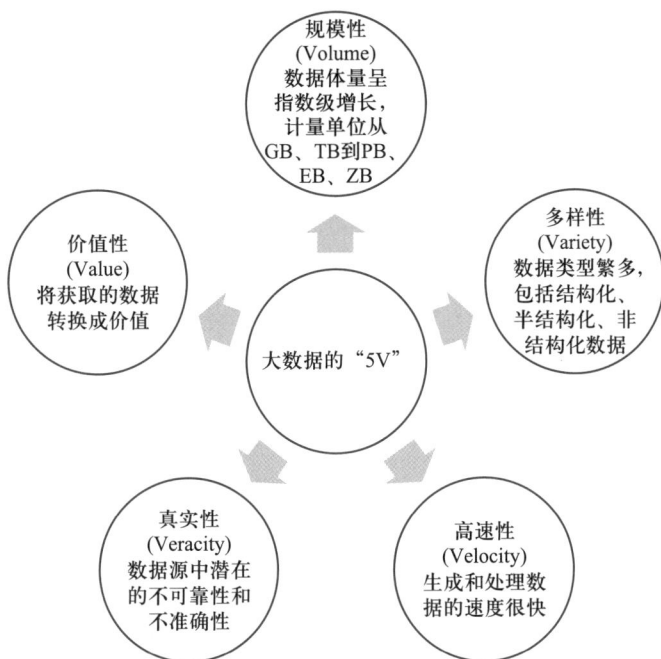

图 6-1　大数据的特征——5V

资料来源：Lee，I. Big data：Dimensions，evolution，impacts，and challenges
[J]．Business Horizons，2017，60(3)：293-303.

在近年来的市场营销实践中，大数据的应用已贯穿市场营销的方方面面。无论是对消费者行为的把握、对整体营销战略决策的优化，还是对具体战术层面策略的升级，大数据都存在着广阔的应用空间。擅长运用大数据技术的企业在制定、实施和评估市场营销活动的效率和效果方面，往往能够获得更加全面的市场洞察，这显然有助于企业进行持续的市场营销创新。

不过，在市场营销实践中，企业要改变以往的数据思维，要更多地转变到科学分析上，而不再是人为过度干预的数据分析思维。而且，数据驱动型决策是核心路径，与以往依托直觉经验的决策路径有着显著的差异。从大数据的"5V"特征来看，大数据对市场营销具有诸多重要启示。

1. 规模性及其市场启示

规模性是指数据体量的巨大。随着信息技术的高速发展，数据呈现出爆发式的指数级增长。衡量大数据不再是以几个 GB 或 TB 为单位，而是以 PB(1 千个 T)、EB(1 百万个 T)或 ZB(10 亿个 T)为计量单位。IDC 发布的《数据时代 2025》报告显示：全球每年生产的数据总量将从 2018 年的 33ZB 预计增长到 2025 年的 175ZB，相当于每天产生 491EB 的数据。1ZB相当于 1.1 万亿 GB。如果把 175ZB 全部存在 DVD 光盘中，那么 DVD 叠加起来的高度将是地球和月球距离的 23 倍，或者绕地球 222 圈。由此可见，大数据的规模已经远超传统营销实践中的数据范畴。

从这方面来看，数据的规模性在很大程度上能够解决传统企业无法或难以对市场、对顾客、对竞争对手进行全面、深入、持续的洞察这一卡脖子问题。征信市场中的大数据应用就是典型的代表：以往的信用评分系统通常基于人口统计指标、银行贷款历史还款记录、交易信息以及账户信息等数据来预测顾客可能失信的概率。当前，拥有上亿顾客信息的芝麻信用评分系统则能够容纳更大规模的数据，如个人社交信息、在电商平台中的交易信息等。通过对这些海量数据的分析和预测，芝麻信用评分系统可以帮助顾客获得免押金租车、租房、先用后付等一系列服务。一言以蔽之，征信大数据规模的扩大，促进了征信系统的逐步完善。

2. 多样性及其市场营销启示

多样性是指大数据的类型繁多，如结构化、半结构化和非结构化数据。其中，结构化数据是指以行为单位，一行数据表示一个实体的信息，每一行数据的属性是相同的，这种用二维表结构来逻辑表达和实现的数据，比如 Excel 和 MySQL 等。然而，数据结构不规则或不完整、没有预定义的数据模型、不方便用数据库的二维逻辑表来表现的数据，如文本、照片、音频、视频和传感器数据等，大都是非结构化数据，它们缺乏传统统计计算所需的标准化结构(如结构化的问卷数据)。半结构化数据介于完全结构化数据和非结构化数据之间，是有基本固定结构模式的数据。例如，虽然不同员工的简历信息不同，但大体格式却有类似的地方。一些日志文件、XML 文档、JSON 文档、E-mail 等都属于半结构化数据。大数据分析和管理技术的发展，使企业可以利用业务流程中一些新的数据来源。例如，面部识别技术使实体零售商能够获取有关店铺流量、顾客年龄或性别构成以及他们在店内活动模式的信息。点击流数据可以为在线零售商提供关于客户行为和浏览模式的丰富信息。时至今日，大数据几乎涵盖了商业现象中的方方面面，在万物互联的同时，万物均是数据的多样化来源。

多样性意味着数字化时代中的企业能够最大化利用数据这一新型生产要素。在过去，受限于数据分析技术的不足，企业往往未能充分分析和挖掘不同类型数据中的信息，市场营销决策的参照信息主要来自传统的市场调研和市场营销人员的直觉和经验。大数据技术使企业能够获得和分析与以往完全不同的新数据类型，这不仅能够弥补以往结构化数据来源中某些信息的缺失和失真，而且那些未被调查目标限制的其他一手和二手数据还可以为企业带来全新的市场洞察。例如，企业可以通过挖掘顾客在线评论和展开舆情分析来识别新产品开发的方向，通过对高频词汇进行分析能够绘制全面的消费者兴趣图谱[1]，对这些热点和兴趣的分析可以为企业识别市场营销机遇提供潜在的大数据"金矿"。尤其是在 2021 年，在抖音提出了"兴趣电商"这一概念之后，兴趣经济一度受到了广泛关注，而这与大数据技术的应用是紧密相连的。

3. 高速性及其市场营销启示

高速性是指生成和处理数据的速度很快。物联网基础设施、智能手机和可穿戴设备的普及，促成了前所未有的数据生成速度，而且也推动了对实时数据分析需求的日益增长。据 Smart Insight 公司的统计，全球每天有多达 35 亿次搜索来自谷歌，相当于每秒处理 4 万多次搜索；脸书每天产生包含 100 亿条消息、3.5 亿张照片和 1 亿小时的视频浏览数据。[2] 由于大数据中有价值的信息往往会被噪声数据埋没，因此对数据处理速度提出了更高的要求，企业需要迅速有效地在大量复杂数据中提取出有价值的信息。

大数据的高速性对企业市场营销活动的即时性和敏捷性也具有重要意义，特别是在市

---

[1] 兴趣图谱(Interest graph)，是指基于相同兴趣为线索的网络图，消费者与他人建立联系不再以认识其本人为前提。

[2] 新浪财经.《不可思议的数字,互联网每天到底能产生多少数据》.2019.

场营销机遇的识别和风险预警方面尤其关键。市场营销人员若能够快人一步地察觉到目标市场中消费者偏好的变动，从而迅速制定相应的市场营销策略来赢得竞争优势。在过去，尽管企业并不具备持续获取和分析数据的技术水平，但在数字化时代，能够前瞻性地分析市场发展趋势并迅速采取市场营销活动的企业，势必能够在其所处的行业中拥有卓越的竞争优势。

4. 真实性及其市场营销启示

真实性与数据的不可靠性和不准确性程度密切相关。真实有效的数据往往能够准确和客观地反映真实情况。但是受到数据源和搜集技术等因素的影响，企业所获取的数据可能存在不完整和不一致等问题。例如，在过去的市场营销调研中，通常十分依赖于消费者访谈和问卷调查等需要消费者主观应答的手段，这类数据往往会产生样本选择偏差、问卷设计偏差、未反应偏差和应答偏差等不可控、不可靠或不准确的问题。而且，在数据采集过程中可能还会存在程序上的操作失误等问题。因此，数据的生成和采集活动中通常都伴随着不准确性和不可靠性。

数字化时代中的很多数据，如消费者的点击流数据、交易数据、评论数据等都是真实的行为数据，这些数据往往很少有主观臆断的误差问题，而且很少经过人为处理，能够真实地反映消费者的行为习惯。因此，这些数据在来源上的真实性特征能够在很大程度上确保市场营销人员据此制定出符合实际的市场营销决策。例如，基于个体消费者在网络中的行为分析，能够为企业开展一对一营销提供真实可靠的数据资料，这些数据能够便于企业做出更加精准的顾客画像分析和顾客群体分析，从而为企业有针对性地投入市场营销资源、实施个性化营销或定制化营销提供重要线索，帮助企业实现最大化市场营销资源利用效率的目标。

5. 价值性及其市场营销启示

价值性是指数据的价值实现需要经由价值转化的过程。在认识到利用大数据可以增加收入、降低运营成本、更好地服务顾客的同时，企业还必须考虑大数据项目的投资成本。在大多数情况下，原始数据的价值都比较低，需要通过数据清洗、汇总和分析，将原始数据转化为可以服务于市场营销决策的、有价值的信息。在实施大数据营销的过程中，信息技术专业人员需要评估企业采集、分析和管理不同类型大数据技术的收益和成本，注重技术的投资回报率。

价值性也意味着企业不应该过度迷信大数据，避免产生新的营销近视症。例如，权衡品牌长期价值和促销活动的短期收益，是企业品牌管理中常见的权衡决策。无疑，大数据技术的运用大大地提高了促销的效率和效果。但面临销售业绩的诱惑，企业在品牌建设活动中可能会陷入短期功利主义的陷阱。[①] 因此，关注大数据的价值性意味着企业在利用大数据开展市场营销活动时要兼顾收益和成本的均衡、短期利益与长期利益的均衡。企业需要根据自身定位和资源禀赋来合理地规划大数据技术在市场营销活动中的应用宽度和深度，这一思想同市场营销在本质上关注价值的创造和获取是高度一致的。

---

① Horst, P., Duboff, R. Don't let big data bury your brand, what capital one learned about overriying on analytics [J]. Harvard Business Review, 2015, 93(11)：78-86.

第二节　大数据营销的内涵和特征

随着大数据技术的不断成熟，应用大数据技术进行市场营销已逐渐成为一种主流趋势。随着大数据技术对市场营销方方面面的持续渗透，大数据营销这一概念应运而生。本节重点介绍大数据营销的内涵及其特征。

一、大数据营销的内涵及其独特功能

（一）大数据营销的内涵

作为一种新型的市场营销模式，大数据营销与传统营销中基于统计数据展开的市场营销之间存在着显著的差异。其中，传统的数据营销是一种基于市场调研中的人口统计数据和其他主观信息（包括生活方式、价值取向等）来推测消费者的需求、购买的可能性和相应的购买力，从而帮助企业进行市场细分、确立目标市场并进一步塑造市场定位的营销模式[①]，而**大数据营销**主要是运用大数据技术，将不同类型和来源的海量数据进行挖掘、组合和分析，全面洞察消费者画像，深入分析隐藏的需求与行为模式，为敏捷型营销活动的方向和落地提供相对准确的决策参考，继而为顾客创造个性化价值的全过程[②]。

（二）大数据营销的独特功能

相较于传统的数据营销而言，大数据营销的独特功能主要体现在以下三个方面：

1. 破除了传统抽样调查的局限

在传统营销中，基于统计数据展开的数据营销，主要依赖于传统的抽样和调研等方法，在一定范围内获取数据样本，数据分析采用的主要是传统的统计分析方法。抽样调查方法本身具有其天然的局限性，如统计样本的误差和调查的时效性等。比较而言，大数据营销是凭借大数据分析技术等对互联网海量数据展开即时、全面的获取、分析和应用，各种不同来源和不同类型的数据都可以纳入分析过程，在很大程度上弥补了传统营销在数据洞察方面的先天不足和潜在缺陷。

2. 从单一属性到多维属性的解读

在传统营销中，消费者的数据属性过于单一，主要包括年龄、性别、职业等基本属性以及交易数据等，而大数据营销关注的是消费者多维度的信息（如社交媒体信息、在线购物信息、网页浏览信息等），因此大大提高了数据获取和分析的质量水平，并最终服务于市场营销效果的提升。换句话说，大数据营销能够从多角度提供全面的数据解读。例如，通过掌握消费者画像中多维度的信息，企业能够与消费者展开更加良性的互动。而且，这种全面解读具有较强的预测力，能够更加准确地发掘潜在规律和预见变化，从而制定和实施更有效的市场营销策略。

---

① 魏伶如. 大数据营销的发展现状及其前景展望[J]. 现代商业，2014(5)：34-35.
② 杨扬，刘圣，李宜威，等. 大数据营销：综述与展望[J]. 系统工程理论与实践，2020，40(8)：2150-2158.

3. 从基于群体的大众营销到基于个体的精准营销

在传统营销中，企业无法掌握个体消费者的全部信息且管理成本巨大，因而通常实施基于顾客群体的大众营销。这是将同一套市场营销组合策略进行广泛应用的市场营销过程。在大数据营销中，企业可以根据互联网上的大量信息精准地挖掘潜在消费者，并有针对性地进行营销传播活动以招徕新客。同时，对于老客户而言，企业也可以通过分析老客户的购买数据和行为数据的分析，推断和预测其购买偏好和倾向，从而实施一对一定制化的商品推送和个性化服务，最终大幅提升市场营销的精准度和市场营销资源的利用效果。

二、大数据营销的特征

大数据并不是独特的、全新的数据。实际上，无论是传统营销中的数据，还是海量的大数据，都可以支持市场营销决策。不过，大数据营销往往需要革新传统的市场营销理念，并实施以大数据为驱动力的营销决策流程。并且，在数据的来源、管理、分析和应用等方面，大数据营销都具备一系列新特征。

（一）多元性的数据融通升级营销价值链

大数据营销中所囊括的数据资源是丰富多样的，无论是数据结构还是数据内容，都呈现出明显的多元性。这一特性意味着大数据营销与运用某种统计技术的传统市场营销有所不同，大数据贯穿着市场营销的全流程，不同市场营销环节中的多来源数据优化整个营销价值链。例如，在过去，企业即便掌握了关于用户的性别、年龄、地区等基础信息，也难以有效地将这些信息资源"变现"。但随着数字信号处理等相关技术的出现和发展，企业可以实时搜集用户的网页浏览行为、购买记录、行为习惯等更多来源的信息，然后对这些数据进行分析，从而为洞察消费者、优化产品、改进服务、制定市场营销组合策略、评估市场营销活动的有效性等提供强大的决策支撑。

（二）精准性和关联性有助于企业创造卓越的个性化价值

精准性是指大数据营销利用大数据分析技术构建用户画像并据此向用户推送个性化产品和服务的准确程度。在互联网时代，市场营销理念已经由以生产者为中心向以消费者为中心转变。随着大数据技术的发展和广泛应用，以个性化营销为代表的精准营销成为一种可能。传统的以纸质、荧屏广告、新闻媒体等大众促销方式，逐渐演变为基于大数据算法的个性化推荐和预测，信息的传递变得更加精准，更加符合个体消费者的独特价值诉求。通过利用大数据分析技术，企业可以将不同时空、不同类型的数据关联起来，进而产生更大的效用和价值。尤其是大数据营销对非结构化数据的收集、分析与运用，使企业有能力搜集、整合与分析来自不同平台的、内容丰富的多种原始数据，而且在不同类型的数据之间成功地实现了有效联动，即在提高数据利用效率的同时，大大增强了历史数据和实时数据、位置数据和需求数据、浏览数据和消费数据的联动。这一切都为企业更加精准地刻画消费者画像、预测消费者需求、寻找潜在消费者、洞察市场变化提供了重要的技术支撑。

（三）时效性提升企业营销的敏捷性

时效性是指大数据营销运用大数据技术所实施的数据搜集、用户洞察和市场营销决策等需要做到即时和高效。就其本质而言，大数据营销是在大数据技术支持下对海量的市场数据（特别是顾客和竞争对手的全方位数据）进行系统的分析、总结和处理，加之数字化时代信息传播和更新的快节奏，这就意味着企业必须在短时间内对这些海量数据进行实时处理，然后再将依据这些数据分析结果做出的产品与服务的更新决策加以实施，以便满足消费者对产品与服务的独特需求，并快速、准确地占领目标市场。为此，企业提升市场营销的敏捷性具有十分重要的意义。企业若想真正实现市场营销的敏捷性，势必需要敏锐的市场洞察和高效的决策链。无疑，大数据营销能够实时地为企业洞察市场提供源源不断的情报信息输入，以便帮助企业捕捉市场变化趋势。

第三节　大数据营销的实施流程

从技术应用的角度来看，大数据营销的实施流程包括采用一定的技术和方法对海量数据进行采集和预处理，并且按照一定的方式进行存储，最后选取恰当的算法模型对数据进行全方位的分析和挖掘，然后在此基础上制定和实施并持续迭代优化企业的营销策略，最后选取指标完成效果评价的循环过程，如图 6-2 所示。

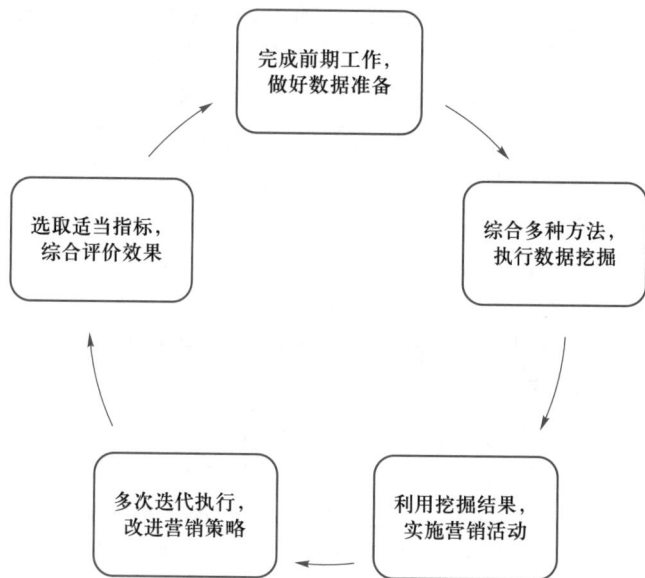

图 6-2　大数据营销的实施流程

资料来源. 陈国青，曾大军，卫强等. 大数据环境下的决策范式转变与使能创新[J]. 管理世界，2020，36（2）：95-105+220.

一、完成前期工作并做好数据准备

由于大数据营销是利用海量的数据来开展营销活动，所以整个实施流程的第一步就是通过采用多种技术手段准备好安全可靠的数据，为后续的数据分析、挖掘和预测奠定基础。在数据准备阶段，企业往往需要完成多项工作，主要包括数据采集、数据预处理和数据储存等。

（一）数据采集

大数据的价值不在于存储数据，而在于如何挖掘数据。具备足够的数据源，才有可能挖掘出数据背后的价值。因此，数据采集是非常重要的步骤。在营销实践中，数据采集的前提是选定合适的数据源。为此，企业首先需要根据自身的战略需求和业务目标确定数据的来源。目前，按照数据产生的主体来看，数据主要来源于以下三个方面：第一，企业内部数据。主要包括企业在生产经营过程中的信息记录和交易记录，如企业资源计划、客户关系管理、供应链管理以及办公自动化等企业应用软件所产生的数据。第二，顾客数据。主要是指有关顾客的全方位数据，特别是顾客在互联网上所产生的各种在线数据，往往来源于社交媒体、电子商务网站和搜索引擎等互联网平台。其中，这里所说顾客既包括购买或使用企业产品或服务的顾客，又包括市场上其他的潜在顾客、竞争对手的顾客和渠道合作伙伴等。第三，机器数据。如各类传感器数据、图像和视频监控数据、二维码和条形码扫描数据等。

就数据采集而言，不同来源的数据通过不同的方法来获取。由于企业数据已经存储在相应的数据库中，所以这部分数据可以直接进行调取，用于后续的数据处理、分析和挖掘。针对其他两种类型的数据来源，可供企业选择的数据获取方法主要包括下列三种：第一，对系统日志的采集（机器数据）。这类数据可以使用 Hadoop 的 Chukwa、Cloudera 的 Flume、Facebook 的 Scribe 等技术工具来采集，这些工具能够满足每秒数百 MB 日志数据的采集和传输需求。第二，对顾客数据的采集。这类数据主要通过网络爬虫或网站公开的应用程序接口等方式在相应网站上进行获取。这类方法可以将数据从网页中抽取出来，然后将其存储为统一的本地数据文件，并支持图片、音频、视频等多种数据类型的采集。除了网站上包含的内容之外，还可以使用 DPI（Deep Packet Inspection，深度数据包检测）①或 DFI（Deep Flow Inspection，深度流检测）②等带宽管理技术实现对网络流量数据的采集。第三，与数据服务机构进行合作。一般而言，企业内部的生产经营数据或研究数据等属于保密性要求较高的数据，难以共享给其他企业。数据服务机构具备规范的数据共享和交易的渠道，并持有一定的透明度（如对网络平台的舆情分析），所以企业可以通过与此类机构合作，使用特定系统接口等方式来采集数据。

（二）数据预处理

从现实世界获取的原始数据还不能直接进入数据分析阶段，这是因为：首先，数据的格式大不相同，这些数据来源多样，存储的格式也各式各样，而且还属于不同的数据类型（如结构化数据、半结构化数据和非结构化数据）；其次，数据可能存在重复采集的情况；再次，某些数据可能出现异常、甚至是错误的得分；最后，有些数据可能会涉及消费者的隐私问题，需要进行匿名化处理。诸如此类的问题，会严重影响数据的分析和挖

---

① 深度数据包检测（Deep packet inspection，缩写为 DPI）是一种特殊的网络技术。一般网络设备只会查看以太网头部、IP 头部而不会分析 TCP/UDP 里面的内容，这种被称为浅数据包检测；与之对应的 DPI 则会检查 TCP/UDP 里面的内容，所以称为深度数据包检测。一般来说，DPI 常常是一个硬件或者软件，一般用"旁挂"的方式接入到网络，以便对网络中的每个数据包进行检查，识别出应用层协议，并根据识别的协议采取一定的措施（比如记录 HTTP 访问行为）。

② DFI 采用的是一种基于流量行为的应用识别技术，即不同的应用类型体现在会话连接或数据流上的状态各有不同。DFI 技术正是基于这一系列流量的行为特征建立流量特征模型，通过分析会话连接流的包长、连接速率、传输字节量、包与包之间的间隔等信息来与流量模型进行对比，从而鉴别应用类型。

掘，进而影响分析结果的可靠性。因此，企业在数据采集之后，要对这些数据进行预处理，以便实现数据格式标准化、异常数据清除、数据错误纠正和重复数据删除等目标。目前，ETL 是最常用的数据处理方法之一，可以有效整合来自不同源系统的数据，并显著地提高数据质量。

其中，ETL 是英文 Extract(抽取)、Transform(转化)、Load(加载)的缩写，用来描述将数据在源端进行抽取、转换并加载至目的端的过程，它能够对各种分布的、不同结构的源数据进行抽取，然后按照预先设计的规则对不完整数据、重复数据以及错误数据等"脏"数据进行清洗，从而生成符合要求的"干净"数据并加载到数据仓库中进行存储，以便后续的数据分析和挖掘使用。图 6-3 描绘了 ETL 的体系结构。

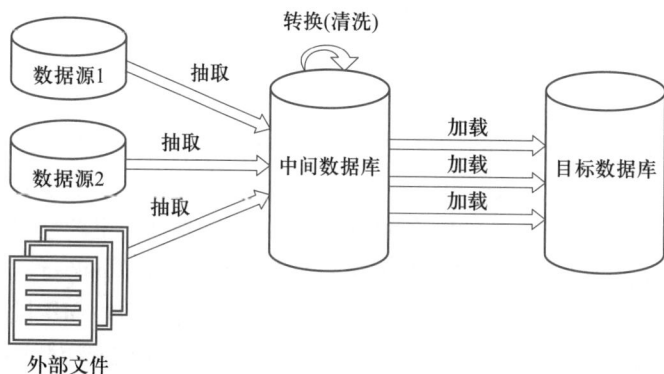

图 6-3　ETL 体系结构图

资源来源：黑马程序员. ETL 是什么技术? 2021.

1. 数据抽取

数据抽取(Extract)是从多个数据源和数据库中抽取数据，并将其整合到临时存储的中间数据库的过程。

2. 数据转化

数据转化(Transform)是对数据进行清洗，将抽取的数据转换成统一且恰当的格式以使其适合进一步的数据分析。这一步骤主要包括两项基本任务：第一，提高数据质量，如清理无效数据、删除重复项、标准化测量单位等；第二，数据格式的转换与统一，对不同来源的数据通常需要实施统一的结构化处理，而对一些非结构化和半结构化的数据则需要进行格式化处理。

3. 数据加载

数据加载(Load)是在数据仓库中加载转换后且格式正确的数据，可以选择一次加载(完全加载)，也可以选择按计划的时间间隔(增量加载)来加载所有数据。其中，增量加载是指使用批量处理或流式加载，这种批量加载在 ETL 体系中通常基于计划(如每小时)从源系统中提取批量数据；而流式处理 ETL(也称为实时 ETL 或流处理)是一种替代方法，是指数据管道在数据源系统引入信息后实时地提取信息。

当前，市场上有很多工具可以用来实现 ETL。企业在选择相关工具时，需要考虑多种因素，如对平台的支持程度、抽取和装载的性能高低以及对业务系统性能的影响和对数据源的支持程度、是否具有良好的集成性和开放性、数据转换和加工的功能强度、是否具有调度的功能等。表 6-2 介绍了三种常用的 ETL 工具及其特点。

表 6-2　三种常用 ETL 工具及其特点

工具名称	特点
InfoSphere DataStage	可跨多个企业系统集成数据，利用高性能并行框架，可根据项目需求在云中或者本地部署 ETL 环境，支持 HBase、Hive、Amazon 以及 MongoDB 等数据库的连接。
Informatica PowerCenter	世界级的企业数据集成平台，可以访问和集成几乎任何业务系统、任何格式的数据，可按任意速度在企业内流通数据，高性能、高可扩展性、高可用性，具备多个可选的组件，功能包括数据清洗和匹配、数据屏蔽、数据验证、元数据交换等。
Pentaho Kettle	免费、Java 语言编写、支持跨平台运行，有 Transformation(转换)和 Job(作业)两种脚本文件。其中，Transformation 适用于数据的基础转换，而 Job 是对整个工作流的控制，支持多种数据源，如大多数常见的数据库、文本文件、Excel、XML、Json 文件，此外也支持 Hadoop 上文件的读取和写入以及 HBase 的输入与输出等。

资料来源：CSDN. Python 中 ETL 常见工具你都掌握了么？2021.

（三）数据存储

数据存储技术非常多样，常见的存储数据库包括以下类型：第一类，键值数据库，如 Redis，优点在于可以快速查询，缺点是存储的数据缺少结构化；第二类，列存数据库，如 Hadoop 生态系统中的 HBase，优点在于快速查询和扩展性强，缺点是功能有限；第三类，文档数据库，如 MongoDB，优点在于使用门槛不严，缺点是查询性不高，缺乏统一的查询语法；第四类，图存数据库，如 OrientDB，优点在于利用图结构相关算法，缺点是需要整个图计算才能得出结果，难以做分布式集群方案。

企业在选择采取何种数据存储技术时，不仅需要明确不同技术的功能优劣，而且还需要考虑自身业务的数据来源以及数据管理需求。另外，企业未必需要采用全部的大数据技术，而是应该根据自身营销活动的范围和数据类型来甄选相关的技术。当然，在此过程中，还应该考虑技术投资的回报问题。

二、综合多种方法进行数据挖掘

在完成了数据采集和预处理之后，就进入到关键的数据挖掘阶段了，这是体现数据价值并获得市场洞察的关键步骤。

（一）数据挖掘的含义

数据挖掘是在数据仓库中发现知识的过程。换句话说，**数据挖掘**是指从海量数据中发现隐含的、规律性的、营销人员尚未察觉的但又可能潜在有用的信息和知识的过程。[1] 与"数据挖掘"紧密相关的一个概念是"数据分析"。从本质上来说，数据挖掘和数据分析都

---

[1]　贺瑶，王文庆，薛飞. 基于云计算的海量数据挖掘研究[J]. 计算机技术与发展，2013，23(2)：69-72.

是从数据中提取有价值的信息的过程，从而帮助企业在市场营销活动中更好地做出科学决策。两者的区别主要在于以下三个方面：一是数据量不同，数据分析的数据量通常是 MB 或者 GB 级别的，而数据挖掘的数据量则通常是 TB、甚至 PB 级别的，并且处理数据的广度和宽度也有质的区别，而且所要求的处理技术也大相径庭；二是对象不同，数据分析往往是针对格式化的数据，而数据挖掘能够用于多种完全不同类型的数据，如声音、文本、视频等；三是方法不同，数据分析主要采用对比分析、分组分析、交叉分析、回归分析等常用分析方法，而数据挖掘则主要采用决策树、神经网络、关联规则、聚类分析等统计学、人工智能、机器学习等方法。

数据挖掘是大数据营销流程中的核心环节。通过多种方法对数据进行深入的挖掘，往往可以给企业带来丰富的市场洞察，蕴含着潜在的巨大效益。例如，数据挖掘可以帮助企业解决用户个性化定制的需求，有助于企业制定和实施精准闭环的市场营销策略。再如，大数据驱动的产品设计往往更加贴合市场的真实需求，并能够实现快速且高效的迭代式创新。一言以蔽之，数据挖掘可以帮助企业做出更加科学的市场营销决策，降低营销决策的成本、提高营销决策的效率和效果。

（二）数据挖掘的算法应用

在市场营销中，数据挖掘的算法不仅丰富多样，而且还在持续地更迭创新当中。其中，常见的工具包括 WEKA、RapidMiner、Mahout、Dryad、Pregel 等①。可以大致分为以下四大类型：分类算法、预测算法、聚类算法和关联算法（如图 6-4 所示）。其中，分类算法和预测算法属于有监督学习（Supervised Learning），这类算法的典型特征是：存在目标变量，需要探索特征变量和目标变量之间的关系，并在目标变量的监督下不断学习和优化算法。例如，信用评分模型就是典型的有监督学习，目标变量为"是否违约"，算法的目的在于研究特征变量（教育信息、年龄信息、历史资产信息等）和目标变量之间的关系。分类算法和预测算法最大的区别在于：前者的目标变量是离散型变量（取特定值的随机变量，如抛骰子出现的 6 类点数等），而后者的目标变量一般是连续型变量（在区间范围内可任意取值，如身高等）。

聚类算法和关联算法属于无监督学习（Unsupervised Learning），这类算法的特征表现为：不存在目标变量，仅基于数据本身去识别变量之间的内在模式和特征。其中，聚类算法是通过距离将所有样本划分为几个稳定可区分的群体，群体内部具有相似性，群体之间则具有显著的差异性；关联算法旨在通过数据发现项目 A 和项目 B 之间的关联性，如对同一购物篮中的产品关联性进行分析。这些算法都是在没有目标变量监督下的模式识别和分析。

1. 分类算法

分类算法是指将数据映射到事先定义的群组或类别。分类算法是数据挖掘中最常使用的算法类型，其目的就是通过构造模型来对某个样本的类别进行判别，具体的分类算法包括逻辑回归、决策树、K 最邻近、贝叶斯判别、支持向量机、神经网络等。

2. 预测算法

预测算法是基于观测数据建立变量之间关系以分析数据的内在规律，通常用历史数据预测未来趋势。典型的应用案例是塔吉特（Target）公司通过分析女性客户购买记录，"猜出"

① 涂新莉，刘波，林伟伟. 大数据研究综述[J]. 计算机应用研究，2014，31（6）：1612-1616+1623.

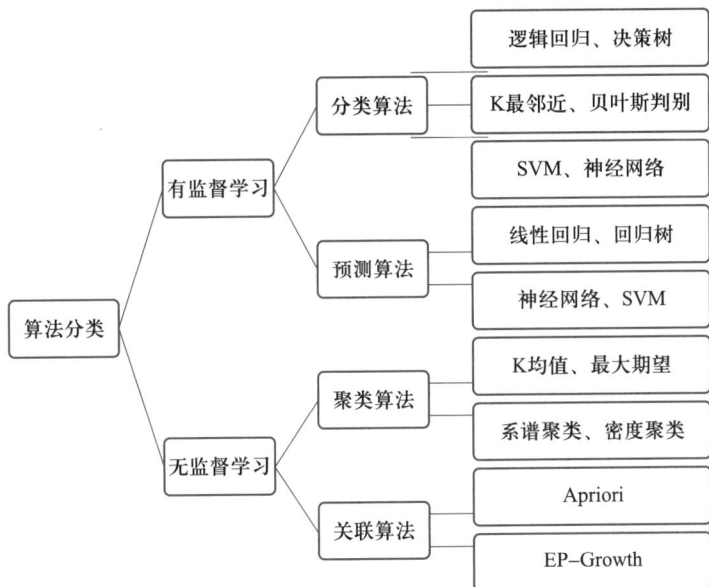

图 6-4 数据挖掘的算法分类

资料来源：阳翼. 大数据营销[M]. 北京：中国人民大学出版社，2021.

哪些是孕妇。其中，具体的做法是从数据仓库中挖掘出 25 项与怀孕高度相关的商品，提出"怀孕预测"指数[①]。通过数据挖掘，塔吉特公司发现女性会在怀孕四个月左右大量购买无香味乳液，并以此为依据进一步推算出预产期，然后抢先一步将孕妇装、婴儿床等折扣券寄送给潜在顾客以便吸引其购买。在现实中，常见的算法包括回归树、神经网络、支持向量机等。

3. 聚类算法

聚类算法是在没有给定分类依据或方式的情况下，根据数据之间的相似度和差异度所进行的类别划分，其目的是将具有较高相似度的数据视为同类别的数据，而不同类别的数据组之间具有较高的差异度。聚类算法和分类算法的不同之处在于：分类是事先定义好类别，根据数据的特征或属性将其划到已有的类别当中；而聚类则是在没有事先预定类别情况下，把特征相似的数据集中在一起。因此，在完成聚类分析之后，我们还需要根据专业知识来分析和解读特点聚类的含义。其中，典型的聚类分析应用在市场分析人员从客户基本资料库中发现不同的客户群，并用购买模式来刻画不同客户群的特征，进而进行有针对性的精准营销。在实践中，常见的聚类算法包括 K 均值、最大期望、系谱聚类、密度聚类等。

4. 关联算法

关联算法是指从海量的数据中发现样本之间存在的关系模式，即隐藏在数据之间的关联规则或相关程度。关联算法最开始在零售领域得到了广泛的应用，如发现购买方便面的顾客通常还会购买火腿肠。在零售实践中，关联分析又称为购物篮分析。此外，关联算法也经常用于电商平台的产品推荐，如京东的"为你推荐"和淘宝的"你可能还喜欢"等。

[①] Duhigg, C. How companies learn your secrets. New York Times，2012.

再者，线下店铺运营也经常使用关联分析：通过对顾客的购买记录数据库进行关联算法的挖掘，最终目的是发现顾客购买习惯的内在共性，如购买产品 A 的同时也连带购买产品 B 的概率。根据这类数据挖掘结果，企业往往可以有针对性地调整货架的布局陈列、设计促销组合方案并实现销量的提升。在这方面，最经典的应用案例就是沃尔玛公司的"啤酒+尿布"的销售策略——这一举措最终使尿布和啤酒的销量都得到了大幅增加①。在实践中，常见的关联算法包括 Apriori 和 FP-Growth 等。②

三、利用挖掘结果实施营销活动

基于大数据的消费者洞察所提升的动态能力和适应能力，有助于企业在各种市场营销活动中创造价值，进而为企业带来可持续的竞争优势。具体而言，大数据推动企业改进自身的市场营销组合方案，进而提高企业的市场营销效率。从价值创造的角度，大数据营销往往能够升级企业的市场营销组合方案（产品、价格、促销和渠道），以便最大化其所能创造的价值。

（一）大数据舆情管理与产品实践

在产品定位和改进方面，运用大数据技术的舆情技术能够提供丰富的实践依据，如图 6-5 所示。

图 6-5　大数据舆情分析

资料来源：毕马威. 洞见数据价值——大数据挖掘要案纪实[M]. 北京：清华大学出版社，2018.

事实上，企业可以借助前文所述的信息搜集技术（如爬虫）对网络中各式各样的信息进行搜集与汇总，以此获得当下互联网中最新的舆情信息。在这个过程中，运用的舆情分析工具除了前文所提的 ETL 体系之外，还可以运用先进的语义分析、图文分析以及音频分析等工具来挖掘数据模式，形成舆情报告，为后续的产品优化和定位提供洞见。其中，最简洁的舆情报告通常生成文本热词云图，用来揭示当下消费者反复提及的关键词，这些词语可以为产品定位与改进提供最新启示，有助于企业实施有效的口碑管理。此外，随着数据处理技术的升级以及短视频技术的进步，对图片数据乃至音频数据的分析也逐渐成为舆情分析的关键，因为这些媒介中同样蕴含着消费者的诉求及其需求变化趋势。

同时，在产品开发和改进方面，大数据营销往往能够提供全新的认识，能够帮助企业关注到直觉和经验的盲区。例如，福特在硅谷设立了一个专门搜集数据来进行科技创新的实验室。这个实验室收集了大约 400 万辆装有车载传感设备的汽车数据，通过对多项数据

---

① 网易. 沃尔玛在"啤酒与尿布"故事背后发现的大道理，2020.

② Apriori 算法对于每个潜在的频繁项集都会扫描数据集判定给定模式是否频繁，即多次扫描交易数据库，且每次都利用候选频繁集产生频繁集；FP-Growth 算法通过构造一个树结构来压缩数据记录，使得挖掘频繁项集只需要扫描两次数据记录，而且不需要生成候选集合、效率较高。

(如语音识别系统)进行分析，工程师们可以相对准确地了解司机在驾驶汽车时的感受，同时匹配外部环境变化以及汽车的状态数据，进而有针对性地改善车辆的操作体验[1]。正是基于对大量传感器数据的挖掘分析，福特发现噪音干扰了汽车软件对司机指令的理解，并在后续的产品优化过程中加入了自动降噪功能，通过麦克风的再定位，更好地捕捉声音。

（二）大数据智能技术与定价实践

基于大数据的动态定价涉及人工智能相关算法的运用，这使企业可以根据不断变化的消费者需求实施灵活动态的定价策略。一般而言，这种定价策略往往涉及两种算法：一是基于市场供需的变动来灵活定价，二是基于消费者需求的差异性而进行的差异化定价。其中，第一类定价方式需要特别注意定价变动的频率，过高的变动频率可能会导致消费者的不适；后者有可能使企业陷入"大数据杀熟"这类新老顾客定价不公的境地。相关内容可参阅本书第十四章人工智能营销。

（三）大数据推荐算法与促销实践

大数据推荐算法是广泛使用在互联网企业的一种技术手段。在实践中，企业通常会面临甄选顾客和如何精准推荐产品给特定顾客的难题。目前，诸如网购活动中的"猜你喜欢"、听音乐时"你可能喜欢的歌曲"以及浏览新闻信息时"你可能感兴趣的内容"等，都是基于大数据算法的具体应用。在营销实践中，常见的推荐算法包括以下几种类型[2]：第一，基于商品属性的推荐，如商品 A 和 B 相似，因此把商品 B 推荐给购买商品 A 的顾客；第二，基于商品属性的协同过滤，购买商品 A 和商品 B 的顾客群体相似，把商品 B 推荐给购买商品 A 的顾客，反之亦然；第三，基于顾客购买习惯的推荐，顾客 A 和顾客 B 的购买习惯相似，把顾客 A 购买的商品推荐给顾客 B；第四，基于产品的关联分析，如购买商品 A 的很多顾客通常也购买了商品 B，则在其他顾客购买了商品 A 的同时向其推荐商品 B。最后，基于上述推荐算法的矩阵分析和汇总，建立隐语义模型，从而综合推荐产品促销信息。

此外，除了推荐商品以外，大数据技术对促销优惠信息的推送还考虑了顾客所处的环境信息。例如，星巴克的移动 App 后台数据系统会持续收集会员的各种数据信息，如基本的人口统计信息、偏好、消费记录、App 使用习惯等。随后，通过消费者洞察来理解和预测消费者的偏好，同时结合其他数据(如消费者活动位置、天气状况、节假日、店铺地点等)向用户推荐最适合的产品和发送个性化的优惠与折扣。

（四）大数据智慧管理与渠道实践

渠道管理往往面临着仓储和运输等方面的管理成本问题，特别是零售店铺，如何合理规划后台渠道的建设，在控制成本的同时满足消费者在不同渠道中的消费需求是一个经久不衰的关键命题。基于大数据的算法技术往往可以在很大程度上缓解这一问题。例如，近些年一直在倡导"新零售"的便利蜂搭建了大数据算法"大脑"，致力于让企业渠道中的每一个决策都能通过该中央系统自动进行处理，从而节约了渠道工作人员(如店长)的决策成本。具体而言，在线下零售店内，培训一个具备熟练的订货管理技能的店长，周期一般为2—3年。而且，一些保质期短的商品(通常为48—72小时的商品)的价格也需要实时变动，货架调整也需要实时进行，这显然十分依赖于管理人员的运营能力和渠道管理能力。

① 中国轻工业信息网. 数据驱动产品创新. 2021.
② 毕马威. 洞见数据价值——大数据挖掘要案纪实[M]. 北京：清华大学出版社，2018.

在便利蜂，通过构建和反复迭代基于大数据的中央处理系统，大幅节约了传统渠道中线下零售店的上述问题，在一定程度上实现了智慧零售①。类似地，为了解决"双十一"促销活动给物流造成的巨大压力，淘宝推出了预售订单的分销策略：通过大数据分析（如产品日常销售量、往年"双十一"成交量以及购物车活动等）来预测预售订单最终的成交概率，并且提前将商品运输到距离消费者10公里范围内的分仓，合理规划仓储空间，以此保障产品能够在下单后尽快送达顾客。②

由此可见，大数据营销中，市场营销决策的主体从人作为决策主导、大数据算法系统作为辅助，逐渐转变为大数据算法系统作为主导、人作为辅助。换句话说，传统营销决策更多地依赖业务规则和专家经验，而大数据算法系统主要是通过数据分析提供描述和诊断，为人类做出决策提供支持。比较而言，在大数据营销中，人在决策中主体作用逐渐让位于智能的大数据算法系统。不过，尽管大数据营销的智慧决策降低了决策成本，但在大数据中央处理系统建设的初期，也可能会因为缺乏人类直觉的常理认识而做出不合常理的决策。因此，在这一阶段，仍然需要人对其智能决策结果进行反复的监督和审查。

四、多次迭代执行改进营销策略

在移动互联网时代，消费者数据呈现出高频率、高速度的更新和变化。与此相应，只有那些适应快速变化并做出快速反馈与迭代的企业，才能在市场中处于主动地位。在大数据营销中，尤其需要具备迭代式创新思想，无论是数据来源地的甄别、数据的获取、整合、存储、洞察、建模乃至智能决策技术的采用等，任何环节都需要企业跟随市场的变化、技术的变化以及市场营销活动的变化反复进行迭代，以便最终实现对消费者数据的精细化管理、构建更加完整清晰的消费者画像和制定有效的市场营销策略，持续地满足消费者与日俱增的个性化需求。

五、选取适当指标综合评价效果

如前所述，大数据技术需要不断地进行更新和迭代，因而考察大数据营销的效果势必需要兼顾短期效果和长期效果两个方面。在营销实践中，企业需要将大数据营销的效果评价从以短期导向为主，逐渐转向长短期相结合的模式。其中，短期导向的效果衡量指标主要聚焦在"量"上，如品牌的曝光量、点击率、广告可视度等指标以及由此衍生出的 TGI（Target Group Index）③等新的度量指标。但是，这些指标通常只能用来衡量当下市场营销的效果，缺乏动态分析，无法对大数据营销效果提供综合评价，容易使企业陷入短期数据至上的误区。再者，这些指标注重传播的表象，并未触达消费者的心智，难以解释最终的消费者行为。因此，为了科学地做到大数据营销的归因，企业需要从一定的时间跨度来分析数据流之间的关系是相关关系还是因果关系，以便帮助企业全面客观地诊断大数据营销与增长的关系模式，形成对大数据营销效果的综合评价。

① 吴超，赵静，罗家鹰，等. 营销数字化[M]. 北京：机械工业出版社，2022.
② 搜狐网. 最前线 ｜ 菜鸟物流大提速，发货时长累计缩短40个小时，2019.
③ TGI 即 Target Group Index，TGI=〔目标人群中具有某一个特征的人群比例〕/〔总体人群中具有该特征的人群比例〕×100 标准数，TGI 指数等于100表示平均水平，大于100表示该类用户对某一个特征的关注度高于整体。

第四节　大数据营销中的注意事项

即便大数据营销能够升级企业的整体市场营销策略，但在实施过程中仍然存在着特别需要注意的方面，否则可能导致大数据营销的低效、甚至失败。

一、大数据营销的陷阱

在实践中，并不存在着一种适用于所有商业情景的市场营销策略，所有的营销战略与策略都具有一定的边界条件，大数据营销亦是如此。作为一种新型的市场营销模式，大数据营销也存在着需要特别关注的潜在陷阱，如数据陷阱、算法陷阱、因果陷阱等。

（一）数据陷阱

数据陷阱指的是企业在大数据营销过程中需要建立正确的数据观，不应该过度迷信数据和大数据技术。一般而言，主要有以下三种：

1. 数据缺失

尽管大数据的"大"体现在数据的海量，但并不意味着企业可以无限制地获取想要的信息。诸如数据采集的技术门槛、隐私法规等限制或采集程序的不科学等因素，都可能导致关键数据的缺失。对此，企业必须认识到即便是大数据和大数据技术，也未必能够涵盖现实世界中的一切，否则势必导致对数据的过度依赖和滥用。

2. 数据冗余

在数字化时代，新的数据正在以惊人的速度不断生成。在大数据营销实践中，常常会面临着十分冗余的数据集。源源不断的新增数据十分考验企业大数据技术的处理能力，并且只有高质量且有效的数据才能产生有价值的市场洞察。对此，企业必须知道如何剔除数据集中的噪音或删除其中的无效条目，从而甄别出有价值的数据，并以此为基础来展开后续的数据挖掘和预测模型的构建。

3. 数据不准确

尽管大数据能够对主观数据和客观数据以及多类型的数据进行处理和挖掘，并提供不同以往的市场洞察，但数据处理过程中仍然可能会出现乱码、失真、不一致等程序性错误。同时，数据处理工作所出现的错误也可能是由人为因素导致的，如输入错误信息、制造虚假流量数据、出于隐私担忧而故意隐瞒真实信息或提供错误信息等。为此，企业在大数据采集过程中需要有一定的甄别能力，以便及时剔除不准确的数据，否则可能会产生错误的结论，进而对企业的市场营销决策制定及其实施造成不利影响。

（二）算法陷阱

大数据技术往往具备一定的智能化特征，这取决于处理系统的算法体系。一方面，这些算法大幅节省了决策成本，缩短了决策时长，有效地提高了市场营销的敏捷性；另一方面，这些算法往往是基于历史数据来进行的，很可能与人类认知中的常识和经验存在一定的差别。因此，在运用大数据算法时，需要特别注意以下两个问题。

1. 算法不合理

算法的逻辑与设计直接决定了大数据决策的结果，但算法一般很难做到完全合乎常理。这种合理性方面的问题，一是与上述数据陷阱有关，二是与算法本身的逻辑体系密切相关。例如，在零售店的自动陈列系统中，大数据算法逻辑主要依据可量化的商品高度作为排序规则，但实际应用场景为了注重顾客的感官体验，通常以商品关联性和一致性为原则，因而算法可能忽视了商品自身的特性和其他因素的影响，有可能推荐出混乱排序或出现从高到低的荒唐排序。

2. 算法存在局限

算法的预测力需要对多方面的历史数据进行挖掘和分析，并通过挖掘数据之间的关系来预测未来发展趋势。这种基于历史数据的预测，本身就难以达到 100% 的精准。这是因为：一方面，历史数据可能存在不足，导致结果存在偏误；另一方面，算法考虑的条件是历史数据的节点，可能并不适用于未来动荡的环境。此外，算法也难以直接解释数据背后的消费者心理动因。

（三）因果陷阱

大数据的核心是相关关系分析，建立在分析基础上的预测才是大数据营销决策的核心。例如，沃尔玛通过对用户消费数据的关联分析，发现啤酒与尿布之间的关联关系，进而改变自身的营销策略。不过，相关关系与因果关系相差甚远，尽管大数据能够告诉人们某些数据和指标的相关关系，但却无法揭示这种逻辑背后的缘由，更无法明晰可能存在的因果关系。首先，就构建变量之间的关系而言，大数据营销中的数据关系错综复杂，而且存在诸多噪声，因此难以在变量之间建立起精确的函数关系。或者说，进一步探讨因果关系的成本是较为高昂的。同时，从时效性的角度来说，当下的数据分析往往可以精确地揭示当前环境的行为规律，但如果环境因素稍有变化，原本的行为规律则可能会发生变化，从而导致结果失真。在当前的乌卡时代(VUCA)①里，这类问题将表现得尤为突出。

此外，基于相关关系分析的大数据决策也存在一定的问题。在实践中，随着神经网络模型越来越复杂，模型的准确度越来越高，但在营销实践中不得不在模型的准确性和可解释性之间取得适当的均衡。虽然可以通过大数据算法得出一个行之有效的模型，但研究人员却难以对其做出合理的科学解释，存在着逻辑黑箱，难以推导出背后的因果关系。②

二、大数据隐私与安全问题

在大数据营销实践中，除了从企业角度看大数据技术本身所存在的上述应用陷阱以外，从顾客角度出发，也存在着数据隐私与安全问题。

（一）基于规模性带来的隐私与安全问题

企业通常将所有数据存储在某个固定位置，然而大规模的数据量给企业安全存储和管理数据的能力带来了巨大的挑战。这些高度集中的大规模数据常常成为很多网络犯罪的目

---

① 即环境中存在的不确定、复杂和模糊。
② 电子信息产业网.要取信于人，AI得打开决策"黑箱"，2020.

标，导致发生数据泄露或窃取事件。而且，如果使用不当，也可能对消费者的心理、情感或经济产生不利的影响或造成损失。同时，大量的数据也增加了个人数据被用于其他新用途以创造额外价值的可能性。例如，由于政策法规和行业监管还不够完善，不少企业可能会在消费者不知情或未经消费者同意的情况下，收集和存储大量消费者的隐私信息，并用于消费者不期望或不理解的用途。此外，巨大的数据量也可能影响消费者的福利。利用这些数据，企业可能向不同的群体提供不同的产品并收取差别定价，这在信息产品（如书籍、期刊、计算机软件、音乐和视频）的市场营销中，尤为普遍。

（二）基于高速性带来的隐私与安全问题

大数据的一个重要应用，就是基于消费者的实时数据来开展市场营销活动。例如，位置跟踪技术允许市场营销人员根据实时的位置数据来推送短信和其他形式的广告。这一过程通常会涉及消费者被动的数据收集，没有公开的消费者互动。在收集、使用和传播这类信息的时候，没有经过个人同意往往意味着这种做法违反了个人参与原则。

（三）基于多样性带来的隐私与安全问题

通过组合来自多个来源的结构化和非结构化数据，企业可以发现看似不相关的数据片段背后所隐藏的联系。而且，大数据中的信息种类繁多，使检测安全漏洞、做出适当反应和应对攻击也变得更加困难。根据创略科技所发布的《下一代数据和 AI 驱动的营销自由》白皮书，大数据平台中结构化数据只占 15% 左右，其余的 85% 都是非结构化的数据。相较于结构化数据，非结构化的文本数据主要来源于社交网络（微博、微信、QQ 等）、客户反馈（客户抱怨邮件、社交媒体网站的帖子、开放式问卷调查、消费者点评等）、新闻媒体、销售人员的拜访记录等，其中包含的信息量相当丰富，并且很可能包含个人的敏感信息，从而对数据隐私与安全构成了更大的威胁。

（四）基于易变性带来的隐私与安全问题

大数据的易变性与数据收集和流动性密切相关。易变性越大，需要保护的、所收集和存储的数据量就会相应地增加。在一些特殊的购物高峰期，企业可能未及时建立起管理和保护数据的体系，因此顾客数据更加可能成为网络犯罪的目标。在 2013 年 12 月，美国百货公司——Target 宣布其备受瞩目的安全漏洞事件就发生在 11 月 27 日至 12 月 15 日的假日购物旺季，并且病毒试图在目标商店的客户访问高峰时间（当地时间的上午 10 点至下午 5 点）窃取数据。最终，这次事件导致了 4 000 万个银行卡账户以及 7 000 万条个人数据的泄露。

（五）基于复杂性带来的隐私与安全问题

大数据通常是由来自不同数据源的聚合数据整合而成的，而且有些数据源还不一定是可识别的。特别是一些没有获得消费者授权的程序，其产生的数据集可能比消费者提供的数据集更加个性化。例如，基于消费者对疾病症状的搜索词、在线购买医疗用品以及药品包装的 RFID 标签，市场营销人员往往可以获取和推断出有关消费者健康的信息。获取这类信息，能够帮助保险公司预测某些疾病发生的概率，而使用消费者自愿披露的信息是难以精准地做到这一点的。

同时，大数据营销创新通常需要使用多个数据源，并且涉及将数据传输给第三方进行处理的环节。有研究指出：使用个人数据作为大数据营销创新的关键组成部分，可以产生超过 1500 亿美元的市场营销服务，其中超过 70% 的该类服务需要在价值交付网络中的企业之间进行数据交换，这就有可能产生隐私与安全问题。实际上，工信部 2020 年就通报了多款 App 存在私自向第三方共享个人信息的用户权益侵害行为。

本 章 小 结

大数据营销作为一种极具技术性、先进性和创造性的数字营销模式，已经广泛地应用于企业的营销实践。

本章首先介绍了大数据的定义、特征以及对市场营销的启示，阐述了大数据在市场营销中的重要价值。在此基础上，系统梳理和界定了大数据营销的内涵，讨论了多元性的数据融通升级营销价值链、精准性和关联性有助于企业创造卓越的个性化价值、时效性提升企业营销的敏捷性这三大特征。随后，本章重点描述了大数据营销的流程：完成前期工作并做好数据准备、综合多种方法进行数据挖掘、利用挖掘结果实施市场营销活动、多次迭代执行以改进营销策略、选取适当指标以综合评价效果。最后，阐述了大数据营销中需要特别注意的事项，包括数据陷阱、算法陷阱和因果陷阱以及大数据所带来的用户隐私与安全问题。

关键概念

大数据　　　大数据营销　　　数据挖掘

即测即评

☞ 请扫描二维码答题

复习思考题

1. 请简要描述大数据对市场营销有哪些启示？
2. 谈谈你对大数据营销的理解。
3. 请简要介绍大数据营销有哪些特征？
4. 请结合具体的案例深入分析大数据营销应该如何实施？
5. 请简要分析大数据的规模性所带来的隐私与安全问题。

小米集团的大数据营销之路

小米集团成功地推出了以小米手机为代表的系列产品，这在一定程度上与其积极践行大数据营销密切相关，其经营业务广泛地运用了大数据相关技术。

1. 对不同的数据源实施差异化管理

小米的大数据来源非常广泛，通过官方网站、电商平台、社交媒体、线下实体等途径获取了用户的大量交易信息、社交网络信息等数据，而这些数据的质量参差不齐。例如，来自小米官方、电商平台的数据信息通常具有相对较高的准确性和可靠性，而来自社交媒体平台的数据则存在着明显的消费者偏见。因此，小米在对大数据进行处理之前，需要对这些数据实施差异化的分层存储和分析，如基础层、中间层和应用层数据。不同层次的数据划分，既有助于实现数据聚类，又有利于对数据展开有针对性的分析。通过对用户的细分，企业能够获取更为精准的信息。

2. 基于全渠道信息流的数据挖掘

在建立分层数据库的基础上，选择恰当的数据获取和挖掘方式显得尤为重要。小米手机通过与百度地图合作，获取了不同地区的用户信息，然后根据用户所在区域对数据进行分析和处理，再根据不同区域的经济发展水平向用户推荐不同型号的手机产品。同时，小米手机还采用了数字信号处理(Digital Signal Processing,DSP)技术来分析用户的浏览行为。当用户登录小米手机官方网站时，企业就可以收集用户的搜索记录、交易信息、用户反馈等数据信息了，这些信息反映了不同年龄、职业、兴趣爱好的用户的不同关注点。DSP技术可以基于这些浏览记录信息分离出不同偏好的用户群。随后，小米手机还会运用Cookies技术捕捉和定位用户的ID，进一步跟踪其在其他网页的访问情况。通过这些碎片化的信息分析用户的个人特征，再通过对用户的社交行为追踪获取用户的习惯数据，描绘出相对完整的用户画像，实现对用户数据的精准挖掘。

小米手机凭借着强有力的技术支撑，通过对用户的痕迹分析来还原用户的行为路径，全面覆盖消费者的行为。在移动互联网的大背景下，用户通过网络搜索产品信息实施购买决策已经随处可见。大数据分析发现，不管是线上下单还是线下购买，消费者往往都会通过互联网或者是商家的网络推广活动进行产品搜索、信息搜集、对比选择和最终的产品购买。小米手机通过各种手机应用和MIUI系统的组合应用，可以非常便捷、高效地获取5.29亿活跃用户以及其他非活跃用户的网络轨迹、行为习惯和消费习惯。面对这些随机的、碎片化的网络数据，只有通过大数据技术的分析，才能更加准确、更加及时地了解消费者的需求及其变化。

3. 基于数据驱动的产品研发

小米手机大数据营销的最终落脚点，在于其新产品的研发。由于手机更新换代快的行业特点，不同品牌的手机竞争优势在很大程度上取决于技术创新的能力。只有不断地生产出能够满足消费者需求的产品，才能获得更高的市场占有率。从小米1到小米10，小米手机的像素由880万提高到了1亿像素，随机存储器(RAM)从1G提高到了8G，只读存储器(ROM)由最初的4G提高到了现在的256G，这些技术革新都是在大数据洞察消费者需求的基础上实现的。基于小米手机的成功经验，小米集团还在不断打造小米耳机、小米移动电源、小米盒子、小米手环等配件。在满足消费者多元化需求的同时，也为之后进一步获取用户在不同场景中的数据信息、实现数据共享和整合奠定了基础。此外，小米手机还开发了小爱同学、小米钱包、小米有品、小米贷款 App、米家 App、小米应用商店、小米家庭智能 App 等专用软件，为小米用户提供了全方位的新体验。这一系列成功的产品开发和市场化，在一定程度上反映了小米集团的大数据营销效果。

资料来源：陈志轩，马琦. 大数据营销[M]. 北京：电子工业出版社，2019.

案例讨论题

请谈谈你如何认识小米大数据营销实践的优势和劣势？

延伸阅读

[1] De, Luca, L. M., Herhausen, D., Troilo, G., et al. How and when do big data investments pay off? The role of marketing affordances and service innovation[J]. Journal of the Academy of Marketing Science, 2021, 49(4): 790-810.

[2] Wedel, M., Kannan, P. K. Marketing analytics for data-rich environments[J]. Journal of Marketing, 2016, 80(6): 97-121.

[3] Yu, C., Zhang, Z., Lin, C., et al. Can data-driven precision marketing promote user ad clicks? Evidence from advertising in WeChat moments[J]. Industrial Marketing Management, 2020, 90: 481-492.

[4] Erevelles, S., Fukawa, N., Swayne, L. Big data consumer analytics and the transformation of marketing[J]. Journal of Business Research, 2016, 69(2): 897-904.

[5] Lam, S. K., Sleep, S., Hennig-Thurau, T., et al. Leveraging frontline employees' small data and firm-level big data in frontline management[J]. Journal of Service Research, 2017, 20(1): 12-28.

更多资源请扫描封底拓展资源码→文献目录

第七章 内容营销

　　在数字化时代，优质的内容和有效的内容营销可以为企业带来包括流量在内的强大市场优势，是企业吸引目标顾客和建立品牌认知的关键所在，也是企业实现营销传播目标的重要路径。因此，掌握内容营销的内涵和方法，开展卓有成效的内容营销已然成为市场营销人员的必备技能，更是企业在数字化时代不容忽视的一种创新的市场营销模式。

本章的学习目标：

　　1. 了解内容营销的内涵与类型
　　2. 掌握实施内容营销的具体流程
　　3. 理解内容营销实践中的关键问题

📁 开篇案例

看《小猪佩奇过大年》如何开展内容营销

2019 年 1 月，电影《小猪佩奇过大年》在官方社交账号上发布了一部名为"啥是佩奇"的宣传片，主要讲述了这样一个故事：生活在大山里的留守老人想要为在城市生活的孙子准备一件新年礼物，在得知孙子想要"佩奇"之后，不知道什么是"佩奇"的老人为了满足孙子的愿望，开始在村里四处询问，最终做出了一个吹风机版的"佩奇"。这个视频用一个质朴的故事展示了传统中国家庭里老人对孩子的爱，并由此吸引了众多消费者携全家人一起去看电影，度过一个欢乐的中国年。

一经发布，这部时长不到 6 分钟的宣传片迅速在各大社交媒体走红。紧接着，朋友圈、微博等社交媒体软件又掀起了新一轮的"我是佩奇"脑洞 PK 赛，而且还通过表情包制作等方式将这个热点不断扩散，贺岁电影《小猪佩奇过大年》也因此在上映首日就突破了 6 000 万票房，成功位居同档期亲子电影排片第一名。

第一节　内容营销及其主要类型

在二十世纪，比尔·盖茨就提出了"内容为王"的论述。[①] 他认为，向消费者提供内容（如信息类和娱乐类），是十分宝贵的市场营销机遇，而且任何企业都应该利用好这个机会。

一、内容营销的内涵与特点

有相关调查发现：94% 的用户认为内容会影响自己对事物的认知，68% 的用户认为好的内容会影响商品的选择和购买。[②] 因此，内容营销逐渐在企业与顾客的沟通中发挥着重要的作用。同时，内容营销的成本往往比传统营销的成本低 62%，而产生的销售机会却是传统营销的 3 倍。[③] 内容营销还能以更小的投入为品牌带来了更持续的"杠杆效应"，表现为更高的品牌关系加深效率、更高的品牌主动搜索概率和更高的未来转化可能。[④] 营销业界和学界从不同方面对内容营销的内涵进行了界定，如表 7-1 所示。

---

① Gates, B. Content is King by Bill Gates. CraigBailey, 2010.
② KANTAR. , & 知乎. 2021-2022 内容营销平台价值洞察白皮书, 2021.
③ Hollebeek, L. D. , Macky, K. Digital content marketing's role in fostering consumer engagement, trust, and value: Framework, fundamental propositions, and implications[J]. Journal of Interactive Marketing, 2019, 45(1): 27-41.
④ 阿里研究院. 数字化内容营销大航海时代，一张图带你扬帆启航！2022.

表 7-1　内容营销的内涵

学者	内涵
Pilizzi & Bartrett，2009	内容营销是指企业通过聆听顾客需求并采纳顾客建议的方式，与顾客建立起基于共同利益的相互依存关系和信任关系。①
Handley& Chapman，2010	内容营销是指通过创作和传播形式多样的、有教育意义的、引人注目的内容达到吸引或留住顾客的目的。②
Pulizzi，2011	内容营销是一种不通过干扰顾客或强行售卖来与顾客沟通的艺术。企业通过建立一个讲故事的平台，发布有价值的、与顾客利益相关的并且引人注目的内容，发展稳定的顾客群体，最终促进企业产品和服务的销售。③
Rose & Pulizzi，2011	内容营销是提高顾客忠诚度的核心策略，也是一种关注价值体验创造的策略。在内容营销语境下，企业所建立的内容平台能让人们分享有价值的信息，互相帮助、丰富社群，同时能帮助企业在社群中成为思想领导者。平台上的内容是有吸引力的、便于分享的，最重要的是能够帮助顾客自行找到他们想要的关于产品或服务的信息。④
Gunelius，2011	内容营销是通过线上和线下渠道发布的文本、视频或音频内容来传递价值，直接或间接推广企业或品牌的过程。⑤
Lieb，2011	内容营销的制胜法宝是提供有价值（相关、高质量、有教育意义、对购买决策有帮助）和有娱乐性的吸引眼球的内容。⑥
CMI（Content Marketing Institute），2012	内容营销协会认为内容营销是一种通过创造和传播有价值的、相关的和一致的内容吸引和保留目标客户，以促进顾客购买行为的市场营销手段。⑦
周懿瑾和陈嘉卉，2013	内容营销是一种通过多种渠道传递多种形式的、有价值的、有娱乐性的产品或品牌信息，以引发顾客参与，并在互动过程中建立和完善品牌的营销策略。⑧

---

① Pulizzi, J., Barrett, N. Get content get customers-turn prospects into buyers with content marketing［J］. Saxena NSB Management Review, 2009, 2(2): 98-100.

② Handley, A., Chapman, C. C. Content rules: How to create killer blogs, podcasts, videos, ebooks, webinars (and more) that engage customers and ignite your business［M］. John Wiley & Sons, 2010.

③ Pulizzi, J. Content marketing has arrived, should publishers be worried?［J］. Folio the Magazine for Magazine Management, 2011, 40(10): 43-43.

④ Rose, R., Pulizzi, J. Managing content marketing: The real-world guide for creating passionate subscribers to your brand［M］. BookBaby, 2011.

⑤ Gunelius, S. Content marketing for dummies［M］. John Wiley & Sons, 2011.

⑥ Lieb, R. Content Marketing: Think like a publisher-how to use content to market online and in social media［J］. Que Publishing, 2011.

⑦ Content Marketing Institute. What is content marketing? 2012.

⑧ 周懿瑾，陈嘉卉. 社会化媒体时代的内容营销：概念初探与研究展望［J］. 外国经济与管理，2013，35(6)：61-72.

续表

学者	内涵
Kilgour, Sasser & Larke, 2015	内容营销是指消费者在各个媒体平台上积极参与内容分享。①
Lieb, 2017	内容营销是指以营销为目的创建和共享内容。在数字渠道中，企业利用网站、社交媒体和付费内容等举措来提升品牌资产。②
Koob, 2021	内容营销是指通过数字平台或印刷媒体，为现有或潜在顾客以及其他目标群体创造和传播有价值的、与品牌相关的内容，以推动企业目标的实现。③

资料来源：作者根据相关资料整理。

虽然不同学者对内容营销的内涵界定各不相同，但从数字技术的视角来看，数字时代中的内容营销具有一系列共同的特点，主要包括：

（一）呈现方式不断更迭

任何形式的信息，如文本、图像和其他多媒体素材，都可以统称为"内容"。换句话说，内容是信息本身，往往通过不同的呈现方式和载体表现出来。具体而言，内容既包括企业在自有媒体上发布的博客、网络研讨会、电子书和白皮书，又包括企业在自有媒体之外的媒体（如付费媒体）上所发布的任何信息。在纸质媒介时代，企业往往通过报纸、杂志等出版物传播相关信息；在广播电视媒体时代，企业争相投放电视广告，借此进一步拓宽广告内容的传播范围。然而，通过这些媒介发布的内容针对性较弱，而且传播的形式和效果也会受到不同媒介的制约。

在互联网时代，企业最初采用邮件、博客、社区等渠道宣传品牌信息，而随着移动互联网的发展，移动媒体（如微博）变得日益流行，越来越多的市场营销人员逐渐将注意力放在移动端图文内容的创作与传播上。例如，在以 Pinterest 平台和小红书中的文案笔记为代表的图片式内容社区中，各式各样的图片能够在很大程度上满足消费者的多样化诉求，无论是摄影爱好者还是美食爱好者，都可以在社区中找到自己所喜欢的内容。随着无线 Wifi 网络以及 4G 和 5G 技术的普及，智能手机逐渐成为消费者接受与传播内容的核心载体。B 站、抖音、快手等平台的兴起，更是使短视频和直播成为市场营销人员进行内容传播的重要形式。由此可见，数字技术的更迭丰富了内容的呈现方式，内容的传播不再受到时间、地点、形式的限制，能够在广阔的互联网空间中实现快速且长期传播的效果。因此，在数字化时代，内容营销的机遇无处不在。

（二）创作者更加多元化

在过去，企业是从给予消费者答案的视角出发，提供与产品相关的、高质量的、有教育

---

① Kilgour, M., Sasser, S. L., Larke, R. The social media transformation process: Curating content into strategy [J]. Corporate Communications: An International Journal, 2015, 20(3): 1-32.

② Lieb, R. Content-the atomic particle of marketing: The definitive guide to content marketing strategy [M]. Kogan Page Publishers, 2017.

③ Koob, C. Determinants of content marketing effectiveness: Conceptual framework and empirical findings from a managerial perspective [J]. PloS One, 2021, 16(4): 1-25.

意义的信息内容，以帮助消费者进一步了解产品，辅助他们做出相应的购买决策。企业作为信息的发布者，扮演着"值得消费者信任的顾问"的角色。不过，在智能手机高度普及的数字社交媒体时代，内容的传播模式不断革新，从企业单向传播转变为企业与消费者以及消费者与消费者之间的互动传播。在数字化时代，顾客不再简单地被动接受企业所发布的内容，而是可以积极主动地创造并发布自己热衷的内容。通过使用便利的数字技术（如帮助设计图文的美图秀秀和剪辑视频的剪映软件）和社交媒体平台（如微博、微信、抖音等），他们主动成为了内容的生产者和传播者。因此，用户生成内容逐渐释放出不容小觑的传播力量，企业需要在内容营销实践中更多地考虑如何运用和发挥消费者的价值，以达到优化市场营销效果的目的。

实际上，早在互联网发展的初期，顾客就已经通过在电商页面中发表评论的方式创造"内容"，这些内容为其他消费者评估产品或服务提供了重要的参考，这引起了企业对顾客评论内容的特别关注。更有研究表明：表达积极情绪的内容对购买享乐型产品的消费者的说服作用更强，而不含情绪内容的评论更能提升消费者对功能型产品的购买意愿[1]。而且，产品评论中的价格信息、外形信息以及评论的数量和排列方式等等，也都会影响顾客的购买行为。例如，有些商家曾对消费者的评论内容进行了重新排序，结果发现这种做法可以对销量产生与某些降价策略相同的积极影响[2]。因此，企业可以通过合理利用顾客的评论内容和评论展示策略来促进内容营销目标的实现。

（三）传播效果离不开数字技术的推动

传统广告往往采取推式策略，强行将信息输出给消费者。然而在数字化时代，消费者的自主意识变得更强，更倾向通过自己收集信息来了解产品或服务，存在着抗拒硬性广告推销的倾向。相反，内容营销是一种拉式策略，通过提供相关的、有吸引力的、有趣的或者有帮助的信息，吸引消费者主动关注信息，进而帮助消费者解决问题。同时，内容营销还特别注重与顾客建立起密切的情感联系，使顾客不仅愿意主动地接受信息，而且还愿意在社交媒体平台上主动分享和传播相关信息。例如，不同于令人厌烦的硬性广告，益达口香糖在微博上打造了"万物皆在嚼"大事件，通过制作蒙娜丽莎、梵高、关公等古今中外的作品和人物以及卡通人物嚼口香糖的动图而迅速获得了广泛关注，网友们纷纷加入动图制作的活动之中，发挥了自己的创造力，并将话题推向了高潮。同时，益达口香糖还在抖音上定制了"有范滤镜"，使人人都可以使用该滤镜参与到活动中来，用户生成的内容源源不断地为其品牌宣传提供新的话题，使益达"嚼出我的范"的品牌主张深入人心。

因此，数字技术的发展对内容营销的影响是显而易见的。概括而言，传统广告和内容营销之间的区别主要体现在消费者反应、可控性、精准性、长期性和分享性等方面，表7-2总结了这些差异。

---

① Rocklage, M. D., Fazio, R. H. The enhancing versus backfiring effects of positive emotion in consumer reviews[J]. Journal of Marketing Research, 2020, 57(5): 1-21.

② Liu, X., Lee, D., Srinivasan, K. Large-scale cross-category analysis of consumer review content on sales conversion leveraging deep learning[J]. Journal of Marketing Research, 2019, 56(6): 918-943.

表 7-2　数字时代中的内容营销与传统广告的区别

	传统广告	数字时代中的内容营销
消费者反应	被动、抗拒、躲避	主动体验
可控性	发布内容、时间和形式受到媒介特征的制约	发布的内容、时间、地点和形式等有更大的自由
精准性	通过广泛的传播接触到尽可能多的潜在消费者，注重对大众的高曝光度，针对性较弱	根据目标消费者的需求和偏好设计内容，个性化较强
持久性	广告预算花费完就意味着传播任务的结束	可能实现长期传播效果
可分享性	较低	消费者能主动且非常方便地在社交媒体中分享和传播

资料来源：窦文宇 . 内容营销：数字营销新时代［M］. 北京：北京大学出版社，2021.

综合上述内容，本书认为：**数字化时代的内容营销**就是通过创造和传播有价值的、相关的和一致的内容信息来吸引、获取和挽留目标顾客的一系列策略，最终帮助企业实现促进顾客购买、强化企业定位和提升品牌形象等营销目标。其中，这里所说的内容信息通常是文字、图片、音频、视频信息或其某种组合，而且企业、消费者、关键意见领袖和其他利益相关者都可以参与内容的创造，并在数字媒体中自由传播和分享这些内容。

二、内容营销的主要类型

基于对既有的相关研究与实践的总结，下面将从消费者的内容需求和内容营销展现方式这两个维度来识别内容营销的不同类型。

（一）基于消费者的内容需求的类型划分

基于消费者的内容需求，可以将内容营销分为以下三种主要类型：娱乐型内容营销、教育型内容营销和实用型内容营销[①]。

1. 娱乐型内容营销

娱乐型内容营销是指通过吸引消费者注意力，影响其情感并产生共鸣的一种内容营销策略。一般而言，娱乐型内容营销往往能够为消费者带来消遣、愉悦和享受方面的价值，从感官和精神上给消费者带来积极的情感体验。娱乐型内容营销具有幽默的特征，很容易博得消费者的关注和好感，也有助于促进口碑宣传。特别是社交媒体中，娱乐型内容营销往往还能进一步提升和促进消费者的分享意愿与行动，进而提高品牌的知名度和认同度。例如，故宫博物院与腾讯合作，打造了"穿越故宫来看你"的娱乐话题，使故宫一度成为社交媒体中的"网红"，为故宫文创产品赢得了市场优势。

2. 教育型内容营销

教育型内容营销通常注重传播消费者与品牌、产品或服务相关的信息，如品牌文化、企

---

① Lieb, R. Content-the atomic particle of marketing：The definitive guide to content marketing strategy［M］. Kogan Page Publishers，2017.

业动态、产品功能和外观等，以便帮助他们评估、选择和做出决策。实际上，无论在消费者购买之前还是在购买以后，这种内容营销方式都能够通过提供价值来提升顾客的体验，并有效促进交叉销售或升级销售。例如，丁香医生致力于提供可信赖的医疗健康信息和服务，经常通过微信公众号科普医学常识，为消费者消除困惑，建立起了专业且值得信赖的品牌形象，最终提升了消费者对其推荐产品的购买意愿。

3. 实用型内容营销

实用型内容营销旨在向消费者提供与产品和服务相关的实用知识，以便帮助其完成具体的任务。例如，招商银行向顾客提供个人贷款计算机工具：顾客只需要根据自己的情况选择贷款类型和金额，就可以及时、清晰地了解具体的还款计划。由此可见，实用型内容营销常常可以帮助消费者做出更加理性的决定。

(二) 基于内容营销展现方式的类型划分

基于内容营销的展现方式，可以将内容营销分为以下三种主要类型：对话型内容营销、叙事型内容营销和用户生成型内容营销。①

1. 对话型内容营销

对话是指在顾客与企业之间展开双向沟通。形象地讲，企业在对话活动中通常扮演着顾客的顾问或朋友的角色。顾客通过与企业进行对话建立关系，而不仅仅是被动地接受企业所传递的信息。在社交媒体语境下，信息往往更容易在关系密切的朋友之间进行分享和扩散。此外，减少社会距离是市场营销人员常用的一种对话策略。例如，三只松鼠建立了虚拟化的品牌，以小松鼠的拟人化卡通形象出现，并在沟通过程中将消费者称作"主人"，从而拉近了品牌与消费者的社会距离，提升了消费者的情感体验。因此，借助社交媒体的官方平台，企业可以转变原有的角色定位，以拟人化的方式与消费者进行互动。

对话型内容营销能够拉近品牌与顾客之间的距离。例如，优衣库为了推广其轻羽绒服系列产品，一共推出了六个版本的方言广告，分别用粤语、山东话、上海话、闽南语、重庆话和东北话演绎了一段 Rap 说唱。由于优衣库的目标消费群体是年轻消费者，以说唱的形式进行宣传会更受欢迎。同时，充满地域特色的语言呈现方式也从空间上拉近了与不同地区消费者的心理距离，提升了消费者与企业对话的意愿。类似地，耐克在《中国有嘻哈》节目的热潮之下，也采用六种语言的说唱形式来宣传品牌对篮球的态度；宜家在哈尔滨店开业时也采用了东北方言的文案进行宣传，使消费者感觉更加亲切。

2. 叙事型内容营销

"叙事"，或称为"讲故事"，这是展开内容营销的另外一种重要方式。企业通常以讲故事的形式来建立消费者对品牌形象的认知和记忆。其中，品牌故事指的是该品牌的历史、发展及一切与品牌相关的话题。品牌可以通过不同形式的内容和渠道组合来给消费者讲故事，以实现吸引消费者关注、提升消费者参与或维护消费者关系的目标。例如，在早期，很多消费者并不知道空气炸锅这种产品。为了快速提升产品的知名度，库克 (CUKO) 空气炸锅和短视频达人合作，以短视频的形式展现出一个个"万物皆可炸"的故事场景，引起了消费者的关注和好奇心，激发了他们的潜在需求，进而促进了购买行为，并在市场上掀起使用空气

---

① 周懿瑾，陈嘉卉. 社会化媒体时代的内容营销：概念初探与研究展望[J]. 外国经济与管理，2013，35(6)：61-72.

炸锅的热潮。

不过，讲故事并不意味着一定能够得到积极的消费者响应。如果故事无法提供趣味性或者有价值的信息，往往难以达到预期的效果。同时，好的故事通常还要具有针对性，因为只有内容与消费者的需求相关，才能引起消费者的兴趣和共鸣。因此，企业在讲故事时需要综合考虑内容的形式、发布渠道、触发点、时间和空间等众多因素，将最优质的内容在适当的场景中提供给最需要的人。例如，中国巧克力市场的第一大品牌——德芙（Dove），结合女性向游戏的热点，邀请《恋与制作人》游戏中的四位男主角跨次元出演了《德芙爱情故事》。德芙品牌把爱情故事中各个阶段的心理变化与巧克力的不同口味结合在一起，将消费者带入故事场景，引起了消费者的深度共鸣，受到了年轻女性消费者的喜爱。

而且，讲故事的主体未必是企业官方账号，企业也可以雇佣关键意见领袖来讲故事。在数字化时代，关键意见领袖的言论不再受到时间和空间的限制，经过互联网传播后影响力变得更大。相关报告调查发现：在消费者获取的商品信息和品牌信息中，一半以上来自于网络红人的推荐。教学技能、开箱测评、知识普及、创意内容和直播展示等，都是关键意见领袖常用的内容呈现形式。由此可见，关键意见领袖所发布的内容正在越来越深刻地影响着大众的消费倾向和购买决策。在市场营销实践中，合理利用关键意见领袖的企业，可以快速地提升品牌知名度并建立起消费者的信任。例如，在小红书社交媒体平台上，与雅诗兰黛品牌合作的达人仅在 2022 年 1 月就发布了 392 篇商业笔记，分享了自己使用雅诗兰黛产品的过程和感受，并持续地向潜在的消费者宣传和推荐产品。这些笔记的总点赞量、收藏量和评论量高达 53.1 万，在搜秀数据的品牌号排行榜中排名第一。

尽管关键意见领袖可以为企业和产品带来流量，但只有好的故事才能真正打动目标消费者。概括而言，好的故事往往具有以下几个特征：第一，故事的主题是积极向上的，并且能够在反映品牌的核心理念的同时，也反映出目标消费者的价值观[①]；第二，故事具有较强的逻辑性。故事往往按照时间顺序或者因果关系进行叙述，分为开头、中间、结尾三个部分；从故事的情节来看，通常采用首先带入情境，然后提出所遇到的困难，最后解决困难的结构，使整个故事围绕问题的出现、发展的过程以及问题的解决来展开[②]；第三，无论故事是以文字、图片还是视频的形式呈现，好的故事往往都具备真实、情感、共识和承诺四个关键要素；第四，在选择讲故事的渠道时，企业需要结合自己的品牌定位和目标群体，选择差异化的方式、差异化的途径和差异化的渠道，以便实现发布内容与传播渠道和传播受众的高度匹配。

3. 用户生成型内谷营销

在 2007 年，经济合作与发展组织（OECD）将用户生成内容（User Generate Content，UGC）定义为在互联网上公开可用的、具有一定创新性的、非专业人士或权威人士所创作的内

---

① ［美］劳伦斯·维森特. 传奇品牌：诠释叙事魅力，打造致胜市场战略［M］. 钱勇，张超群译. 杭州：浙江人民出版社，2004.

② Mckie D. Fog，K.，Budtz，C.，Yakaboylu，B. Storytelling：Branding in practice 2005 Springer Berlin 238pp.，$49.95［J］. Public Relations Review，2005，32(1)：89-90.

容,[1] 强调用户参与内容创造的过程。在社交媒体营销环境下，**用户生成内容**是指用户在社交媒体平台上自愿发布的、提及企业品牌或相关主题的内容，具体包括文字、图片和视频等多种形式。从心理层面来说，用户的这种参与体现了他们对情感、尊重、认可和自我实现等高层次心理需求的渴望以及通过主动生成内容来表达自身观点的渴望。在实践中，企业可以借助用户生成内容实现其内容营销的目标。

在传统的电视广告中，品牌拥有对市场营销信息的绝对控制权。但在数字化时代，消费者拥有着越来越多的话语权，能够在各种社交媒体平台上自主地创造和传播自己喜欢的内容。[2] 在这一过程中，一些消费者所发布的内容对他们的朋友或粉丝的品牌购买决策产生了十分重要的影响。因此，他们被称为关键意见消费者(Key Opinion Consumer, KOC)。

如图 7-1 所示，对于特定的品牌而言，由消费者来扮演内容的生产者和传播者往往能够实现更好的市场营销效果。与品牌官方和关键意见领袖相比，关键意见消费者虽然粉丝数量较少，但是由他们所创建和发布的内容被认为更加真实可信，而且与消费者的关联性和相似性更强，因此更能产生感同身受的效果。有研究表明，消费者对于内容创造者与自己的相似性感知会对内容的说服力产生十分重要的积极影响。[3] 因此，大众内容创造者的身份常常能够提升消费者对创作者的认同，从而提高内容的说服力。在这一过程中，其他消费者也能够在无形中与特定的品牌建立起某种连接，进而在决策时更加愿意购买该品牌的产品。此外，如果消费者缺乏足够的信息支持，在决策时可能更加倾向于参照其他消费者的决策。在数字社交媒体环境下，消费者很容易获取他人的产品使用信息或服务体验信息，这种倾向性会变得更加明显。

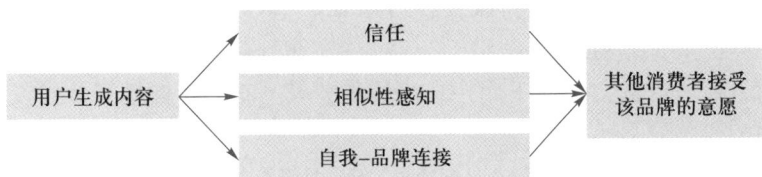

图 7-1　用户生成内容影响其他消费者对品牌的态度

资料来源：Gosline, R. R., Lee, J., Urban G. The power of consumer stories in digital marketing[J]. MIT Sloan Management Review, 2017, 58(4)：10-13.

因此，企业的市场营销人员应该为消费者创造内容提供更为便利的条件，并积极参与到内容的创造与传播中来。例如，在美图秀秀十周年活动的时候，征集和分享了粉丝们和美图秀秀一起成长的故事。其中，有孕妈妈记录宝宝成长的故事，也有兼职模特在美图秀秀的帮助下越来越受欢迎的故事，不仅记录和分享日常生活而且还包括毕业和结婚等大事件。上述活动不仅让美图秀秀与粉丝建立起了更加深厚的情感连接，而且也用平凡的故事打动了其他没有使用过美图秀秀的消费者。

---

① Vickery, G., Wunsch-Vincent, S. Participative web and user-created content：Web 2.0, wikis and social networking [M]. Organization for Economic Cooperation and Development (OECD), 2007.

② Majid, K. A. Effect of interactive marketing channels on service customer acquisition[J]. Journal of Services Marketing, 2021, 35(3)：299-311.

③ Thompson, D. V., Malaviya, P. Consumer-generated ads：Does awareness of advertising co-creation help or hurt persuasion? [J]. Journal of Marketing, 2013, 77(3)：33-47.

在数字化时代，企业可以利用用户生成内容在短时间内提高曝光率，并通过社交媒体的扩散，迅速建立起强大的品牌形象，或成为网红品牌。例如，在郑州开业的答案茶被称为可以占卜的奶茶：只要消费者在杯身上写下自己想问的问题，大约 10 秒就可以在奶茶的奶盖上得到问题的答案。该品牌一出现，就受到了网友的广泛关注，纷纷排队购买，并将自己的经历拍成视频发布在朋友圈或抖音等社交媒体平台上，进一步提升了该品牌的知名度。

不过，企业也需要注意，由消费者创造的内容也并不总是有效的。由于企业对发布内容的控制权较小，结果总会出现一些与企业期望不一致的内容。为了解决这个问题，企业可以保留对发布内容的决定权，即首先通过竞赛和论坛等活动征集消费者创造的内容，审核之后再将有价值的内容发布出来。例如，只有通过审查的视频内容，才可以在哔哩哔哩和抖音等内容平台上发布，这大大降低了平台上出现劣质内容的可能性。

4. KOL 与 KOC 的比较与选择

关键意见领袖（KOL）和关键意见消费者（KOC）具有一定的相似性，如都能够获得消费者的信任等，而且二者之间可以相互转化——关键意见领袖可以理解为粉丝数量较多的关键意见消费者。但是，二者在很多方面也表现出较大的差异性：首先，关键意见领袖往往是某一领域的专家，具有较高的权威性和知名度，但报价一般相对较高。同时，他们虽然粉丝数量多，与粉丝的互动却很少，这使得他们与粉丝的距离一般相对较远。相反，关键意见消费者的粉丝数量往往较少，报价也相对较低，但是他们与粉丝的互动相对频繁，距离感觉更近，粉丝黏性和忠诚度也更高。因此，关键意见消费者往往扮演着朋友的角色，通过分享自己真实的体验获得粉丝的信任。此外，二者发挥影响力的范围也不尽相同，关键意见领袖主要作用于公域流量，即属于平台的流量；而关键意见消费者则主要作用于私域流量，即属于用户自身的流量[1]。表 7-3 概括了关键意见领袖和关键意见消费者的主要差异。

表 7-3　关键意见领袖和关键意见消费者的主要差异

属性	关键意见领袖（KOL）	关键意见消费者（KOC）
角色定位	专家	朋友
专业性	强	弱
影响范围	公域流量	私域流量
流量大小	大	小
报价	高	低
与粉丝的距离	远	近
与粉丝的互动频率	低	高
转化比率	低	高

资料来源：王烽权，江积海. 互联网短视频商业模式如何实现价值创造？——抖音和快手的双案例研究[J]. 外国经济与管理，2021，43(2)：3-19；营销新说. KOC 和 KOL，谁更被品牌青睐？2020.

---

[1]　王烽权，江积海. 互联网短视频商业模式如何实现价值创造？——抖音和快手的双案例研究[J]. 外国经济与管理，2021，43(2)：3-19.

根据如上所示的主要差异，市场营销人员可以根据企业期望实现的不同目标而采取不同的策略。例如，利用关键意见领袖来提高品牌和产品的知名度，通过专家推荐为企业引来流量和赢得信任；而利用关键意见消费者来建立品牌和产品的良好口碑，进而促进消费者的购买行为。因此，由于二者的侧重点不同，当企业期望实现多个目标时，往往会同时采用上述两种策略，使二者相辅相成、联动传播，以便最大化内容营销的效果。

第二节　内容营销的实施流程

内容营销的具体实施流程虽然不像传统广告的投放过程那样标准化和程序化，但却同样有迹可循。具体而言，如图 7-2 所示，内容营销的实施流程主要包括以下五个步骤：第一，从企业和消费者两个维度评估内容目标和内容需求；第二，结合消费者偏好和创作难度选择内容形式；第三，根据用户接触场景选择投放媒体；第四，设计具体的内容；第五，选择与内容营销目标相匹配的指标进行评估。

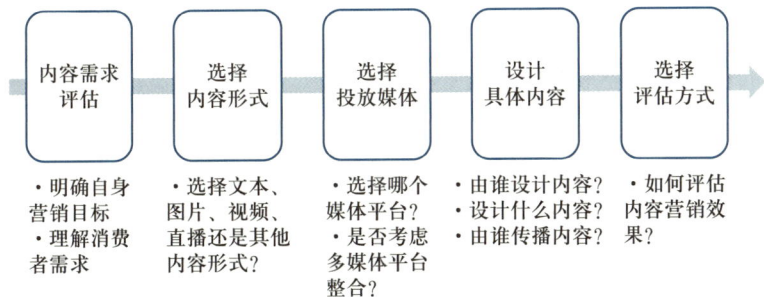

图 7-2　内容营销的实施流程图
资料来源：艾瑞咨询.2020 年中国内容营销策略研究报告，2020.

一、内容需求评估
（一）确定商业目标
企业市场营销人员在开展任何一项市场营销计划时，首先要明确该计划期望实现什么样的目标。内容营销的商业目标决定了市场营销人员如何在后续过程中进行媒体选择、内容设计和效果评估。其中，内容营销的效果和价值体现在内容的传播在多大程度上促进了企业目标的实现，可以分为直接价值和间接价值。其中，直接价值通过交易的形式获得，如新客户的出现、营业额的增长和组织规模的扩大等，其效果反馈周期一般较短；间接价值包括通过口碑传播和正面推荐来提高品牌知名度和喜爱度，效果主要体现在态度层面，虽然会对购买行为产生积极影响，但是反馈周期一般较长。概括而言，内容营销的商业目标有品牌状况、客户体验、创新、产生收入、运营效率和营销方案优化六种，如图 7-3 所示。

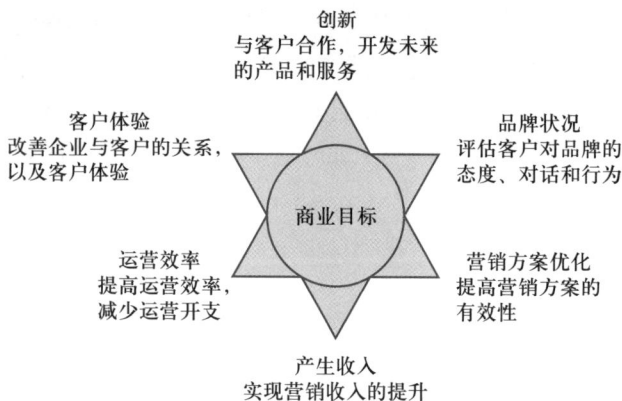

图 7-3 内容营销活动的商业目标

资料来源：Lieb，R. Content-the atomic particle of marketing：The definitive guide to content marketing strategy[M]. Kogan Page Publishers，2017.

（二）了解消费者需求

有调查发现：56%的消费者希望品牌能表现出对其需求的特别关注，79%的消费者只会选择表现出关心和理解其需求的品牌。[①] 因此，只有企业了解消费者的需求，设计出对消费者有价值的内容，才能吸引消费者的注意力，进而产生有益的互动。而且，企业也可以在与消费者互动时了解他们的想法和建议，帮助企业设计更有针对性的内容。由此可见，企业—内容—消费者的良性循环要求企业必须坚持顾客导向。首先，市场营销人员要了解潜在顾客所处的位置，了解他们如何分配时间、在哪里花费时间，以便为选择内容投放媒体和发布时间提供依据。接着，需要根据客户偏好、产品类型或行业类型，预测客户对内容的差异性需求，设计适合各个社交媒体平台发布的内容。

企业可以通过多种途径了解潜在消费者及其需求，同时部分用户会使用两个和两个以上内容平台。因此，企业不仅可以直接听取消费者的反馈，而且还可以通过不同媒体的协同和融合，利用大数据技术来了解消费者在不同接触点上的互动情况，跨渠道倾听他们的声音，进而指导企业内容营销活动的有效开展。

二、选择内容形式

在确定了商业目标和消费者需求之后，企业市场营销人员需要结合目标消费者偏好和创作的难度，选择一种或多种内容呈现形式。

（一）结合目标消费者偏好选择内容呈现形式

视觉是人们获取外界信息的主要手段，视觉也是市场营销实践者最常用的营销传播手段。随着社交媒体平台从以文本为中心向以视觉为中心转变，在内容设计中加入合适的图片往往会达到事半功倍的效果。例如，在 Twitter 等社交媒体平台发布内容时，加入图片信息是一种提高受众参与度的有效策略。

与文字相比，图片通常具有以下三种优势：首先，图片更能吸引受众的注意力。在数字化时代，每个人都会在网络上接触到各种各样的内容，受众的注意力被无限地分散，企业之

---

① 艾瑞咨询. 2020 年中国内容营销策略研究报告，2020.

间的竞争开始转化为受众注意力的争夺。当受众看到的大部分内容都是文字时，图片往往更容易从众多信息中脱颖而出，进而赢得受众的关注。而且，与文本内容相比，受众不需要花费过多精力就能够理解图片所传递的信息。因此，受众往往更喜欢图片内容，而且对图片内容的感知质量往往更高。

其次，与文字内容相比，图片能够提供更多的信息价值、美学价值和自我提升价值，进而提高了内容的整体吸引力。其中，颜色是一种无处不在的感官刺激，对人们的情感、认知和行为具有十分重要的影响。[1] 例如，色彩鲜艳的图片往往更有利于体验型产品的内容传播，而色彩不那么鲜艳的图片往往更有利于实用型产品的内容传播。此外，图片中是否包含人脸和面部表情、图片来源、图片质量和图片摆放位置等，都会对内容的质量产生差异性影响。例如，在对比产品使用前后的效果图时，左边摆放使用前的图片、右边摆放使用后的图片常常更能提升消费者对使用效果的信任度[2]。而当产品图片位于中央时，将产品标识放在产品的左边或右边往往更能吸引消费者的注意力，而放在产品的下边则更容易被消费者所忽视。[3]

最后，与文字内容相匹配的图片常常可以促进内容发布者的观点表达效果。然而，与文字内容无关的图片会阻碍受众对信息的理解，并引发消极的印象和态度。如图 7-4 所示，内容中的文本和图片常常是相辅相成的，只有保持高度的一致性才能更好地吸引受众的注意力，并鼓励他们积极地参与其中。因此，只有足够有趣、能够触发情感、与主题相关、与文本内容相一致的图片，才能引发消费者的共鸣，进而实现预期的内容营销目标。

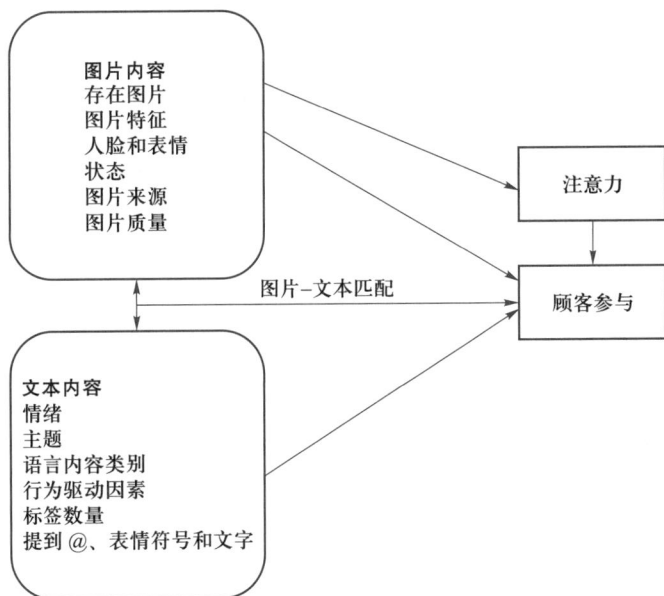

图 7-4 图片内容和文本内容对消费者行为的影响

资料来源：Li, Y., Xie, Y. Is a picture worth a thousand words? An empirical study of image content and social media engagement[J]. Journal of Marketing Research, 2020, 57(1): 1-19.

---

① Elliot, A. J., Maier, M. A. Color psychology: Effects of perceiving color on psychological functioning in humans[J]. Annual Review of Psychology, 2014, 65(1): 95-120.

② Chae, B., Hoegg, J. The Future Looks "right": Effects of the horizontal location of advertising images on product attitude[J]. Journal of Consumer Research, 2013, 40(2): 223-238.

③ 蒋玉石. 网络广告版式中 Logo 要素最佳视觉搜索效应研究[J]. 营销科学学报，2012，8(4): 96-104.

近年来，视频和直播平台(如哔哩哔哩、抖音、快手等)的快速发展，为企业市场营销人员提供了更多的内容展现形式，如长视频、短视频和直播等。此外，音乐、音频和游戏形式的内容展现也在特定的领域中深受消费者的喜爱。总之，企业要结合目标消费者的偏好选择与之匹配的内容展现形式。

（二）结合创作难度选择内容形式

不同内容形式的生产周期和生产成本也不尽相同，而且在具体的创作中难易程度也不一样，企业需要结合自身资源情况做出选择。例如，长视频内容的制作周期一般较长、成本较高；而图文内容的制作周期一般较短、成本相对较低，而且市场营销人员可以同时制作多个图文内容。随着人工智能技术的发展，AI 写作工具为精力和预算有限的企业提供了一种更加高效的内容设计方式。市场营销人员只需要输入标题或关键词，智能写作工具就能够依靠算法生成文章。同时，它还具备智能改写、快速配图、自动排版和文本质量检测等功能，从而大大节约了市场营销人员收集素材的时间，并降低了图文内容的创作难度。

同时，由于现实世界和数字世界的融合越来越深，人们在现实世界中的一些行为特征开始向虚拟世界扩散。例如，利用虚拟现实技术，消费者可以在线试穿衣服、试用化妆品，游客足不出户就可以看遍世界美景、身临其境进行体验。在元宇宙兴起之后，消费者的喜好也拓展到了虚拟世界当中，一些创新能力较强的企业开始将创意与技术融合，在元宇宙中创造内容。例如，在 2022 年 4 月 5 日，阿迪达斯(Adidas)在全球推出了充满未来风的 Ozworld 系列，以吸引球鞋迷们进驻元宇宙。为了将消费者的人格和自我一起带入元宇宙，阿迪达斯还与 Ready Player Me 公司合作，利用其人工智能技术创建气质逼真的三维虚拟化身，用户只需要回答一系列有关个人偏好及兴趣的问题，网站背后的人工智能程序就可以通过分析这些问题的答案，帮助顾客创造一个最能展现其性格气质的数字人物。该虚拟人物只要穿上数字版的阿迪达斯球鞋，就可以自如地穿梭在不同的元宇宙中，这吸引了大批消费者在网站登记注册。

三、选择投放媒体

在数字化时代，内容传播在内容营销中具有重要意义。具体而言，内容传播致力于实现以下具体目标：① 提高覆盖率，让更多消费者看到该内容；② 提高匹配度，让企业的目标消费群体看到该内容；③ 提高速度，让内容能够尽快传播出去；④ 提高性价比，花费最低的成本实现最好的传播效果；⑤ 延长传播时间，让内容成为常青内容。显然，选择适当的投放媒体对于实现以上目标而言是至关重要的。

在内容营销实践中，常见的媒体渠道主要包括以下三种：付费媒体、自有媒体和赢得媒体。其中，**付费媒体**通常是指广告，需要企业购买，包括网页横幅广告、搜索引擎广告、赞助等；**自有媒体**是指企业拥有或控制的所有内容资产，包括企业官网以及企业在各个社交媒体和社交网络渠道中的资产，如微博账号、抖音账号等；**赢得媒体**是由客户创建或分享的内容，包括客户的口碑、评论、论坛、社区或其他社会媒体内容，如用户产生内容、病毒营销广告等。其中，赢得媒体的客户参与度最高，也是三种媒体渠道中最难控制的一个。企业往往可以影响这一媒体，却很难直接或强力干预。

如图 7-5 所示，随着数字网络、社交媒体、云技术和移动平台的发展，消费者越来越熟练地穿梭在各种设备、媒体和渠道之中，主动寻找自己需要的信息，为自己的购买决策提供依据。在这一背景下，企业常常通过融合媒体来争夺消费者的注意力。其中，融合媒体是指企业利用付费媒体、自有媒体和赢得媒体中两个及两个以上的媒体渠道。融合媒体可以使不同渠道提供的故事情节更加连贯，在内容和情感上保持高度一致。通过各个渠道之间的协同，品牌能够摆脱时间和空间的限制，准确地在不同媒介、渠道和设备上接触到目标顾客。

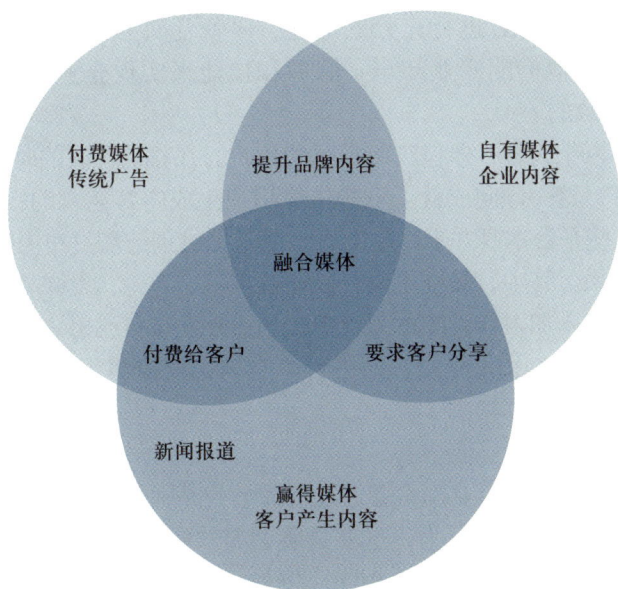

图 7-5　付费媒体、自有媒体和赢得媒体的融合

资料来源：Lieb，R.，Owyang，J. The converged media imperative. 2012.

　　企业市场营销人员在决定使用某个或某些媒体渠道开展内容营销活动时，需要首先弄清楚这些重要问题：企业的目标消费者喜欢使用哪个或哪些媒体？他们使用该媒体的基本动机是什么，即他们为什么要使用这类媒体？他们希望通过这类媒体获得什么收益？这些问题不仅有利于投放媒体的选择，而且还能够为后续的内容设计工作提供指导。

　　此外，对投放媒体进行全面的评估，有利于企业的理性选择，进一步提高内容传播的有效性。因此，企业市场营销人员还需要考虑以下问题：第一，该媒体是否适合投放企业在上一步中所选定的内容？第二，该媒体内容的活跃度如何？其中，活跃度可以体现在该媒体平台的用户对内容的阅读量和互动量，如评论量、转发量以及用户产生内容等方面。使用活跃度较高的平台，可以在短时间内让更多消费者看到企业所发布的内容，继而提升内容营销活动的有效性。

四、设计具体内容

　　在确定内容形式和投放媒体之后，市场营销人员开始考虑内容设计问题，主要包括企业如何选择内容的生产者、内容提供的信息以及内容的传播者。同时，在内容设计的过程中，企业还需要充分考虑和灵活应用提升消费者体验的一些技巧。

（一）内容的生产者

随着内容的重要性日益凸显，越来越多的企业开始将内容创作视为一种关键的内部能力。然而，在数字化时代，企业市场营销人员不仅需要对产品、价格、渠道和促销业务进行管理，还要花费更多时间来分析海量的数据，以便在顾客生命周期的各个阶段提供有针对性的服务。不过，有些企业可能没有投入足够的资源到内容设计上来，或者尚不具备成熟的内容设计技能。此时，内容外包或许是一种理性的选择。具体而言，企业可以通过招募自由职业者、招募内容代理或使用云内容平台实现内容外包。但是，无论企业选择哪种方式，都要与对方进行充分的沟通，以便让对方深入理解企业想要实现的目标。当外包方能够利用他们的专业知识、服务和技能来实现企业的战略规划目标时，这种外包才会是卓有成效的。

当然，企业也可以把内容"外包"给自己的用户。在移动互联的时代中，消费者更愿意自己创造和传递内容，这一倾向成就了一些依靠用户生成内容运营的平台，如抖音、快手、B站和小红书等。这些平台本身并不产生内容，而是提供创造和发布内容的平台，帮助建立作者和受众之间的联系。其中，受众不仅可以通过点赞、评论、发弹幕、投币等多种方式激励作者继续创作，也可以加入作者的行列当中，创造并发布自己感兴趣的内容。因此，这些平台的用户往往既是作者，又是受众，而平台本身则主要扮演生态系统维护者和管理者的角色。

（二）内容提供的信息

无论内容的生产者是谁，企业都希望通过传播承载品牌和产品信息的内容来影响目标顾客的心智，进而促进顾客的购买行为，这就是所谓的"种草"和"拔草"过程。在这一过程的不同阶段，企业所发布的内容也不相同。例如，在"种草"的前链阶段，内容营销的主要目标是提升消费者对品牌和产品的认知。因此，企业会根据消费者的需求为他们推荐产品，并深入地普及产品知识，为消费者提供决策依据。在"拔草"的后链阶段，内容营销的主要目标是流量收割。这时，内容则更加注重激励消费者将购买意向转化为购买行为，并刺激他们的进一步复购，这一过程如图7-6所示。

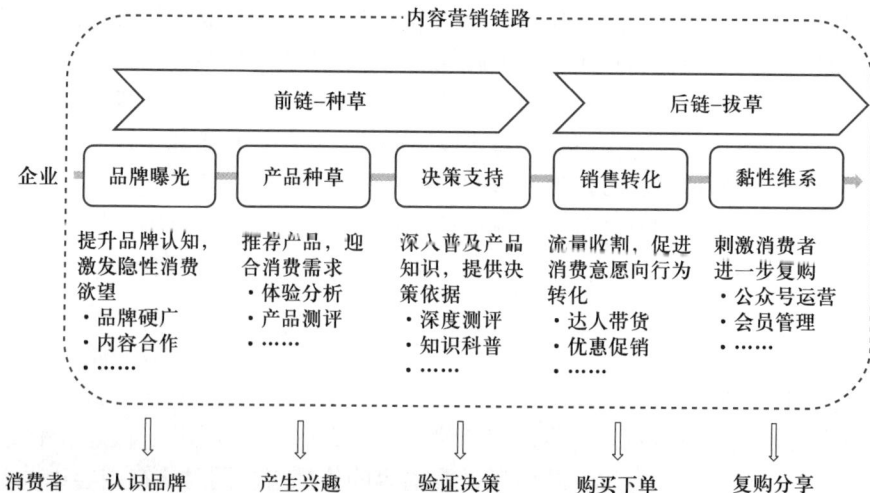

图7-6　内容营销"种草—拔草"链路图

资料来源：艾瑞咨询.2021年种草内容平台营销价值白皮书.2021.

1. 品牌曝光

品牌曝光阶段的内容营销活动旨在提升品牌知名度，让更多的消费者认识品牌。因此，企业可以同时利用多个渠道投放内容，既可以投放硬广（如地铁广告、户外灯箱广告）实现多场景的曝光，也可以和各大社交媒体平台合作，借助社交媒体平台的流量制造热点话题，在平台消费者主动转发的过程中持续增加品牌曝光率，进而提升品牌认知，激发消费者的潜在消费欲望。

2. 产品种草

在产品种草阶段，内容投放的主要目的是根据消费者的需求向其推荐产品。通过明星和关键意见领袖（KOL）向粉丝分享购买与消费感受，不仅能够为企业带来更多流量，而且还可以使粉丝对产品产生浓厚的兴趣，驱使他们继续搜索相关的产品信息。同时，关键意见消费者（KOC）也可以发布产品测评或体验内容，以垂直影响该领域的消费者，培养他们对产品的信任，进而产生初步购买意愿。

3. 决策支持

在决策支持阶段，企业通过投放相关内容，深入普及产品知识，进一步加深消费者对产品的了解，并为他们提供决策依据。在数字化时代，消费者倾向于在搜索和比较商品信息之后，做出更加理性的决策。因此，企业可以与领域内专家合作，通过数据测量、横向对比和拆解分析等形式进行知识科普和深度测评，为消费者消除后顾之忧，加快消费者的决策过程。

4. 销售转化

销售转化阶段的主要目标是流量收割，将消费者的购买意愿转化为实际的购买行为。企业既可以在电商内部打造转化闭环，通过达人直播带货和开展促销活动等方式促进消费者的购买行为，也可以提供便利的站外跳转路径，将多个内容平台的消费者引导至站外电商平台下单，从而提高转化路径的开放性和兼容性。

5. 黏性维系

黏性维系阶段，企业更加关注对顾客关系的管理，促进顾客的再次购买行为，并将品牌和产品推荐给其他人。市场营销人员可以通过运营公众号及其他社交媒体官方账号的方式，增加品牌与顾客之间的互动，鼓励顾客转发相关话题。此外，企业还可以通过会员管理系统为会员提供日常问候、新产品介绍或品牌活动等内容，提升会员的忠诚度，促进他们的复购行为。

不过，企业需要注意的是：在前链种草阶段，市场营销人员要基于不同的平台属性、内容形式、创作者风格和用户偏好进行多元化场景布局，通过发布特定类型的内容在不同的场景中拦截目标消费者，以便提升内容营销的广度。同时，市场营销人员还要完善垂直细分领域的内容和发布机制，重视选题和信息的专业性，并通过互动形式提升消费者的信任度，进而提升内容营销的深度。在后链拔草阶段，信息内容要注重构建从种草到拔草的一站式闭环，设计出符合消费者使用习惯的转化路径，并提升跳转链接的兼容性和开放性，帮助消费者实现高效的、长期的后端转化。由此可见，只有根据各个阶段的主要目标，自主设计或者引导他人设计相关内容，才能帮助企业实现更好的内容营销效果。

（三）内容的传播者

传统媒体在传播内容的时候十分注重传播者的权威性，如明星代言和专家访谈，以便提升内容的可信度，而以微博、抖音为代表的社交媒体传播不仅注重传播者的权威性，而且更加注重传播者与接收者之间的良好关系。因此，内容传播者不仅要值得信赖，而且还要能够与受众建立起密切连接。这就要求传播者不能只是一个冷冰冰的发布平台，而要呈现出可以识别的身份和清晰的性格，可以向受众表达真实的情绪和想法。例如，完美日记推出虚拟人物——"小完子"，三只松鼠推出"小美""小酷"和"小贱"三只松鼠来与受众沟通，从而拉近了品牌与受众之间的距离，使受众更愿意和传播者进行交流与互动。

（四）内容设计的技巧

在数字化时代，优质内容逐渐成为企业吸引目标消费者的关键所在。下面就介绍一些内容设计的技巧，以提高创作者在内容设计过程中的效率。

1. 标题

市场营销人员常常以标题为"诱饵"吸引读者的注意力，增加内容的点击率和转发率，这就是我们在生活中经常见到的"标题党"现象。这种方法特别专注于：① 标题优化过程的结果；② 发布者的意图；③ 对点击率的影响；④ 读者对"诱饵"的感知。[①]

在设计内容时，市场营销人员可以通过隐藏一些特殊信息来激发读者的好奇心，进而吸引读者点击链接并阅读更多内容。那么，市场营销人员应该如何利用标题实现更好的内容营销效果呢？首先，当标题具有较高的情感诉求时，往往更能引发读者的情感共鸣，他们的点击意愿和转发意愿也会更加强烈；其次，内容的信息价值是转发行为的重要决定因素。[②] 就标题而言，标题提供的信息越多，读者的好奇心就越小，点击之后从内容中所获取的价值也就越小。因此，将标题的情感价值最大化，并将其信息价值最小化是一种有效的策略。然而，企业需要注意，标题和缺失的信息必须是密切相关的，且缺失的信息必须是重要的。只有这样才能制造悬念，使读者感到好奇和兴奋，进一步激发他们点击链接查看全部内容的欲望。

2. 幽默

幽默元素常常可以从认知和情感两个维度提高内容的有效性。[③] 首先，从认知维度来讲，包含幽默元素的内容常常更容易吸引受众的注意力，使他们更愿意投入更多精力来处理相关信息。受众的专注度提升了，他们对于企业、品牌、产品或服务的理解也会更加深刻。此外，随着受众自主意识的兴起，他们越来越抵触和厌恶强行说教的广告，甚至会故意与该品牌唱反调，而幽默元素的加入则提升了广告的娱乐价值，避开了传统广告的雷区；其次，从情感维度来讲，幽默的内容会使人们感到轻松和愉快，缓解人们的紧张或愤怒情绪。这种积极情绪投射到品牌身上，就会提升受众对品牌的喜爱度。但需要注意的是，幽默有时也会产生负面作用。例如，幽默元素可能会喧宾夺主，使受众无法掌握企业想要传达的关键信息。因此，幽默策略并不适用于传递信息较多和较为复杂的内容情境，而更适合用在提升品牌知名度、喜爱度、维持和加深消费者和品牌的情感

---

① Potthast, M., Gollub, T., Komlossy, K., et al. Crowdsourcing a large corpus of clickbait on twitter[C]. Proceedings of the 27th International Conference on Computational Linguistics. 2018：1498-1507.

② Mukherjee, P., Dutta, S., Bruyn, A. D. Did clickbait crack the code on virality? [J]. Journal of the Academy of Marketing Science, 2022, 50(3)：482-502.

③ Eisend, M. How humor in advertising works：A meta-analytic test of alternative models[J]. Marketing Letters, 2011, 22(2)：115-132.

连接的内容情境当中。

3. 连贯

传统广告内容只展示结果，不展示过程。在数字化时代，受众不再受时间和空间的限制，可以随时接收与分享信息。因此，他们不再被动地相信和接受已成定论的结果，而要参与和见证内容传播的过程。因此，在内容设计的过程中，企业要更加重视内容的连贯性，并以伴随的方式展现出来，提升用户黏性和忠诚度。此外，企业应该统筹规划传播的内容，并制作确定的时间表，进而针对顾客旅程中的每个阶段制订不同的内容传播计划，为顾客和潜在顾客提供更有价值的内容、更及时的沟通和更有效的解决方案，以便提升顾客体验。

然而，这并不意味着企业每次都要设计全新的内容。企业在不同的平台或者同一平台的不同时间进行传播时，可以重复利用一些内容，不仅成本较低，操作简单，而且有利于提升内容的一致性。有调查显示：57%的市场营销人员会重新利用已发布过的内容，并通过持续更新和维护为消费者提供有长期价值的内容。[①] 而且，提前构建内容壁垒可以充分释放内容的长尾价值，使内容成为品牌的固有资产，在持续的互动和曝光中滚动增加内容的价值。

五、选择评估方式

内容营销活动的目标决定了内容评估指标的选择。因此，市场营销人员应该制定有针对性的关键绩效指标来跟踪这些目标，并通过不断的评估和迭代，保证营销目标的顺利实现。

表 7-4 介绍了各个业务目标以及能够衡量相应目标的指标和见解，并列出了具体的原始指标。例如，创新目标往往通过内容营销获得的顾客意见和顾客参与在多大程度上能够为组织创新提供支持和新产品投入市场的速度来衡量；品牌状况目标则是通过消费者对品牌的态度、对话和行为来衡量的。具体而言，消费者对企业发布内容的反应，包括观看、点赞、分享和情绪表达等行为，都可以用来评估内容营销对品牌所产生的积极或消极影响。品牌认知的转变是内容营销评估的主要关键绩效指标。然而，由于每次发布内容的形式和规模不同，平台也不相同，企业必须有专业的分析人员，综合运用网络分析、营销技术和社交媒体工具，在排除其他影响因素的作用之后，科学地比较多个平台内容发布前后的变化。

表 7-4 内容营销目标及其指标

商业目标	业务指标和见解	原始指标
创新	市场化速度 新产品理念 内容引发赢得内容	内容传播速度和延伸 参与活动获得的反馈 内容的普及和分享

---

① Lieb，R. Content-the atomic particle of marketing：The definitive guide to content marketing strategy［M］. Kogan Page Publishers，2017.

商业目标	业务指标和见解	原始指标
品牌状况	谁会谈论你的品牌、产品和内容 人们会谈论与品牌、产品、内容相关的哪些内容 人们在哪里谈论你的品牌、产品和内容 人们在何时谈论你的品牌、产品、内容 人们为什么会谈论你的品牌、产品和内容 人们如何谈论你的品牌、产品、内容(情境)	关键词、成交量、人气 情绪基调和驱动因素的变化 内容的点击率(CTR) 按主题或内容单元进行每日分析 内容分析表现最好的主题、品牌、地区 根据主题、追随者或覆盖范围分析影响者 按内容单位划分粉丝/追随者数量、品牌提及次数 页面浏览量/访问 情绪及其随时间的变化 社会声音份额(SSOV)随时间的变化，如竞争对手、行业、产品、主题等 积极、消极、中性情绪之源 转发量、点赞数、徽章等
营销方案优化	增加内容输出 发布时间 减少每条发布的费用 投资回报率：与传统项目相比的收益、转化率和领先优势 投资回报率：收入，转化率，以内容为单位排名 最新趋势；最佳发布时间 发布内容有影响力的人	以内容为单位，每日分析哪些主题、品牌、平台最成功 搜索引擎优化的数据平台成本 最活跃的活动、渠道、内容、转发、点赞、粉丝、追随者的渠道 收入、转化率、渠道领先 情绪及其随时间的变化 以内容为单位对情绪、转发、点赞、粉丝、追随者进行分类 内容访问、浏览、点击忠诚度 渠道访问、浏览、点击忠诚度
产生收入	内容如何驱动思考、决策和创收 促进评论和评级 评论对收益的影响 哪些渠道是最有效的创收渠道	购买意向 转化率、销售额 按产品、渠道、时间的收入 按评级计算的收入 与直接收入相比，自有渠道的收入 来自付费、自然搜索和推荐的流量 交易规模、频率、客户终身价值、访问忠诚度
运营效率	数字内容如何通过将人的互动转向数字互动来降低运营费用 服务问题的驱动因素可能是风险、危机的主要指标 节约每条发布内容的成本；构建商业案例	内容的声誉、点赞、分享、转发 最常见的在线问题与呼叫中心的问题 每个渠道通过内容而不是一对一互动解决的问题查询比例

商业目标	业务指标和见解	原始指标
客户体验	数字内容如何通过将人的互动转向数字互动以提高服务效率	使用数字互动与服务互动解决的服务问题的数量

资料来源：Lieb，R. Content-the atomic particle of marketing：The definitive guide to content marketing strategy[M]. Kogan Page Publishers，2017.

如果对上述这些指标进行分类，可以将其划分为内容层指标、品牌层指标和效果层评估。针对不同的目标，市场营销人员可以采用单个或多个层面的指标进行评估。其中，内容层指标是评估内容本身的传播量和影响力的指标，如内容浏览量、评论量、点赞量、转发量等。然而，内容的影响力并不代表内容营销活动的最终影响力。因此，企业不会单独使用内容层指标来评估内容营销活动的效果。品牌层指标旨在评估内容营销活动为品牌带来的影响力，通过品牌认知度、好感度、记忆度和忠诚度等方面表现出来。效果层指标则是用来评估内容营销活动为销售转化所带来的影响，包括投资回报率、销售转化率和付费率等指标。例如，市场营销人员可以通过插件点击率、平台插件跳转电商和小程序带来的进店数量等衡量内容营销的直接转化效果，或通过内容投放之后电商平台的品牌或产品搜索指数来衡量内容营销的间接转化效果。通过将不同层面的指标纳入不同类型的内容评估体系，有利于企业市场营销人员全面了解内容营销的效果，并及时进行调整和优化内容设计及其传播策略，最终促进营销目标的实现。

第三节 内容营销实践中的关键问题

在社交媒体时代，内容的呈现方式和传播途径更加多元化，而且传播速度也更快、范围更广，这为企业开展内容营销提供了十分便利的条件。然而，在这一背景下，企业的内容营销实践也变得越来越复杂。本节将重点介绍企业内容营销实践中的一些关键问题，以便帮助企业趋利避害，实现更好的内容营销效果。

一、重视发布内容与数字媒体的匹配

传递信息的媒体会影响信息的有效性。消费者对不同平台的内容特征、风格和个性有着相对清晰而明确的认知。当企业发布的内容与数字媒体相匹配时，内容营销的效率会大大提高。因此，内容的风格和语调，应该适应特定平台和受众的特点。例如，在官网等较为正式的媒体渠道，企业应提供客观的信息和有实用价值的内容；而在微博、抖音等娱乐性的社交媒体上，企业更倾向于提供有趣的话题，并使用第一人称来体现"人情味"和品牌个性。

同时，消费者在不同的平台上转发内容的动机也不尽相同。例如，消费者选择在社交媒体平台上分享具有积极情绪的内容，而更愿意在专业性平台上分享具有产品细节和品牌内容

的信息。概括而言，消费者转发内容的动机有以下五种：① 印象管理，即给别人留下良好印象；② 情绪调节，即管理自己的情绪；③ 信息获取，即希望获得他人的回复；④ 社会联系，即寻求和他人建立联系；⑤ 说服他人。因此，企业根据消费者的偏好和动机，使发布内容和媒体与之匹配，往往能够实现更好的沟通效果和传播效果。

二、关注网络环境中受众价值观的差异

消费者对于内容质量和价值提供的感知，会受到年龄、受教育程度和经济状况等个人因素的影响。例如，年轻的消费者群体往往更喜欢趣味性强的内容；而商业精英则更加重视信息的专业性和获取的速度。当然，信息的准确性和清晰度，信息的丰富度、完整性和更新频率等，都会对不同类型的消费者产生差异化的影响。同时，受地域差异的影响，消费者所处的消费阶段不同，其消费倾向也存在着显著差异。

由此可见，企业想要有效地与消费者进行互动，首先需要了解目标消费者是谁，进而根据他们的偏好来确定相应的内容营销策略。例如，微信、支付宝、淘宝、抖音等热门 App 相继推出了专门为老龄群体设计的"关怀版"软件，解决了老年人"不会用"和"不好用"的难题，大大释放了老年人的消费潜力，为银发产业的发展提供了可行性方案。同时，内容创建也与目标消费者有着重要联系，抓住他们的痛点是内容营销活动成功的关键所在。例如，在 2021 年"双十一"期间，淘宝电商平台首次推出了"长辈会场"，专门针对老年用户的价值观和独特性开展宣传活动。最终，老年用户新增数量占新增用户总数的 23%，位居淘宝新增群体的首位。类似地，京东和拼多多也针对老年人的痛点分别推出了"隔日达"服务和"万人拼团"的低价强吸引策略。然而，社交媒体用户的类型相当广泛，企业很难从中精准地筛选出自己的目标消费者，并设计出符合他们价值观的内容。因此，这项工作具有极大的挑战性。

三、企业开展内容营销的雷区

企业发布的内容要符合国家法律、法规和政策规定，这是开展内容营销的最低标准。不遵守法律法规的企业，不仅会给消费者留下消极的印象，而且还会受到法律的惩罚。下面围绕内容营销的三个雷区加以阐述。

（一）内容不合规

有些品牌虽然在内容营销方面的表现一直很突出，但近年来却由于违反法律规定多次受到处罚。内容营销要把握尺度，不能触及法律底线。此外，企业应该主动承担社会责任，通过内容营销创造积极健康的网络环境，传播正能量。

近年来，直播平台用户逐年增加，一大批主播迅速走红。不同频道的优质主播为用户呈现出丰富多彩的内容，极大地充实了用户的娱乐生活。然而，直播乱象也随之产生，有些主播为了博取关注投机取巧，出现了违法或违背公序良俗的内容。2021 年 5 月 14 日，演出行业协会网络直播分会发布了第八批行业主播警示名单，封杀涉及违法直播活动的主播，禁止损害公共秩序的主播在所有平台直播。

（二）侵犯内容版权

在数字化时代，任何人都能成为网络内容的提供者，优质的内容成为自媒体吸引流量和获取关注的核心资源。由于网络信息的传播速度更快、传播方式更加多元化、网络资源的获

取更加便捷，版权问题也表现得更加复杂多样，并给版权保护工作带来了新的挑战。然而，无论是个人还是企业，只要在网络上提供违法或侵权的内容，版权人就可以追究网络内容提供者的侵权责任。在这一背景下，企业尤其需要密切关注内容的版权，对自身发布的内容负责。否则，有可能会使企业因为版权问题而陷入危机。

抄袭不仅是行业丑闻，更涉嫌违法，无论是个人还是企业都应构筑有效的防范意识和机制。对于个人而言，从事创意相关工作的员工要自觉树立版权意识，严守版权红线。对于企业而言，首先，要形成尊重和保护版权的企业文化，并对员工进行必要的版权意识培训，帮助员工进一步提高版权意识；其次，要制定版权保护制度，并在内容生产、审核、运营等各个流程中严格执行。一方面，企业要确保员工的薪资能够使他们在尽可能最佳的条件下进行创作，给予员工的创造性工作相应的非物质奖励，如声誉奖励和晋升机会，并在内容运营过程中切实保护员工的知识产权，给予员工充分的支持和安全感，使员工从自身经历中意识到尊重原创和保护版权的重要性；另一方面，企业相关部门要强化监督职能，对内容进行严格的审查，并将工作任务落实到人，避免版权问题的出现。

（三）触犯法律法规

随着大数据的发展，很多企业都会根据用户偏好开展有针对性的内容营销活动。相关企业可能在用户不知情的情况下共享用户数据，甚至通过监视和监听用户的手机获取相关数据，支持企业的个性化推荐系统。在这一背景下，用户越来越担心自身数据和隐私的安全问题。2021年9月1日，《中华人民共和国数据安全法》正式实施，保护用户对自身数据如何被企业收集和使用的知情权，要求企业采取合法、正当的方式收集数据，不得窃取或者以其他非法方式获取用户数据。可见，在当前数字化时代，违背用户意愿或在其不知情的情况下使用用户数据不仅违背商业伦理道德，而且触犯了相关法律。因此，规范地收集和使用用户数据需要政策法规的不断完善来有力保障从而营造大数据营销实践的纯净环境。

本 章 小 结

结合对数字化时代内容营销的特点分析，本章给出了数字化时代的内容营销内涵，并介绍了内容营销的不同分类方式，一方面是基于消费者的内容需求将其划分为娱乐型、教育型和实用型内容营销，另一方面是基于内容营销的展现方式将其划分为对话型、叙事型和用户生成型内容营销。在此基础上，本章描述了企业实施内容营销的基本流程，包括内容需求评估、选择内容形式、选择投放媒体、设计具体内容和选择评估方式五个关键步骤。最后，本章还揭示了内容营销实践中的一些关键问题，包括内容与数字媒介的匹配、网络环境中受众价值观的差异以及数字时代内容营销活动的雷区，包括内容不合规、侵犯内容版权和触犯法律法规。在内容营销实践中，企业应该坚持顾客导向，发布对顾客有价值的内容，并注重媒介属性和内容属性的匹配，以保证内容营销活动的有效性。更重要的是：企业要树立法律意识，发布符合法律法规的内容，保护版权、尊重隐私、主动承担社会责任，营造积极、健康、向上的内容营销环境。

关键概念

内容营销　　用户生成内容　　付费媒体　　自有媒体　　赢得媒体

即测即评

☞　请扫描二维码答题

复习思考题

1. 请谈谈你是如何理解内容营销的内涵的？
2. 请结合生活中的例子，探讨数字时代的内容营销是如何影响企业和消费者的？
3. 数字化时代的内容营销和传统营销有何不同？

本章案例分析

数字时代背景下蜜雪冰城的内容营销之道

　　2021年6月5日，蜜雪冰城在B站的官方账号上发布了双语版的主题曲MV"蜜雪冰城甜蜜蜜"。凭借可爱的动画形象以及简单的歌词和旋律，这一MV立即受到了网友的关注。在B站走红之后，蜜雪冰城将这一话题的热度引到其他社交媒体平台上，迅速登上了抖音、微博、知乎等各大网络平台的热门榜。在短短几天的时间里，蜜雪冰城的主题曲就火遍全网。

　　"你爱我，我爱你，蜜雪冰城甜蜜蜜""I love you, you love me, Mixue ice cream and tea"。这首歌曲改编自大家耳熟能详的民谣《哦！苏珊娜》，节奏活泼轻快，让大家听到旋律就会感觉到熟悉和快乐。两句土味歌词朗朗上口，与蜜雪冰城的亲民形象非常契合。因此，无论是旋律还是歌词，大家听过之后很容易就能记下来。

　　这次成功的内容营销不仅依靠蜜雪冰城的线下店铺和线上官方账号来传播，一些网络达人、关键意见领袖和媒体为了蹭热度也主动参与进来，自愿转发，为蜜雪冰城做宣传，甚至身边的朋友、同事和路人都在重复哼唱。经过不断循环，每个人都会不自觉地哼唱起来，形成了全民传播的效果。

　　结合蜜雪冰城主题曲在线上病毒式传播的热点，有的线下店铺通过开展唱主题曲免单或赠送冰淇淋的活动，提升了消费者的参与感。"蜜雪冰城社死现场"等热门话题更是激发了网友的讨论和创作热情，各地方言版、各国语言版、鬼畜版、说唱版、京剧版等网友创作版本的主题曲，源源不断地为蜜雪冰城制造话题，"你不嫌我穷，我也不嫌你LOW"等神评论相继出现，把整个事件推向了高潮。此外，蜜雪冰城官方不仅在各大社交媒体平台的用户生成内容中积极评论，而且还主动收集二次创作的作品，在官方渠道将网友创作的 14 国 20 种语言版本的主题曲发布出来。这样，不仅提升了网友的成就感，也为品牌引来了更多流量，达到了梦寐以求的内容营销效果。

资料来源：白高粱．蜜雪冰城营销方案拆解．青瓜传媒，2021.

案例讨论题

1. 蜜雪冰城是如何在数字化时代开展内容营销的？
2. 蜜雪冰城为其他企业成功开展内容营销提供了哪些借鉴？

延伸阅读

［1］ Bowden，J.，Mirzaei，A. Consumer engagement within retail communication channels：An examination of online brand communities and digital content marketing initiatives ［J］. European Journal of Marketing，2021，55(5)：1411-1439.

［2］ Kanuri，V. K.，Chen，Y.，Sridhar. S. Scheduling content on social media：Theory，evidence，and application［J］. Journal of Marketing，2018，82(6)：89-108.

［3］ Li，Y.，Xie，Y. Is a picture worth a thousand words? An empirical study of image content and social media engagement［J］. Journal of Marketing Research，2020，57(1)：1-19.

［4］ Liu，X.，Lee，D.，Srinivasan，K. Large-scale cross-category analysis of consumer review content on sales conversion leveraging deep learning［J］. Journal of marketing research，2019，56(6)：918-943.

☞ 更多资源请扫描封底拓展资源码→文献目录

第八章 社交媒体营销

　　随着社交媒体的快速发展，社交媒体营销逐渐成为企业开展市场营销的新战场。为了帮助读者对社交媒体营销形成相对全面的认识，本章首先介绍了社交媒体营销的内涵，其次描述了社交媒体营销的主要类型，并重点阐述了社交媒体营销的实施流程以及存在的误区，最后阐述了社交媒体营销的效果评价和具体的评价指标体系。

本章的学习目标：

1. 了解社交媒体营销的内涵及类型
2. 掌握社交媒体营销的实施流程
3. 识别社交媒体营销中的典型误区
4. 理解社交媒体营销效果的评价过程与指标体系

拼多多的"社交+拼团"

与天猫、淘宝、京东和网易考拉等电商平台不同，拼多多的业务定位为"社交+拼团"，即整合顾客的社交行为和购物行为，通过用户之间的沟通分享实现组团购买。拼多多凭借其在社交营销方面的努力，形成了差异化定位，很好地规避了电商市场中的后来者劣势。

在成立初期，拼多多采用"砍价"模式来提高用户流量。当顾客选择购买某件商品时，可以发起"砍价"，通过将商品的链接转发到微信等第三方平台，邀请亲朋好友帮忙"砍价"。这种"砍价"模式为拼多多积累了大量的用户。此后，拼多多又引入了拼团模式，即在购买某件商品时，用户既可以选择单独购买也可以选择拼团的形式，通常拼团的价格要低于单独购买的价格。当选择了拼团购买之后，用户只需要将购买的链接通过微信方式发送给好友，然后邀请好友参与拼团，若在规定时间内能够达到约定的参团人数，即可开团购买相应的商品。当然，用户也可以直接加入其他用户发起的拼单。

随着对"社交"功能的持续深耕，拼多多还开设了拼小圈板块，为用户打造分享好物评论以及推荐商品的社交小组。在拼小圈里，用户可以随时查看好友动态，包括好友购买的商品和对商品的评价等。

资料来源：朱亮，张先树，张超莲. 拼多多裂变式社交营销的核心逻辑分析[J]. 中国集体经济，2022(07)：63-64.

第一节　社交媒体营销的内涵及类型

一、社交媒体的涌现

根据《2022 主流社交媒体平台趋势洞察报告》显示，从社交媒体平台的月活跃用户规模来看：截止到 2021 年年底，微信以超 12 亿的用户数量稳居社交媒体平台第一；抖音（月活跃用户数超 7 亿）、微博（月活跃用户数为 5.73 亿）以及快手（月活跃用户数为 5.78 亿）发展成为社交媒体平台的第二流量阵营；B 站（月活跃用户数为 2.72 亿）、小红书（月活跃用户数达 2 亿）、知乎（月活跃用户数超过 1 亿）等平台则凭借内容优势，获得了社交媒体平台中的大量流量。[①] 毋庸置疑，这些社交媒体平台正在以其显著的特征吸引着越来越多的用户，成为企业开展新型营销活动——社交媒体营销的主战场。

（一）社交媒体的内涵

2008 年，美国学者 Mayfield 首次在《What is Social Media》一书中提出社交媒体（Social Media，SM）（也可称为社会化媒体或社会性媒体）这一概念，认为社交媒体是一系列具有公开、互动沟通、参与、社区化和连通性等特点的在线媒体的总称。在此之后，一些市

---

① 微播易 & 胖鲸：2022 主流社交媒体平台趋势洞察报告，2022.

场营销学者基于不同的研究视角，探究了社交媒体的内涵。概括而言，有关社交媒体的研究主要经历了三个阶段：首先，以 Mayfield（2008）等学者为代表的早期研究主要强调社交媒体的互动性[1]；在此基础上，学者们提出社交媒体以用户内容生成为显著特征，将社交媒体界定为用户内容生成和交换的网络平台（Kaplan & Haenlein，2012）[2]；更进一步，学者们提出了社交媒体还具有关系网络的特征（Ahlqvist 等，2008），强调用户内容生成和交换是以用户自身的人际关系网络为基础[3]。在这一过程中，原有的关系网络得到了扩大和巩固。

总结而言，本书将**社交媒体**定义为以互动与分享为核心，以个体或组织进行内容生产和交换为主要活动，用户彼此之间相互依存并且可以创建、延伸和巩固人际关系网络的一种开放性网络平台。

（二）社交媒体的演进历程

从实践来看，社交媒体经历了高速发展和动态演变的过程，正呈现出多种类型的内容以及丰富的内容呈现形式为主要特征的新格局。如图 8-1 所示，从内容形态来看，社交媒体平台从早期的门户网站及论坛的形式，逐步发展到短视频、直播等新形态；从内容的呈现形式来看，早期的社交媒体平台以文本写作为主，用以向用户传递深层信息和思想，如博客上发布的博文。随着社交媒体支撑技术的发展，社交内容的创造与分享也由文字逐渐转变为图片、音频、视频以及动态直播等形式，表达的内容和形式也更加丰富和灵活。社交媒体平台的演进与发展，为企业通过社交媒体平台开展市场营销提供了新机遇。如何有效地开展社交媒体营销，日益成为数字化时代的新型营销模式。

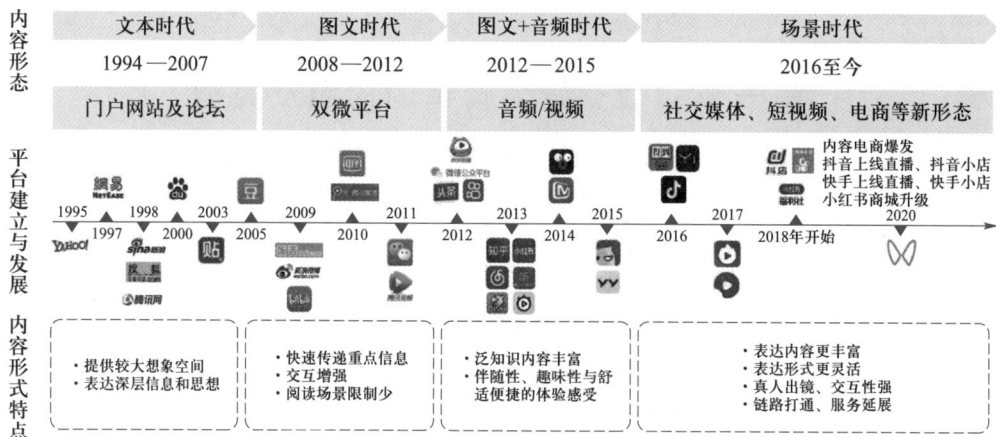

图 8-1　社交媒体的演进历程

资料来源：微播易 & 胖鲸：2022 主流社交媒体平台趋势洞察报告．2022．

---

① 李慧，周雨，李谨如．用户正在逃离社交媒体？——基于感知价值的社交媒体倦怠影响因素研究［J］．国际新闻界，2021，43（12）：120-141．

② Kaplan，A. M.，Haenlein，M. Social media：Back to the roots and back to the future［J］. Journal of Systems and Information Technology，2012，14（2）：101-104．

③ Ahlqvist，T.，Bäck，A.，Halonen，M.，et al. Social media roadmaps：Exploring the futures triggered by social media［M］. Helsinki：Edita Prima Oy，2008．

二、社交媒体营销的内涵

随着社交媒体在市场营销实践中的应用和发展，基于社交媒体平台的新型营销方式——社交媒体营销(Social Media Marketing,SMM)逐渐兴起并日益走向成熟。结合现有关于社交媒体营销的前沿研究和企业实践来看，学界和业界基于不同角度对社交媒体营销的内涵进行了界定，如表 8-1 所示。

表 8-1 社交媒体营销的定义

来源	定义
Simon，2021	社交媒体营销是企业为了达到营销的目的，在提供社交网络服务的媒体上创造特定的内容来吸引用户的注意，引起用户的讨论，并鼓励用户通过其个人的社交网络去传播这些内容的营销策略。[1]
Li 等，2021	社交媒体营销是企业的一种综合活动模式，它基于对顾客使用社交媒体平台动机的评估，并采取一系列举措，将社交媒体的连接网络和互动影响转化为有价值的战略手段，以实现理想的营销结果。[2]
Sharma & Verma，2018	社交媒体营销泛指企业、个人或机构在社交网络平台上进行营销推广的一系列行为。[3]
Tafesse & Wien，2018	社交媒体营销是企业通过在社交媒体网站创建定制内容，并凭借自身的社交网络进行产品和服务推销的一种营销模式。在这个过程中，企业可以与顾客建立联系，帮助顾客更好地了解产品或服务，以此推动业务增长。[4]
Jaokar 等，2009	社交媒体营销可以看作企业基于社交媒体与顾客的互动过程，它包含社交媒体平台上的一系列基于营销视角的对话交流。[5]

资料来源：作者根据相关文献整理。

综合现有关于**社交媒体营销**的界定可以发现：社交媒体营销包含互动、社交媒体平台以及关系等关键要素。基于此，本书将社交媒体营销定义为企业为了实现营销沟通的目的，在社交媒体平台上创造与分享特定的内容来吸引其中的利益相关者的注意、讨论与分享，进而构建和强化与目标顾客之间关系的一系列营销活动。社交媒体营销的内涵可概括为以下几个方面。

---

① Simon，K. Digital 2021: Global overview report. 2021.
② Li，F.，Larimo，J.，Leonidou，L. C. Social media marketing strategy: Definition, conceptualization taxonomy, validation, and future agenda[J]. Journal of the Academy of Marketing Science, 2021, 49(1): 51-70.
③ Sharma，S.，Verma，H. V. Social media marketing: Evolution and change. In Social Media Marketing[M]. Palgrave Macmillan, Singapore, 2018.
④ Tafesse，W.，Wien, A. Implementing social media marketing strategically: An empirical assessment[J]. Journal of Marketing Management, 2018, 34(9-10): 732-749.
⑤ Jaokar，A.，Jacobs，B.，Moore，A.，et al. Social media marketing: How data analytics helps to monetize the user base in telecoms, social networks, media and advertising in a converged ecosystem[J]. Futuretext Limited, 2009.

（一）以双向互动为核心特征

与传统的市场营销相比，社交媒体营销具有一个显著特征，即通过企业与顾客之间以及顾客与顾客之间的双向沟通与互动创造价值，这是开展社交媒体营销的重要基础。为实现与顾客之间的互动，企业首先需要吸引顾客的注意力，关键在于企业能否在社交媒体平台上发布独特且引人注意的内容，并以此获得顾客的关注、参与、讨论或分享。

（二）以社交媒体平台为主阵地

社交媒体平台是企业开展社交媒体营销的重要媒介，或称之为主阵地。如前所述，社交媒体平台以互动性、用户内容生成以及关系网络为特征，这为企业开展市场营销活动提供了基础。需要指出的是：社交媒体平台的发展离不开数字化技术的支撑，尤其是以 Web 2.0 技术和移动互联网技术为典型代表的新一代技术的迅猛发展，更是快速地催生了更多的多元化社交媒体平台(如微博、微信、抖音等)。同时，伴随着区块链技术的发展，以去中心化为特征的 Web 3.0 技术也在社交媒体平台中得到了广泛的应用。不过，当前以 Web 3.0 为技术支撑的社交媒体平台仍处于发展早期，还有待于进一步完善。

（三）以基于利益相关者的关系营销为内核

有学者指出社交媒体营销旨在吸引顾客，通过与顾客之间的互动以及合作，在实现企业营销目标的同时，创建一个强大且持久的关系网络。[①] 诚然，社交媒体营销以社会关系为基础，利用社交媒体平台实现企业与利益相关者(包括目标顾客、其他顾客乃至竞争对手等)之间的有效互动。这意味着在开展社交媒体营销的时候，企业需关注整个社交媒体网络中形形色色的社会关系，建立并维护差异化的社交关系，以此促进市场营销目标的实现。

三、社交媒体营销的类型

对于社交媒体营销的类型，以 Li 等(2021)以及朱明洋和张永强(2017)等为代表的相关学者展开了深入的探讨。总结这些相关研究可以发现：学者们主要基于社交媒体平台的功能及其特征对社交媒体营销的类型进行了划分。如表 8-2 所示，可以将社交媒体营销归纳为四种基本类型。

表 8-2 社交媒体营销的类型

类别	应用平台	主要特征
社交广场营销	博客、视频博客、新浪微博等	以制造热点为特征，引领顾客并向顾客传递产品或服务相关的信息
即时通信营销	QQ、微信等	以即时互动为显著特征，通过高频互动构建强顾客关系
内容社区营销	知乎、小红书等内容分享社区；快手、抖音、B 站等视频分享平台	以用户内容分享和知识共创为特征，精准定位目标用户

---

① Chikandiwa, S. T., Contogiannis, E., Jembere, E. The adoption of social media marketing in South African banks [J]. European Business Review, 2013, 25(4): 365-381.

续表

类别	应用平台	主要特征
虚拟世界社交营销	Rec Room 等虚拟社交网站；Nibiru 等虚拟游戏平台	全面、真实地展示产品或服务及其使用过程，创建极致虚拟体验

资料来源：Li，F.，Larimo，J.，Leonidou，L. C. Social media marketing strategy：Definition，conceptualization，taxonomy，validation，and future agenda[J]. Journal of the Academy of Marketing Science，2021，49（1）：51-70；朱明洋，张永强 . 社会化媒体营销研究：概念与实施[J]. 北京工商大学学报（社会科学版），2017，32（6）：45-55.

（一）社交广场营销

社交广场营销以博客、微博等社交媒体平台为营销媒介。该种类型的社交媒体营销以制造热点为特征，通过代言人营销、话题营销、关键事件营销等形式，引领顾客并向顾客传递产品或服务相关的信息，实现品牌知名度与形象的提升。例如，在 2020 年东京奥运会期间，面对奥运会带来的流量和热点，安踏抓住了这一机会，及时地捕捉并持续在微博平台上发布与奥运会相关的内容，制造了多个讨论话题，包括与爱国热情、民族自豪感相关的"爱运动中国有安踏"和"安踏科技助力中国奥运"两大话题，共收获了超 15 亿的阅读量以及近 200 万的互动讨论量。同时，与产品特色宣传相关的"中国女子蹦床体操服太美了"和"石智勇好强"等话题，使得大众关注到安踏特有的超耐磨橡胶、缓震科技等产品特色。通过这一系列举措，安踏获得了奥运期间体育行业社交讨论量的榜首这一佳绩。

（二）即时通信营销

即时通信营销以微信、QQ 等社交媒体平台为营销媒介。该种类型的社交媒体营销以即时互动为显著特征，通过高频互动促进顾客关系的构建。以微信为例，该社交平台支持图文、语音、短视频、直播等内容形式，企业可以借助微信设立企业公众号、视频号、小程序等，通过朋友圈广告的形式，推送相关推文、视频或发布优惠信息等，实现产品或服务的深度种草。企业在运营微信账号时，除了与用户日常沟通和发布朋友圈之外，还可以借助微信名、微信头像、个性签名以及朋友圈等打造企业的专属人设，从而拉近与用户的距离。例如，完美日记利用品牌名的谐音，在微信上创建了"小完子"和"小美子"两个公众号，并为其赋予了鲜明的人设。其中，"小完子"是"精致可爱的美妆达人"，用以为用户发放优惠券、拉新人进群和提供在线服务；"小美子"则定位为"品牌宣传员"，负责企业微信群的日常维护以及与用户的深度互动。

（三）内容社区营销

内容社区营销以图文内容分享社区（如知乎、小红书等）以及视频分享社区（如快手、抖音、B 站等）为营销媒介。开展该类型的社交媒体营销活动时，企业可以鼓励普通用户以及专业用户参与到内容创作与分享的过程中，实现与顾客之间的知识共创。同时，这种顾客参与创作的方式也有利于培养顾客的忠诚度。因此，基于知乎、小红书等社交媒体平台获取的顾客的黏性相对较强。例如，B 站数码区的主要用户群体为对数码 3C 类以及互联网科技类产品感兴趣的年轻人，结合这一显著特征，一些数码 3C 类品牌会倾向与之合作，进行品牌的宣传和推广。

（四）虚拟世界社交营销

不同于其他类型的社交媒体营销，虚拟世界社交营销侧重于为顾客创建虚拟体验，全面、真实地展示产品、服务及其使用过程，以此增强顾客对企业提供的产品或服务的认识，继而帮助企业提升品牌形象。该类型社交媒体营销以 AR、VR、Web 4.0 等数字化技术为支撑，以虚拟社交网站、虚拟游戏平台等为媒介开展的营销活动。在全球新冠肺炎疫情之下，"无接触"购物为虚拟世界社交营销的发展提供了契机。越来越多的企业开始进入这一新的营销赛道，借助数字化技术，为顾客打造极致的全场景虚拟现实体验，以此提升顾客的满意度和忠诚度。以统一的营销实践为例，2022 年 4 月，统一青梅绿茶与虚拟代言人合作，借助元宇宙与虚拟现实技术，推出了国风动漫"千里江山寻梅记"。在这次市场营销活动中，统一通过为用户打造跨次元的互动以及置身于青绿世界、体验梅香茶爽的虚拟体验，拉近了品牌与用户之间的距离，深受年轻用户青睐。

四、社交媒体营销与传统市场营销的区别

作为一种新兴的营销方式，社交媒体营销以其突出特点与传统市场营销形成鲜明对比。综合学者们的观点，可以从营销重心、互动方式、营销效果以及顾客行为模式四个方面概述社交媒体营销和传统市场营销之间的区别，如表 8-3 所示。

表 8-3 社交媒体营销与传统市场营销的区别

比较视角		社交媒体营销	传统市场营销
营销重心	出发点	社会关系	交易关系
	落脚点	建立与维护关系	销售产品或服务
	关注焦点	顾客的需求与体验	产品的特色与利益
	关键任务	内容生成，吸引顾客注意	渠道构建，接近顾客
	顾客分布	相对集中在社交媒体中	分散在多个沟通渠道中
互动方式	传播主体	顾客、企业、意见领袖	企业与意见领袖
	主要沟通方式	人对人、企业对人	企业对人
	传播重点	分享信息和知识，建立口碑	宣传产品与服务
	信息传播方向	互动沟通，双向传播	单向传播
营销效果	口碑效应	具有显著的影响广度、速度和深度	影响力一般
	营销时效性	即时性	速度慢
	过程可控性	不可控	由企业主导，可控性相对较强
	营销效果	精准化、个性化、定制化营销，将顾客"拉"过来	推销促销，将产品"推"出去，大众营销

续表

比较视角		社交媒体营销	传统市场营销
顾客行为模式	信息获取渠道	社交媒体	口碑、传统媒体
	购后行为	乐于创造、转发和分享与产品或服务相关内容	分享意愿低且分享范围窄
	行为模式	SAISAS 模式	AIDMA 模式

资料来源：改编自 Kumar, V., Choi, J. B., Greene, M. Synergistic effects of social media and traditional marketing on brand sales: Capturing the time-varying effects[J]. Journal of the Academy of marketing Science, 2017, 45(2): 268-288；朱明洋，张永强. 社会化媒体营销研究：概念与实施[J]. 北京工商大学学报(社会科学版)，2017, 32(6): 45-55.

（一）营销重心不同：从交易关系转向建立并维系与顾客的关系

不同于传统市场营销重视产品或服务销售的交易关系，社交媒体营销的出发点和落脚点在于建立和维系与顾客之间的关系。因此，企业开展社交媒体营销的重心和关键任务在于生成创意内容，吸引顾客的注意，并尽可能将顾客对企业产品或服务的关注转为后续的实际购买行为。

（二）互动方式不同：从分散、单向式沟通转向集中、互动式沟通

由于社交媒体营销是以社交媒体为媒介，与传统市场营销中分散在多个渠道的顾客相比，企业可以利用社交媒体平台准确定位分布较为集中的顾客群体。再者，社交媒体中充斥着形形色色的兴趣群体，如科技发烧友、烹饪技巧群、读书会等，这些顾客群体掌握着相对丰富的知识和信息，可以作为外部知识来源，通过在社交媒体上的双向沟通互动，参与到企业的社交媒体营销过程中来，为企业的产品创新(如产品研发、产品测试或广告创意)提供集体智慧。例如，小米历来重视与用户之间的互动，以"小米官网+小米手机官方微博+小米手机微信公众号+小米手机抖音+小米社区"等主流社交媒体的多元组合作为其社会化关系管理的平台，鼓励小米发烧友和普通用户参与到小米手机的开发和设计过程中来，这为小米手机产品的持续创新提供了丰富的知识来源。

（三）营销效果不同：从将产品推出去转向将顾客拉过来

相较于以电视、广播、报纸等传统大众媒体为媒介的传统市场营销，基于社交媒体平台的社交媒体营销具有较强的时效性。例如，在微博、抖音等平台上，用户可以做到"随手、随时、随地"分享企业发布的相关内容，这是传统市场营销方式远远不及的。同时，通过精准化、个性化、定制化的内容发布，企业可以吸引目标顾客的注意力，凭借顾客与企业之间以及顾客与顾客之间的互动沟通取得显著的口碑效应，最终实现将产品"推"出去转变为将顾客"拉"过来的营销效果。

需要指出的是，由于社交媒体营销的即时性、灵活性，企业对社交媒体营销过程的可控性相对较弱，且社交平台营销的效果评估也较为复杂，需要特定的评估指标来衡量营销效果。有关社交媒体营销效果的评估，将在本章第四节做进一步探讨。

（四）顾客行为模式不同：从 AIDMA 转向 SAISAS

借助社交媒体平台，顾客可以与企业甚至与其他顾客之间进行即时性和个性化的互动交流。基于此，顾客的购买决策以及消费行为模式呈现出一些新的特征。具体来看，在传统市

场环境下，顾客的购买行为模式遵循 AIDMA 法则，即顾客从接触企业的相关营销信息到发生实际购买行为，一般经历了五个阶段：相关营销信息引起顾客的注意（Attention）、顾客对其产生兴趣（Interest）、培养购买需求和欲望（Desire）、形成记忆（Memory）以及产生实际购买行动（Action）。[①] 而当社交媒体工具融入人们的日常生活之后，其新特征会重塑顾客的购买习惯，顾客开始遵循 SAISAS 模式，即顾客接触到的有关产品或服务的信息是来自社交媒体平台上朋友或其他网友的分享（Share），之后顾客对其产生关注（Attention）以及兴趣（Interest），然后在社交媒体或搜索引擎中搜寻品牌相关的信息（Search），进行对比后做出是否采取购买行动的决策（Action），最后以整个购物过程中的体验以及看法等作为素材，在社交媒体平台上进行内容创造、转发或分享（Share）。通过这一模型，企业有机会深入洞察并精确掌握当前顾客消费行为的趋势，为后续顾客关系管理以及顾客价值的创造打下坚实的基础。

第二节　社交媒体营销的实施流程

　　虽然多元化的社交媒体平台为营销传播提供了广阔的空间，但仍然需要系统的实施流程以指导营销实践，继而确保社交媒体营销的效率和效果。具体而言，社交媒体营销的实施主要包括五个基本步骤：定位目标顾客群体、选定社交媒体平台、创建独特且引人入胜的内容、动态管理社交媒体营销内容以及分析社交媒体营销效果，如图 8-2 所示。

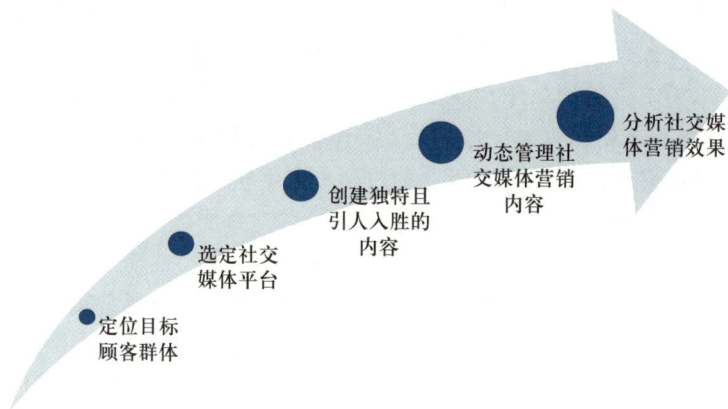

图 8-2　社交媒体营销的实施流程

资料来源：Kumar, V., Mirchandani, R. Increasing the ROI of social media marketing[J]. MIT Sloan Management Review, 2012, 54（1）：55 - 61；Tafesse, W., Wien, A. Implementing social media marketing strategically：An empirical assessment[J]. Journal of Marketing Management, 2018, 34（9-10）：732-749；百格说 bagevent. 关于社交媒体营销，这 5 个步骤你需要知道. 2021.

---

① 杨晓燕. 中国消费者行为研究综述[J]. 经济经纬，2003，9（1）：56-58.

一、定位目标顾客群体

定位目标顾客群体，即明确社交媒体营销的目标顾客是谁，也即明确具有哪些特征的顾客符合营销目标，这是企业开展社交媒体营销的基础和前提。

目标顾客群体的特征主要包括显性特征和隐性特征两个方面。其中，显性特征指的是较易获得的一些特征，包括顾客的性别、年龄、职业、教育经历等人口属性特征以及购买力（收支记录）等消费特征。隐形特征则是指那些需要企业与顾客深入接触和互动才能发现的特征，例如顾客的性格特征。在具体定位目标顾客群体时，企业可以从不同目标顾客群体的特征入手。以社交媒体平台——领英（LinkedIn）为例，该社交平台为企业用户提供了先进的且易于使用的目标群体定位功能。在实际应用过程中，企业用户首先可以借助基本特征标签（如公司、人口统计信息、教育经历、工作经验、兴趣爱好等）初步确定目标群体。然后，企业用户可以继续添加或排除其他特征，从而实现精准的目标群体定位。最后，与定位的目标群体建立商业关系或向其推送职业招聘信息。类似地，微信针对企业用户推出了用户标签功能。其中，用户标签就是对用户某些特征（如性别、地域、爱好等）的概况，用以描述用户群体的特征，这方便企业利用标签寻找目标顾客。通过微信用户标签功能，企业可以在微信中为自己的用户设置不同的等级标签。例如，一家经营洗护产品的企业可以根据顾客的发质属性，为顾客建立"干燥""油发""头屑""分叉"等不同的标签。这些标签数据有助于企业构建用户画像，同时，也便于日常的信息群发、内容推送等管理活动的开展。

二、选定社交媒体平台

在明确了目标顾客群体后，企业需要结合社交媒体平台的特征，选择在哪一个或哪些社交媒体平台上开展社交媒体营销活动。这对企业而言是至关重要的一步，因为这决定了企业需要投入多少营销资源到这些活动中去。

（一）了解社交媒体平台的典型特征

关于应该选择哪些社交媒体平台，企业首先需要了解每个社交媒体平台的具体特征，因为不同平台的用户群体以及流量管理均有所差异。只有了解了不同平台的特征，企业的社交媒体营销策略才能更具针对性。表8-4总结了国内主流社交媒体平台的典型特征。例如，新浪微博以社交广场与舆论热点聚集地为特征，其用户群体中女性用户明显高于男性，且35岁以下年轻用户占比较高。在用户引流方面，平台上的明星和关键意见领袖掌握着核心话语权，能够吸引粉丝的聚集。微信则以公众号、视频号、小程序、朋友圈等生态为一体的多触点链接为特征，年龄分布较为平均。在保证即时通信功能的基础上，微信还为用户提供了涵盖衣食住行等多样化功能，以此来吸引用户。作为高黏性、高互动的种草平台，通过丰富的家居、美食、育儿等内容的创作与分享，小红书的用户群体以19—35岁轻熟龄女性用户为主。[①]

（二）明确社交媒体平台的用户特征

各式各样的社交媒体平台不仅拥有强大的用户基数，而且对不同行业的企业营销活动具有很强的兼容性。不过，这并不意味着所有的平台都适用于每个行业，因为不同平台的用户特征存在显著差异。因此，企业在选择社交媒体平台时，还应结合用户兴趣，选择与自身行

---

① 微播易 & 胖鲸. 2022主流社交媒体平台趋势洞察报告. 咖啡日报，2022.

业相匹配的社交媒体平台。如表 8-4 所示,当企业所处行业为美食、育儿、家居等行业时,选择小红书平台更为适宜;当企业经营业务涉及游戏、旅游、娱乐等领域时,则可以选择以年轻用户聚集体为特征的 B 站;对于快手,由于该平台涉及不同的圈层,且用户兴趣分布较为均匀,各个行业的企业都可以尝试开展社交媒体营销。

表 8-4　国内主流社交媒体平台标签、用户特征以及引流方式

平台类别	平台标签	用户特征	用户引流方式
新浪微博	社交广场与舆论热点聚集地,追星主阵地	女性用户分布高于男性用户,35 岁以下年轻用户占比较高,用户兴趣广泛分布在旅游、美食、娱乐和美妆等多领域	沉淀了大量的明星和关键意见领袖,掌握着微博的核心话语权,粉丝聚集效应强
微信	多触点连接	男性用户分布略高于女性用户,用户年龄分布较为平均,用户兴趣分布较为均衡,包括旅游、游戏、美食、娱乐、美妆等	集公众号、视频号、小程序、社群、企业微信等为一体,在即时通信的基础上深耕内容,为用户提供衣食住行等多样化功能
小红书	高黏性、高互动的种草平台	女性用户分布高于男性用户,呈现高度女性化特征,以 19—35 岁轻熟龄人群为主,用户兴趣高度集中在家居、美食、育儿、美妆等泛女性兴趣领域	通过大量的种草内容和互动与用户建立联系,传递品牌信息
抖音	优质视频内容+粉丝互动	用户性别以及年龄分布较为平均,用户兴趣分布也较为均衡,包括旅游、游戏、美食、娱乐、美妆等领域	利用去"中心化"算法推荐,不断推算并推荐用户喜欢和关注的内容;持续创新互动方式,给用户带来不同于传统图文信息互动的新鲜感
快手	"老铁"社交关系+圈层内容	男性用户分布高于女性用户,36—40 岁以及 46 岁以上的成熟用户占比较高,集中在三线及以下城市,用户兴趣分布较为均衡,包括旅游、游戏、美食、娱乐等领域	打造熟人社交圈以及圈层专属内容,提升圈层内的价值观认同,注重用户之间的黏性
知乎	问答社区+原创内容社区	用户男性化特点明显,以 18—30 岁为主,高学历、高收入,用户兴趣分布集中在电子数码产品、教育、培训等专业知识领域	注重优质内容的生产,将内容与消费串联,用优质内容有效创造营销机遇
B 站	年轻用户聚集体+"视频版小红书"	用户男性化特点明显,用户年龄分布在 18 岁以下、19—35 岁之间,用户兴趣集中分布在二次元、游戏、旅游、美食、娱乐和美妆等领域	创造以"梗+段子+表情包+弹幕"为代表的独特语言体系,支持内容创作者进行视频的多元化创作,以此吸引用户,通过互动提高用户的黏性

资料来源:微信、抖音、B 站、快手、小红书等 8 大平台最新营销策略指南已出,新媒体最后的风口别再错过啦!2021;微播易 & 胖鲸:2022 主流社交媒体平台趋势洞察报告 .2022.

案例8-1

小红书的社交影响力

截至 2021 年 12 月底，社交媒体平台小红书用户月活跃量已达到 2 亿。这些用户群体以一二线城市的 90 后为主。从用户行为特征来看，用户使用小红书的主要目的在于信息浏览和搜索。根据小红书 2016 年披露的调研数据显示，小红书使用频次排名前五的场景分别是主动搜索自己感兴趣的产品或话题(40%)、对某种产品产生兴趣后到小红书看用户使用评价(37%)、了解潮流趋势(36%)、寻找灵感和等待被种草(33%)以及因他人分享了小红书笔记而进入小红书浏览(30%)。基于此，企业可以结合自身目标群体的定位，以此来确定选择小红书作为社交媒体营销平台是否合适。例如，当网易推出新款游戏《哈利波特：魔法觉醒》时，为了扩大新产品的影响力，网易选择小红书作为开展社交媒体营销的新战场，同时结合小红书的用户特点，推出了卡组攻略、捏脸、仿妆等能够向用户种草、吸引用户参与讨论和点赞的活动。

资料来源：Data Eye. 从《哈利波特》看社交媒体营销的思路变化. 2021.

三、创作独特且引人入胜的内容

在确定了社交媒体平台类型后，面对来自同一社交媒体平台上其他竞争对手的营销内容，企业要想脱颖而出，就需要创作独特的、能够吸引目标群体注意力的社交媒体内容。

在创作引人入胜的社交媒体内容时，企业首先需要明确一个基本思路，即综合考虑顾客群体以及企业自身因素，通过发挥自身的创意，制作能够引起顾客共鸣的内容；其次，企业还需要了解竞争对手的社交媒体内容，明确竞争对手的做法，以便从中找到突破口，形成差异化的内容，从而吸引目标顾客群体，提升顾客黏性；最后，在创建内容时，企业也可以充分调动目标顾客群体的积极性，以多种方式吸引顾客共同参与到内容的制作过程中，同时鼓励顾客分享自己的体验，以此建立与顾客之间的亲密关系。以娇韵诗护肤品在抖音的社交媒体营销为例：在 2019 年 6 月，该品牌在推出"不死鸟水精华"补水产品时，在抖音平台上发起了"哇，水被我控制住了"的话题挑战赛，邀请各类抖音达人以及抖音用户参与锁水视频的拍摄制作。在整个市场营销活动结束后，共有 34 万抖音用户参与视频内容创作，累计视频播放量更是高达 6.8 亿次。[1]

需要指出的是，企业也要注意结合社交媒体平台内容创作的特征和平台相关要求来创作内容。表 8-5 总结了国内主流社交媒体平台的内容创作形式、特点以及模式。例如，当企业选择 B 站这一社交媒体平台开展营销活动时，其发布的内容应以中长视频为主，而非在新浪微博、微信、小红书等平台上常见的图文笔记。同时，企业创作的内容还应具备创意性和趣味性，能够引起用户以弹幕的形式参与讨论，进而通过 B 站独特的弹幕文化，实现品牌的宣传效果。

---

[1] 搜狐. 打造"刷屏级"营销案例，挑战赛是与 KOL 共创又一捷径. 2019.

表 8-5 国内主流社交媒体平台的内容创作特征

平台类别	内容形式	内容特点	内容创作模式①
新浪微博	图文、视频	内容传播属性与时效性强	UGC 和 BGC 为主
微信	图文、语音、视频等混合形式	内容量大、覆盖面广,兼具信息深度	兼具 UGC、PGC、BGC 和 GGC 内容
小红书	图文笔记、短视频、直播	内容以素人创作者为主的笔记和视频为主,强调真实体验和分享,具有高颜值、精致化等特征	UGC 为主
抖音	图文笔记、短视频、直播	内容领域覆盖全面,内容多样性、娱乐性和互动性强	以 UGC 和 MCN 机构输出的 PGC 内容为主
快手	短视频、直播	以生活场景化的内容为主,引发用户情感共鸣	以 UGC 和 MCN 机构输出的 PGC 内容为主
知乎	图文＋视频等多媒介融合	以问答模式聚合话题,内容专业性强、覆盖垂直领域和典型用户场景,激发用户讨论	UGC 和 PGC 并存
B 站	中长视频	以"二次元"社区起步,内容创意性和趣味性强,激发用户互动讨论,形成弹幕文化	PUGC 为主,辅以少量的 UGC

资料来源:微播易 & 胖鲸:2022 主流社交媒体平台趋势洞察报告 . 2022;凤凰读书计划 . 三大平台创作内容的"避坑指南". 2020.

四、动态管理社交媒体营销内容

社交媒体营销并不是一蹴而就的一场营销活动,更不等同于简单地在社交媒体平台上发布内容。为了实现社交媒体营销的目标,企业需要动态管理社交媒体营销内容,包括内容投放时间、投放频率以及投放者的选择。

(一)内容投放时间

内容投放时间的确定除了结合企业自身高质量内容产出流程之外(内容生成的流程见本

---

① UGC(User Generated Content)即用户生产内容,也即社交媒体平台上普通用户自主创作的内容(网络上也俗称关键意见消费者 Key opinion consumer,简称 KOC);BGC(Brand Generated Content)即品牌生产内容,是指社交媒体上由品牌用户创作的内容;PGC(Professionally Generated Content)即专业生产内容或专家生产内容,指由社交媒体平台上的明星、网红以及团队等用户创作的内容(网络上也俗称关键意见领袖 Key opinion leader,简称 KOL);GGC(Government Generated Content)是指政府和官方机构(如国家统计局、地方政府等)在社交媒体上产生的内容;PUGC(Professional User Generated Content)即专业用户生产内容或专家生产内容,是指 PGC 和 UGC 相结合的内容生产模式;MCN 是一种多频道网络的产品形态,相当于一个中介公司,上游对接优质内容,下游寻找推广平台进行变现。

书第七章内容营销），还需要考虑不同类型社交媒体平台上用户的活跃时间及其在不同时间段所青睐阅读的内容类型。例如，当选择在上下班的通勤时间投放内容时，企业需要考虑目标群体对不同内容类型的阅读偏好。通常，一些都市白领会在上午通勤时间阅读新闻，下午通勤时间则偏好阅读娱乐相关的信息。抖音大数据显示，抖音用户每日活跃时间段集中在中午 12：00—14：00 以及晚上 20：00—22：00。[①] 因此，企业在抖音平台投放内容时，可以结合用户活跃时间段进行适当调整。当投放情感类相关的内容时，可以选择晚上 20：00—22：00 这个活跃时间段，以此来激发与用户之间的情感共鸣。

（二）内容投放频率

除了投放时间外，企业还需要动态平衡内容投放的频率。原因在于，过低的内容投放频率会使企业面临被用户遗忘乃至用户转向其他竞争对手的风险。而如果企业频繁地在社交媒体平台发布相关营销内容时，则有可能会让用户感到困扰，从而造成用户取消关注企业账号或降低参与相关活动的意愿。对此，企业可以借助数据分析技术来挖掘用户对投放内容的反应情况，预测其行为模式，以明确在社交媒体平台进行内容发布的最佳频率。这种频率的确立并没有标准做法，需要企业根据社交媒体平台的特征以及用户阅读内容的行为特征等因素来综合制定。例如，相关行业报告指出，在诸如新浪微博和脸书等社交平台中，每日 2 次的投放频率较为适宜；在领英等专业内容平台中，每日 1 次的投放频率较好；在某些娱乐类的平台上，每日 5 次的投放频率则最佳。[②]

（三）内容投放者选择

在发布社交媒体营销内容时，企业还可以借助关键意见领袖（Key opinion leader, KOL）的力量。关键意见领袖已渗透到各个社交媒体平台中，在不同的平台中通常有着不同的网络术语来概况他们，如抖音达人、B 站百大 UP 主、微博大 V、小红书红人等。[③] 在数字化时代，这些关键意见领袖逐渐成为企业开展社交媒体营销活动时不可忽视的关键群体。关键意见领袖的角色与企业不同，一般是个人通过传递价值观念和特定的内容来吸引具有相同兴趣爱好的粉丝，其天然地具备品牌传播优势。通过关键意见领袖在各个社交媒体平台上发布的与品牌相关的图文、视频等内容，企业可以实现带货、事件引爆、快速增粉、品牌种草、电商引流、新品引爆、品牌公关、口碑营销等目的。需要指出的是，不同社交媒体平台上的关键意见领袖具有不同的属性，如表 8-6 所示，企业在选择关键意见领袖作为内容发布的主体时，需要与不同平台中的关键意见领袖特征相匹配。以雅诗兰黛在各个社交媒体平台选择关键意见领袖进行活动投放为例，根据不同的营销目的，结合各个平台上关键意见领袖的特征，雅诗兰黛在推广全新第七代小棕瓶时，选择了小红书和抖音两大平台。其中，小红书平台上通过大 V 明星、腰部关键意见领袖的影响力和号召力，实现对用户的种草；抖音平台上则选择了粉丝数在 100 万—500 万的腰部关键意见领袖，通过高性价比的方式实现活动声量的迅速扩散。

---

① 影森文化. 抖音上热门小技巧，小白看过来. 2021.

② 白鲸出海. 数据报告 | 各大头部社交平台的最佳发帖时间段. 2021.

③ 抖音达人是指拥有很多粉丝群体且具有影响力的一批抖音用户；B 站百大 UP 主是指在 B 站拥有超过 100 万粉丝的用户；微博大 V 是指在新浪微博平台上获得个人认证，拥有众多粉丝的微博用户；小红书红人是指具有一定粉丝量的小红书用户。

表8-6　国内主流社交媒体平台 KOL 特征

平台类别	KOL 属性及等级①	适用品牌属性	KOL 内容发布模式
新浪微博	KOL 类型丰富，以尾腰部 KOL 为主	服装、生活日用品、鞋帽配饰等为主	话题热搜+直播+名人代言
微信	KOL 类型丰富，以尾部 KOL 为主	品牌属性较为广泛，适合各类产品	软文植入+硬广植入+短视频
小红书	各类型 KOL 较为分散，以种草偏向型腰部 KOL 为主	美妆类为主	直播+笔记共同发力，种草为主
抖音	以直播带货类的尾部 KOL 为主	美妆、服装百货为主	热门短视频+直播带货
快手	以尾腰部 KOL 和草根为主	低价商品如食品、日常生活用品、服装鞋帽等为主	秀场直播、人气打榜、现场连麦等
知乎	以专业知识类 KOL 为主	以家居用品、美妆、数码等产品为主	带货种草文章内置跳转链接+直播带货
B 站	以二次元、动漫、游戏等垂直类 KOL 为主	以游戏、二次元、生活方式等与 B 站相契合的品类为主	热门短视频+直播种草

资料来源：微播易&胖鲸：2022 主流社交媒体平台趋势洞察报告，2022；微播易.《中国 KOL 市场营销白皮书洞察报告》：2021 六大新媒体平台 KOL 分布详解，2021.

五、分析社交媒体营销效果

社交媒体营销效果的分析以企业在社交媒体平台上的相关数据（如关注人数、点赞数、播放次数以及分享次数等）为依据进行量化评价。通过对关键指标的量化分析，企业可以判断社交媒体营销是否取得了显著的成果，继而沿用和推广效果显著的社交媒体营销活动方案。有关社交媒体营销效果的评价指标，将在本章第四节中进行具体的阐述。

而且，对关键指标数据的分析能够帮助企业找到社交媒体营销中存在的不足，分析可能的原因，并以此为依据升级和优化营销策略。例如，企业在社交媒体平台上与用户的互动次数达不到预期数量时，可以通过提供奖励、创建有吸引力的主题、回答用户的问题以及与用户进行沟通交流等方式，进一步吸引用户参与到互动中来，以此来拓展社交媒体营销的目标受众范围。

---

① 根据 KOL 在社交媒体平台拥有的粉丝数范围区间来衡量 KOL 的影响力，通常将 KOL 划分为头部 KOL、腰部 KOL 以及尾部 KOL 三个等级。不同社交媒体平台对 KOL 等级划分的标准不一致。以微博为例，在该平台拥有的粉丝数大于 500 万的 KOL 称为头部 KOL，粉丝数在 100 万—500 万的 KOL 称为腰部 KOL，粉丝数在 10 万—100 万的 KOL 则称为尾部 KOL。

第三节　社交媒体营销中的典型误区

对企业而言，开展社交媒体营销并不是简单地选定社交媒体平台、制作并经营社交媒体营销内容。在整个社交媒体营销过程中，还存在着许多误区，这影响着企业社交媒体营销的效果。结合企业的数字营销实践来看，在开展社交媒体营销的过程中，主要存在着以下几个典型误区。

一、片面地将社交媒体的声量作为市场营销目标

声量原意为声音的响度或强度，在社交媒体营销中，声量特指某品牌在某段时间范围内被提及的次数，以此作为反映品牌舆论影响力的重要指标。声量在社交媒体营销活动中具有举足轻重的作用，声量的增长既是转化为销量的重要基石，又是提高市场份额的有力助手，同时也是企业软实力的代表。

结合企业的营销实践来看，越来越多的企业在社交媒体营销的过程中着重关注社交媒体的声量，以此来获取营销活动的热度，提升品牌的知名度，这就导致一些企业片面地将社交媒体的声量作为营销目标。例如，一些企业为了提高社交媒体声量，会一味追求社交媒体平台用户的数量而忽视用户的参与度。然而，企业在社交媒体平台上的粉丝数并不等同于用户参与的程度。相较于看中社交媒体平台用户的绝对数量，企业更应该将营销的重点放在吸引活跃粉丝并提升活跃粉丝的数量，这才是企业引流的关键。以新浪微博和小红书为例，为了帮助更多用户搜寻到相关产品或服务，企业会建立不同主题的标签或是在同一篇内容上叠加不同的主题标签，以此来扩大用户群体数量。例如，对于初创企业或企业进行新产品推广时，为了尽快获得大量用户的关注，可以同时设置不同主题的标签，确保标签的丰富度，以吸引尽可能多的用户关注；对于需要维持用户活跃度的企业来说，应建立少而精的主题标签。因此，企业在建立主题标签时，需权衡主题标签的使用数量。

此外，一些企业在选择社交媒体品牌代言人或者关键意见领袖时，也会出现仅关注明星代言人或关键意见领袖的粉丝数量，而忽视了自身的品牌形象是否与这些影响者的形象相匹配。例如，一些品牌为了收获更多用户关注，会选择与流量明星进行合作。尤其是近年来诸多奢侈品牌，也开始陆续选择与品牌定位不一致的流量明星作为代言人，但却屡屡遭受代言人"翻车"或"暴雷"等事件的负面影响。

二、用传统思维在社交媒体上过度宣传

很多企业在利用社交媒体平台开展营销活动时，往往存在这样一个错误观念，即将社交媒体看作一个巨大的发声平台，作为其推销自身的产品或服务的渠道，导致企业在社交媒体平台上忽视了对产品或服务的内容创作，而是一味地进行产品或服务的简单推广。产品或服务的过度宣传会导致顾客的抵触心理，进而造成顾客的流失。例如，早期的一些微商在嗅到微信朋友圈的商机之后，采取了高频的方式发布生硬的广告，反而引起朋友圈用户的不适。

实际上，企业在社交媒体平台上进行内容创造时，应以非促销的内容为主，在吸引顾客成为粉丝的同时，潜移默化地对产品或服务进行推广和宣传。

三、不计成本地覆盖所有社交媒体

如前所述，社交媒体平台的类型多种多样，每个平台都有自己的特征以及吸引用户的方式。对于开展社交媒体营销的企业而言，选择哪些社交媒体作为媒介，是需要深入思考和通盘考虑的问题。

结合企业的营销实践来看，有些企业存在着明显的跟风行为，盲目地在各个社交媒体平台上建立账户并进行营销推广。诚然，活跃在多个社交媒体平台能够实现更高水平的覆盖率，但需要注意的是，这并不适合刚刚成长起来或资源有限的小企业。对于这些企业而言，应结合自身以及社交媒体平台的特征，选择一个或少数几个适合自身定位的社交媒体平台，与目标用户实现精准、高效的沟通，以最大化社交媒体营销的效果。尤其是对于一些小企业，在企业发展早期或进行新产品推广时，选择一个社交媒体平台往往有助于企业深耕与顾客之间的关系，从而取得显著的营销成果。结合不同社交媒体平台特征来看，B 站、小红书、快手和知乎等平台具有明显的社群属性和圈层属性，较为适合作为企业新品首发的主阵地。而当企业旨在扩大品牌影响力时，可以根据品牌营销的重点，选择更易扩大影响、引发顾客积极响应的社交媒体，如微博和抖音。

四、仅创建社交媒体账号但不对内容进行维护

仅仅在社交媒体平台上创建社交账号，但在各个平台发布千篇一律、流水账式的内容并不足以吸引用户的注意力、关注或阅读相关内容，更别说促使他们转发分享或评论内容。因此，在社交媒体平台创建账号以及发布内容仅仅是社交媒体营销的起点，而难点和重点则在于对内容进行维护，包括内容输出的频率、内容的质量以及内容的受众范围、通过内容与顾客互动的方式等，都会对社交媒体营销的效果产生显著影响，甚至带来严重的品牌危机。举例而言，2021 年 4 月，国际头部日化品牌员工将微博官方账号错当成了自己的个人账号，在平台观看偶像直播，引起了微博用户的热议。无独有偶，在 2022 年 3 月，另外一家美妆巨头在微博公众号上发布了被顾客和媒体质疑"侮辱女性"的内容。这一系列负面问题背后反映了企业缺乏系统维护社交媒体内容的意识。尽管企业可以通过道歉、删帖等方式加以应对，但不可避免地会使品牌形象受损甚至是丢失潜在顾客。

五、把社交媒体当成了市场营销的全部

社交媒体营销仅仅是企业进行数字营销的方式之一，企业的数字营销活动还包括视频营销、内容营销、移动营销等。因此，将社交媒体营销当作市场营销的全部，而不与其他市场营销活动进行有效关联，就无法最大化利用企业的市场营销资源，也不利于实现社交媒体营销的最佳效果。

同时，社交媒体平台仅是企业用来进行市场营销的渠道和媒介之一，虽然企业不能忽视社交媒体的应用，但却也不能仅仅依靠社交媒体与顾客进行互动和吸引流量。尤其是电子商务平台，社交媒体平台更多的是对电商平台的补充，而非替代。例如，脸书曾经试图在平台上为用户提供直接购物功能，以便用户可以直接在平台上完成商品挑选和购买等一系列行

为，但用户对此却表现出抵触行为，实际效果不尽人意。因此，企业应合理地选择不同的营销渠道，包括自建网站、入驻第三方数字平台、开发手机移动端 App 以及利用传统的户外广告（如地铁广告）等。通过将社交媒体营销渠道与其他营销渠道之间进行有效连接，实现流量在不同渠道之间的转化。

六、为吸引用户而忽视营销道德

在社交媒体平台多元化发展的当下，用户的注意力被无限分散，越来越多的企业开始实施社交媒体营销，在各个社交媒体平台布局营销活动。基于此，为了吸引更多用户的关注，一些企业开始采取极端手段，如刷粉、虚假宣传等。

以小红书为例，用户可以在该平台上看到其他用户分享的包含各个领域（如化妆护肤、美食旅游、家居装修等）的种草文章。一些用户会在其分享的文章中采用"亲测有效"的关键词，以此来增加分享内容的可信度，吸引更多用户的关注。然而，一些打着亲测旗号的种草笔记背后却存在着大量的代写代发团队。这些团队会提前以普通用户身份在小红书上注册账号，然后根据品牌的需求，编造虚假种草笔记，发布在平台上，以此达到品牌宣传的目的。除此之外，一些品牌还会花钱购买小红书账号的粉丝数，操纵每篇文章的点赞、收藏以及分享次数等。企业应以建立公正的声誉体系为价值导向，以避免过度干预和操纵对网络消费环境以及顾客消费行为带来的不利影响。

第四节 社交媒体营销效果评价

伴随着社交媒体的高速化、多元化发展，凭借其互动性、快速传播性、裂变性、即时性等特征，成为企业打造爆款产品以及推动品牌知名度提升的主要手段。不过，这并不意味着社交媒体营销就一定能带来理想的收益。反之，企业在实践中开展社交媒体营销的成本往往是十分高昂的。例如，美妆品牌完美日记自称为"泡在社交媒体上的品牌"，由于入驻了微博、小红书、微信、抖音、快手等社交媒体平台，完美日记的社交媒体营销费用大幅增长。相关数据表明，2018 年到 2019 年，完美日记的营销费用已从 3.09 亿增至 12.51 亿，同比增长 304.9%[①]。可见，企业在社交媒体营销中同样要投入诸多营销资源，对社交媒体营销效果的评价关乎营销资源是否得到了合理利用。总之，在数字化时代，如何科学有效地评价社交媒体营销的效果，对企业计划和实施营销策略而言至关重要。

一、社交媒体营销效果评价的内容

随着社交媒体的发展，对社交媒体的评价从侧重基于传统网络分析的计数评价（如浏览量、点击率）发展到侧重基于企业与顾客的在线互动情况以及社交媒体自身价值或影响力等多维度的评价。相关研究指出，社交媒体营销的效果主要反映在品牌资产提升、销售增加、

[①] 钛媒体 App. 年卖 30 亿、毛利超 6 成，揭秘完美日记的暴利种草生意. 2020.

成本降低和顾客关系提升这四个方面。① 其中，品牌资产提升包括品牌认知度、品牌参与度、品牌美誉度、品牌忠诚度等的提升；销售增加主要反映在社交媒体营销通过优化营销活动来吸引流量、提升转化率、促进购买行为等；成本降低主要反映在社交媒体可以作为与顾客进行互动、管理顾客关系的有效工具，大大降低了顾客关系管理的成本；顾客关系提升则主要反映在顾客口碑传播、忠诚度提升以及顾客关系体验改善等。有研究指出，社交媒体营销效果的评价不仅要重视短期的营销业绩以及长期的品牌忠诚，还需要着重测量社会化的传播效果，这是社交媒体营销的特色所在。②

二、社交媒体营销效果评价的过程

结合企业的营销实践，可以将社交媒体营销效果的评价过程概括为以下七个步骤③，如图 8-3 所示。

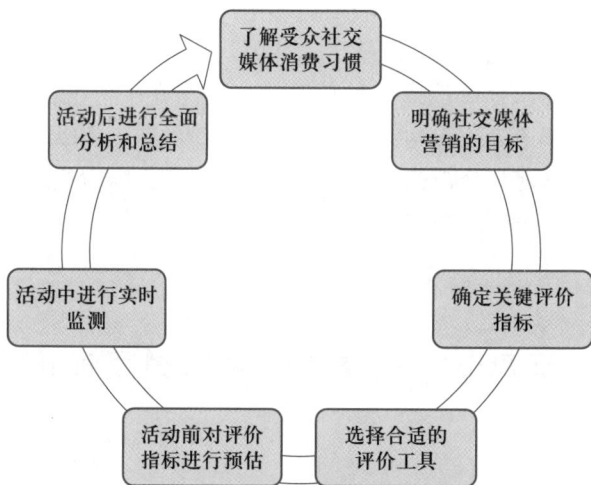

图 8-3 社交媒体营销效果的评价过程

资料来源：Murdough，C. Social media measurement：It's not impossible [J]. Journal of Interactive Advertising，2009，10(1)：94-99；数字营销联盟. 社交媒体营销效果的评估. 2018.

（一）了解受众社交媒体消费习惯

如前所述，企业需要结合目标受众的行为特征和消费习惯来选择不同的社交媒体平台或其组合，而这会影响企业对社交媒体营销效果的具体评估。因此，在对社交媒体营销效果进行评价时，应从了解目标受众的需求出发。

（二）明确社交媒体营销的目标

由于企业在开展社交媒体营销时往往具有不同的目标，如提升品牌知名度、维系顾客的忠诚等。对于不同的社交媒体营销目标，在进行效果评价时选择的关键指标也有所不同。因此，在确定关键评价指标之前，企业首先需要明确社交媒体营销的目标。

---

① Hoffman，D. L.，Fodor，M. Can you measure the ROI of your social media marketing? [J]. MIT Sloan Management Review，2010，52(1)：41.

② 邓乔茜，王丞，周志民. 社会化媒体营销研究述评[J]. 外国经济与管理，2015，37(1)：32-42.

③ 数字营销联盟. 社交媒体营销效果的评估. 2018.

（三）确定关键评价指标

在确定社交媒体营销效果的评价指标时，除了前述提到的社交媒体营销目标之外，企业还需要考虑评价指标的通用性，即应尽可能选择行业内常用的、能够有效监测到相关数据的指标。举例而言，在确定关键评价指标时，当企业的营销目标在于吸引用户的注意力、提升品牌的知名度时，可以选择社交声量、粉丝增长率以及触达率等指标；当企业的营销目标在于维系顾客的忠诚度时，可以选择顾客满意度、跳失率等指标。对于常用的评价指标以及各个指标的内涵和衡量方法，本章将在下一小节中进行具体阐述，此处不再展开。

（四）选择合适的评价工具

在选择评价工具时，企业可以综合使用社交媒体平台监测工具以及舆情监测工具等评价工具，以此实现不同工具之间的效果互补。其中，社交媒体平台监测工具是指平台自带的监测评价工具，如微博和微信的管理后台，便于企业在开展社交媒体营销活动的过程中进行简单的数据收集和处理。例如，企业用户可以在微博页面分析中随时查看账号的流量变动趋势，对访问者的性别、年龄、地区等基本信息进行分析；通过微博提供的影响力分析，统计账号发布的原创微博数量、博文转发和评论数量以及粉丝总量和增加数量等基础数据。除了社交媒体平台自带的工具外，企业还可以借助第三方提供的舆情监测工具。舆情监测工具（如百度舆情分析平台）可以借助预先设定的关键词，通过实时监测社交媒体平台上关键词出现的情境以及次数，从而帮助企业了解用户围绕指定关键词进行讨论的整体趋势，包括讨论主题的变化以及正面和负面评论的比例等。

（五）社交媒体营销活动前对评价指标进行预估

由于社交媒体的本质是用户生成内容，企业无法完全控制用户发布的内容或对其进行精确预知，这增加了社交媒体营销效果评价的难度。但企业可以借助相关信息，在开展社交媒体营销活动前对选定的评价指标进行预估，确定评价指标的理想范围。例如，当企业选择了一些通用的评价指标，就可以基于同一行业的平均数值，提前对平均指标的取值范围进行预估。除此之外，企业还可以借助之前开展社交媒体营销活动所积累的评价指标结果，对新活动的评价指标进行事先预估。

（六）社交媒体营销活动中进行实时监测

社交媒体营销活动中的实时监测有助于企业及时发现营销活动过程中可能存在的问题。在进行活动监测时，企业可以借助舆情大数据技术，全天候、实时跟踪并分析顾客对品牌的态度以及出现的异常情况。企业可以通过营销日报或周报的形式，呈现监测结果，以便分析评估指标的完成情况。

（七）社交媒体营销活动后进行全面分析和总结

社交媒体营销活动结束后，企业还需要对整个活动过程进行分析和总结，形成总结报告。通过编写总结报告，企业能够全面、系统地回顾整个营销活动的执行情况，总结成功经验，反思活动过程中存在的问题，为后续社交媒体营销活动的优化和升级提供参考。需要指出的是，总结报告的内容并没有标准化的要求，可以根据营销活动的目标和要求，在报告中提供各主要评价指标的变化趋势及其解读、开展社交媒体营销活动前后舆情（如社交媒体声量、顾客态度等）的变化情况以及未来营销机遇的识别等。

三、社交媒体营销效果的评价指标

对企业而言，社交媒体呈现出类型多、速度快且动态发展的趋势，成功地分析跨多个社交网络、平台或社区的社交媒体营销效果并不总是那么容易。此时，企业可以通过具体的评价指标来清晰地衡量其社交媒体营销的效果，这是社交媒体营销评价指标的价值所在。

如图 8-4 所示，以社交媒体营销的关键阶段为依据，可以将社交媒体营销效果的关键评价指标概括为如下几个方面：

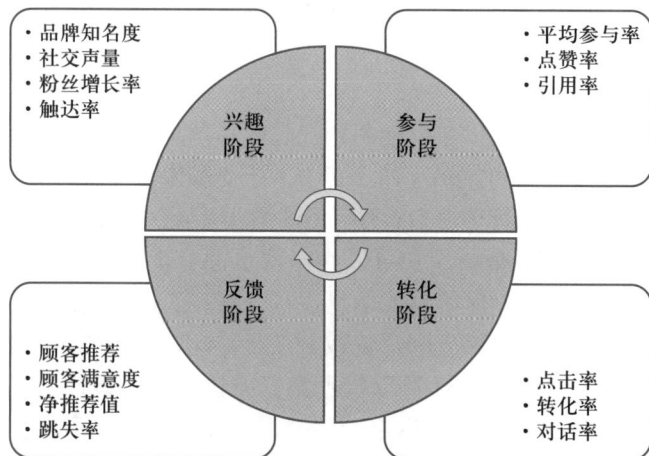

图 8-4　社交媒体营销效果的评价指标

资料来源：衡量社交媒体营销成功的指标 . 2017；社会化营销快讯 . 18 个衡量社交营销的指标 . 2022.

（一）兴趣阶段的评价指标

兴趣阶段的指标用以揭示企业通过社交媒体营销收获的现有用户以及潜在用户，该阶段常见的效果评价指标主要包括品牌知名度、社交声量、粉丝增长率以及触达率。

1. 品牌知名度

品牌知名度是指在特定周期内企业在所有社交媒体平台上获得的关注量，是企业决定是否采用以及优化社交媒体营销策略的关键指标。

品牌知名度主要包括用户对品牌的印象、分享品牌以及提及品牌等具体维度。在进行品牌知名度量化时，企业首先需要确定好利用哪些具体维度来衡量品牌知名度，然后选择品牌知名度的计算周期，如一周、一个月或一个季度等。例如，当企业选择一个月内的品牌提及数来量化品牌知名度时，企业就可以借助品牌监控工具，收集用户在各个社交媒体平台上提及品牌的次数。需要注意的是，当用户在微博或小红书等社交媒体平台上分享产品的使用体验或者参与某项活动的体验时，只要用户提到了品牌的名称，就可以计算为品牌提及的次数。

2. 社交声量

与品牌知名度中的品牌提及数不同，**社交声量**是指与竞争对手相比，在社交媒体平台上提及企业品牌的用户人数。如前所述，用户提及品牌的情形包括两种，一种是直接提及，即在分享相关内容时直接提到品牌；另一种则是间接提及，即没有使用相关标签，只是在分享的内容中提到了品牌。

在具体衡量社交声量时，企业首先需要计算出品牌在所有社交平台上被提及的场合和次数，包括直接提及和间接提及。除此之外，企业还需要计算竞争对手在同一时间段内的提及次数。此时，企业就可以获得整个行业的品牌提及总数，将自身的品牌提及数与行业提及总数相比，就可以得到企业的社交声量。

3. 粉丝增长率

粉丝增长率是指企业在每个社交媒体平台获得粉丝的速度。一般而言，随着社交媒体平台用户数量的增加，企业获得的粉丝数量整体上也会呈现增长趋势。相较于粉丝增长的数量，企业应该更关注粉丝增长的速度，因为这是影响企业持续获得良好的社交媒体营销效果的关键要素。

在量化粉丝增长率时，企业首先需要计算特定周期内所有社交媒体平台上增加的新粉丝数，然后计算新增粉丝数与粉丝总数的比值，就能得到粉丝增长率。例如，假设某企业的抖音账户在 6 月底时有 10 000 名粉丝，9 月底时的粉丝数为 12 546。此时如果需要计算从 7 月到 9 月这一季度的粉丝增长率，那么第三季度的粉丝增长率则约为 25.46%。

4. 触达率

触达率包括内容触达率和潜在触达率。其中，**内容触达率**指的是企业在社交媒体平台发布视频、推文、主题营销活动等内容以触达的用户人群数。对企业而言，触达率越高，代表着社交媒体营销的有效性就越高。在具体量化内容触达率时，可以先统计企业在社交媒体平台发布的每个视频或推文内容的浏览人数，然后将浏览人数与企业的粉丝总数相比，就可以得到内容触达率。需要指出的是，内容触达率关注的是内容的浏览人数而非浏览次数。例如，如果企业在微博上仅有 1 000 个粉丝，即便每个粉丝多次浏览内容，企业触达的用户规模仍然为这 1 000 个粉丝。除此之外，内容触达率与用户的在线时间以及用户感兴趣的内容相关。如前所述，当粉丝在线人数较多时，这个时间便可以作为企业发布内容的最佳时间，以此尽可能增加粉丝触达营销内容的机会，从而提高内容触达率。

潜在触达率是指在某一段时间内有机会看到企业在社交媒体平台发布的相关内容的人数，即特定时间内能够看到企业发布的相关内容的最大人数。例如，当企业的某个粉丝在自己的社交账号上分享了企业发布的相关内容，那么该篇内容有可能会触达这个用户自己的粉丝，此时就构成了企业发布的该篇营销内容的潜在触达。对于社交媒体营销人员而言，其工作的主要目标之一就是要努力提高潜在触达率，扩大社交媒体营销的受众范围。在计算潜在触达率时，可以通过企业品牌被提及的次数以及提及品牌的粉丝数量，两者相乘则可以得到企业发布的内容的潜在触达范围。

（二）参与阶段的评价指标

参与阶段的评价指标是用来显示企业的社交媒体平台用户与企业进行互动的效果，包括平均参与率、点赞率以及引用率等主要指标。

1. 平均参与率

平均参与率是指用户在特定周期内与企业在社交媒体平台发布的内容进行互动(包括点赞、评论、转发、收藏等)的次数与企业粉丝总数之间的百分比。这一指标对企业而言至关重要，原因在于更高的参与度意味着企业发布的内容能够得到用户的关注和共鸣，进而影响用户后续的分享、购买等行为。

需要注意的是，在不同的社交媒体平台上，平均参与率的体现是有差别的。例如，在抖音平台，可以关注平台提供的完播率以及 5 秒完播率,[①] 以此来评估用户的平均参与率；在小红书平台，可以通过用户发布的笔记的收藏数与其粉丝数的比值来衡量用户的平均参与率。

2. 点赞率

点赞率是用户参与的一种具体体现，揭示了企业发布的某一营销内容获得的点赞数量与总浏览数之间的关系。当用户主动为企业发布的内容点赞时，表明该内容产生了用户的共鸣，对用户具有潜在价值。借助点赞率，企业可以明确发布哪种类型的内容更能够吸引用户的关注，从而有利于营销目标的实现。

在量化点赞率时，需要计算点赞数与总浏览数之间的比值。例如，企业在 B 站的官方账号发布了新品的宣传视频，该视频一周内共有 1 000 名用户观看，其中点赞人数为 20，则点赞率为 2%。

3. 引用率

引用率即粉丝转发或分享企业发布内容的次数占总浏览数的比值。类似于点赞率，引用率也是体现企业内容是否具有价值的关键指标。但与简单的点赞相比，由于转发或分享内容需要用户对内容是否适合转发、适合转发给谁等进行评估，因而需要用户付出更多的精力。相应地，引用率越高，表明用户对企业及其品牌的认可度也越高。

（三）转化阶段的评价指标

转化阶段的评价指标用来表明企业的社交参与是否有效，主要包括点击率、转化率以及对话率。

1. 点击率

点击率是显示用户深度兴趣的最直接的指标，指的是用户在企业发布的相关内容中点击CTA 链接[②]的频率，可以通过计算内容的点击次数与浏览次数的比值加以衡量。对于社交媒体营销内容的策划者来说，应尽可能确保每一次内容发布都能够唤起现有的和潜在用户的点击。

需要指出的是，企业需要将点击率和用户的点赞、评论等行为相区分。相较于对企业发布内容的点赞、评论，点击是高质量内容引发的用户的后续行为，通过点击链接会将用户带到其他的页面，如由社交媒体平台进入企业的官网或商品购买主页，再或者留下个性信息（例如手机号、性别、年龄等）以解锁福利或特权等。如果点击率较高，说明企业提供的链接内容对用户具有较高的价值，反之则表示用户对企业所提供的链接内容兴趣较低。相关统计数据表明，社交媒体的点击率通常介于 0.5%—2% 之间，具体取决于行业以及选择的社交媒体平台。例如，电子商务的点击率普遍比游戏行业的点击率要高。

---

① 完播率和 5 秒完播率是抖音为企业用户提供的衡量营销效果的关键指标。其中，完播率是完整播放次数/播放次数，也即用户完整看完特定视频的次数和视频播放的总次数的比例；5 秒完播率是指观看完特定视频前 5 秒的用户数与观看完整视频的用户数的比例。

② CTA（Call To Action），也即行动召唤，是指用来促进用户完成某种动作的文字。这些文字往往带有要求语气，例如"立即注册""加入购物车""提交订单""立即咨询"等。链接 CTA 通常包括一小段号召性的文字描述和一个可以点击的按钮，主要目的是将顾客引流到设定的链接或页面。只要成功吸引用户，让其做出点击的行动，就可以将这些用户顺利引导至企业预设的目标页面。

2. 转化率

转化率是指在点击企业发布的相关链接后，在特定页面上进行后续操作(如订阅内容、注册账号、购买相关产品或服务)的用户数与点击该页面的用户数的比值。高转化率表明目标顾客认可企业在社交媒体上提供的内容，能够与自身的需求相匹配，从而愿意为其付出相应的努力(如花费时间注册账号、支付一定金额购买产品或服务)。

在具体衡量转化率时，企业需要首先发布包含 CTA 链接的相关内容。然后企业可以通过在用户设备上设置 Cookie 等手段，跟踪发布内容的点击总数以及进行后续操作的用户总数。最后，计算进行后续操作的用户总数与点击总数之间的比值。例如，企业在小红书平台上发布的一篇有关新产品的推广内容，一个月内共收获 2 500 位访问者，其中有545 位访问者点击了内容中的产品购买链接并完成了购买，则这篇推广内容的转化率为 21.8%。

3. 对话率

对话率是指企业发布的每一篇社交媒体内容的评论数与其粉丝总数的比值。通过量化对话率，有助于企业了解其在社交媒体上发布的内容是否有趣、能否带来转化，这是社交媒体营销的核心所在。

在衡量对话率时，企业首先需要获取特定时期内其发布的每一篇内容的评论数，然后将其与粉丝总数相比，就可以得到对话率。例如，当企业在某一社交媒体平台拥有 1 000 个粉丝，其发布的内容一个月内共收获 200 条评论，则其对话率为 20%。

(四) 反馈阶段的评价指标

反馈阶段的评价指标用以表明活跃用户对企业提供的产品或服务的反馈程度，主要包括顾客推荐、顾客满意度、净推荐值以及跳失率。

1. 顾客推荐

顾客推荐是指顾客对企业提供的产品或服务做出的任何正面或负面评论、评估、推荐等。如果顾客对企业提供的产品或服务感到满意，则其就有可能在社交媒体上分享自己的体验，向其他用户推荐企业的产品或服务。这种来自顾客的推荐能够帮助企业提升品牌影响力和信任感，最终提升企业的经营绩效。[1]

2. 顾客满意度

顾客满意度是顾客对企业提供的产品或服务满意程度的一个重要指标，也是衡量营销效果最为经典的指标。通常，顾客满意度可以通过顾客对该产品或服务的总体满意度的评价来衡量。需要指出的是，顾客满意度并不等于顾客忠诚度，即使在顾客满意度很高的情况下，顾客依然有可能购买其他企业提供的产品或服务。

3. 净推荐值

净推荐值即口碑，用以衡量顾客向其他人推荐企业提供的产品或服务的可能性的指数。与顾客满意度不同，净推荐值可以用来预测未来顾客将如何使用企业提供的产品和服务。净推荐值越高，代表顾客的忠诚度越高。

一般而言，企业会通过如下问题来衡量净推荐值："您向朋友推荐我们的品牌(产品或

---

[1] Ozdemir, S., Zhang, S., Gupta, S., et al. The effects of trust and peer influence on corporate brand—Consumer relationships and consumer loyalty[J]. Journal of Business Research, 2020, (117): 791-805.

服务)的可能性有多大?"当要求顾客在 0—10 分这个范围内给出自己的分数时,可以根据打分情况将顾客分为三类:(1)推荐者(得分在 9—10 之间),代表对企业具有狂热忠诚度的顾客。该类顾客会继续购买产品或服务,并愿意主动将产品或服务推荐给其他人;(2)被动者(得分在 7—8 之间),这类顾客对企业总体持满意态度,但在后续购买过程中也会考虑其他竞争对手提供的产品;(3)贬损者(得分在 0—6 之间),该类顾客对企业提供的产品或服务表示不满,缺乏忠诚度。这类顾客会为企业带来负向口碑,破坏企业的声誉。

在具体量化净推荐值时,需要企业首先计算出推荐者的数量和贬损者的数量,两者的差值与顾客总数的比值即为净推荐值。例如,当企业在进行新产品推广时,共有 30 名顾客在调研时给了企业 9—10 分,表示会向朋友推荐新产品(推荐者),而有 10 名顾客表示对企业提供的产品不满,不会向朋友推荐(贬损者)。此时,企业的净推荐值则为推荐者 30 与贬损者 10 之间的差值,也即 20。因此,净推荐值为 20/40 = 0.5,即 50%,一般而言,净推荐值达到 50%以上为良好,说明企业有一批忠诚水平较高的顾客。

4. 跳失率

跳失率也即企业顾客的流失率。实际上,任何企业都无法完美地满足每一位顾客的需求,因而跳失率一定会客观存在。跳失率的水平是企业应重点关注的,社交媒体中较高的跳失率通常表明社交媒体营销内容没有为顾客持续提供足够好的价值或体验,从而导致顾客不满或失望,进而转向其他竞争对手。对于跳失率,企业可以实时关注顾客的浏览页面数量、逗留时间等数据,通过采取相应措施进行纠偏,尽可能降低跳失率。

本 章 小 结

本章围绕社交媒体营销,首先介绍了社交媒体营销的内涵,指出社交媒体营销以双向互动为核心特性、以社交媒体平台为主阵地、以利益相关者的关系营销为内核;其次,基于社交媒体平台的特征,介绍了社交媒体营销的主要类型。同时,从营销重心、互动方式、营销效果以及顾客行为模式四个方面分析了社交媒体营销与传统市场营销的区别。进一步地,本章围绕如何开展社交媒体营销展开了讨论,指出社交媒体营销的实施流程包括定位目标顾客群体、选定社交媒体平台、创建独特且引人入胜的内容、动态管理社交媒体营销内容以及分析社交媒体营销效果五个关键步骤,并分析了社交媒体营销实施过程中存在的误区。最后,本章具体介绍了社交媒体营销效果评价的内容、过程以及具体的评价指标。

关键概念

社交媒体　　社交媒体营销　　品牌知名度　　社交声量　　内容触达率

即测即评

☞ 请扫描二维码答题

复习思考题

1. 简述社交媒体营销和传统市场营销的区别。
2. 结合某一企业实例，阐述企业实施社交媒体营销的流程。
3. 结合企业实例，试分析社交媒体营销过程中可能存在的误区。
4. 简述社交媒体营销效果的评价指标。

本章案例分析

故宫博物院的社交媒体营销之道

自故宫博物院成立以来，由于故宫建筑与文物与生俱来的距离感和尊贵感，人们对故宫博物院形成了古老、生硬的刻板印象。在这一背景下，故宫博物院亟待创新营销之道，拉近与观众之间的距离，实现文化的传承与可持续发展。伴随着社交媒体的发展，故宫博物院迎来了新的发展契机：自创"故宫淘宝"及衍生周边品牌，通过开展社交媒体营销，走出了一条博物馆文创产品创新发展的道路。

在 2010 年，故宫博物院在电商淘宝平台上开设了"故宫淘宝——来自故宫的礼物"（以下简称故宫淘宝）店铺，经营与衣食住行相关的产品。由于经营绩效较差，故宫淘宝开始尝试利用社交媒体开展营销活动，先后开设了故宫淘宝的官方微博账号以及微信公众号。得益于社交媒体平台的互动特征，故宫淘宝收获了广泛的关注和喜爱。截至 2022 年 5 月底，故宫淘宝官方微博账号粉丝达到 98 万；故宫淘宝微信公众号虽然发布的推文并不多，但每篇推文都收获了较高的浏览量和点赞数，如《朕是如何把天聊死的》阅读量高达 10 万。基于微博以及微信公众号的引流，目前故宫淘宝在淘宝平台上的店铺也收获了大批关注者，各种文创产品数量多达 11 900 余种，年销售额达 15 亿元，并仍旧在逐步增长，势态喜人。

1. 微博：紧跟热点，持续性互动

故宫淘宝深谙微博的社交广场和热点策源地属性，通过结合热点事件，在与顾客持续互动的同时，实现品牌推广的效果。例如，借势北京 2022 年冬奥会的热点，故宫淘宝发布了与冬奥健儿一起喜迎开门"红"的宣传内容，通过与微博粉丝互动，收获了一批热度。除此之外，故宫淘宝还充分利用微博平台提供的转发和评论功能，以卖萌、傲娇的风格与粉丝进行互动。例如，当一名粉丝提及故宫淘宝，并在评论中表达了"我想在故宫办婚礼，凤冠霞帔走正门"的意愿时，故宫淘宝以傲娇的口吻回复"你清醒一点"，被粉丝戏称为"来自官方的拒绝"。通过这种与粉丝之间的互动，故宫淘宝塑造了调皮、生动的品牌形象，拉近了与粉丝之间的距离。

2. 微信：二次创作，让人物"活"起来

在微信平台上，故宫淘宝利用公众号，对历史人物及其相关事件进行二次创作，以一种现代人喜欢的方式，让历史人物"活"起来。例如，故宫淘宝在公众号上推出了《朕是如何把天聊死的》。这篇推送以第一人称的口吻，将雍正皇帝的"话痨型"帝王形象以两种语言风格展现得淋漓尽致：一种是"想你疼你"，另一种则是大规模、不留情面地"怒怼"。在推文的最后，故宫淘宝巧妙地引出钥匙扣、折扇、刺绣布贴、御批系列 T 恤等周边产品，将微信用户引流到故宫淘宝的淘宝店铺中，实现社交媒体营销的目的。

可以说，微博和微信两种社交媒体平台与故宫淘宝的线上店铺相辅相成，正发展成为故宫淘宝提高品牌经济绩效以及塑造品牌形象，从而拉近与顾客之间距离的关键主战场。

资料来源：新媒体时代故宫博物院文创的营销策略分析.2022；周平，王梅琳."故宫淘宝"的社交媒体营销策略探讨[J]. 视听，2020(01)：174–175.

案例讨论题

1. 根据故宫淘宝开展社交媒体营销的案例，谈谈自己对社交媒体营销内涵的理解。
2. 试分析故宫淘宝成功开展社交媒体营销的原因。

延伸阅读

[1] 王永贵，马双. 客户关系管理[M].2 版. 北京：清华大学出版社，2020.
[2] 王永贵. 市场营销[M].2 版. 北京：中国人民大学出版社，2022.
[3] 王永贵. 服务营销[M]. 北京：清华大学出版社，2022.
[4] Appel, G., Grewal, L., Hadi, R., & Stephen, A. T. The future of social media in marketing[J]. Journal of the Academy of Marketing Science，2020，48(1)：79–95.

☞ 更多资源请扫描封底拓展资源码→文献目录

第九章 移动营销

　　《中国移动互联网发展报告(2022)》显示，截至 2021 年 12 月底，我国手机网民规模已达 10.29 亿，全年增加了 4 373 万人。[①]以智能手机为代表的移动终端改变了企业与顾客互动的方式，为企业创造了新的市场营销机会。得益于移动终端和移动通信技术的发展，越来越多的企业开始实施移动营销，将个性化的营销信息精准触达顾客，并与顾客无时无刻且无处不在地展开互动，最终在为顾客创造价值的同时实现顾客价值的获取。

本章的学习目标：

1. 了解移动营销的内涵与特征
2. 了解移动营销的技术支持以及类型
3. 掌握移动营销的实施流程
4. 识别移动营销中的关键问题

---

① 人民网.《中国移动互联网发展报告(2022)》正式发布，2022.

开篇案例

以跑示爱：必胜客的移动营销

"每逢佳节倍营销"，七夕节也不例外。在这个中国最具浪漫色彩的节日中，如何有创意地进行表白成为人们最关注的话题之一。为迎合人们的这一需求，越来越多的企业在七夕当天各显神通，推出形式多样、富有心意的"表白"主题活动。无独有偶，必胜客也把握住这一营销契机，联合小米推出了用跑步轨迹进行表白的特色主题活动——"以跑示爱"，用以推广全新单品"滋滋岩烤牛排"。

"以跑示爱"活动以必胜客滋滋岩烤牛排与小米手环以及小米运动 App 的跨界"奔跑"合作为核心。活动于七夕节当天正式上线，参与用户只需要戴上小米手环，在小米运动 App 里跑出属于自己的心形轨迹，并将其在微博上分享给伴侣，就有机会赢取必胜客提供的滋滋岩烤牛排优惠券。节日期间，必胜客凭借此次活动共吸引了 700 多万米粉的关注，营销活动取得了显著的成效。

必胜客的此次营销活动一方面成功借势七夕节日，在为顾客提供美食的同时，也通过创造情感体验吸引了年轻情侣的关注和参与；另一方面，借助小米手环和小米运动 App 这两个移动终端，创新了与顾客之间的互动方式。这种充满趣味的互动为滋滋岩烤牛排的推广提供了强大助力。

随着移动互联网的发展以及智能手机、平板电脑等移动终端的普及，使企业运用这些移动技术开展营销活动成为可能。在数字化时代，移动营销正逐渐成为一种主流营销方式。不同于传统营销，基于移动终端的移动营销注重与顾客之间的双向沟通，为顾客提供基于地理位置的、无处不在的、个性化的营销信息，能够满足顾客的一些独特需求。无疑，移动通信技术的发展为企业在数字化时代开展有效的营销活动带来了诸多新的机会和挑战。

第一节　移动营销概述

一、移动营销的内涵及其特征

（一）移动营销的内涵

关于移动营销的内涵，美国移动营销协会（Mobile Marketing Association，MMA）于 2009 年给出了最初的定义，也即"移动营销是指经由移动设备或网络进行的，通过基于定位的个性化互动形式，使企业与顾客能够充分沟通交流的一系列营销实践活动"。在此基础上，营销学界开展了一系列有关移动营销内涵的讨论，具体如表 9-1 所示。

表 9-1　移动营销内涵的界定

来源	定义
Leppaniemi 等，2006①	通过移动媒介来向顾客推送实时定位的个性化营销信息、能为企业与其终端用户提供交流互动渠道、能提高企业利润的一系列增值促销活动。
Tong 等，2020②	营销人员根据位置、时间、环境等即时顾客信息，通过移动渠道(如短信、应用程序等)设计和交付高度相关和个性化内容的过程。
黄丽娟和夏筱萌，2015③	面向移动终端(手机或平板电脑等移动设备)用户，在移动终端上直接向细分的目标受众定向和精确地传递个性化的即时信息，通过与顾客的信息互动达到市场营销的目的，并使企业利润增加的行为和营销活动。
崔楠等，2016④	企业通过移动媒体、设备或技术等，与其顾客进行的有关产品的双向或多向的沟通和促销。

资料来源：作者根据相关文献整理。

　　综合已有关于移动营销内涵的界定，可以发现移动营销包含移动终端媒介、双向互动以及精准信息推送等关键要素。基于此，本书将**移动营销**定义为面向移动终端(如手机、平板电脑等)用户，通过移动终端向目标受众定向传递个性化的即时营销信息，并与顾客进行双向沟通和互动，以此实现市场营销目标的一系列营销活动。具体来看，移动营销的内涵可以概括为以下几个层面：

　　1. 以移动终端为媒介

　　由上述学者们对移动营销的界定不难看出，移动营销是以移动终端为媒介开展的一系列营销活动。得益于数字技术的发展，移动终端已从早期的移动电话发展为一系列移动设备，如便携式设备(平板电脑、可穿戴设备等)以及智能设备(服务机器人)。这些移动终端为企业开展营销活动提供了一个有效的平台。例如，企业可以借助智能手机，以短信、彩铃或彩信的形式向顾客发送信息，或通过移动应用程序如手机淘宝、京东等在线推广并销售产品。

　　2. 注重与顾客的双向沟通

　　不同于传统媒体(如报纸、广播、电视等)只能向消费者单向传递信息，移动营销以移动终端用户为营销对象，强调双向沟通和互动。⑤ 更确切地说，基于移动终端和 Wifi、5G 技术

　　① Leppäniemi, M., Sinisalo, J., Karjaluoto, H. A review of mobile marketing research[J]. International Journal of Mobile Marketing, 2006, 1(1): 30-40.

　　② Tong, S., Luo, X., Xu, B. Personalized mobile marketing strategies[J]. Journal of the Academy of Marketing Science, 2020, 48(1): 64-78.

　　③ 黄丽娟, 夏筱萌. 移动营销研究述评与展望[J]. 外国经济与管理, 2015, 37(10): 58-68.

　　④ 崔楠, 徐文豪, 白琼瑶, 等. 基于地点特征的移动营销研究综述与展望[J]. 外国经济与管理, 2016, 38(11): 3-13.

　　⑤ Smutkupt, P., Krairit, D., Esichaikul, V. Mobile marketing: Implications for marketing strategies[J]. International Journal of Mobile Marketing, 2010, 5(2): 126-139.

的普及，企业能够同时与许多消费者基于移动终端的屏幕来实现随时随地的沟通。因此，移动营销在传播速度、范围、互动程度等方面都要远高于传统的营销沟通方式（如电话、上门拜访等）。

3. 以传递个性化的即时信息为核心

在大众营销时代，信息受众难以预测，营销人员大多利用电视和报纸等传统媒体渠道设计"一刀切"的广告策略。而在数字化时代，伴随着移动互联网以及大数据等技术的出现，营销人员能够更好地了解顾客的在线消费行为，并以此为依据进行顾客细分，描绘顾客旅程，预测顾客兴趣偏好。同时，移动终端的普及使得营销人员能够通过移动终端内置的全球定位系统（Global Positioning System，GPS）、传感器等技术实现对顾客位置的定位。这些丰富的顾客消费行为和位置数据使企业能够即时地向顾客传递个性化的营销信息，制定更具适应性和个性化的营销策略。因此，尽管移动技术的进步催生了越来越多的移动营销手段，但这并不意味着企业只要应用了移动终端与顾客沟通互动就是移动营销，企业需要明确传递个性化的即时信息这一核心任务。

（二）移动营销的特征

移动营销的特征可以用"4I"进行概括，也即分众识别（Individual Identification）、即时信息（Instant Message）、互动沟通（Interactive Communication）以及"我"的个性化（Individualization），[①] 具体如下：

1. 分众识别

结合上述移动营销的内涵不难看出，移动营销是基于手机等移动终端来与顾客实现一对一的沟通。由于每一部手机及其使用者都是相对应的，因此，企业可以基于移动终端完成对顾客的洞察，即顾客在哪些位置使用手机、平板等移动终端（Where）、何时在移动终端上搜寻产品（When）、如何搜索信息并完成购买（How）以及在使用移动终端时是独自一人还是与他人一起（Who）等，实现对顾客的分众识别。例如，中国工商银行推出了网上银行到账伴侣，通过手机端 App 向顾客推送账户相关通知。同时，银行还基于顾客在到账伴侣 App 上的消费记录（如刷卡时间、地点、商户、金额等），对顾客进行多维度分析，形成顾客的花费比例报告、消费地图报告、消费水平报告等，并以此对顾客进行划分（如经常出差的顾客、有储蓄习惯的顾客等），以此向这些顾客定向推送相关产品信息，如向经常出差的顾客推送差旅保险产品。

2. 即时信息

即时信息强调移动营销传递信息的即时性。具体来看，传统电脑端营销受制于电脑终端所在的位置，这种近似静态的单屏交互方式，使得企业营销活动的开展以及与顾客的沟通交流受到时间、地点、购物界面等因素的影响。相较之下，首先，由于移动终端（尤其是手机）的便携性，人们几乎总是随身携带手机，这就使得顾客可以随时、随地查看来自企业推送的营销信息。这意味着一旦企业将相关营销活动信息发送出去，很快就会被顾客所接收。例如，每年"6·18""双十一"和"双十二"等购物节活动之前，各个商家都会采用短信的方式提前向之前购买过相关产品的顾客推送促销信息，同时也会在京东、淘宝等电商平台提供的沟通界面中向顾客推送最新的活动信息。

---

① 黄丽娟，夏筱荫. 移动营销研究述评与展望[J]. 外国经济与管理，2015，37（10）：58-68.

3. 互动沟通

如前所述,移动营销强调企业与顾客之间"一对一"的双向沟通,而这正是移动营销互动特性的体现。同时,移动终端也为顾客随时随地反馈需求提供了便利渠道,有利于企业即时响应并解决顾客的需求,从而使企业与顾客之间基于互动建立起更深层次的关系。

移动终端带来了企业与顾客之间沟通互动方式的创新,即顾客可以通过手指触摸与移动终端进行交互,如点击特定按钮查阅相关内容,滑动相关页面并进入下一页,快速将浏览页面滑到页面底部,放大或缩小浏览页面中的细节,甚至摇动手机来翻转或改变页面上的特定元素等。这些通过触摸设计就能实现的互动方式为企业与顾客之间的互动提供了便利的同时,也更容易激发顾客进行多感官互动,增加与企业之间的沟通深度。[①] 以美汁源的果粒橙饮料推广营销活动为例,该公司策划了一场手机端专属的"阳光果粒长成"活动,引导顾客打开手机上的活动页面,让阳光照射手机活动页面上的果粒,此时呈现出果粒不断长大并萃取成美汁源果粒橙,以此强化顾客对"阳光果粒"的品牌认识。短短一周内,该活动就获得了近11万人的互动参与,品牌好感度以及顾客的购买意愿提升了20%以上。[②]

4. "我"的个性化

尽管每个移动用户在一天中会接触各种类型的广告,但能够吸引用户注意力的广告是那些能吸引他们注意力的个性化广告。相较于电脑,用户使用移动终端的频率较高,因而企业可以获取大量的移动终端用户行为数据,并针对这些数据进行目标顾客定位及其消费偏好分析,从而实现向顾客发布更加精准、个性化的营销信息。以今日头条为例,作为移动端个性化广告的探路者,今日头条拥有个性化推荐和大数据算法精准推荐等核心技术,这支撑了今日头条广告精准推送模式的发展。

二、移动营销的技术支持

移动营销的发展离不开一系列技术的支持。结合移动营销实践,本章将重点介绍以下几个关键技术。

(一) 移动智能终端

如前所述,移动营销的开展是以移动智能终端作为媒介。**移动智能终端**是指具有开放式操作系统,通过无线移动通信技术进行网络接入,并借助应用程序的下载和安装为用户提供服务的终端产品。移动智能终端主要包括智能手机、平板电脑、笔记本电脑以及 PDA 移动终端四种类型。

1. 智能手机

智能手机是指具有独立的操作系统,可以通过移动通信网络进行无线网接入,并由用户自行安装办公软件、游戏等第三方服务商提供的应用程序,以此实现对手机功能扩充的一类手机的总称。伴随着技术升级,越来越多智能手机除了提供摄像头、麦克风等基础设备外,还为用户提供了丰富的拍照、录像和录音等功能。可以说,由于智能手机随时随地的强伴随性,除非涉及专业用途,智能手机已在日常应用中逐步替代了相机、录音机、录音笔等多媒

① Dodson, I. The art of digital marketing: The definitive guide to creating strategic, targeted, and measurable online campaigns[M]. John Wiley & Sons, 2016.

② 搜狐网. 移动营销中的受众沟通之道. 2016.

体设备。

2. 平板电脑

平板电脑是一种以触摸屏作为基础输入设备的小型、便携式智能移动设备。由于大多数平板电脑的预装系统以及操作方式与智能手机相似，因此平板电脑也被称为"大号智能手机"。不同于传统电脑借助键盘或鼠标进行操作，用户主要通过手指或触控笔在平板电脑的触摸屏上完成相关操作。兼具手机功能的同时，平板电脑也为用户提供了大屏幕带来的观影、购物、玩游戏时的新体验。

受新冠疫情的影响，近两年来，在线教育和居家办公需求激增，这为平板电脑的发展带来了契机。国际数据公司(IDC)的相关数据显示：2021 年中国平板电脑市场出货量约 2846 万台，同比增长 21.8%，迎来近七年最高的增长速度。[①] 除了苹果、华为、联想等老牌平板电脑生产商之外，越来越多企业如小米、vivo、一加等也开始布局平板市场，这为企业借助平板电脑开展移动营销带来了丰富的机会。

3. 笔记本电脑

笔记本电脑又称为便携式电脑、膝上型电脑或掌上电脑。与传统台式机相比，笔记本电脑的最大特点在于便携性，使得用户能够随时、随地完成在台式机上可以进行的操作。

伴随着相关技术的不断发展，笔记本电脑呈现出一系列新的发展趋势。例如，从产品形态来看，笔记本电脑正朝着更窄边框、更大屏幕、更小体积以及更轻重量方向发展，以便为用户创造更为便捷的操作体验；从产品功能和类型来看，除了满足日常办公、观影和购物的上网用笔记本、具有超长待机时间的商务用笔记本以及提供极致游戏体验的游戏用笔记本之外，由于疫情原因，满足用户线上教育需求的教育用笔记本成为当下的热门产品。

4. PDA 移动终端

PDA 移动终端即个人数字助理(Personal Digital Assistant)，以手写笔作为基础输入设备，具备文档编辑、播放音乐和视频以及无线上网购物和玩游戏等功能，能够在移动状态下满足用户的娱乐、工作和学习等需求。

PDA 移动终端可以进一步划分为工业级 PDA 移动终端和消费品 PDA 移动终端两种类型。其中，工业级 PDA 移动终端主要应用在工业消费领域，包括条码扫描仪、POS 机等；消费品 PDA 终端除了上述提到的智能手机、平板电脑之外，还包括手持游戏机。

(二) 二维码

二维码(Two-Dimensional Bar Code)是通过特定的黑白矩形图来记录数据信息的一种可读性条码。通过相关设备扫描二维码后，即可获得黑白图形背后所包含的信息。二维码具有多种类型，QR 码(也即快速响应矩阵码,Quick Response Code)是其中的代表。该类型二维码能够存储更多数据，且扫描更为便捷，被广泛应用于产品溯源、物品识别以及产品促销等活动中。

鉴于二维码能够容纳不同的数据信息，企业可以根据不同的营销需求以及营销场景，动态地生成二维码，以便向顾客传递不同的营销活动。以康师傅的二维码营销为例，早在2016 年，康师傅就开始布局"一物一码"智能营销，并取得了显著的营销效果。2020 年10 月份，康师傅启动了新一轮"吃桶面赢手机"的扫码活动。具体而言，康师傅将活动二维码印制在桶面的外包装和调料包上，顾客只需在购买桶面后扫描相应的二维码，即可参与

---

① 中华网. IDC：2021 年中国平板电脑市场出货量约 2846 万台. 2022.

到该活动中。通过这种充满趣味的扫码活动，在吸引顾客参与的同时，也提升了顾客的品牌好感度以及后续重复购买的可能性。①

（三）Beacon 蓝牙技术

Beacon 是一种低功耗蓝牙技术，能够以蓝牙信号的形式向周围传递位置信息。当这些信息被与 Beacon 技术兼容的智能手机所接收后，就可以实现对发送信号的位置的精准定位。Beacon 技术最初被实体零售商用于吸引店铺周围特定范围内的顾客，随着营销实践的发展，越来越多的企业利用 Beacon 技术分析顾客的消费行为，从而开展精准营销。

过去，企业往往只能知道顾客最终购买了什么产品以及各个产品的销售情况，却难以发现购物过程中哪些因素影响了顾客最终的购买决策。而 Beacon 技术可以帮助企业分析顾客在商场的行走路线、在哪些产品或者区域面前逗留了更久，并基于这些数据得出顾客的产品偏好以及购买特定产品的原因，实现对消费行为的精准分析。同时，基于这些行为数据，企业可以借助 Beacon 技术实时、精准地为顾客推送营销信息。以信驰达推出的智慧商店解决方案为例，该方案基于 Beacon 技术的室内定位功能，能够实现对商店内人员和货物的实时定位。一方面，顾客可以实时获得相关商品的位置，如当顾客经过商店某一个货架时，该货架可以发出 Beacon 信号，此时 Beacon 信号会自动搜寻周边在手机上安装了 Beacon 应用的用户，并将优惠活动信息推送给这些目标用户；另一方面，商店也可以基于对顾客的定位，收集到清晰、准确的客流数据以及顾客的消费行为数据。

（四）近距离无线通信

近距离无线通信（Near Field Communication，NFC）是一种由飞利浦和索尼共同开发的非接触式识别和互联技术。NFC 可以让设备在近距离的情况下通过无线电频率进行交流。换言之，当用户将移动终端接触带有近距离无线通信功能的物品时，就能通过移动终端对其进行启动或状态变更。例如，日常生活中常见的将手机靠近刷卡器上进行移动支付便是 NFC 技术的典型应用。

除了用作移动支付外，NFC 还可以应用到营销活动的推广中，提升营销活动的趣味性。以擅长利用 NFC 技术制造独特营销效果的公司 Tapit 为例，2012 年，该公司为世界最大的购物中心迪拜购物中心策划了一个应用 NFC 技术的营销活动，即迪拜购物中心寻宝游戏。这个游戏共设有 4 道关卡，玩家在进入下一道关卡之前可以找到提示线索，而找到线索的方法就是把手机直接贴在分布在商场不同地方的 Tapit 标志上。这些标志可能在某家店的橱窗上，也可能在某个品牌的广告海报上，或贴在大厅的廊柱上。一旦玩家获胜，就可以获得由 Mikura 珠宝、CK 手表等品牌提供的奖品。该活动推出的一周后，共有超过 1 万人次的参与。②

（五）基于地理位置的服务

基于地理位置的服务（Location based service，LBS），是指借助移动通信网络以及空间定位技术，通过用户发起的基于位置的服务查询请求，获取顾客的地理位置信息，并将基于该位置信息查询的相关结果发送给用户，从而为顾客提供基于地理位置的服务。③ LBS 充分揭示了移动技术带来的便捷和高效，其典型应用为基于周边生活服务的营销，如美团、饿了

① 知乎. 精准区域营销，康师傅方便面一物一码扫码活动引爆消费者市场. 2021.
② 第一财经. NFC 技术应用案例：不接触的营销，2012.
③ Yun, H., Han, D., Lee, C. C. Understanding the use of location-based service Applications：do privacy concerns matter? [J]. Journal of Electronic Commerce Research, 2013, 14(3)：215-230.

么、大众点评、滴滴出行等平台可以帮助用户实现随时随地、基于自身地理位置的生活服务搜索，这也是移动营销的特色所在。同时，这种基于位置的服务为顾客提供了更具个性化的体验。原因在于，由于所处的位置不同，不同的用户在查找附近商店、加油站、医院等信息时，所获得的结果各不相同。同一用户在不同位置获得的服务查询结果也有所不同。相应地，其获得的服务体验也不尽相同。

LBS 为企业开展营销活动提供了技术支持，越来越多的企业尝试利用 LBS 圈定目标群体，进行营销广告的精准投放。例如，神州共享车通过对大量用户行为数据的分析发现，当共享车距离用户一公里以内时，用户租用共享车的意愿和行为将大大提升。基于此，神州共享车借助 LBS 精准定位网点附近一公里的用户，向其发送优惠活动信息，以邀请用户进行租车消费。类似地，2013 年，京东与百度合作，推出了一场盛大的基于 LBS 的店庆活动。基于京东用户信息数据以及 LBS，京东将营销活动的场地定位为包括苏宁、国美在内的 8 000 家线下家电和数码大卖场。在店庆期间，距离这些大卖场周边 5 公里的目标用户可以通过百度 App 即时收到京东店庆的促销活动信息。① 除了与其他企业合作外，京东还开发了基于 LBS 的营销功能。2021 年 10 月，京东在手机 App 上推出了基于 LBS 的"附近"频道。用户进入该频道后，能够直接获得所处位置周边的相关门店的服务信息。除了可以快速完成消费活动，用户还可以享受基于近距离优势的"最快一小时达"配送服务。

（六）相似人群拓展

相似人群扩展（Lookalike）是一种基于种子用户（企业的历史转化人群），通过一定的算法评估模型，找到更多拥有潜在关联性的相似人群的技术。Lookalike 技术的最终目的在于实现用户拓展。举例而言，当企业意图将营销广告触达 100 万用户时，根据现有用户画像以及相关数据发现，其种子用户只有 10 万人。那么，为了实现这一目标，就需要用到 Lookalike 技术，通过种子用户找到品牌偏好、消费价格区间、地理位置等相匹配的潜在用户群，然后进行广告的大范围投放。

在利用 Lookalike 技术进行用户拓展时，可以通过以下三种方法②：（1）利用用户画像进行目标人群拓展，即以种子用户的标签（如兴趣、地理位置、行为、品牌偏好等）为依据，找到具有相同标签的目标人群；（2）利用机器学习技术进行用户挖掘，即以种子用户以及海量的非种子用户行为数据作为数据基础，通过机器学习技术，构建用户挖掘和筛选模型，实现对备选用户的自动筛选；（3）利用社交圈结构相似的人群进行拓展，即基于种子用户的社交关系网，提炼出用户特征，以此得到关系网中的相似人群。

（七）重定向

与 Lookalike 类似，**重定向**（Retargeting）也属于精准定向技术的一种，是根据用户的历史行为，进行对应或类似广告的再次推送。重定向投放的意义在于对用户进行二次营销，唤醒沉睡用户，召回流失用户。重定向广告的优势便在于"重"，即针对已经触达过的用户群体，通过记录用户在某个页面打开、浏览、停留的时间以及搜索、下单等历史行为，为用户绘制画像，再将特定的广告重新推送给这些用户，最终促成用户的再次转化。例如，某一用户在淘宝上搜索了吹风机，但由于功能和价格等原因并没有购买。当其再次打开其他网络平

---

① 广告导报. 移动营销新趋势 LBS 成精准"神器". 2014.

② GA 小站. Lookalike 的几种实现方式，2020.

台(如抖音、今日头条、微信等)，该用户会收到这些平台为其推荐的带有淘宝购买链接的吹风机广告。

尽管重定向是各种定向方式中被公认精准程度最高、效果最突出的，但是人群覆盖量往往较小，并且无法满足企业广泛接触潜在用户的需求，而上述提及的 Lookalike 技术则能很好地弥补重定向技术存在的这些不足。

三、移动营销的类型

目前，对于移动营销的类型划分并未形成统一的标准。结合企业实践以及相关研究，本文从移动营销采用的工具来划分其类型，主要包括传统式移动营销、终端预装式营销、移动网站式营销以及移动 App 式营销。

（一）传统式移动营销

传统式移动营销主要指以短信、彩信、彩铃等方式开展的营销活动。该类型移动营销的典型特征在于形式简单、覆盖范围广，但无法实现对顾客的精准触达，营销效果相对较差。

1. 短信营销

短信营销，即以短信的方式向顾客传递营销信息，以此达到传播的目的。与借助电视、广播、报纸等传统媒体开展营销活动相比，短信营销的显著优点在于只要获取了用户的手机号码，便可以快速、准确、点对点地将相关信息传播给用户。整个过程操作简单，覆盖范围广，营销成本低，因而被企业广泛应用到营销信息的推广中。然而，短信轰炸以及短信诈骗等问题的出现导致越来越多的顾客对企业发送的营销短信产生了抵触心理，甚至在收到短信后立刻删除或直接拉黑信息发送人的号码，这使得短信营销的效果大打折扣。基于此，企业在开展短信营销时，应借助大数据等新技术手段，为目标顾客发送有价值的个性化信息，从而提升短信营销的效果。

2. 彩信营销

不同于以文字信息传递为主的短信，彩信可以传递文字、图片、音频、视频等多种形式的信息。丰富的内容形式使得彩信比短信更能吸引用户的关注，从而为用户转化提供了可能性。然而，彩信业务的收费较高，这增加了企业的营销成本。随着 QQ、微信等即时通信软件的出现，彩信营销的发展受到了一定程度的冲击。

3. 彩铃营销

彩铃是"个性化多彩回铃音业务"的简称，它是一项由被叫客户为呼叫自己移动电话的其他主叫客户设定特殊音效(音乐、歌曲、故事情节、人物对话)的回音的业务。企业可以通过在手机用户的呼叫铃声中加入广告信息，从而实现营销目的。相较于短信和彩信营销，彩铃营销需要借助电信运营商的技术支持，营销成本较高。同样地，彩铃营销也面临着 QQ、微信等即时通信软件带来的影响。为了应对这一发展困境，电信运营商开始探索新的彩铃形式，在音频彩铃的基础上推出了视频彩铃。例如，2021 年春节期间，中国电信推出了设置视频彩铃赢取手机、送话费等一系列促销活动。活动过程中，借助 AI 技术，用户通过语音输入想要送出的祝福后即可自动获得一段定制的拜年视频彩铃。除此之外，中国电信还提供了"明星、萌宠帮你送祝福"的视频彩铃供用户选择。基于视频彩铃这一新的形式，拜年被赋予了仪式感和趣味性，吸引了众多用户的参与，进而提升了用户对中国电信的品牌认可。

（二）终端预装式营销

移动终端预装软件是指移动终端（以手机和平板电脑为主）出厂自带、用户无法自行删除的内置应用软件，如苹果手机里预装的应用商店 App Store。终端预装式营销则是指企业将自己的软件预先安装在移动终端中或在预装软件中植入产品信息，以实现营销推广目的的过程。以手机中预装的"游戏中心"为例，一些游戏开发商会与手机厂商合作，提前将其开发的手游产品加载到"游戏中心"中，以此进行产品的宣传和推广。

需要指出的是，在手机或平板上预装软件会占用这些移动终端的内存，影响移动终端的运行速度，甚至会带来自动联网消耗流量、预置木马病毒造成个人隐私泄露等问题。基于此，工信部等政府部门针对移动终端预装软件发布了行为规范，明确指出手机预装软件必须可卸载。在这一态势之下，企业应转变营销思路，致力于开发对目标用户有价值并且可以卸载的第三方软件。

（三）移动网站式营销

移动网站式营销是指企业通过在移动网站上投放营销广告，以此开展营销活动的过程。在具体开展营销活动时，企业应注意营销投放平台的选择、广告在页面的位置（如页面顶部或底部）、广告呈现形式（如文字、图片还是视频）以及广告文案的设计等问题。针对该部分内容，本章在第二节中进行了详细论述。以游戏企业的移动营销为例，相关数据表明，传奇、战争、仙侠等角色类手游产品更青睐选择移动网站进行营销宣传。① 在进行广告投放时，单张大图以及视频是该类产品钟爱的投放形式，以此吸引用户的关注，进而购买游戏产品。

（四）应用程序营销

App 也即 Application 的简称。伴随着手机、平板电脑等移动终端的发展，移动 App 一般特指安装在移动智能终端的应用程序。由于移动 App 能够深入融入用户的学习、工作、生活、娱乐和社交等日常生活中，具有较高的用户黏性，所以利用移动 App 开展营销活动成为越来越多企业的选择。

结合已有研究，移动 App 营销模式主要包括 App 广告植入和投放、品牌 App 以及联盟 App 三种类型②：

1. App 广告植入和投放

App 广告植入和投放模式是应用最为广泛的移动 App 营销模式，是指企业将产品相关信息融入到 App 中，以此进行产品或服务的营销推广。例如，一些企业会选择开屏广告（如用户在启动诸如微博、B 站、小红书等 App 时接触到的以静态图片或动画形式呈现的广告）的形式进行广告植入。而当企业将广告内容与指定页面进行链接时，称为广告投放，即当用户点击广告内容后，就可以进入预先链接的界面中，在新的页面中完成活动参与、内容订阅、产品使用乃至产品购买等一系列后续行为。

2. 品牌 App

品牌 App 模式是指企业开发自有 App 并进行 App 的推广。以社区买菜为例，为了抢占这一新零售领域的蓝海市场，一些商家开发了自有 App，如永辉生活、山姆会员店、华润万家等。为了提升用户下载并使用永辉生活 App 的频次，永辉超市推出了一系列促销活动，

---

① AppGrowing. 2022 年 Q1 移动广告趋势洞察. 2022.

② 孙永波，高雪. 移动 App 营销研究评述与展望［J］. 管理现代化，2016，36（1）：82-85.

如首次下载 App 的用户可以获得专属的新人礼包，使用 App 扫描线下超市提供的指定二维码可以获得优惠券，用 App 购物可以获得 5 元、10 元、15 元等不同面额的满减优惠券等。

3. 联盟 App

联盟 App 模式也称为平台型 App 模式，是指以平台型 App（如常见的淘宝、京东、美团、饿了么等 App）为媒介，多个企业共同开展营销活动。与品牌 App 相比，企业无须自己开发 App，因而营销费用相对较低。同时，得益于平台上各个企业品牌影响力的叠加，不同企业之间可以实现顾客共享，获得"1+1>2"的营销效果。以饿了么网上订餐 App 为例，当一位麦当劳的会员在饿了么平台上搜索"汉堡"产品时，除了可以看到麦当劳的产品信息，肯德基、汉堡王等品牌也会出现在该用户的手机页面上，无形中增加了顾客购买这些可替代产品的可能性。

第二节　移动营销的实施流程

随着移动终端的不断发展，各大品牌正在将传统媒体的广告投放向移动端转移，推动着移动营销的发展。为了更好地指导企业进行移动营销实践，有必要深入探究移动营销的实施流程。具体而言，移动营销的实施流程主要包括三个阶段：准备阶段、落地阶段以及评估阶段，如图 9-1 所示。

一、准备阶段

在准备阶段，涉及移动营销活动的筹备，主要包括三项基本工作：洞察移动用户消费特征、确定目标受众、制定移动营销策略。

- 洞察移动用户消费特征
- 确定目标受众
- 制定移动营销策略

准备阶段　**落地阶段**

- 基于移动网站的策略实施
- 基于移动应用的策略实施
- 基于移动搜索的策略实施
- 基于移动广告的策略实施

评估阶段

- 移动营销效果监测
- 移动营销效果评估

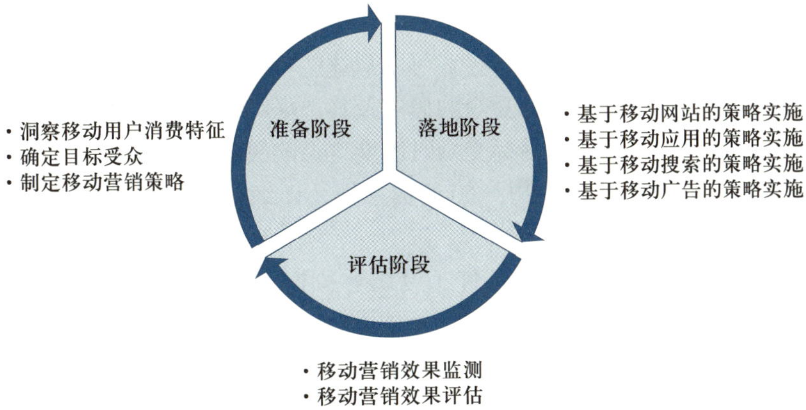

图 9-1　移动营销的实施流程

资料来源：Dodson, I. The art of digital marketing: The definitive guide to creating strategic, targeted, and measurable online campaigns[M]. John Wiley & Sons, 2016；黄维，罗晶，应花等. 实战第三屏：移动营销实务十讲[M]. 北京：电子工业出版社，2014；丹尼尔·罗尔斯. 移动营销：移动互联网技术带给营销、销售和传播的巨变[M]. 黄丽茹，屈云波译. 北京：企业管理出版社，2015；IT1352. 数字营销教程. 2022.

（一）洞察移动用户消费特征

任何营销活动的开展都需要对目标顾客进行深入了解，即使是关于他们行为或购买模式的最微小信息，也可以为企业提供巨大的营销优势。因此，在移动营销的实施流程中，企业首先需要了解移动用户的消费特征。[①]

2011年，KPCB风险投资公司[②]合伙人约翰·杜尔（John Doerr）首次提出"SoLoMo"这一概念，即社会化（Social）、本地化（Local）和移动化（Mobile）三个概念的融合。[③] 其中，社会化强调企业利用社交网络与顾客进行社会化交往并提供社会化服务；本地化即提供基于本地位置的定位与服务，实现了虚拟网络与顾客实际生活的高度融合；移动化指出顾客能够利用各种移动终端（如手机、平板电脑），随时随地完成一系列商品或服务的购买行为。SoLoMo揭示了移动互联网的本质特征，认为基于移动终端的各种应用程序要想获得成功，必须将顾客需求和体验提升至战略高度，立足于顾客的真实需求，为其提供差异化、个性化的相关服务，以此最大限度地实现顾客价值。在SoLoMo时代下，每一位顾客也变成了SoLoMo顾客，也即社交顾客（Social Consumer），每个顾客在做出购买决策前，会通过社交媒体平台（如微信、微博、小红书等）向其他顾客、专家、网友或周边的同事、好友等咨询有关商品或服务的信息、使用体验等。本地顾客（Local Consumer），即顾客可以随时随地搜寻到本地位置周边的各类产品或服务，或收到来自基于所处位置周边的商家提供的各种促销信息。移动顾客（Mobile Consumer），即顾客不再受制于时间和空间的限制，能够随时随地借助移动终端搜寻有关商品或服务的信息、了解商品价格以及完成购买。众多SoLoMo顾客组成了新的SoLoMo消费群，这给传统企业的营销模式带来了冲击。

综上所述，移动互联网时代下，顾客的行为特征主要发生了以下变化：（1）全天候，即顾客可以随时做出购买决策并完成购买；（2）全渠道，即顾客可以在任何渠道完成购买，如线下实体店、线上虚拟商城、微信小程序等。同时，顾客既可以选择单一渠道，也可以通过跨渠道乃至全渠道进行购买；（3）个性化，即顾客在做出购买决策时，更关注自己的独特需求是否能够得到满足，追求购买的个性化和极致体验。

（二）确定目标受众

在了解了移动用户的消费特征后，企业可以从这些特征入手，收集并分析移动用户的行为数据，以此来确定目标受众。目标受众的确定及其选择将有助于企业做出更好的决策并开展成功的营销活动。以下是在确定目标受众时需要遵循的关键步骤：

（1）基于产品或服务特征以及用户的消费特征，详细列出具有购买潜力的目标受众，并对其进行细分；

（2）对目标受众进行在线调查、邮件、电话等多种方式的互动和沟通，以了解目标受众存在哪些未满足的需求或潜在需求；

（3）基于上述分析，绘制目标受众的画像，为后续移动营销活动的开展打下基础。

（三）制定移动营销策略

在确定了目标受众后，企业还需要制定有关移动端的互动设计、广告投放等方面的营销

---

① 黄维，罗晶，应花，等. 实战第三屏：移动营销实务十讲[M]. 北京：电子工业出版社，2014.

② Kleiner Perkins Caufield & Byers，美国的风险基金公司.

③ 李璐. 约翰·杜尔：SoLoMo时代正值当下[J]. 通信世界，2011，（46）：31.

策略规划，帮助企业直击目标人群需求点，通过精准定位的内容吸引用户关注，提高移动营销的效果。

结合移动营销实践来看，在制定移动营销策略规划时，企业可以从如下几个方面展开：

1. 基于移动网站的策略

如前所述，随着移动终端的日益普及，许多企业开始为移动终端开发专属的移动网站。在访问同一个网站时，由于用户使用的设备不同，因此网站会呈现出不同的版本。通过设计不同于传统台式电脑桌面网站、自适应移动终端的移动网站，可以确保网站在移动终端上良好运行，为用户创建流畅的移动消费体验。

和所有网站设计一样，移动网站在设计和规划之初就需要考虑为什么要建设移动网站，而这一问题的答案依赖于对如下问题的回答：网站的经营目标是什么？顾客的需求是什么？以及如何利用移动网站满足顾客的需求？明确了这些问题后，企业就可以建设自己的移动网站了。

2. 基于移动 App 的策略

移动 App 是专为在移动终端(包括手机、平板电脑等)上运行而开发的计算机化程序。在采用移动 App 策略时，企业首先还是需要明确目标，即开发移动 App 的原因是什么？是为了强化企业的价值主张还是单纯为了获得额外收入？以及考虑到开发移动 App 的成本，企业是否真正需要开发移动 App？例如，如果企业可以直接通过移动网站来为顾客提供营销内容，那么企业可能需要的是移动网站而非移动 App。而对一些需要使用相机、通讯录、地理位置数据或其他信息的服务，则企业更需要借助移动 App 的支持。例如，当用户想要对拍摄的照片进行美化时，相较于在移动网站上进行相关操作，使用美图秀秀、黄油相机等 App 则更为便利。

3. 基于移动搜索的策略

移动搜索包括自然搜索(即搜索引擎提供的免费搜索结果)和付费搜索(即付费后得到搜索结果)。在采用移动搜索营销策略时，企业首先需要明确哪些措施可以确保在搜索结果中排序结果靠前，从而增加用户访问到企业推送的营销信息的可能性。

其中，搜索引擎优化是对自然搜索结果进行排序，确保在自然搜索结果中的排序靠前。点击付费是另外一种能够提升搜索结果排名的搜索方式。由于移动终端的屏幕空间有限，排序越靠前，被顾客点击并浏览的可能性就越大，因此，付费搜索的结果在移动终端页面中通常更为醒目。

4. 基于移动广告的策略

移动广告是通过移动终端(手机、平板电脑等)访问移动 App 或移动网站时显示的广告。同样的，在采用移动广告策略时，企业首先需要明确的仍旧是最终的营销目标是什么，是推广新产品还是提高顾客的关注度？基于不同的营销目标确定移动广告投放的方式和类型。

在投放移动广告时，除了选择移动网站，企业还可以考虑在应用程序内投放广告。例如，苹果和安卓系统能够兼容，帮助企业将广告自动添加到目标应用程序中。由于广告类型众多，包括横幅广告、拓展式广告、插屏广告、视频广告等，其呈现形式和内容不同，带来的广告活动结果也会出现差异。因此，企业在采用移动广告策略时应进行综合考虑，以确保移动广告服务于移动营销目标。

二、落地阶段

根据移动营销顾客消费特征的洞察以及目标受众的确定，围绕移动营销目标，企业下一步需要将移动营销策略规划付诸行动。

（一）基于移动网站的策略实施

在具体实施移动网站策略时，企业需要按照"设计——开发——检测——维护"的流程展开。[①]

1. 设计移动网站

首先，在设计移动网站时，需要重点关注网站页面的布局以及功能。对于网站页面的布局，由于手机、平板电脑等移动终端的屏幕尺寸小于台式电脑，这就意味着网站页面资源十分宝贵，需要尽可能确保页面呈现简化、内容易于理解且突出重点。同时，还需要考虑页面的排版显示形式，如手机端的竖屏显示、平板端的横屏显示。对于网站页面的功能，应以综合性和便利性为设计原则。以手机淘宝网页为例，不同于电脑端页面，考虑到移动屏幕的有限性，为了便于用户快速搜寻到相关产品，淘宝平台在手机网站页面上增加了"大家都在搜"的便捷功能。

2. 开发移动网站

当完成移动网站设计后，企业需要开始建设移动网站。针对网站的建设，企业可以选择由自己的团队完成开发建设，也可以经由第三方公司（如华为云建站、腾讯云建站公司等）完成网站的开发建设。

3. 检测移动网站

移动网站建设完成后，企业需要在移动设备上进行检测。虽然企业无法在顾客预计使用的每一种移动终端上对网站进行检测，但可以根据对用户主要使用的移动终端的初步认识以及产品或服务的特征，选择进行检测的移动终端。例如，对于一些大型单机游戏，相较于手机，一些用户往往更喜欢选择平板电脑进入游戏网站，以获得大屏幕带来的独特游戏体验。此时，企业就可以将平板电脑作为检测的主要对象，对游戏进入或退出等关键环节的流畅性进行检测。

4. 维护移动网站

规划良好、设计优美的移动网站建设完成后，企业还需要持续维护移动网站。尤其是在顾客需求不断变化的当下，企业需要根据顾客的需求来灵活调整网站的页面布局、操作系统等。

（二）基于移动 App 的策略实施

在具体实施基于移动 App 的策略时，企业首先需要考虑顾客界面的细节，进行互动设计。在理想的情况下，移动 App 不需要使用说明，用户看到界面时马上就能明白它的功能和操作方法。例如，为了便于与用户之间的互动，越来越多的移动 App 会在登录界面设置程序化的登录引导，便于顾客快速完成移动应用的登录。其次，企业可以将这些想法与设计提交给移动 App 开发商，完成移动应用的技术开发和检测。对于移动应用的检测，企业应给与足够的重视，避免因 App 在使用过程中存在的不足而导致用户不满。然后，企业可以

---

① 丹尼尔·罗尔斯. 移动营销：移动互联网技术带给营销、销售和传播的巨变[M]. 黄丽茹，屈云波译. 北京：企业管理出版社，2015.

将符合标准的移动 App 提交到应用程序商店(如苹果 App Store、应用宝、华为应用商店等),这也意味着移动 App 正式投入运营。最后则是移动 App 的维护。在后续维护过程中,企业一方面需要根据顾客的反馈进行移动 App 的优化,另一方面则需要根据移动终端和操作系统的更新来优化移动 App,以确保移动 App 能够与新版手机、新的操作系统相兼容。例如,当企业将移动 App 由苹果系统或安卓系统转向华为的鸿蒙操作系统时,此时就需要根据不同系统的要求来调整移动 App 的结构和流程设计。

在实际利用移动应用进行营销的过程中,应用程序的关注度由多个因素构成,包括下载量、评论数量等。当企业在一定时间内获得大量下载和正面评价时,才能获得排名的上升。

(三) 基于移动搜索的策略实施

1. 搜索引擎优化

在实施移动搜索策略时,企业首先需要解决的关键问题在于提升搜索结果的排序,也即实现搜索引擎的优化。[①] 企业可以利用如下方法:(1)搜索引擎蜘蛛软件。该软件能够访问网站,跟踪网页链接,抓取页面代码并将结果传输到搜索引擎以便进行排名。(2)关键词搜索,即通过了解潜在顾客的搜索情况,以便明确为提升排名需要搜索哪些关键词。基于此,企业只需要将这些特定的关键词融入自己的网页中,就可以实现排名的提升。例如,对于一家经营运动鞋的公司,当其了解到潜在顾客关注运动鞋是否舒适、轻便时,就可以将"舒适""轻便"作为关键词凸显在宣传网页中,以便提升其在顾客搜寻结果中的排名。

2. 搜索内容优化

在明确了如何提升搜索结果排名后,企业需要对搜索页面的内容进行优化,将能够提升排名的关键词融入其中。在优化页面内容时,企业可以从页面标题(即浏览器窗口顶部显示的内容)、页面名称、头条标题(即页面内容的主标题)以及页面内容等关键部分入手。例如,在设计头条标题时,为了确保头条标题能够清晰地表明页面的主题,同时又尽可能涵盖提升搜索排名的关键词,企业可以使用多个副标题。需要注意的是,页面内容的优化应做到内容和排序提升的权衡,不能一味为了提高搜寻排名而忽视内容的可读性。

(四) 基于移动广告的策略实施

如前所述,在实施移动营销广告策略时,企业可以选择在移动网站或移动 App 中投放广告。在确定了广告投放内容后,企业还需要选择广告投放的平台并进行广告的精准投放,以实现移动广告效果的最大化。

1. 优化移动营销广告投放内容

随着移动广告内容与形式的多样化发展,企业如何才能实现"低投入高产出"的移动广告投放效果? 优化广告投放内容十分关键。对此,企业首先要明确移动广告的投放目标,以效果为导向,借助专业的大数据分析技术对品牌调性、目标受众进行深入分析,确保营销内容能够精准匹配目标受众的需求。

2. 选择移动广告投放平台

目前移动营销广告的投放平台有许多,包括腾讯广告、微博粉丝通、巨量引擎、百度

---

① Dodson, I. The art of digital marketing: The definitive guide to creating strategic, targeted, and measurable online campaigns[M]. John Wiley & Sons, 2016.

信息流、爱奇艺奇麟、优酷锐视、新浪扶翼、网易易效、搜狐汇算、一点资讯等，具体如表 9-2 所示。不同的广告投放平台有其不同的特征，企业需要结合自身的营销目标进行综合考虑和选择。以今日头条为例，这是一款基于数据挖掘技术的个性化资讯推荐引擎产品，能够帮助企业精准实现"千人千面"式的广告投放。具体来看，今日头条的广告投放形式主要包括开屏、信息流以及详情页广告。其中，今日头条开屏是指广告在今日头条 App 启动时进行展示，通过黄金曝光点位以及全屏展现，实现对用户的视觉冲击。同时，开屏广告可支持分时间段展示广告素材，满足企业的个性化推广需求；今日头条信息流是指在资讯流中穿插展现广告的形式，该类型广告以"广告即是内容"为特征；今日头条详情页广告则是指文章或视频详情页中展现的广告形式，一般以小图、大图、组图或视频的展示形式呈现。

表 9-2　国内主流移动广告投放平台及其特征

平台类别	平台特征	投放的主要网站或移动应用
腾讯广告	体量大、黏性大、用户活跃度高；适用于信息流广告的投放；广告以资讯信息流、内容详情页、本地推广等形式呈现。	微信、QQ、手机 QQ 浏览器。
微博粉丝通	日活跃用户较高，整体用户偏年轻化，适用于多数企业进行广告投放；包括注重文案创意的博文推广以及价格低但转化率也低的账号推广等形式。	微博。
巨量引擎	拥有巨大的用户流量，能够多元覆盖用户生活场景，有效占据用户的碎片化时间；基于海量用户画像准确锁定目标人群，为企业提供从广告创意制作到内容优化的一站式广告投放服务。	今日头条、抖音短视频、火山小视频、西瓜视频、懂车帝、Faceu 激萌、轻颜、穿山甲等。
百度信息流	以技术优势为核心；基于百度的大数据精准定位技术支撑，可以实现广告信息快速、精准触达潜在用户，提升广告转化率。	百度 WAP、手机百度、百度贴吧、百度浏览器等。
爱奇艺奇麟	依托于爱奇艺的海量优质内容、优质用户以及技术优势，为企业提供跨平台、多终端、全触点、多元化的广告推广解决方案。	爱奇艺等。
优酷锐视	视频广告自助投放平台，依靠优酷、土豆双媒体端资源，可以实现广告的跨屏、定向投放。	优酷、土豆。
新浪扶翼	依托于新浪双平台、多终端海量资源，为企业提供精准定向和广告创意优化服务，广告形式多样化、投放尺寸统一，显著降低广告投放成本。	新浪新闻客户端、WAP 手机新浪网、新浪邮箱、新浪财经等。

续表

平台类别	平台特征	投放的主要网站或移动应用
网易易效	依托网易新闻客户端的海量用户，为企业提供从账号注册到广告投放、数据分析、投放策略优化的一站式服务；广告投放形式包括 App 开机画面页展示、图文信息流、视频信息流等。	网易新闻客户端、网易网等。
搜狐汇算	依托广泛的互联网以及移动互联网用户人群，采用人群定向、地域定向、搜索定向等定向技术以及精准标签，为企业提供多渠道广告投放以及全方位效果监控。	搜狐门户、手机搜狐网、搜狐新闻客户端、搜狐视频等。
一点资讯	依托庞大用户规模，通过精准用户画像分析，提供广告投放创意到投放效果跟踪的一站式服务，帮助企业实现广告的定向、跨屏投放。	一点资讯，多看阅读等。

资料来源：易站互联. 信息流推广. 2022. 薇妹子. 移动广告投放平台有哪些. 2021.

3. 精准投放移动营销广告

传统广告往往会采用大范围铺设模式进行投放，然而想要短期内获得有效的用户转化，则需要触达至精准人群，进行广告的定向投放。

定向广告投放方式是为了将广告受众人群限定在一定范围内，实现更精准的触达，从而提升营销效果。在确定广告投放的目标人群时，企业需要综合考虑多种因素，包括用户的所在地域、性别、年龄、投放时段等问题。另外，企业需要注意最终确定的目标群体的聚焦范围不宜过窄，否则会导致广告曝光次数过低。除此之外，企业还可以依托企业自身构建大数据分析体系或借助第三方提供的大数据分析服务，实时监测各投放平台的投放过程，确保广告的精准投放。

三、评估阶段

随着移动营销的落地，营销人员还需要对移动营销的效果进行评估，以确保移动营销活动按照营销计划进行运作，实现预期营销目标。艾瑞咨询曾对企业的营销效果满意度进行调研，结果表明，多数企业对开展的移动营销的效果表示并不满意。其中，仅有较少的企业对移动营销效果给出了较高的评分。

（一）移动营销效果监测

移动营销效果的监测应贯穿移动营销策略实施的全过程中。在对营销效果进行检测时，除了依靠自身的技术支持外，企业主要通过第三方公司的监测手段和方式。为了便于读者理解移动营销效果检测，此处以移动广告策略为例，详细说明移动营销效果检测的内容，具体如下：

1. 广告投放过程中的监测

广告投放过程中的监测主要包括监测需要覆盖下沉的市场和渠道；建立跨终端的监测样

本，解决多屏用户（如同时使用手机和平板电脑中的购物 App）带来的监测难题；通过大数据分析、机器学习等方式，识别虚假流量和无效流量；以及构建用户样本库，对用户行为进行分析监测，以此预测广告投放效果。

2. 广告投放后的监测

由于广告触达用户后，用户可能仅仅点开广告而不一定购买广告中的产品或服务，因此除了监测广告的投放过程之外，还需要对广告触达的用户的后续行为进行监测。在具体监测时，企业可以借助大数据分析、数据跟踪等技术，监测浏览或点击了广告的用户是否购买了相关的产品或服务，这对企业而言至关重要。

（二）移动营销效果评估

在衡量移动营销的效果时，由于每个企业有着不同的营销目标，采用的移动营销策略也有所不同，因此没有统一的移动营销效果评估指标。结合企业营销实践来看，对移动营销效果的评估主要包括以下三个方面。

1. 营销活动推广效果评估

在衡量和评估营销活动的推广效果时，可以利用营销活动的经济效益指标来进行综合评估，包括营销活动广告的曝光数、点击数、转化率以及激活率四个关键指标。

（1）曝光数，即营销广告触达目标受众的次数。在衡量曝光数时，可以利用广告所在页面的浏览次数进行计算。曝光数越高，意味着营销广告可能触达的用户范围越广。需要指出的是，广告曝光数并不等于实际浏览广告的人数。例如，有 10 名用户接触到了某企业在 B 站发布的视频广告，尽管广告浏览的次数为 25 次，但实际浏览广告的人数仍为 10 人。因此，企业不能一味关注移动广告的曝光数，还要尽可能吸引更多顾客的浏览和关注。

（2）点击数，即用户点击企业发布的移动广告的次数。相较于曝光数，点击数更能用来衡量移动广告的投放能够为企业带来多少潜在顾客。原因在于，当用户主动点击了企业发布的营销广告，说明用户已经对该广告内容产生了兴趣，其后续购买广告中产品的可能性也相对较高。

（3）转化率，即在点击企业提供的移动广告链接后，完成后续产品或服务购买的用户与点击该广告的用户数的比值。由于企业开展营销活动的最终目标在于实现产品的销售。因此，转化率通常是企业最为关注的衡量移动营销效果的指标。

（4）激活率，即激活量与点击量的比值。该指标主要用于移动 App 的推广效益评估，其中激活量是指在点击了 App 推广广告后，下载、安装并打开 App 的用户数量。考虑到激活率涉及移动 App 的下载，在投放相关广告时企业需要特别注意设置移动 App 下载的 WIFI 环境，避免用户对流量的担心而不愿主动进行 App 的下载。

2. 营销活动广告创意评估

除了对推广效果进行评估外，企业还需要对营销活动广告的创意进行效果追踪和评估，这对企业未来制定营销广告具有指导意义。在具体评估时，首先需要明确如下关键问题：吸引受众的创意元素包括哪些以及如何对其进行强化等。通过对创意元素进行诊断，同时结合不同营销推广渠道进行分析，从而找出推广渠道和广告类型的最佳效益组合。以小猪短租为例，在投放广告时，其吸引受众的创意元素在于能够让受众产生共鸣的广告文案以及多元化的住宿风格。因此，小猪短租可以选择"文案+住宿图片"的图文广告形式进行推广，此时在选择推广渠道时则可以选择以图文广告形式为主的投放平台，如微博或微信等。

3. 营销活动组织效果评估

营销活动组织效果的评估包括以下内容：移动广告策略运用是否合适，例如广告发布的时机以及频率是否合理；广告发布平台的选择及其内容组合是否科学合理，发布的广告信息是否准确抵达目标顾客；营销活动的受众群体覆盖率是否合理等。通过对这些内容的评估，可以为后续企业制定和优化移动营销策略提供依据。

第三节　移动营销中的关键问题

对企业而言，开展移动营销并不是简单地等同于制作移动营销内容、选定移动营销平台以及评估移动营销效果。整个移动营销过程中，还存在着许多关键问题，这影响着企业移动营销的实施效果。结合企业实践来看，在开展移动营销的过程中，企业应重点关注以下问题：

一、基于企业视角的移动广告作弊

2020 年 8 月，移动广告技术公司 AppsFlyer 发布了针对移动广告作弊的研究报告：《移动应用营销作弊现状》，该报告详细披露了国际上移动广告作弊的最新数据，并对当前移动广告作弊的现状和应对进行了总结。该报告指出，移动广告作弊仍然是企业开展营销活动过程中不可回避的关键问题。

（一）移动广告作弊的内涵及类型

移动广告作弊是指作弊者利用一系列移动广告技术窃取广告主（即投放移动广告的企业）的营销预算的行为。结合营销实践来看，移动广告作弊主要包括归因作弊、虚假流量以及非法流量三个主要类型。

1. 归因作弊

归因作弊是指广告投放平台、App 开发商等作弊者利用某些手段将其他 App 的下载量划归为由自己开发的 App 的下载量的行为。归因作弊主要包括点击欺诈和点击劫持两种类型，[①]具体如下：

（1）点击欺诈（Click Spamming）。点击欺诈是移动营销实践中较为常见的归因作弊，是指当用户点击进入某个移动 App 的下载页面时，隐藏的广告却将用户的点击行为传递到其他不相关的移动 App 下载页面中。此时，用户被标记为下载安装了其他 App。最终，该移动 App 的点击次数被归为了其他 App 的点击次数，导致该移动 App 开发商需要为了达到目标广告点击次数而重复支付营销费用。

除此之外，一些广告投放平台还会利用相关技术，将用户的点击页面等日常活动归因为 App 下载的点击量，以此来骗取移动 App 开发商的营销费用。

---

① LucasYang. 常见的移动广告作弊手段. 知乎，2022.

（2）点击劫持（Click Injection）。点击劫持是点击欺诈行为的升级，其原理是在用户进行移动 App 的安装前，通过相关技术向其发送一个虚假的点击事件，当用户点击该事件时，其背后的恶意软件会检测到用户点击安装移动 App 的行为，并将这次点击报告给广告投放平台等发行商的网络中。这就造成了该移动 App 的点击次数被"劫持"，导致开发商无法准确预估 App 的实际下载量。

2. 虚假流量

虚假流量是指企业在投放营销广告的过程中，其获得的点击数、转化率、移动 App 安装数等数据均是经由各种技术手段加以伪造的，导致企业支付了营销广告费用却无法收获真实的用户。虚假流量具体包括如下几种：

（1）广告堆叠（AD Stacking）。广告堆叠是指广告投放平台将多个广告叠放在同一个广告位置。如图 9-2 所示，当用户点击了表面的可视化广告时，其背后隐藏的其他广告的点击次数也会被报告给广告投放平台。对于需要按点击次数支付广告费用的企业而言，这些隐藏广告的点击次数也被计算进来，导致企业无端花费了大量的营销费用。

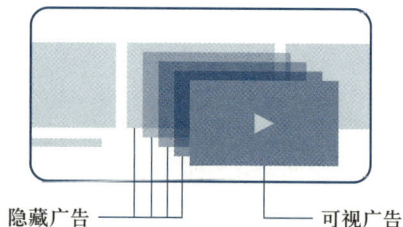

图 9-2　广告堆叠

资料来源：LucasYang. 常见的移动广告作弊手段. 知乎，2022.

（2）自动程序（Bots）。自动程序是指作弊者通过自动化脚本或计算机程序模拟真实用户的广告点击、下载、安装和应用内行为，并将其作为真实的用户流量，以此来骗取企业的广告预算。

（3）设备农场（Device Farms）。与 Bots 类似，设备农场是指作弊者（如广告投放平台）通过购买大量设备的方式进行广告点击、下载、安装和应用内行为，并通过相关技术手段修改并隐藏设备信息，将这些基于设备发生的行为归为真实用户的行为。同样地，这种广告作弊行为也会造成企业广告费用的浪费。

（4）软法开发工具包伪造（SDK Spoofing）。软法开发工具包伪造主要集中在移动 App 营销广告中，是指作弊者通过破解第三方软件开发工具包也即 SDK[①] 的方式，向移动 App 开发商发送虚假的 App 广告点击、App 下载和安装等行为数据，以此作为向其收取费用的依据。

3. 非法流量

不同于虚假流量，非法流量是真实存在的用户行为数据，但由于广告投放平台等作弊者是以非法的形式，（如通过木马病毒操纵用户点击相关广告）来获取用户的关注，导致大量的广告点击本质上是无效的，且采取的非法手段也会为投放广告的企业带来不可估量的负面影响。

（二）反移动广告作弊行为的关键步骤

针对移动广告作弊问题，一些企业开始探索可能的反作弊方法。AppLift 在其发布的《移动广告作弊：下一个战场》中总结了当下企业应对移动广告作弊的方法，提出了如下关键步骤：

---

① SDK 为 Software development kit 的简写，也即第三方软件开发工具包。一般而言，SDK 可以看作能够提供某种功能或服务的插件，用以嵌入到不同的 App 中加以使用。

（1）了解通过广告营销预期实现的关键绩效指标。以这些关键绩效指标为依据，企业可以监控广告投放过程中的实时数据，对异常数据给予足够重视。例如，当企业想要通过广告投放获得50%的用户点击率，此时企业就需要格外重视广告投放过程中点击数的变化趋势，当发现广告点击次数呈现周期性或广告点击的IP地址较为集中时，就意味着可能存在广告作弊行为。

（2）搭建坚实的内部数据分析体系。企业可以通过自建或与第三方合作的方式搭建数据分析体系，用来处理移动广告的相关数据，从而避免企业对移动广告平台的过度依赖。借助数据分析体系，企业可以及时发现可能存在的广告作弊行为，并采取相应的措施加以阻止。

（3）采取切实可行的响应措施。在了解了可能存在的移动广告作弊类型及其特征后，企业可以对症下药，采取一系列措施应对来自广告投放平台的作弊行为。例如，企业可以通过排除IP地址重复、SDK加密防护等方法，增加虚拟流量作弊行为的难度和成本，从而降低作弊行为出现的可能性。

（4）构建反作弊的合作联盟。移动广告作弊行为不能仅仅依靠企业自身，还需要各广告投放企业之间、广告投放平台以及反作弊技术服务提供商等多方主体的参与，共同构建反作弊合作联盟。尤其对于广告投放平台而言，更应该树立公平、诚信的经营理念，积极推动移动广告行业的透明度，创建良好的移动广告市场氛围。

二、基于顾客视角的隐私担忧

2008年，苹果上线了应用商店App Store。之后，2010年，谷歌发布了商业应用程序商店Apps Marketplace，共同构成了移动App发展的标志性事件。[①] 在此之后，越来越多的移动App涌现出来，以即时、便捷、普惠的显著特点吸引着用户的下载和安装。进入智能手机时代，移动App不断渗入到更深、更广、更多的生活场景中，通过持续扩大的功能，重塑着人们的生活观念和方式。例如，移动App已从早期的娱乐休闲、美食团购等领域拓展到洗衣、打车、家装、家政、医疗、教育等服务领域。尤其是疫情期间，人们对"非接触式"服务需求的增加，越来越多用户选择通过医疗类App（如阿里健康、叮当快医、平安好医生）进行在线就诊，使用钉钉、腾讯会议等App进行远程授课、学习和办公。

（一）使用移动App应用带来的顾客隐私问题

随着越来越多用户使用App，随之产生的用户数据也越来越多。基于这些数据，企业可以利用大数据算法等技术分析用户的偏好和行为习惯，以此实现精准营销。可以说，数字化时代下，企业比用户更了解自己，而这背后也蕴藏着用户对自身隐私安全的担忧。综合企业的移动App营销实践来看，移动App为顾客带来的隐私风险主要体现为一系列不合规行为造成的数据泄露和隐私权受损，具体如下：

（1）违规收集用户的个人信息，主要指收集信息时未征得用户的同意。例如，一些移动App会以用户默认选择同意隐私政策或不提供隐私政策的阅读弹窗等方式收集用户的信息。除此之外，也有一些App会以拒绝为用户提供相关服务来变相要求用户同意收集个人信息。

---

① 关涛."个保法"划定边界，移动营销的瓶颈与未来. ZAKER, 2021.

（2）过度收集用户的个人信息，主要指收集的信息类别和频次超过移动 App 运营的实际需要，即超范围收集用户信息。例如，在日常安装和使用 App 的过程中，一些 App 会询问用户是否允许访问手机相册、通讯录以及位置等权限。对于仅提供天气预报、图片处理、电子图书等服务的移动 App 而言，当其收集用户的通讯录信息时，就存在着超范围索取信息的问题。

（3）违规使用用户的个人信息，包括在处理用户的姓名、联系方式等敏感数据时，未向用户明确告知数据处理的方式以及数据使用的目的，向第三方提供乃至售卖用户的个人信息。

（二）应对隐私问题的关键举措

在应对和治理侵犯顾客隐私的行为时，需要移动 App 用户、移动 App 开发商以及政府部门等多方主体的共同参与。

首先，从用户角度而言，用户应提升隐私保护的意识。例如，避免下载和使用涉嫌违规乃至违法的 App。同时，在首次使用 App 时，应仔细阅读相关的隐私政策。对于强制授权收集信息以及过度收集信息的"流氓"App，可以向相关部门进行投诉。除此之外，用户还应定期清理和维护移动 App 上的个人信息，如更换高安全性的登录密码、取消银行卡的绑定等，以此降低信息泄露的风险。

其次，从移动 App 开发商角度而言，应始终树立遵纪守法、诚信经营的理念，并将其贯穿到 App 的运营过程中。同时，企业还需要采取一系列措施，尽可能降低用户对隐私泄露的担忧。例如，企业可以采用数据脱敏、匿名算法等数字化技术。该类数据既可以帮助企业深入挖掘用户的行为数据，又能保护用户的隐私不被泄露。

最后，从政府部门角度而言，除了利用一系列法律法规（如《个人信息保护法》《网络安全法》《常见类型移动互联网应用程序必要个人信息范围规定》等）治理企业的违规、违法行为，保护顾客隐私安全之外，还承担着重要的监督角色。例如，不定期进行移动 App 的抽查，并及时向公众发布违规 App 清单；为企业提供相关法律法规的解读和培训服务，提升企业的守法意识等。

本 章 小 结

本章围绕移动营销，首先介绍了移动营销的内涵、特征以及支持移动营销实施的关键技术，并进一步详细介绍了移动营销的四种类型。随后，本章围绕如何开展移动营销展开了讨论，指出移动营销的实施流程包括准备阶段的洞察移动用户消费特征、确定目标受众、制定移动营销策略，落地阶段的基于移动网站、移动 App、移动搜索以及移动广告的策略实施，以及评估阶段的移动效果监测和移动效果评估。最后，本文从企业视角以及顾客视角，分析了移动营销实施过程中的关键问题，包括移动广告作弊以及移动 App 使用带来的顾客隐私，并提出了应对这些问题的举措。

关键概念

移动营销	移动智能终端	基于地理位置的服务
相似人群扩展	重定向	

即测即评

👉　请扫描二维码答题

复习思考题

1. 简述移动营销的特征。
2. 结合企业实例，试分析移动营销技术对企业开展移动营销的作用。
3. 结合某一企业实例，阐述企业实施移动营销的流程。
4. 结合移动营销中的广告作弊行为，浅谈企业应如何应对。

本章案例分析

安踏集团：面向Z世代的移动营销

2022年3月22日，中国最大的体育用品集团——安踏集团发布2021年业绩公告：2021年安踏全年收入增长38.9%，达到493.3亿元，连续10年位居中国行业第一。安踏的快速增长，离不开其独特的营销之道。尤其是面向Z世代，安踏通过移动终端向新时代的消费人群定向传递个性化的即时讯息，并与广大年轻人进行全方位多角度的沟通互动，不断推出深受年轻人喜爱的个性化产品。

移动互联时代，精准把握Z世代的特点

Z世代，也被称为"互联网世代""二次元世代""数字土著"，被誉为数字新人类，主要是指1995年至2009年出生的新时代消费人群。Z世代的消费者一出生就与网络时代无缝对接，其消费行为习惯深受数字媒体技术、智能手机等产品的影响。安踏通过大数据分析、数字媒体等数字化技术，分析Z世代消费人群依赖智能手机等移动设备产生的海量数据，精准把握了移动互联时代，Z世代消费人群爱冒险、爱挑战、爱畅想、爱分享、爱玩梗、爱时尚、爱智能、重品位、重体验、重绿色等特点。

多渠道全方位与Z世代消费人群互动

安踏通过微信、微博、小红书、抖音、天猫等移动App多渠道全方位与Z世代消费人群互动，更进一步了解Z世代消费者的行为特征与品牌感知，增进安踏与Z世代消费人群的距离。例如，2022年双奥期间，安踏通过谷爱凌、王一博等深受Z世代消费人喜爱的品牌代言人与年轻消费者进行广泛互动，使得品牌讨论热度和美誉度在各平台及榜单遥遥领先；再如，安踏携手小红书博主，邀请 Z 世代消费人群参与小红书"随时随地放胆去滑"话题，推出安踏滑板"极度曝光"系列。各种"年度之最"的评选活动、安踏篮球"Z 势力计划"等都是安踏与 Z 世代消费人群多元的互动方式。

面向 Z 世代消费者推出个性化的产品

除了精准把握 Z 世代消费人群的特点、多渠道全方位与 Z 世代消费人群互动增加品牌价值外，安踏还通过官方微信公众号推送等方式，面向 Z 世代消费者推出个性化的产品及信息。例如，安踏通过"年度之最"评选活动，结合 Z 世代消费者爱玩梗的特点，隆重推出被称为"年度卷王"的"骇浪"专业跑鞋。再如，安踏在新品"KT8 大圣"上市前，在官方微信公众号上以"点击下拉"的方式，与 Z 世代消费者个性互动，隆重推出深受他们喜爱的个性化新品。联名跨界产品、消费者互动企划、线上线下多元营销等都是安踏面向 Z 世代消费者推出个性化的产品的重要方式。

资料来源：安踏. 安踏集团 2021 年收入增 38.9%至 493 亿元 . 2022.

案例讨论题

1. 根据安踏的移动营销案例，谈谈你对对移动营销内涵的理解。
2. 试分析安踏移动营销案例中的利与弊。

延伸阅读

[1] 王永贵. 市场营销[M]. 2 版. 北京：中国人民大学出版社，2022.
[2] 王永贵，马双. 客户关系管理. [M]. 2 版. 北京：清华大学出版社，2020.
[3] Baek, T. H., Yoo, C. Y. Branded app usability：Conceptualization, measurement, and prediction of consumer loyalty[J]. Journal of Advertising, 2018, 47(1)：70-82.
[4] Berman, B. Planning and implementing effective mobile marketing programs[J]. Business Horizons, 2016, 59(4)：431-439.
[5] Bernritter, S. F., Ketelaar, P. E., Sotgiu, F. Behaviorally targeted location-based mobile marketing[J]. Journal of the Academy of Marketing Science, 2021, 49(4)：677-702.

☞ 更多资源请扫描封底拓展资源码→文献目录

第十章 视频营销

　　在数字化时代，视频营销已经成为赢得顾客关注的新工具。为了全面诠释视频营销及其实践，本章首先界定了视频营销的概念，归纳了视频营销的类型。其次，详细阐述了视频营销实施的具体流程以及实施过程中应该注意的关键问题。最后介绍了视频营销效果评价的指标。

本章的学习目标：
1. 了解视频营销的内涵及类型
2. 掌握视频营销的实施流程
3. 认识视频营销中的关键问题
4. 理解视频营销的效果评价

"柳夜熙"的视频营销

　　2021 年 10 月 31 日，一个美妆博主视频号——"柳夜熙"在抖音上发布了第一条视频，一夜之间获赞量达到 300 多万，涨粉数达上百万，瞬间爆红。仅仅是一条视频就引发了如此的流量关注，让众多企业看到了视频营销的"魔法"。在数字化时代，视频更能吸引消费者的注意力、激发他们的想象力和交流欲望。因此，视频营销就是通过视觉界面设计，增强用户与品牌的联系，笼络更多的用户，实现营销传播的目的。企业营销对视频媒介的运用逐渐超越了其他传统媒介。

第一节　视频营销及其类型

　　在数字化时代，移动通信技术的发展大幅提升了视频信息的传播效率，基于视频技术的营销活动越来越受到营销人员和消费者的青睐，视频作为新的媒介形式在数字营销实践中的应用也日益凸显。据相关统计结果，在 2021 年，超过 19 亿 YouTube 用户每天观看 10 亿小时的营销视频，72% 的消费者在了解产品和服务信息时会倾向浏览视频，86% 的企业营销活动通常会采用视频这一媒介。同时，据中国互联网络信息中心（CNNIC）互联网调查报告（第 49 次）的数据显示，截至 2022 年 6 月，我国短视频用户规模达 9.62 亿，较 2021 年 12 月增长 2 805 万，占网民整体的 91.5%。另外，市场研究机构 IDC 曾预测，2025 年视频云基础设施和解决方案市场规模达 314 亿美元，未来视频云市场的复合增长率将会持续保持在 30% 以上。可见，视频营销时代已然来临。

一、视频营销的内涵

　　根据美国市场营销协会（AMA）的定义："视频营销指的是将视频元素整合到市场营销活动当中，服务于构建顾客关系和提升品牌、产品、服务的形象等市场营销目标。一般而言，成功的视频营销往往与吸引和维持消费者对视频的注意力是密不可分的。"在市场营销实践中，比较常见的视频包括品牌视频、产品视频、客户推荐视频、直播视频、说明性视频、企业培训视频、娱乐视频等。

　　实际上，视频技术的运用并不是新鲜事物，如传统的电视媒体等。不过，这种视频的制作者通常局限于企业和专业的技术人员，消费者对视频的观看通常固定在具备电视和屏幕设备的场景中，而且，以往的这些视频只能在特定的频道和特定的时段呈现。数字化技术的发展却逐渐打破了这些限制，视频内容的生成、编辑及传播都得到了更迭和升级。具体而言，视频内容的生成不再局限于企业及专业的视频制作人员，智能手机、易操作的摄影设备、功能全面且操作简单的软件和 App 等工具和技术，极大地降低了视频内容生成和编辑的门槛。在视频的传播方面，移动通信技术的普及加快了信息传播的效率，越来越多的视频内容不断地上传到网络平台中，消费者可以十分方便地通过便携式电脑或智能移动终端接收、播放和分享视频。时至今日，这些数字视频在视频分享网站(如抖音、YouTube)、社交网站(如微博)、品牌网站(如 dove. com)或门户网站(如 Yahoo. com)上已是屡见不鲜。正如表10-1所示，与传统的电视和户外广告屏的视频相比，数字时代中的视频营销在创作、传播和接收方面都发生了重大的变化并成功实现了升级。

表 10-1　传统视频营销与数字视频营销

视频要素		传统视频营销	数字视频营销
视频创作	创作主体	企业、广告商	个体、企业、广告商
	创作目的	商业传播	兼具商业化和非商业化(如学习、享乐、社交)等多样化的目的
	创作内容	具备企业、产品、服务、品牌等商业要素的标准化的内容	内容的呈现具有泛娱乐化、社交化、信息化和个性化等多样化的形式
视频传播	传播技术	有线网络设备为基础	移动通信技术
	传播形式	周期性、有计划地通过电视或广告屏幕播放	即时性地通过移动端设备中的多个 App 平台传播
	传播方向	单向传播	双向、多向、去中心化的传播
视频接收	接收渠道	以电视及广告屏为主的媒介	智能手机、平板、个人笔记本电脑等便携式设备
	接收方式	被动接收	具备互动的特征

资料来源：时频专家. 新媒体营销与传统营销有什么区别. 知乎，2019.

（1）在视频创作方面

创作主体、创作目的和创作内容都发生了变化。在传统视频营销时代，限于技术和成本等门槛因素，视频基本由专业的广告商来制作和传播。而数字技术的发展则大幅降低了视频的制作和传播的难度，创作视频的主体逐渐由专业的广告商扩展到了个人。创作主体的延伸，使得视频内容不再局限于商业广告，生活和工作中各式各样的内容逐渐出现在数字视频中。这些视频不仅具有较强的社交属性，而且在内容上很大程度地兼具了创作者的个人特色。

（2）在视频传播方面

数字技术赋予了传播技术、传播形式和传播属性新的特征。传统的传播技术大多依托于有线网络设备(如电视的 VGA、HDMI 视频信号线和数据线等)，并不具备便携性，尽管技术催生了智能电视，但视频的观看场景依然相对固定。而在数字化时代，消费者所使用的移动智能终端改变了这方面的约束，从 3G 到 4G 再到 5G 等移动通信技术的发展使得消费者可以不受拘束地通过各式各样的移动平台观看视频。再者，电视或广告屏幕都是周期性、有计划的传播形式，而数字视频可以即时通过移动端设备中的多个 App 平台传播。可见，数字化时代的营销传播逐渐从传统的单向传播发展为双向、多向和去中心化的传播。

（3）在视频接收方面

流媒体（Streaming Media）技术的广泛应用极大地扩展了观看者接收视频的渠道和方式。其中，流媒体视频（Streaming Video）是指观众无须下载即可通过浏览器或应用程序在互联网上观看视频。① 因此，在流媒体时代下，视频接收的渠道不再囿于电视，智能手机、平板电脑、个人笔记本电脑等便携式设备只要连接了互联网即可随时随地观看视频。此外，视频的观看方式也发生了变化。视频发布者与观看者，以及观看者之间都可以相互交流看法，如在评论区或弹幕区与视频发布者以及其他观看者一同分享观看视频的想法。实际上，互动性在数字视频营销实践中特别重要。例如，B 站在动漫视频区开设了共同观影的功能，不论屏幕前的观看者是否相识，都可以对某一个视频创建放映室，其他观看者可以进入该放映室中与他人一同观看，还可以针对视频的内容通过评论区留言的方式展开即时的网络互动。这无疑进一步地提高了观看者的新奇体验，继而增强消费者对该平台的使用意愿。不过，值得思考的是，共同观看这种形式可能会损失消费者原先独自观看视频的控制感（如对视频速度、清晰度、内容跳段等），因而在适用性方面，存在消费者的偏好差异。

二、视频营销的类型

在现有视频营销实践和研究的基础上，为了更好地理解视频营销及其类型，本节从视频营销制作的技术、视频营销设计的内容、视频营销发布的主体、企业广告植入的形式这四个方面做了进一步的划分，如表 10-2 所示。具体而言，根据视频营销制作的技术，可把视频营销划分为实拍视频营销、动画视频营销、文字视频营销等。根据视频营销时长的设计，可把视频营销划分为短视频营销和长视频营销。按照视频营销发布的主体，可把视频营销划分为个人号视频营销、企业号视频营销、KOL 视频营销。根据企业广告植入的形式，可把视频营销划分为硬广植入视频营销、软广植入视频营销和贴片宣传视频营销。

表 10-2　数字视频营销的类型

类型的维度	视频类型	实践应用
视频营销制作的技术	实拍视频营销	海尔官网"品牌故事"视频
	动画视频营销	国民历史普及动画《那年那兔那些事儿》系列
	文字视频营销	华师附中一老师的课堂自我介绍
	3D 视频、虚拟视频等营销	故宫博物院虚拟影像视频，俄罗斯联邦储蓄银行的 3D 宣传片
视频营销设计的内容	短视频营销	安踏体育的 2022 中国冬奥
	长视频营销	李子柒美食短视频营销
视频营销发布的主体	个人号视频营销	"papi 酱"抖音号
	企业号视频营销	"华为终端"华为官方视频号
	KOL 视频营销	"薄海纸鱼"游戏博主

---

① Wu, D., Hou, Y. T., Zhu, W., et al. Streaming video over the Internet: approaches and directions[J]. IEEE Transactions on circuits and systems for video technology, 2001, 11(3): 282-300.

续表

类型的维度	视频类型	实践应用
企业广告植入的形式	硬广植入视频营销	麦吉丽果味饮插播在《知否》中
	软广植入视频营销	味全每日 C 在影视剧《亲爱的，热爱的》中与场景融入
	贴片宣传视频营销	《老九门》中插播新养道广告

资料来源：作者根据网络公开资料整理。

（一）视频营销制作的技术类型

在数字化时代，视频技术的应用触及方方面面，无论是企业还是个人，都可以借助便捷的数字技术来实现特定的目标。在视频营销制作方面，数字技术的普及为人们提供了多种方便的视频制作软硬件技术。根据制作的技术类型，可以将视频营销分为实拍视频营销、动画视频营销、文字视频营销。

1. 实拍视频营销

实拍视频营销是基于现实场景的原创拍摄，可以依据企业营销活动的目的来专门设计，包括企业活动的宣传片、品牌故事片以及广告片等。实拍视频通常需要专业的拍摄设备、搭建场景、人员组织以及活动策划等，具有创意要求高，制作和剪辑成本高、周期长等特点。在实践中，许多大中型企业通常会选择这种视频制作方式来实施营销传播，如海尔官网上的"品牌故事"视频。

2. 动画视频营销

动画视频营销是通过动画技术将现实形象卡通化并制作成视频，该技术适用于绝大多数的视频使用场景，能为视频内容增添更多娱乐性和趣味性。例如，国民历史普及动画《那年那兔那些事儿》系列，基于健康的价值观，使用图形动画元素将历史故事通过形象的动画角色进行演绎，生动地还原了近代中国从战乱到崛起再到富强的过程。这部历史动画既让观看者了解了历史知识，又满足了大众的审美需求，以其"年轻化"的特点吸引了大量青少年观看。

3. 文字视频营销

文字视频营销是以文字动作化为基础制作的视频类型，概括而言，文字视频将传统静态文字展示（如 PPT）视频化，增加了动态连续的效果。因其信息明了、动态有趣且节奏灵动，受到一批消费者的喜爱。例如，一位中学教师在课堂上播放的一段自我介绍的文字视频，因其条理清晰和生动有趣，获得了 60 多万的网友点赞。

实际上，除了上述视频类型，随着技术创新的不断推进，视频制作的技术也越来越丰富。例如，动画视频的进一步升级，从 2D 到 3D 动画，更全方位、更立体地展示产品外观和内部细节，非常适合工程、建筑、医学仿真等场景的使用，如俄罗斯联邦储蓄银行的 3D 宣传片。此外，一些新的数字技术，如增强现实和虚拟现实技术也为视频制作技术增添了更多新的功能。

（二）视频营销的时长设计

在数字时代，各式各样的视频迅速吸引了消费者的注意力，一度成为引流的关键媒介。不过，时长的不同在很大程度上决定了视频的播放场景和营销目标的实现。具体而言，根据视频时长可以将视频营销分为短视频营销与长视频营销。

1. 短视频营销

短视频营销通常指的是将时长控制在 300 秒以内的短片视频，市场营销人员基于有限的时长有针对性地制定和传播其市场营销策略。[①] 概括而言，短视频具备时间短、传播快、娱乐性强以及内容多样化等特点，在如今消费者阅读信息碎片化的背景下尤为风靡。当前，主要的短视频平台包括抖音、快手、西瓜视频等。这些短视频内容中融合了图像、音频和文字解释，使信息呈现的方式更加丰富、立体和有趣。在营销实践中，越来越多的企业选择在短视频平台投放广告。一般而言，这些短视频可以由专业团队制作，也可以是个人创作，既可以服务于企业文化的传播、品牌形象的树立，也可以服务于新产品的宣传和推广以及产品和服务的促销等具体的市场营销目标。例如，在 2022 年北京冬奥会期间，安踏在抖音视频平台发布了一条 30 秒的品牌视频，致力于将爱国主义情怀与民族品牌联结在一起。

2. 长视频营销

长视频营销相较于短视频营销而言，视频持续更长的时间，同时内容具有更好的完整性和主题故事性等特征，企业通常用于拍摄的宣传片和文化传播的微电影等，在电视以及央视频、腾讯、优酷、爱奇艺等专业视频播放 App 等平台上播放。例如，在 B 站视频平台上，李子柒拍摄的田园生活系列短剧，通过展现精致的美食制作过程来呈现产品的细节，同时融入了企业的饮食文化，从而促进粉丝转发和购买；央视频平台曾推出中国青年公开课《开讲啦》栏目，邀请"中国青年心中的榜样"作为主讲人，以平实的方式承载厚重的内容，推出新知分享、经验传播、文化宣传以及主流价值观的传递，受到了广泛的关注。

（三）视频营销发布的主体类型

在过去，企业是视频制作的主体。而在数字化时代，视频的发布主体更加多样化了，任何个人和机构都可以借助便捷的数字技术来制作视频，也能够通过多样化的平台来发布视频。这样，按照视频营销发布的主体，可以将其分为企业号视频营销、个人号视频营销、KOL 视频营销等。

1. 企业号视频营销

企业号视频营销是通过严格的申请流程在各大视频平台上进行认证开设，以企业法人作为账号主体来发布企业公告、宣传片、产品信息等内容的营销方式。企业使用官方认证的品牌账号发布的信息具有权威性和真实性，为传播企业文化、树立品牌形象、展示产品功能等营销活动提供了有效的传播渠道，对扩大企业影响力具有重要作用。例如，华为公司的"华为终端"官方视频号。

2. 个人号视频营销

个人号视频营销是指包括 B 站、抖音等视频平台和微信等社交平台为个人开设视频发布渠道，旨在使每一位消费者都有可能成为视频创作者和传播者。随着视频营销的兴起，视频创作者可以根据自身兴趣拍摄和发布视频，由此创建个人品牌或实现其他商业或非商业目标。在实践中，有些企业还会鼓励员工开设个人视频账号，充分发挥员工的创造性并借助其社交圈来传播企业信息。有相关研究表明，在实践中，即便是业余的视频制作爱好者发布的视频在吸引其

---

① 张静，王敬丹. 新媒体时代下的短视频营销传播——以抖音为例[J]. 杭州师范大学学报(社会科学版)，2020，42(4)：113-120.

他消费者观看方面，并不逊色于专业的商业视频。① 可见，在数字化时代，个人在市场中的影响力可以通过视频营销而进一步扩大，这就涉及下面的第三类 KOL 视频营销。

3. KOL 视频营销

KOL 视频营销，指由具有某领域专长的个人（网红、博主等）设计制作和发布视频的过程。通常，这些个人拥有特定的观看群体（粉丝），能够在视频中融入一些企业的传播目标。② 在过去，KOL 在很大程度上是"口口相传"的创造者，他们经常接触并影响到其他消费者。在数字化时代，视频营销的这种"影响"则通过承载营销内容的视频来激励粉丝或更广泛的消费者群体，进而推动其进行转发、评论、购买等行为。③

同时，KOL 视频营销还涉及企业与 KOL 之间的合同关系。在这类关系中，这些新型意见领袖以换取金钱报酬、免费产品或独家活动的邀请等回报方式为企业品牌或产品做广告。不过，这种代言的方式往往与传统的明星代言有很大的差异：一方面，企业可以同时选择多个意见领袖在不同的平台中去宣传，视频内容的制作可能也不需要企业过多的参与。而在过去，企业不仅需要在固定的时间里与少数的明星签约来实现代言，还需要制定和实施整体的广告宣传计划。另一方面，在过去，明星出现绯闻等负面事件会严重影响企业的品牌形象，而 KOL 营销的负面结果更多的与 KOL 自身相关，这就降低了企业可能面临危机的可能性。不过，不同的 KOL 所具有的影响力也有所不同。例如，Boerman（2019）使用 Instagram 的数据建立了计算模型，归类了三种类型的 KOL：微影响者（不到 10 万的追随者）、中影响者（在 1 万至 1000 万之间的追随者）和宏观影响者（超过 100 万的追随者）。④ 由此可见，不同的 KOL 视频往往意味着覆盖不同的人群；但从传播的广度来看，在抖音、快手等短视频平台上，市场营销人员可以投放"大 V"⑤ 广告，以此为企业品牌带来巨大的曝光量。

（四）视频营销中的广告植入类型

数字视频虽然作为新型传播工具具有诸多优势，不过在营销实践中，仍然需要将其融入企业营销传播目标的实现中。换句话说，企业应思考如何将传播目标融入视频中以获得优异的宣传效果。根据企业广告植入的形式可分为硬广植入视频营销、软广植入视频营销和贴片宣传视频营销。

1. 硬广植入视频营销

硬广植入视频营销这一类视频往往由专业的广告制作、内容上带有旗帜鲜明的商业传播目标，通常由专业的电商带货博主或企业账号传播，在视频平台中传播时往往会醒目地标注广告字样。硬广植入视频在植入上因行业特点、客户要求以及视频平台定位的不同，在具体的呈现方式上也存在差异。例如，腾讯视频平台的一些视频在播放之前会先播放 90 秒的广告视频。

---

① Pirouz D. M., Johnson A. R., Thomson M., et al. Creating online videos that engage viewers[J]. MIT Sloan Management Review, 2015, 56(4): 83-88.

② 钟瑞贞，谭天. 短视频商业营销模式探究[J]. 电视研究，2021，(2): 47-49.

③ Rohde, P., Mau, G. "It's selling like hotcakes": deconstructing social media influencer marketing in long-form video content on youtube via social influence heuristics[J]. European Journal of Marketing, 2021, 55(10): 2700-2734.

④ Boerman, S. C. The effects of the standardized instagram disclosure for micro- and meso-influencers[J]. Computers in Human Behavior, 2019, 103: 199-207.

⑤ 大 V：在抖音上，如果粉丝数量超过 10 000，就可以申请 V 认证，这些大 V 昵称上将标注有大写英文字母"V"。

2. 软广植入视频营销

软广植入视频营销一般是在视频中隐蔽性地植入产品或品牌，而不是鲜明地吸引观看者去注意，达到说服意图并影响受众的目的。通常，软广植入视频营销都具有原生广告中不打扰用户阅读体验的显著特点，采取的主要做法是融入娱乐视频和 KOL 博主的视频当中。这类视频的创意和制作往往都是非广告宣传的目的，而是以间接的方式进行宣传，这明显地区别于直接介绍企业文化、商品和服务的传统广告形式，从而可以在一定程度上减少消费者的反感。例如，饮料品牌——"味全每日 C"在影视剧《亲爱的，热爱的》第 14 集中与主人公的告白场景完美融合。

3. 贴片宣传视频营销

贴片宣传视频指的是伴随热播电影、电视片、网络视频一起播放的宣传视频，往往在片头、片尾或片中加以播放。[①] 贴片宣传视频与植入式视频的主要区别表现在编辑内容的结构上：植入式广告视频是作为整个视频的一部分进行编辑的，一般都很好地融入视频播放的内容之中；比较而言，贴片宣传视频则完全独立于视频原本的内容，通常会在各类网络视频的片头和片尾呈现，这一点和传统电视节目中的广告以及电影播放前的广告同理。相较之下，贴片宣传视频具有强制性，属于一种特殊的硬广，是通过依附在视频播放前后中的某个时段达到传播目标的。不过，一些贴片宣传视频在视频平台中进行播放时，用户可以选择在观看固定时长广告之后（如微信中的一些视频可以在广告播放的 5 秒后选择关闭广告）主动将其关闭，或者一些视频平台会为付费会员提供直接跳过广告的服务。

第二节　视频营销的实施流程

虽然多种数字视频为营销传播提供了诸多效用，但仍然需要遵循系统的实施流程以指导企业的视频营销实践并达到事半功倍的效果。具体而言，视频营销的实施流程主要包括六个基本步骤：分析视频受众的特性，提炼产品、服务或品牌的卖点与亮点，甄选视频的主题，生成视频，选择投放视频平台，视频的沉淀和孵化，如图 10-1 所示。

一、分析视频受众的特性

鉴于视频营销的受众存在异质性，所以想要让视频营销更加有效，就需要对那些可能观看到视频的潜在消费者的需求和偏好形成充分而深入的了解。不过，分析的视角要以视频为核心。例如，这些消费者通过什么渠道来播放视频？在哪个平台？偏好哪一类视频？消费者对视频中的内容和播放过程中的互动体验如何？哪些视频可能会促进消费者的转发和分享，哪些又会促进消费者购买等核心问题？如上所述的这些问题，都是企业在实施视频营销时需要重点思考的问题。一言以蔽之，企业要在足够了解消费者的基础上有针对性地设计和制作视频的内容，并以恰当的方式、在恰当的时空中投放给目标消费者，以最大化视频营销的传

---

① 宋思根，武丽，王平. 植入式广告与贴片广告的协同效应研究[J]. 财贸研究，2018，29(11)：81-93.

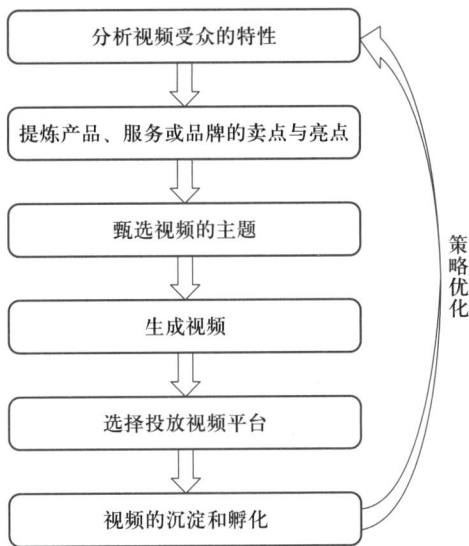

图 10-1 视频营销的实施流程

资料来源：聚行业. 视频营销的步骤有哪些，视频营销的流程是如何进行的，2022.

播效率和效果。在如今数字经济环境下，先进的数字技术为企业分析消费者特征、偏好及其行为模式等提供了诸多有力的工具，企业可以借助相应的数据采集和分析技术来描绘清晰的消费者画像和消费者旅程。

二、提炼产品、服务或品牌的卖点与亮点

与传统市场中战略定位所强调的差异化战略一致，在数字化时代的视频营销实践中，宣传企业产品、服务及品牌时尤其需要注重核心亮点也就是产品的卖点，以便一针见血地刺激消费者的痛点，并与竞争对手明确地区别开来。因此，企业在制作视频前需要深刻洞察企业自身的优势和竞争对手的定位，明确自己应该做什么和不应该做什么，进而选择最突出的卖点和亮点并精妙地融入视频内容当中。

技术的发展不断地促进了产品或服务的更迭，同时缩减了原有产品或服务的生命周期。企业需要时时关注用户的需求动态，不断地进行产品或服务的迭代创新，以提高用户的黏性和保持企业的市场份额乃至顾客份额。例如，抖音就不断围绕提升产品的功能进行迭代创新，秉承"敏捷开发、小步快跑"的迭代风格，最快 10 多天就能发布一个抖音 App 新版本。[①] 通过视频营销，能够有效地将企业产品或服务的迭代特征不间断地传递给消费者，从而扩大企业的影响力，增加用户对品牌的"新鲜感"。在泛娱乐化时代，消费者的注意力通常都分散在各式各样的网络活动中，视频营销也面临着如何在短暂的时间内快速抓住消费者注意力的难题。有研究表明，视频广告的短暂性限制了观众可以处理的有关产品的功能信息的数量。[②] 因此，鉴于有限的视频曝光率，企业需要甄选少量的卖点和亮点，并努力在视频

---

① 杜晶晶，王晶晶，林传红. 抖音短视频：网络运营高增长之谜. 中国管理案例共享中心案例库，2018.

② Stewart, K., Kammer-Kerwick, M., Auchter, A., Koh, H. E., Dunn, M. E., Cunningham, I. Examining digital video advertising (DVA) effectiveness: The role of product category, product involvement, and device[J]. European Journal of Marketing, 2019, 53(11): 2451-2479.

中着重凸显,以便尽可能地在有限的视频观看时段里传播关键的市场营销信息。

三、甄选视频的主题

在分析用户特性和提炼了自身产品或服务的卖点与亮点之后,企业还需要针对特定人群确定视频营销的主题,确保视频的内容是目标群体感兴趣的且易于接受的。为此,企业可以选择自主拍摄制作,也可直接寻求第三方专业视频制作机构的帮助。在如今的网络空间中,数字视频充斥在各大数字平台中,无论是企业还是个人,都在争夺潜在消费者的注意力。因此,在制作视频时,需要仔细甄选视频的主题,快速准确地吸引到精准用户。在实践中,最常用的一个做法就是选择时下的热点新闻来制作视频。例如,在母亲节时制作与母亲相关的内容来推广,增加品牌的亲切感;积极参与慈善活动,树立企业的品牌形象等。例如,2021年7月,在河南省遭受暴雨灾害时,国产品牌——鸿星尔克向灾区捐赠价值5 000万元的物资,企业的这一善举直接引发了大批爱国消费者的支持,使该国货品牌一夜爆红。

从受众的观看过程来说,消费者第一眼看见的就是视频的标题,因此好的主题往往与一个抢眼的标题息息相关。同时,也可以通过塑造悬念、采用设问或反问等具有互动性的句式来吸引消费者点击和转发视频。另外,有些视频还会有简介,尤其是想要用户观看5分钟及以上的视频时,可以在视频摘要中简介一些要点信息。这些信息可以是以往用户看完视频后的获益、视频内容的逻辑线、内容结构介绍以及视频内容的主要观点等。

四、生成视频

在视频生成阶段,主要涉及视频的具体生成过程。一般而言,一个完整的视频制作步骤包括视频制作和视频的配套设计两个基本环节。

（一）视频制作

视频的制作包括图画、音频、文字等元素的组合设计。随着数字经济的发展,在网络中可以便捷地获取各类视频制作技术,使视频创作逐渐由专业化向全民化转变,一部智能手机即可充当拍摄设备。而且,越来越多的功能齐全、简单易学的视频编辑软件也逐渐普及,视频制作不再局限于专业人士。以往的会声会影等专业视频制作软件,虽然有强大的功能,但界面相对复杂、不易操作,制作者不仅需要花费大量的时间学习,还需具备一定的创造力,因而形成了一定的学习门槛。然而,在各种工具型App的开发和普及浪潮下,简易的视频制作软件如雨后春笋般涌现出来,如万兴神剪手、快剪辑、快影、巧影、美意照片编辑、视频豆豆、MUTA音乐等。这些视频制作软件兼具了操作简便和功能齐全等特点,不仅包含了音频录制、图片编辑、字幕识别等功能,而且还提供了各种特效模板供用户直接套用,从而极大地降低了视频编辑的难度。例如,为了降低用户的创作难度,抖音为用户准备了台词,只要跟对节奏动作和情绪即可。同时,还设计了很多特效和道具,如原创特效、滤镜、场景切换等,以便有效帮助用户增强视频的表现力。实际上,为了迅速引导新人上手,抖音还专门推出了抖音小助手,提供全方位的拍摄指南来指导用户如何快速地制作视频。而且,这些App软件往往还具备设计小巧、占内存小等优点。此外,抖音、快手、西瓜视频等视频播放平台本身也开发了视频制作板块,创作者可以直接使用视频播放平台的视频制作模板即时生成视频,操作和上传过程都十分简便。

（二）视频的配套设计

视频的配套设计也是视频营销的重要组成部分。市场营销人员可以通过调查抖音、快手、B 站、YouTube 等视频播放平台，并根据所选择的投放平台的特征对自己的视频做进一步的配套设计，以便进一步提高视频的浏览量。

根据视频营销相关研究和实践，在提高视频浏览量方面，视频的配套设计主要涉及以下两个方面：视频标题和视频描述标签。其中，如前所述，视频标题是观众注意到的关于视频的第一条信息，这决定了观众是否会产生打开视频的动机。因此，一个吸引眼球的标题，在视频营销实践中具有十分重要的地位；视频描述标签是通过增强算法发现和索引来促进消费者观看。有相关研究发现：视频描述中的信息与视频浏览量呈正相关。实际上，视频描述与其推送也是紧密相连的。例如，YouTube 的算法可以扫描视频描述中所提供的细节，进而对视频进行索引和分类，并向观众推送。同时，YouTube 的算法也使用视频描述的内容来推断其中所包含的专业知识，并在观众的搜索结果中给视频更靠前的排名。总的来说，丰富的描述是非常重要的配套设计，为促进消费者打开视频增加了机会。类似地，描述标签结合平台的推荐算法，对于实现将视频推送给目标用户也具有重要的引导、定位和连接作用。比较而言，丰富的标签往往可以实现更高的受众覆盖水平。有研究表明，视频标签和视频浏览量之间存在着一种倒 U 型关系。其中，视频标签是市场营销人员创建的关键字，观众可以将其作为在 YouTube 等视频平台上查找视频的搜索词和短语。因此，视频标签在适当使用时才是最有效的，为视频添加过多的视频标签有可能会产生适得其反的结果。当大量视频标签一起使用时，如存在一些标签与视频内容无关，平台算法就会将其视为有问题的视频或标记为垃圾视频，最终降低了其浏览量。

五、选择投放视频平台

在选择视频投放平台时，企业必须重点考虑视频与平台的相容性问题，充分考虑视频内容与不同视频平台上主流视频类型的契合度、视频类型与视频制作目的、视频观赏设备要求等。同时，创作者还需要了解不同平台对视频内容的审查制度和要求，提前做好自我审查并配合平台做好相应的审查工作。

（一）视频与平台的相容性

一般而言，可供企业选择的视频投放平台包括视频 App、在线网络视频平台等。企业需要明确的是何种类型的视频内容适合在什么类型的视频平台进行投放和传播。例如，抖音、快手类视频平台更强调快速的咨询和娱乐性质，在该类视频平台投放的视频时间更短、内容更凝练、娱乐性也更强。比较而言，知乎、中国大学 MOOC 类视频平台则更强调知识性和专业性，投放的视频也具备逻辑严密性、专业性和权威性，视频的博主通常具有较高水平的教育背景或从事专业性较强的工作。而 B 站平台集娱乐和知识分享于一身，在视频投放时可以按照不同的主题板块有的放矢。另外，观看视频的设备类型也会影响视频营销的有效性。人机交互相关研究表明，用户的享乐感和真实感（如感官体验）在不同的设备之间有所不同。特别是，更大的屏幕会带来更积极的消费者采用结果。[1] 因此，企业还需要了解消费

---

[1]　Kim, K. J. Sundar, S. Does screen size matter for smartphones? Utilitarian and hedonic effects of screen size on smartphone adoption[J]. Cyberpsychology, Behavior, and Social Networking, 2014, 17（7）：466–473.

者打开这些视频平台的设备及其场景。

同时，选择合适的视频投放平台，除了要考虑视频的内容、平台的形象和流量，还要考虑相匹配的视频制作所需的成本、视频制作的目的以及视频的类型等因素。电视广告由专业团队制作，制作精良、花费高、平台也高，需要提前做好计划并根据平台制作相应的视频。短视频，既可以个人制作，也可以团队制作，具有费用低、制作简易、投放的平台选择多等特点。在实践中，宣传片一般都是由专业团队精心制作的，作为企业官网上的介绍、活动现场的暖场视频、项目洽谈和竞标时对企业的展示以及招商引资时对企业和地区的宣传等，有时也会在写字楼大堂、办公区前台等地方播放。另外，电影或微电影是专业或准专业的视频制作团队制作的，往往会在电影院和长视频平台中进行播放，如央视频、腾讯视频、爱奇艺等。

此外，企业通常还需要了解不同的视频播放平台的搜索和推荐算法的类型和模式，因为这决定了视频如何推送给受众以及是否能够精准地在特定时空推送给企业的目标消费者。在数字化时代，一些平台往往会利用网络视频平台的排名和推荐算法，让制作的某些视频更可见，以便提高某些视频的播放量、观看量以及关注量。例如，B 站的新人创作激励计划，会优先提高初创者的视频曝光度。

（二）视频的自我审查

无论是企业投放的视频还是委托其他机构投放的视频，都需要进行自我审查，以便确保视频内容有利于实现企业的市场营销目标并避免负面效果。具体而言，主要包括以下三个方面：

（1）视频中产品物理尺寸的展示效果。当视频没有明确的大小信息或提供参考点时，产品的大小可能无法看清楚，所以不同的消费者可能对产品的物理尺寸有着不同的评估结果。有研究表明：对空间距离的感知也会影响人们对一个物体的心理距离和解释水平。因此，在有关奢侈品的视频拍摄中，摄像师经常使用放大的手法来达到难以接近的效果，以便增强消费者对奢侈品的价值感知。[①] 对展示效果的审查涉及对视频内容是否"可信"的关注，这是因为在一定程度上，物理尺寸内容的展示不当可能会对消费者行为产生偏误或误导，从而影响视频的可靠性水平。

（2）视频中产品移动速度的展示效果。在创建一个视频广告时，市场营销人员可以调整一个产品的移动速度。有研究表明：消费者对产品运动的感知会受到特定情境的影响，并在判断时形成基于速度的缩放效应，对于固定的、无生命的产品，移动速度会影响消费者对产品尺寸的评估，从而影响他们的支付意愿（受自身对产品尺寸的偏好影响）。[②] 在实践中，市场营销人员还需要认识到：在视频广告中使用慢动作策略的影响是两面的。在视频速度产生的积极影响方面，慢动作使得消费者对广告中的产品有更多的视觉关注或更强的审美欣赏；在视频速度产生的消极影响方面，与主观认知的结论相反。实际上，已有相关研究发现，在各种真实的广告或直播视频中，使用慢动作来展示产品可能会降低产品的吸引力以及视频营销的说服力。因为慢动作可能会触发消费者推断中的偏见，这会改变说服消费者的有

① Togawa, T., Sugitani, Y. Looks Far Beyond My Reach: The Zoom Effect in Product Videos Influences Luxury Perception and Purchase Intention[J]. Journal of Consumer Psychology, 2021, 32(4): 687–698.

② Jia, H. Kim, B. K., Ge, L. Speed Up, Size Down: How Animated Movement Speed in Product Videos Influences Size Assessment and Product Evaluation[J]. Journal of Marketing, 2020, 84(5): 100–116.

效性。因此，市场营销人员可以预测试，让一些消费者提前观看视频，表达观看体验，继而优化视频的展示速度。

（3）视频中产品展示与场景的匹配。考虑到消费者的注意力持续时间越来越短，电影和其他视频内容的预告片不再总是以原有的形式直接使用。为此，往往更多地需要编辑和剪辑来制作更有效的宣传片段，并基于对消费者偏好的分析来选择视频中的特定场景，以便最大限度地激发消费者共鸣和积极响应，从而提高视频的传播效率与效果。

（三）平台审查

在上传视频到相应的平台之后，通常还会面临着平台的审查。随着数字技术的普及和发展，网络已成为人们获取信息的重要途径，对网络视频中传播的内容进行严加审核是十分必要的——网络并不是法外之地。一般而言，视频播放平台的审核，往往都是为了传播积极正确的价值观，因而内容要健康、合法合规、尊重版权、符合社会价值观，对于涉及政治的敏感话题、侵犯版权、色情、暴力等内容进行识别并拦截发布，必要时也会封闭账号主体。平台对视频审核内容主要有文本、图像、音频和视频，主要包括用户头像、昵称、签名、标签、弹幕、评论等各种用户可以自行输入和上传的图像、音频和文本内容等。随着人工智能技术的广泛应用，现在众多平台审核都逐渐引入了人工智能技术来辅助进行审核，极大地提高了平台审核的效率。在此基础上，再辅以人工审核，提高了审核的准确性。目前，直播视频和非直播视频的审核难度不同。其中，直播的审核难度相对更大，对于非直播视频内容，都是先审后发。对于直播视频的审核，需要更多的技术手段实时监控。另外，采用人工智能技术的算法识别通常建立在直觉和经验的基础之上，因而仍会有一些未全面预料到的内容会突破现有的内容审查系统，这就需要工程师和审核人员不断地积累经验，持续地完善算法，以便提升审核的准确性，提高审核效率。

六、视频的沉淀和孵化

视频的成功发布并不意味着视频营销的结束，企业需要时刻关注视频的传播效果并基于此反馈到未来的视频营销计划中，这关乎视频发布后应达成何种效果的评估。概括而言，视频营销的目的是为了沉淀用户和 IP 孵化[①]，拥有持久稳定的用户支持是企业营销制胜的根本。其中，这里所说的 IP 是指任何有文化沉淀价值的、有商业持续开发能力的无形资产，可以是一部小说、一部电影、一部动漫，还可以是一个形象、一个人物或一个文旅项目。IP 孵化是一个 IP 从产生、品牌化到实现泛社会化的过程。IP 品牌化就是将 IP 与商业充分融合，因为 IP 需要商业化，而品牌也需要 IP 来提供活力以便对品牌形象进行宣传和升级。目前，短视频行业的商业变现主要有以下四种模式：广告变现、内容付费、电商倒流和平台分成。在经过漫长的品牌化融合之后，IP 的价值逐渐被社会大众所接受、认可并积极进行传播，而且具备强烈的认同感和共情力，从而实现泛社会化的 IP 文化。例如，超级 IP "李子柒"，在拍摄了一系列宁静乡村生活的视频之后火爆，创立了"李子柒"东方美食生活家的品牌，李子柒负责视频内容生产、品牌塑造、产品研发，而微念科技则负责电商运营、供应链搭建、物流管理，从而实现了 IP 的商业化。

视频内容的优质、原创和精致是众多企业的共同追求，也是企业视频营销可持续发展的

---

① IP 孵化，是指一个形象从创意设计，到版权登记注册，到营销吸粉，到品牌授权，到维权打假的整个过程。

驱动力。因此，如何构建优质内容、扩大传播力、增强用户黏性，常常是视频营销的重要目标。无疑，优质内容的生产需要创造者，其中人力资本是关键；传播力需要资本的加持，技术与资金是助力；用户黏性的增加是优质内容和强大传播力持续迭代和运营的结果。因此，企业在视频发布之后，要加注数字技术和资本运作，努力做好视频数据的追踪和分析，以便从中识别出用户的偏好，快速应对用户偏好的变化，不断地沉淀目标用户，并在持续的创新中孵化企业 IP。

第三节　视频营销中的关键问题

完成视频的制作、投放和发布流程，并不意味着视频营销就能获得成功。在视频营销的过程中，营销管理者还需要关注一系列关键问题，主要包括发挥视频信息传播的效率优势、多样化视频的内容、充分融合视频中品牌的信息和把控视频内容的价值以及对弹幕的管理、信息过载和侵权问题的处理等。

一、发挥视频信息传播的效率优势

随着互联网、计算机、图像技术等的快速发展，人类获取信息方式的飞速更迭。在快节奏的数字化时代，视频正逐渐取代文字、图片等媒介并成为人们获取资讯的首选方式。相较于文字、图片、GIF 动画等传播媒介，视频形式的媒介更快捷、承载信息量更大，也更易于受众接受。同样的信息，使用集文字、图形、动画于一身的视频媒介，信息接收者接受的意愿会更高，对内容的解读也会更容易和准确。尤其是对于一些高科技的新鲜事物，有图形或者立体形象的介绍，会大大提高传播信息的效率，信息失真的程度也会更低。另外，对需要转述的情况，通过视频录制，可以达到百分之百的信息传播准确率。

视频提供了更生动（高清晰度、动态、360 度）的产品属性呈现，并可以附上背景音乐，为观众提供了丰富的感官信息，这往往会影响信息处理，并放大相关信息对消费者决策的影响。此外，视频还具备交互式功能，如放大、缩小、暂停、回放和向前，允许客户以期望的速度查看不同的产品属性。基于视频媒介在信息传播上的优势，营销人员应合理有效地利用视频去传播企业的产品、品牌和文化。首先，信息内容的量，一个 10—15 秒的视频展示了产品的文字介绍、图形展示达到立体认知的目的，其中包含产品的外形、功能、声效、使用方法、操作流程以及品牌形象。其次，信息的展现形式，文字的字形、大小、放置位置，声音的音调、音质和响度，图形的色彩、旁白、比例，动画的切换速度以及文字、声音、图形出现的匹配度都会影响视频信息传播的效率，好的展现形式可以达到视觉、听觉以及多感官动态联结认知。最后，消费者的视频观看体验，除了与内容的丰富度和逻辑性，信息展现的契合度和艺术性相关，还与视频导出的格式、播放的分辨率息息相关。

二、多样化视频内容

在安德森所著的《长尾理论》中划分了两类经济①：规模经济和范围经济。在产品多样化方面，规模经济指的是品种越少、成本越低的产品体系；范围经济指的是品种越多、成本越低的产品体系。其中，短头(大众)是规模经济，而长尾(个性)是范围经济。长尾理论的核心论点是品种多样化会带来更多的用户选择，更好地满足用户的个性化需求，是一种可以有效回避价格战的增值之道。在大多数情况下，个性化需求的总和往往会大于大众需求的总量。

现代媒体传播平台的门槛低、传播渠道多样化，加上视频内容精简与形式活泼，使得视频的信息内容呈现病毒式扩散，表现出信息传播力度强、范围广、交互性强的特点。传统营销受限于经济规模与技术水平等，以大众传播为主。比较而言，在数字化时代，视频传播能解决个性化传播的需求，各式各样的创意、有吸引力的视频信息往往能够经由大数据算法实现精准推送。在这一背景下，对于视频平台企业而言，尤为需要正视视频营销的多样性和创新性。

三、视频中充分融合品牌的信息

视频营销中的一个误区就是企业营销人员认为把企业的产品或服务植入到视频里就是视频营销，依然秉持着传统的广告植入思维。相对而言，有效的视频营销考虑的是将企业的产品或服务以及品牌理念融入特定的场景中，尽可能让消费者自然地接受这种价值。因此，如何进行场景融入是视频营销成功的关键所在。市场营销人员必须创新符合大众文化的场景、提炼品牌核心价值，并将它们融合在视频中，从而满足用户的审美需求、获得用户的情感认同，进而达到建立用户与品牌之间紧密联结的目的。

例如，对于春节这一消费场景，vivo手机在除夕前夜进行了系列的视频营销活动，将其品牌完美地融入了春节团圆的场景之中，视频在短时间内就获得了很高的点赞数量、热门转发和众多用户评论。首先，视频在抖音上于除夕前一天正式发布，所营造的春节气氛与现实中回家过年的时间高度契合；其次，视频中红色灯笼、投壶游戏、团圆聚会等喜庆的温暖色调，搭配歌手毛不易的《见字如面》(温馨版)，整体营造出温馨的氛围，与现实中的春节场景高度契合；再次，在现代社会生活中，子女面对因在外学习、工作、疫情等原因而不能回家，父母与子女的交流、见面都是通过手机的信息传输功能完成的。因此，vivo手机成了春节团圆的情感联结纽带，融入了品牌文化；最后，清晰地展现产品，主要包含产品介绍和品牌形象传播。在不到5分钟的视频中，成功地构建了虚拟的春节场景，融入了vivo品牌文化，联结了用户团圆情感，精确选择了发布时间，并通过清晰、精美、动态的视频，淋漓尽致地传播了其品牌价值。另外，和传统电视广告反复播放企业品牌视频相似，企业在制作数字视频方面常常也需要努力强化品牌的曝光度。为此，企业可以在制作的视频中添加更多的品牌元素，如视频开头或结尾简短的品牌介绍，同一个角落中的品牌标志或者是添加视频水印，以便加深消费者对特定品牌的印象。

① [美]克里斯·安德森. 长尾理论[M]. 乔江涛译. 北京：中信出版社，2006.

四、把控视频内容的价值

根据艾瑞咨询发布的《2021 年中国视频产业发展研究报告》，视频服务的市场渗透接近饱和，行业已经发展成熟。同时，消费者兴趣群体泛化且分化，内容的供需均十分丰富，个人兴趣也很容易在平台中得到匹配与满足。可以看出，视频产业的市场已初具规模，用户基数不断增多。然而，视频平台虽然存在大量内容，但是跟风、模仿导致同质化严重，一定程度上导致消费者审美疲劳。因此高质量、有创意的视频内容一直是企业开展视频营销的关键。

在数字化时代，人人都可以进行信息生产并参与信息的传播。社交媒体上每时每刻都在上传大量的视频，这些视频内容碎片化，呈现形式丰富。然而，为了追求新闻发布的速度、博取观众的关注以及实现播放量的提高，大量媒体会在标题、剪辑上做投入，而忽视信息的真实性。2016 年，中华新闻传媒网发布《新媒体环境下新闻真实性原则的发展和挑战》一文，呼吁网民要提高自身的媒介素养，理性地使用媒体资源，健康的网络环境需要每一位网民的构建和维护。近年来，虚假信息识别受到越来越高的重视。2020 年，中国报协网《社交时代短视频在新闻传播领域的应用》指出，短视频在新闻内容完整性、权威性和专业性方面的问题。视频信息传播的广泛应用，已经深入人们生活的方方面面，比如视频满足真实性、关联性的，在法律上可以视为充足的证据。2021 年 11 月，中华人民共和国司法部发布了《录像真实性鉴定技术规范》（SF/T 0123—2021），该规定就录像真实性鉴定中的设备和工具、鉴定步骤和方法以及记录要求进行了详细的说明。

消费者对不同内容的响应存在差异性。例如，一些视频可能会激发消费者分享意愿，而另外一些则会激发其购买意愿。[1] 因此，消费者的响应动机存在诸多差异性。Unruly 公司在对约 4 300 亿次视频浏览量和 10 万个消费者数据的分析后发现：用户分享视频的动机包括社会动机和情绪动机两大类。其中，社会动机主要涉及以下 10 个方面[2]：第一，征求意见，想看看我的朋友们是怎么想的。第二，分享激情，它让我和我的朋友建立了一个共同的兴趣。第三，线下社交，它将帮助我与我的朋友进行线下社交。第四，社交效用，这可能对我的朋友们很有用。第五，潮流先锋，我想第一个告诉我的朋友。第六，权威形象，我想展示我的知识。第七，时代思潮，关于当前的趋势或事件。第八，交互对话，我想开始一个在线对话。第九，自我表达，它说明了我的一些问题。第十，社会公益，这是一个帮助他人并释放个人积极形象的活动。从情绪的角度，消费者分享视频的动机可由积极情绪和消极情绪两个方面引发。根据 Unruly 公司对"Puppyhood"视频的分析后发现：视频分享排名前四位的积极情绪分别是温暖、幸福、狂欢、惊喜，排名前四位的分享视频的消极情绪是：困惑、蔑视、厌恶、愤怒。因此，企业可以针对用户不同的分享动机，设计视频内容，同时尝试唤起积极的情绪反应，以确保视频内容可以产生共鸣。

五、弹幕管理

"弹幕"是观看视频的观众所发送的简短评论，以滚动、停留、甚至更多动作方式出现在视频上，它是从 B 站衍生出来的二次元文化，形式包含翻译、解说、吐槽、调侃等，

---

[1] Akpinar, E., Berger, J. Valuable virality[J]. Journal of Marketing Research, 2017, 54(2): 318-330.
[2] Vision Statement. Why Some Videos Go Viral[J]. Harvard Business Review, 2015, 93(9): 34-42.

是一种冲破了时间、地域、空间限制的互动行为。在 2022 年，B 站在跨年晚会上展开了创新模式——"平行时空"，网友可以自由选择进入"奇幻时空"或"魔幻时空"，而不同的"平行时空"对应着不同主题的节目内容。同时，两个"平行时空"的节目内容还会相互呼应，弹幕也会在屏幕上从两个不同的方向进行交汇，观众可以同屏交流，带来如平行时空交汇般的神奇体验。

弹幕是一种依附于视频的非独立存在的媒介形式，那么讨论弹幕的管理就离不开对视频播放的规范化管理。具体而言：① 弹幕是一种传播信息媒介形式，用户在观看视频节目时打开弹幕，弹幕中提供的信息可以帮助其更好地解读视频信息、了解视频内容等。从某种程度上看，弹幕的信息传播为观看者实时、方便、快捷且及时地提供了更多的咨询和知识。当然，这些信息是围绕视频的内容而产生的，因而视频内容本身是否健康是最基本的要求。② 弹幕还具有社交属性，用户可以自由地表达自己的情绪、想法、建议和问题等，其他用户实时观看并给予迅速的回应，在情感共鸣强烈时会引起大范围的一致性表达，并形成一种新型的情感表达语言。用户在"发送弹幕—得到回应"这一过程中抒发情感，形成文化集体和身份认同，获得认同感和归属感。③ 弹幕是一种基于视频的再创新渠道，弹幕所提供的社交临场感为用户创作提供了头脑风暴的条件，用户在观看视频时用弹幕的形式进行即时表达和即时创作。一方面，释放了大众话语权；另一方面，用户能够通过联想、敬仰、同情、净化与反讽等方式进行知识整合、内容生产和文化构建。有相关研究表明：在体验期间生成内容会增加沉浸感，让人感觉时间流逝得更快，这进一步增强了体验的乐趣。[①] ④ 要对弹幕中出现的乱象进行管理，以往匿名发布弹幕的管理导致了大量偏激、负面以及"黄暴"等不良内容的传播。在实行了实名制之后，这一现象得到了很大程度的缓解。然而，弹幕评论仍然存在着打压少数意见的倾向。这种现象的解决，还有待于国民素质的提升，但视频发布平台的引导也是十分重要的。

六、信息过载

信息过载，也称"信息过剩"，指人们接受了太多的信息，但却无法有效整合、组织以及内化成自己所需要的信息并有效做出决策。[②] 当人们接触到的信息量超过了自己有效处理信息的能力时，就会发生信息过载。一旦出现了信息过载，就会影响处理信息的速度以及个人工作的专注程度，进而对个人完成任务的效率和质量产生负面影响。

具体而言，造成视频营销信息过载的原因是多方面的：首先，视频通过网络复制和平台传输的便捷操作，导致了视频信息的过量产生；其次，视频中传输信息特征的复杂性和模糊性、信息源提供的品牌选择数量和系统接口等，也会造成消费者感知信息过载；再次，视频播放平台依据算法，定制化推送可以满足消费者偏好的视频，对于自控力不强的消费者可能会导致他们深陷其中，最终沉迷于接受大量信息而没有精力进行有效并及时的处理；最后，信息本身会引发消费者的情绪反应，有可能出现消费者不能理性处理视频传播信息的情形。有相关研究发现：视频标题中的消极情绪强度与视频观看呈正相关关系。因此，一些创作者

---

① Tonietto，G. N，Barasch，A. Generating Content Increases Enjoyment by Immersing Consumers and Accelerating Perceived Time[J]. Journal of Marketing，2021，85(6)：83-100.

② 蔺丰奇，刘益. 信息过载问题研究述评[J]. 情报理论与实践，2007，(5)：710-714.

也会倾向于发布引发消费者消极情绪的视频，目的是提高视频的观看量。[①]

面对消费者在视频营销中的信息过载，需要企业、视频播放平台、监管部门以及消费者共同加以应对。对于企业来说，应该注重在视频营销中传播适度的信息，从而促进消费者更有效地接受信息，使消费者能够吸收品牌文化、了解产品功能并使用促销信息；视频播放平台要引导消费者合理观看视频，可以设置适时的提醒功能来督促消费者健康合理地观看平台视频。同时，平台也要特别重视对视频内容的管理，尤其是包含负面情绪的视频；监管部门则需要对视频营销中出现的不当行为做出及时处理，尤其要对过分消极、暴力、传播不良价值观的视频做好实时的监督。

为了应对视频营销中信息过载问题，往往也需要消费者树立正确的价值观、合理规划自己的时间和精力，并对视频中出现的不合规行为及时投诉举报。目前，消费者面临的一个核心问题就是视频观看中的上瘾行为。为此，一个有效的解决方案是依据情绪调节模型，通过分散消费者的注意力来中断上瘾行为。其中，情绪调节的目的是减少因视频刺激而产生的情绪体验。如图10-2所示，情绪调节模型描述了刺激视频、情绪、注意力以及行为四个关键要素之间的关系。其中，情绪调节是一个动态过程，视频的持续观看行为来源于消费者对视频集中的注意力，而吸引消费者注意力集中的原因则是视频对消费者情绪(快乐、惊喜)的引发或刺激。因此，情绪调节的关键在于：消费者对刺激(视频)的选择和注意力的部署。其中，视频的选择涉及消费者在观看视频时，对引起情绪类视频的反应(接近、回避)。合理地回避高情绪类视频，是保持理性并消除上瘾行为的有效手段；注意力部署是指人们如何将注意力分配到视频上以便调节自己的情绪。例如，集中注意力往往会强化自身的情绪反应；而分散注意力则常常意味着从视频中的情绪转移开，从而实现跳过这些视频以便停止视频上瘾行为。

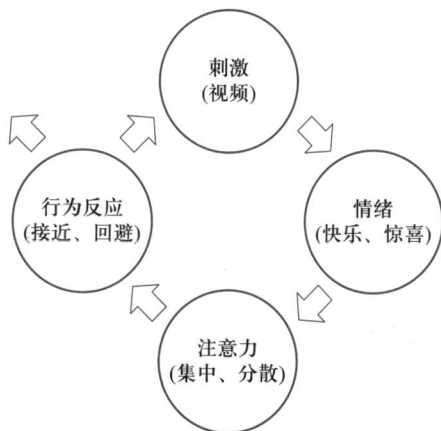

图 10-2　情绪调节模型

资料来源：Teixeira, T., Wedel, M., Pieters, R. Emotion-induced engagement in internet video advertisements[J]. Journal of Marketing Research, 2012, 49(2)：144-159.

七、侵权问题

短视频营销是企业当下十分重要的数字营销手段，然而在短视频制作、传播过程中的侵权行为却时常发生。例如，一些人在拍摄自己的视频时，可能会涉及无关的路人；有些采访视频未经受访者同意就发布；还有些商家在未经原创者同意的前提下将流量大、内容优质的视频私自用于自身的商业活动；再有，一些企业直接将影视剧、电影片段截取制作成贴片宣传视频，侵犯原创版权。目前，移动短视频行业以及相关平台尚未形成完善的监督与保护机制，侵权问题尚未彻底解决。针对短视频营销出现的各类问题，中国网络视听节目服务协会

---

① Tafesse, W. YouTube marketing：how marketers' video optimization practices influence video views[J]. Internet Research, 2020, 30(6)：1689-1707.

发布了《网络短视频内容审核标准细则》(2021)。该细则指明了网络短视频内容审核的基本标准，规定了网络播放的短视频节目及其标题、名称、评论、弹幕、表情包等。同时，从网络短视频平台治理出发，相关部门还颁布了《网络短视频平台管理规范》，该文件的颁布为解决短视频中的乱象和侵权问题提供了依据。然而，与传统的文字和图片的侵权相比，短视频的侵权不易被发现和举证。因此，在处理这类问题上，短视频行业或平台需要加大技术投入，持续提升技术监管能力。此外，监管部门也可以加强消费者投诉渠道的建设，各大短视频平台也可以成立合作联盟，以便共同打击盗版和侵权行为。

第四节　视频营销的效果评价

一、视频营销效果评价的意义

视频是目前数字化时代增长最快的在线服务之一。相应地，越来越多的企业选择数字视频作为营销传播的工具。实际上，为了确保企业营销资源的合理使用，无论是对企业营销战略的选择和实施，还是对市场营销人员能力的提升，亦或是对顾客满意度的提升等，都离不开对视频营销效果的持续评估。

（一）有利于企业营销战略的选择与实施

在数字经济时代，敏捷反应是企业能够对外部环境作出迅捷、有效的反应，是企业应具备的一种关键能力。视频营销效果的评价，反映了市场中消费者的偏好与评价，往往可以从中挖掘出市场环境和目标消费者所呈现的新特征、新变化或新趋势，帮助企业从中识别出新的市场机会。显然，这有助于企业以消费者为中心动态地选择和实施自己的营销战略。

（二）有利于市场营销人员能力的提高

视频营销效果的评价，往往可以在一定程度上反映企业市场营销投资的回报。在企业开展视频效果评价的过程中，市场营销人员可以了解视频营销在内容、制作技术以及发布时机等方面的不足，并据此有针对性地提升市场营销人员的视频营销能力。在必要时，企业人力资源部门甚至可以安排相应的培训学习和相应的绩效考核，持续提升营销人员在视频营销方面的综合能力。

（三）有利于顾客满意度的提升

企业视频营销效果的评价，还有助于企业获取有关顾客满意水平及其变化的信息，并据此制定相应的改进措施。在视频发布之后，企业应该持续跟踪并分析视频营销的结果，然后利用各项数据分析的结果，发挥市场营销管理者的智慧与经验，及时对视频营销的不足之处进行调整和优化，从而切实提升视频营销传播活动对顾客满意度的积极影响。

二、视频营销的效果的评价指标

视频营销在给企业带来机会的同时，也带来了一系列新的挑战。在视频营销效果评估方面，企业面临着分析非结构化视频数据的挑战，这极大地限制了企业及时获悉市场营销洞见的水平。为了应对这一挑战，市场营销实践者和研究人员提出了包括播放性和转化性的各种指标，以此来衡量视频营销的效果，从而帮助市场营销人员持续优化和改进其视频营销实践。

（一）视频播放指标

常见的视频播放指标主要包括播放率、注意力时长、情绪反应程度和涨粉率等。

（1）播放率。播放率是指点击视频的数量与访问视频总数的百分比。播放数是一个绝对数字，但播放率反映了所发布的视频有多吸引人。播放率一定程度上表明了视频是否能够吸引消费者的注意力。不过，正确地评估播放率，往往还需要了解具体的平台是如何衡量观看次数的。例如，抖音视频平台是 15 秒计算为一次观看，B 站则根据用户打开动漫视频的次数来计数。

（2）注意力时长。在数字化时代，获得消费者的注意力是企业市场营销的首要目标。一般而言，视频营销是通过电脑、平板、智能手机或网络电视等设备触达到目标消费者，而且视频的观看也都是经由不同大小的智慧屏幕来实现的。因而，消费者的注意力时长，就是通过计算机视觉技术或者眼动追踪系统来测量消费者在屏幕上的停留时间，这一新颖的功能可以帮助市场营销人员从视频内容的角度来预测和理解在线消费者。[1] 同时，企业也可以衡量该视频总共吸引的注意力时间（消费者在视频网页上停留了多久），以便衡量这些内容的质量和影响力。

（3）情绪反应程度。Berger 和 Milkman（2012）的研究发现：视频能否广泛传播的主要原因之一就是情绪。[2] 因此，视频能否高度唤醒消费者的情绪，在很大程度上决定了视频营销的曝光度和有效度。在当今的数字化时代，相关技术可以帮助企业科学评判这方面指标，如在不触及隐私的情况下或实验室的情境中，基于 Web 的面部表情跟踪技术或者电脑上的网络摄像头来研究消费者在线观看视频的实时情绪反应。

（4）涨粉率。涨粉率指视频发布之后有多少消费者关注了视频的账号主体。涨粉率的计算公式为：涨粉率=（加粉量−掉粉量）/播放量，它反映了消费者对视频内容的认可和对账号主体长期价值的预期。

（二）视频转化指标

仅仅使用数量来测量视频效果还远远不够。首先，视频浏览量并不能体现观众具体是谁。实际上，与观看节目的人数相比，谁在观看节目至少同等重要。如果受众是由不符合目标顾客形象的人所组成的，那么这些观看的价值是相当有限的。其次，浏览量指标也不能说明视频是否真的能够引起消费者的共鸣。如果大多数观众都在观看视频，这是一个很有说服力的信号，表示企业已经选择了一个好的主题，并创建了其他人觉得有价值的内容。但这些有价值的内容，能不能提高企业的顾客关系管理效益？能否真正促进企业产品、品牌或服务的转化？因此，企业还需要一些转化性的指标来衡量视频营销的

① Zhou, M., Chen, G. H., Ferreira, P., et al. Consumer Behavior in the Online Classroom: Using Video Analytics and Machine Learning to Understand the Consumption of Video Courseware[J]. Journal of Marketing Research, 2021, 58(6): 1079-1100.

② Berge, R J., Milkman, K. L. What Makes Online Content Viral? [J]. Journal of Marketing Research, 2012, 49(2): 192-205.

效果，主要包括：

（1）谁在看。在理想的情况下，若使用专业播放器，在观众自愿提供 IP 地址、系统中的手机号码或与微信账号匹配的情况下，就可以便利地定位不同消费者在网站和登录页面上看了哪些视频。用户看过企业的产品概述了吗？如果是，进一步推送给他们附带价格的购买链接视频。此外，谁在点赞、收藏、分享该产品的视频？诸如此类的数据可以针对潜在顾客的视频浏览偏好深入分析顾客的需求，为销售团队提供丰富的市场洞见，进一步挖掘新的市场营销机遇。

（2）转化。关注视频观赏在多大程度上能够影响消费者的后续行动，这关乎着视频营销的转化率问题。例如，点击视频下方的超链接进行注册和测试，或者进行购买等。同时，企业也可以在视频营销过程中进行销售效果测试。例如，在一个产品页面上，标注产品说明书能否带来更多的销售？或者测试不同视频的转化效果。例如，展示如何使用该产品的解释视频，是否会带来比纯粹的品牌宣传视频更多的销量。

（3）评论和社交分享。这里的社交分享，指的是视频在社交媒体上被用户分享了多少次。视频受众足够关心视频分享给其他受众，这意味着视频制作的内容是符合消费者偏好的。而且，用户可以在视频的下方进行评论，这些评论主要是对视频内容的解释、评价、诉求期望以及感受等。通常，评论区具有社区互动的性质，以视频本身为中心，素不相识的网友能围绕视频展开丰富的讨论，这些评论的内容本身也在不断地为视频增加额外的信息价值，这培养了那些选择通过评论或分享内容来积极参与的人的获得感或成就感。因此，一个备受关注的视频，往往会获得相当可观的评论数和分享数。

（4）溢出效应。在通常情况下，视频播放平台会提示用户去寻找与视频主题相关的其他视频，而不是仅仅在浏览完一个页面后就离开。有些平台企业基于视频的主题，采用相应的算法进一步地推送相似的视频给特定的消费者。

甄选视频营销评价的指标，深刻地影响着企业的视频营销实践。确立恰当的评估指标，可以让企业更有效地展开视频营销，因为这些指标在很大程度上揭示了一个视频是否实现了既定的市场营销目标。同时，企业不仅要关注视频营销的播放指标，而且更要关注视频营销的转化指标，这有助于市场营销人员集中精力创造更适合的内容以满足消费者的信息诉求，继而最终服务于企业营销绩效的增长。

本 章 小 结

在数字化时代，视频为人们的生活带来了无穷乐趣。而且，也有越来越多的企业将自己的市场营销资源源源不断地投放到视频营销上。本章首先界定了视频营销的内涵，并依据数字视频营销的制作技术、时长设计、发布主体和广告植入四个方面对其进行了划分和比较；其次，本章也梳理了实施视频营销流程中六个基本步骤——分析视频受众的特性、提炼产品（服务或品牌）的卖点与亮点、甄选视频的主题、生成视频、选择投放视频平台、视频的沉淀和孵化。同时，本章还阐述了市场营销人员在视频营销实施流程中需要关注的一系列问题，包括发挥视频信息传播的效率优势、多样化视频的内容、视频中充分融合品牌的信息和把控视频内容的价值以及对弹幕的管理、信息过载和侵权问题的处理等；最后，本章归纳了从视频播放和视频转化两个方面对视频营销效果进行评价的各个重要指标。

关键概念

视频营销	短视频营销	企业号视频营销
硬广植入视频营销	软广植入视频营销	
贴片宣传视频		

即测即评

☞ 请扫描二维码答题

复习思考题

1. 请谈谈视频营销对消费者学习、生活和工作的影响？
2. 举例说明视频营销的实施流程？
3. 在企业实践中，视频营销需要注意的关键问题有哪些？
4. 目前，有哪些避免视频侵权行为的方案？你还能提出更好的解决办法吗？
5. 为什么要进行视频营销效果评估？如何有效地衡量视频营销效果？

本章案例分析

"叶公子"的短视频营销

短视频 IP——"叶公子"是一个传播正能量的视频博主，创建于 2019 年 3 月。同年 8 月，实现粉丝量的千万突破，一度成为成长最快的网络红人之一。"叶公子"依靠制作反转剧情视频内容，将品牌有机地融合到视频当中，实现了 IP 的品牌化。

"叶公子"的视频营销建立在充分了解受众的需求和偏好基础之上。作为美妆博主，"叶公子"提炼出当代年轻女性追求独立自主的品牌定位。随着大多数女性的经济实力的提高，女性的社会地位也逐步提升，女性价值的树立也是众多女性消费者的需要。"叶公子"在其短视频中展现了：一个个平凡女性如何在美妆产品的加持下变得光彩耀人，从而开始自信地追求自强、独立的生活。而且，相关视频传达了女性完全可以依靠自己而变得更好的理念。追求美是人类的天性，尤其对于女性来说，能够靠自己实现美的追求，这符合当代女性的主流价值观。"叶公子"将这些价值观充分融合在相应的视频品牌宣传当中，直击当代女性的内心，与受众产生了强烈的情感共鸣，使品牌在目标消费者心中落地生根。

"叶公子"视频也蕴含了趣味性、戏剧性以及丰富的情感等多元化内容。"叶公子"视频对生活中平凡的场景进行加工，然后以夸张或者恶搞的形式展现，增添了趣味性和戏剧性，吸引了大量消费者的关注和喜爱。同时，在视频中还充分展现了一系列人类真善美的化身，传达了健康的价值观，并引发消费者的情感共鸣。此外，为了激发消费者的互动和提高消费者的评论积极性，"叶公子"视频还经常会在结尾部分设计悬念，并以此实现与消费者的持续关系。

"叶公子"为了更好地实现营销效果的转化，还在视频页面中提供了购买链接，并宣布在视频场景下消费会享受专属的折扣。消费者能够在视频渠道中获得更高的优惠，"叶公子"也因而收获了更具黏性的顾客关系。而且，不少消费者会被打折、满减或降价等促销手段所刺激，进而产生购买行为。

资料来源：孙雨菲. 基于 AISAS 模型的美妆产品短视频营销双案例研究[J]. 江苏商论，2021(01)：37-40+45.

案例讨论题

1. 根据"叶公子"的案例，谈谈自己对视频营销的理解。
2. 请从数字营销的角度深度分析"叶公子"获得成功的原因。

延伸阅读

[1] 王永贵. 市场营销[M]. 2 版. 北京：中国人民大学出版社，2022.
[2] 王永贵. 服务营销[M]. 2 版. 北京：清华大学出版社，2022.
[3] 王永贵，马双. 客户关系管理[M]. 2 版. 北京：清华大学出版社，2021.
[4] Barry, J. M., Graça, S. S. Humor effectiveness in social video engagement[J]. Journal of Marketing Theory and Practice, 2018, 26(1-2)：158-180.
[5] Jia, H., Kim, B. K., Ge, L. Speed Up, Size Down：How Animated Movement Speed in Product Videos Influences Size Assessment and Product Evaluation[J]. Journal of Marketing, 2020, 84(5)：100-116.

☞ 更多资源请扫描封底拓展资源码→文献目录

第十一章 直播营销

　　数字技术的发展和席卷全球的新冠疫情，使直播这种非接触式的面对面营销形式获得了迅猛的发展并逐步趋向成熟，众多企业纷纷进驻到各大直播平台以推广其产品和服务。相应地，掌握直播营销的理念和方法已成为开展数字营销的必备知识。为此，本章首先界定了直播营销的概念和特征，进而讨论了直播营销的类型；随后，详细介绍了直播营销的实施流程，并总结了直播营销的策略；最后，分析了直播营销在实践应用中的问题并提出应对方案。

本章的学习目标：

1. 理解直播营销的内涵和类型
2. 掌握直播营销的具体流程
3. 掌握直播营销的策略
4. 理解直播营销实践中存在的问题及应对方案

> **开篇案例**
>
> ### 鸿星尔克的直播复兴之路
>
> 2021 年 7 月 21 日，鸿星尔克在为河南水灾捐款 5 000 万之后，其在抖音、淘宝直播平台上的直播营销活动得到了消费者的广泛关注。据统计，2021 年 6 月鸿星尔克的抖音直播销售额不足 100 万。而在爆红之后，其在抖音平台中的单场直播的弹幕数就高达 139 万条，月销售额更是飙升至 1.6 亿元人民币。[①] 可以看出，直播营销凭借其超高的实时互动性吸引了海量的消费者，能够为企业带来惊人的业绩，这是其他非实时互动类营销手段所难以媲美的。

第一节 直播营销的内涵和类型

数字技术的进步使直播这一营销手段迅速渗透各行各业，从服装、电子产品到家具、珠宝和食品等众多行业，都可以看到直播营销的场景。

一、直播营销的内涵与特征

直播营销是以数字服务平台为媒介，由直播人员（主播）[②]在直播间中采用多种演示技巧，实时为消费者解说各种产品和服务，并通过数字屏幕（如智能手机）与消费者在同一时间、共享同一线上空间来产生多样化的即时互动，由此促进消费者做出购买决策的一系列活动。[③]

企业使用直播营销的原因有很多，包括企业能够与用户实现双向沟通、提供场景建设、打造沉浸式体验、实现流量转化、打造以粉丝为基础的私域流量池、扩大推广形式、提升活跃度、服务商提供个性化解决方案以及助力企业实现数字化转型等。[④] 在中国的直播市场上，一大批各式各样的直播平台如雨后春笋般涌现（如图 11-1 所示），包括抖音、快手、京东、拼多多等电商类直播平台，虎牙、斗鱼、战旗等电竞类直播平台，YY、KK 等娱乐直播平台，NBA、CCTV 等体育类直播平台，盟主、网易云信等企业类直播平台以及新浪财经、知牛财经等财经类直播平台。具体而言，直播营销具有以下几点特征：

[①] 陈立文，张英洁. 重回"大众"：鸿星尔克如何乘"盛"追击？中国管理案例共享中心案例库，2021.
[②] 泛指那些负责直播活动全程主持、协调、产品展示、进度规划、流程控制的个人。
[③] Bharadwaj, N., Ballings, M., Naik, P. A., et al. A New Livestream Retail Analytics Framework to Assess the Sales Impact of Emotional Displays[J]. Journal of Marketing, 2022, 86(1): 27-47.
[④] 艾瑞咨询. 2022 年中国企业直播行业发展趋势研究报告，2022.

图 11-1　直播平台

资料来源：艾媒咨询. 2021 年度中国在线直播行业发展研究报告，2022.

（一）一对多的互动场景展示

随着互联网和移动智能终端的快速发展，使直播无论是对企业、主播还是消费者而言，都在很大程度上降低了技术、成本和使用方面的门槛。不同于一般的电视营销、线上营销以及视频营销，直播营销通过线上设置独特的场景来展现企业的产品和服务，而且只需要一个主播就可以同时积聚成千上万消费者，具有很强的实时曝光度。尤其是，在特殊的购物节日（如双十一、6·18）、节庆促销（如端午节、中秋节）或者新产品推介会期间，直播营销往往会在一个小时之内实现一个企业一个月乃至更长周期的销量目标。再者，直播是主播通过现场展示，对产品的形态、使用体验的描述等，达到"身临其境"的效果。对于服装、美妆或者一些难以通过文字、图片或单纯的视频展示的产品而言，这种真实、生动且公开多人互动的展示能够起到更大的说服作用。

（二）短平快的即时营销活动

从市场营销过程来看，直播营销结合了娱乐属性和零售业务，通过主播（明星、网红、专家等）的营销扩大影响力，将消费者做出购买决策的过程、沟通和评价都浓缩到直播销售演示中，这大大地提高了市场营销活动的转化效率。同时，直播营销还融合了多种数字技术，集成了视频播放平台、电子支付系统以及正向物流和逆向物流①，从而实现高效交付和无忧退货，最大化地提高了顾客的消费体验。概括而言，在典型的直播营销中，直播间的主播通过帮助消费者建立对商品外形、功能、价格、折扣的认识，同时宣传品牌的优质形象等手段来推动潜在消费者迅速做出购买决策。

（三）超高的临场感体验

直播营销的核心特征是实时性，同时具有更高水平的动态性和互动性，为参与直播的消费者带来了超高的临场感体验。一般而言，直播基于领先的数字信息传播技术，提供给消费者几乎无延迟的实时互动。而且，更多数字技术的组合应用，给参与直播活动的消费者更加丰富的购物体验。例如，在 5G 技术的基础上融合虚拟现实技术，使直播营销呈现全景环绕式的拍摄，给消费者带来全方位的体验；同时，结合增强现实技术，为主播和消费者的互动实现直通联结；利用混合现实技术，更是实现了直播营销场景的虚拟化和消费者体验的多元化（如图 11-2 所示）。

---

①　正向物流通常是由厂商运输货品到多个消费者，从一个共同起点到多个不同的终点；而逆向物流则反之，从多个不同的起点（如消费者的退货、旧品回收）返回同一个终点（如厂商）。

图 11-2　直播技术的应用

资料来源：艾媒咨询. 2021 年度中国在线直播行业发展研究报告，2022.

不过，直播营销具有非常强的易逝性，虽然可以通过录播为消费者提供回放服务，但回放这种方式丧失了直播中原本的实时互动性和临场感。在一定程度上，这种易逝性促使消费者将注意力更多地投入到当下的直播中来，从而获得更多的融入感。

与视频营销相比，直播营销中的情感共鸣一般要更强。实时的直播往往涉及更多的同步互动，并刺激更多感官，从而更能够激发消费者的即时情绪，继而促使消费者迅速产生行动，如点赞、评论和购买。而且，主播通过采用一定的引导策略还能获得更多的市场营销机遇。例如，直播营销人员建议当前观看者将直播链接分享给各自社交圈（如微信群组），以便吸引更多的潜在消费者。所以，无论是在消费者的认知方面还是情感方面，参与直播营销的消费者通常都拥有更高的体验感和参与度。①

二、直播营销的主要类型

从市场需求来看，在直播渠道中的消费者人数持续增长。截至 2022 年 6 月，我国网络直播用户规模达 7.16 亿，较 2021 年 12 月增长 1 290 万，占网民整体的 68.1%。② 随着直播营销规模的不断扩张和影响力的持续增长，直播营销的发展也在不断地趋向多元化、规范化和精细化运营。理解和把握直播营销已成为数字化时代市场营销从业人员必备的知识和技能。

下面从直播的内容形式和直播主播这两个方面来阐述直播营销的类型。

（一）不同内容形式的直播营销

就其本质而言，与内容营销、视频营销类似，直播营销也是传递有价值的内容的一种方式。因此，按照不同的内容形式，实践中的直播营销主要包括以下五类：

1. 娱乐类直播营销

娱乐类直播营销主要是通过互动聊天、趣味话题、表演节目等方式来推销商品或服务的一系列活动。例如，通过分享购物、烹饪、出行等内容来间接推销商品或服务的使用场景。随着人们生活水平的提高以及工作节奏的加快，消费者在工作之外越来越多地注

---

① Wongkitrungrueng, A., Dehouche, N., Assarut, N. Live streaming commerce from the sellers' perspective：implications for online relationship marketing[J]. Journal of Marketing Management, 2020, 36(5-6)：488-518.

② 中国互联网络信息中心. 第 50 次中国互联网络发展状况统计报告.

重其精神生活，而娱乐则是满足人类精神需求的重要途径之一。娱乐类直播能够使企业将其产品和服务与娱乐属性相结合，满足不同消费者的多样化娱乐需求，引起情感共鸣，从而获得良好的顾客关系。例如，小红书是年轻人分享生活方式的平台，该平台主要通过具有较强粉丝黏性以及带货能力的腰部主播进行直播和分享，同时基于兴趣与粉丝进行互动。同时，小红书还专门设立了"企业号"产品，内容覆盖了时尚、美妆、美食、旅行、健身等生活各个领域。

2. 游戏类直播营销

游戏类直播营销主要通过游戏(网游、手游等)、电竞游戏赛事等直播来烘托特定游戏在市场中的热度，并由此吸引消费者参与的一系列活动。目前，主要的游戏直播平台包括龙珠直播、企鹅电竞直播、虎牙直播以及斗鱼直播等。作为游戏直播平台的代表性企业——斗鱼直播就是一个大型的专业游戏直播平台，其吸粉方式主要是签约知名游戏主播和获取游戏直播版权。基于庞大的粉丝数量，斗鱼形成了一条包括内容授权、赛事投资、广告传播等贯穿上下游内容的电竞产业链。不过，游戏类直播营销的变现方式并不是通过推销实物产品，而是通过促进用户打赏主播的方式来创收。例如，用户可以在斗鱼平台中通过充值鱼翅来打赏主播。

3. 购物类直播营销

购物类直播主要通过各类网络达人在"直播+电商"平台上与粉丝进行互动来直接出售商品和服务的一系列活动。用户参与购物类直播的动机与购物紧密相连，如淘宝、京东、拼多多等直播平台。购物类直播营销不但为消费者提供了边看边买的服务，而且消费者可以就产品的特征、功能、售后等问题与主播进行实时互动。这类直播平台主要以网络达人和明星入驻来吸引粉丝，以商品销售的提成和主播出场费为主要盈利方式。以定位于"消费类直播"的淘宝直播为例，淘宝在2016年开设了综艺直播，使消费者可以边看明星边购物，这一节目刚开播就收获了1.4亿的点赞量；2018年的启明星计划，专门邀请明星进入购物直播间与消费者互动，利用明星的吸粉能力实现了单场直逼100万的成交额；2019年，淘宝邀请商家自播，由老板亲自介绍自家的产品和服务，通过增强消费者的信任来助力淘宝直播，年成交额突破2 000亿元；2020年，淘宝又增设了"云直播"，通过虚拟场景带给消费者更好的临场体验，使得年成交额超4 000亿元(如图11-3所示)。

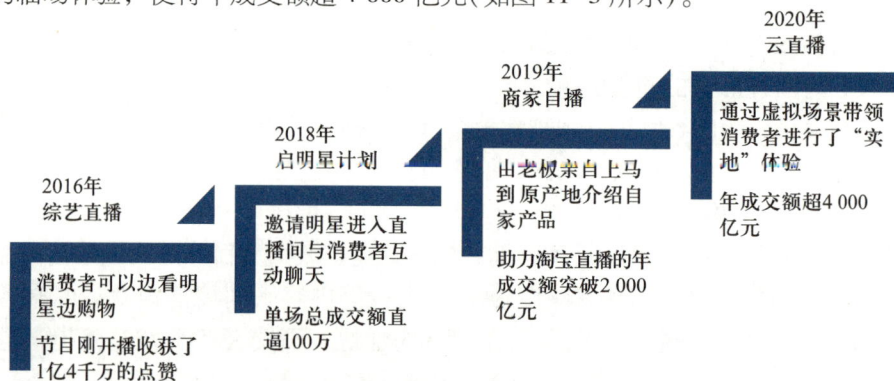

图11-3 淘宝直播场景化商业模式的沉淀历程

资料来源：罗兴武，宋晨青，张皓，黄菲菲.淘宝直播：场景化商业模式创新之路何去何从.中国管理案例共享中心案例库，2021.

4. 专业知识类直播营销

专业知识类直播营销针对的用户人群与其他直播类型有很大不同，这类直播营销的目标群体是那些存在着专门信息或专业知识需求的消费者。例如，B 站的学习直播栏目，包括人文社科、科技科普、职业技能和陪伴学习的知识分享类型；专业的知牛财经直播；知名的学术论坛直播等。专业知识类直播平台对主播的专业知识有着较高的要求，参与直播的用户也十分注重主播的专长和内容的逻辑，这类直播主要依靠专业领域内的领军、知名人物入驻来吸引观众，盈利方式包括付费收看、商业推广、打赏等或是基于公益目的进行知识宣传。

5. 社交类直播营销

社交类直播营销把直播与社交结合在一起，借助直播的即时性和社交的聚集属性来快速吸引粉丝并进行商业推广的一系列活动。以花椒直播为例：花椒直播是一款移动端的社交直播平台，该直播平台主要通过明星效应和优质内容来吸引粉丝。其中，明星效应是平台与当红明星、知名主播等签约，以此来为平台吸粉；随后，通过内容深耕进一步留住粉丝，例如，开设一些有创意内容的直播来吸引粉丝的注意力。该类平台往往通过用户打赏主播来获取和分配盈利。

（二）不同主播类型的直播营销

在直播营销中，主播是十分关键的角色，主播在直播的过程中需要直面消费者并向其介绍产品信息、分享经验、回答问题以及展开娱乐互动，主导着直播的所有环节。而且，一些知名主播具有更强的吸粉能力和流量变现能力，在直播营销中扮演了至关重要的角色。因此，就主播的视角而言，直播营销包括自营、他营和公益这三种运营模式。[①]

1. 自营式直播营销

自营式直播营销是指由产品和服务的生产者、销售者或其他隶属于企业的内部员工担任主播以推广企业产品和服务的一种营销模式。概括而言，自营式主播有以下优势：首先，对一些刚起步的创业企业或经费有限的中小型企业而言，采用自营式主播不失为一种既能节约成本又能推广产品并积累流量和获得顾客关系的方案；其次，这种模式保证了顾客对品牌的识别度和认可度，可以避免流量因主播迁移而导致外流；最后，由企业内部员工担任主播，他们对产品和服务的创新故事、开发过程、生产流程、售后安排等各方面更熟悉，也更具备专业性和权威性，可以从更专业的角度给予消费者介绍，更能获得消费者的信任。同时，对于一些更易受到质疑的特殊产品，如茶叶、水果等农副产品，自营式主播可以通过全面介绍企业的生产场景或生产过程来展示真实性，以便获得消费者信任。相对而言，外部主播通常不具备品牌及产品以外的专业知识，也难以投入大量时间来专门介绍某一个品牌，在内容介绍及其展示深度方面常常远不及由企业内部人员来担任主播。近年来，越来越多的高管纷纷走进直播间，并成为"首席带货官"，如格力电器股份有限公司董事长兼总裁——董明珠女士，从 2020 年开始就入驻直播间并开启了一系列直播。在 2021 年，更是筹划实施了全国巡回直播，使格

---

① 韩新远. 网络直播营销主播的广告法责任结构困境与出路[J]. 河南财经政法大学学报，2021，36（6）：85-96.

力实现了一次又一次的百亿销售额，成为了名副其实的"带货女王"。

2. 他营式直播营销

他营式直播营销是指由商品和服务的管理者和员工之外的人员担任主播的一种营销模式，如聘请明星、业界领袖或关键意见领袖等。目前，随着人工智能技术的发展，企业还开辟了采用虚拟主播推介产品和服务的方式，尤其是二次元文化占据主导地位的 B 站，更是涌现出了一批虚拟主播，如珈乐 Caro、乃琳 Queen 等。他营模式下的主播天然地具备流量 IP 特色，一些粉丝会慕名而来，通常拥有较为庞大的粉丝群体。这对尚未建立起直播体系和缺乏流量的企业而言，若注重短期销量目标的实现，他营模式是较为合适的选择。一般来说，直播间吸粉在很大程度上取决于主播的能力，尤其是在他营模式下，采用他营模式的企业基本上取得的仅是产品的销量，而在顾客关系方面的收获微乎其微。总之，他营模式下的主播主要依靠其自身的影响力来获得消费者的关注，并利用自身流量优势帮助企业推介其产品和服务。

3. 公益式直播营销

公益式直播营销是指一些具有特殊职位和身份的主播从公众的利益出发，无偿地为企业的商品和服务进行营销推介的一种营销模式。2020 年 4 月 20 日，习近平总书记在陕西柞水县小岭镇金米村走进直播平台，指出了电商这一新兴业态在推动经济发展方面的重要性。①公益模式下的代表性主播往往是政府公务人员和官方媒体人员。新冠疫情的影响致使全国各地的农产品出现一定程度的滞销，政府公务人员（如各地县长、副县长）为了助力农产品的销售，纷纷参与到直播营销中来。他们基于消费者对政府的信任和自身身份的背书，常常使直播中的产品被一扫而空。央视作为主流官方媒体，具备公信力、权威性和专业性，其作为主播来参与直播平台带货能够在更大范围发挥影响力，甚至能够助推当地经济的复苏。例如，2020 年 5 月 1 日，央视主持人康辉、朱广权、撒贝宁、尼格买提共同进行了一场"直播带货"，旨在助力复工复产、带动家电消费回暖、助力疫后经济复苏，满足消费者被抑制的消费升级需求和对美好生活的向往。这场直播仅 3 个小时就有超过 1 000 万的消费者观看，并实现了全平台 5. 286 亿元的总销售额。②

第二节　直播营销的流程

由于直播具有实时性、动态性和互动性，与传统的电子商务有着很大不同，需要综合考虑直播时间、空间、目标人群和场景等要素。因此，了解直播营销如何运作的具体流程非常重要。下面从直播前、直播中和直播后这三个阶段来详细介绍具体的流程（如图 11-4 所示）。

---

① 光明网. 习近平在金米村直播平台话脱贫，2020.
② 小程序服务商. 3 小时破 5 亿！央视直播带货，释放了什么信号？知乎，2020.

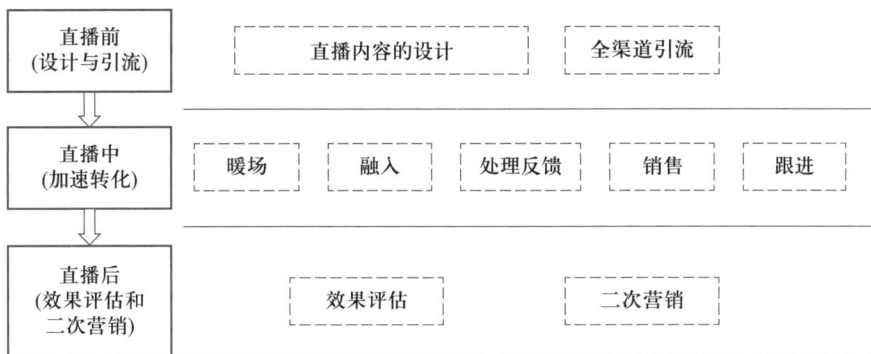

图 11-4　直播营销的具体流程

资料来源：艾瑞网. 2022 年中国企业直播多场景应用策略白皮书. 2022.

一、直播前：设计与引流

在实施之前，直播营销需要做大量的准备工作，这些工作可以分为直播内容的设计和全渠道引流两个主要方面。其中，直播内容的设计是预先考虑各个环节，力图确保现场直播的成功实施；全渠道引流的目标是在有限的时间内，实现直播间参与人数的最大化。

（一）直播内容的设计

直播内容的设计是在进行直播营销时必须充分筹备的一个基本步骤。通常，完整的直播内容设计需要涵盖人、货和场三个部分。

1. "人"的设计

直播内容设计最根本的要素就是人，人是一切创新的来源，而且设计的内容也需要具体的人去执行。其中，这里的人指的是实施直播营销的人员，包括后台工作人员和前台展示人员。前台展示人员主要是指直播间的主播。

通常，直播团队需要基于直播的主题来设计直播的内容和展示形式，并安排主播的人选。首先，直播主题的确立需建立在企业对自身产品或服务的掌握以及熟悉目标消费者画像的基础上，以明确目标消费者的需求。同时，针对主打产品或服务，提炼出目标消费者可能感兴趣的功能特性，由此来确定与直播主题的契合度。当然，在主题确定之后，与之相匹配的直播标题和封面也需要进行精心设计。其次，要在直播主题的框架下，项目团队可以采用头脑风暴或焦点小组等方法确定直播的销售目标、产品和服务内容、遇到难题时的应对方案等内容。接下来，根据内容来设计具体环节，包括直播的环境、时间安排（直播的时间段和分配、持续的时长）、直播的开场方式、与消费者的互动方式、产品和服务的展示形式等。最后，主播的选择还要分析是否与企业的品牌形象相符，并具备专业的品牌、产品和服务知识以及是否具备良好的表达能力、临场反应能力和控场能力等。

2. "货"的设计

这里的"货"指待售的产品和服务，这些产品和服务的出售是企业获取利润的关键。直播营销中"货"的设计包括了产品和服务品类的选择和组合设计、卖点的提炼和展示以及销量的预估等方面。

首先，产品和服务品类的选择和组合方式的设计。选品通常需要吸引消费者的注意力、匹配消费者的需求和企业的营销目标。比如，定位于吸引消费者的产品，这些产品在直播间常常以秒杀款方式呈现；企业主推的旨在实现曝光率的产品，通常以主打款方式呈现；还有一些产品为实现销售量而非高水平的盈利，通常以促销款的方式呈现。

其次，产品或服务的卖点提炼。卖点提炼是用精简的语言介绍企业的产品和服务的主要特点，体现与竞品或其他产品的差异性。通常，直播间的选品是企业的代表性产品，市场营销人员需要提前梳理并总结出产品的特点，并创意生成与直播环境相匹配的介绍词。

再次，产品或服务的展示关乎直播间展示的手段，可以直接展示产品的外观、特色、细节特写、内部构造等信息，也可以通过介绍产品专利、精湛的工艺流程、美好的使用场景、品质管控标准等内容来提高说服力。

最后，数量的预估。考虑到企业产品或服务的特性、以往直播销售的数量以及对全渠道引流人数的估量，团队人员据此估算出本次直播销售的商品数量。同时，将预估的商品数量与生产运营部门沟通并协调好备货数量、仓储空间以及快递运输等活动，以便确保消费者在直播后能够快速收到产品。此外，企业也可以在直播前或过程中额外配备商品数量，特别是对于爆款产品而言，主播还可以在直播期间追加补货。

3."场"的设计

直播场景是吸引消费者并提供沉浸式体验的关键要素，直播场景的设计不仅需要满足消费者对美观、舒适等需求，还要与企业的品牌形象一致。优质场景的展现，往往需要一系列技术的支持来完成场景的设计、布局和搭建，这包括实现直播的技术方案、直播呈现的画面方案以及增加直播特色的脚本设计等数字技术的应用，这些都是企业打造沉浸式体验场景的技术基础。

除了技术要素以外，设计与主题相匹配的场景，包括直播海报、直播间主打元素的布置、道具的空间安排、样品的排放、展示台的设计、预热的素材、音乐和色彩的渲染、主播的妆发匹配以及技术的配置等，也同样重要。需要注意的是，随着直播中内容的转变，场景中的元素通常也需要随之变动。此外，需要对直播中的内容和时长进行确认和排练，以便确保直播的场景在时间、空间维度上与主播的内容保持一致。

总之，直播间人、货、场的搭建，不仅仅是将直播中需要的设备、场景布局以及商品样品等材料准备和调试好，而且还需要主播将直播的内容和流程进行反复演练并做到熟练掌握。为了避免"翻车"情况的出现，在正式直播前，工作人员需要对场景的布置、流程的安排、主播的播报以及技术的流畅等方面进行严谨、反复的核对、校正和熟练编排。尽管如此，在直播过程中仍然会遇到突发事件，这就需要主播具备敏捷的应变能力和控场能力，妥善处理紧急情况、把控直播的内容走向并主动调节直播间的氛围。

（二）全渠道引流

在完成"人、货、场"设计的基础上，直播营销需进一步获取消费者流量。只有获得了大量且稳固的流量，企业在直播营销中才能形成一个循环获利的市场。因此，努力做好全渠道引流，吸引大量参与直播的消费者流量至关重要。通常，企业可以通过各种各样的方式向潜在的消费者发送直播信息。其中，常见的方式包括媒体造势、定向邀约、社区传播、线下门店宣传、直播平台推荐等，直播信息包括直播的时间、主题、内容、主播等。

1.媒体造势

媒体造势即通过社交媒体（微博、微信、QQ等）、新闻、泛娱乐媒体（今日头条、百度贴吧、B站、抖音等）、电商平台（淘宝、京东、拼多多等）等进行病毒式传播。同时，在微博、抖音、淘宝等平台的官方账号进行正式宣发，确保信息的权威性和公信力，从而促进直播信息的有效传播。

2. 定向邀约

定向邀约即企业可以邀请专业人士或明星等具有影响力的人，并对名单进行公布，以便扩大直播的宣传力度。例如，百度 App 推出了"志愿填报百咖讲堂"系列直播，帮助高考学生填报志愿。直播邀请了一批知名学者、名师以及文化名人，大大提高了直播间的热度和参与度。

3. 社区传播

社区传播即企业、有影响力或者感兴趣的个人通过社区分享和传播直播信息，如微信群、钉钉群、微信朋友圈、微信公众号、小程序、品牌粉丝群、企业微信等。企业可以在社交群组中设立集赞、转发等有奖活动来提高成员的参与热情并扩大信息的传播范围。

4. 线下门店宣传

线下门店宣传指企业可以通过其线下渠道将直播的信息向新老顾客发布。企业可以借助各种渠道对直播信息进行发布和传播，一般是直播前的半个月开始宣发，并进行持续地传播和发酵，以便充分吸引潜在消费者。

5. 直播平台推荐

直播平台推荐指的是企业提前选择一个或多个平台进行直播并购买其推荐版面，以便在企业直播进行时运用这些直播平台本身的推荐界面引流消费者。直播平台推荐需要企业在直播前与平台协商，并签订合同，在直播进行时的平台首页特定版面展示其直播画面，以时时引流消费者参与直播。直播画面的展示可以选择 0.1 元产品秒杀、优惠券抢购等方式。

二、直播中：加速转化

在正式的直播营销中，企业最重要的两个关键目标是直播互动和直播导流。其中，直播互动是通过与消费者的交流、沟通以及问答等方式为消费者带来优异的互动体验；直播导流是企业通过引导在直播中的参与者将其尽可能地转化成企业的顾客、粉丝或者激励其注册、关注企业的网站、公众号、店铺信息等，从而实现公域流量到私域流量的转化。

其中，公域流量是消费者参与开放平台产生的流量，这类流量通常获得的量大、覆盖面广，但却不稳定。与公域流量相反，私域流量是在开放平台上构建起以"关系"为基础的相对封闭的信任流量。例如，在微信平台，只有成为微信好友后才能进行信息分享与传播，而互为好友说明了双方是基于某种特定关系产生了交集，并且这种关系具有一定的信任度，这也是微商可以在微信中快速出单的原因。由于有了信任的关系做背书，就可以大大提高转化率。例如，快手基于其超活跃的流量群体在 2016 年开启了直播营销业务。快手的直播营销主要借助"快手小店"和"头部主播"来发展，其商业模式被称为"老铁经济"。其中，"老"是熟人，"铁"即"家人"。快手先将新用户通过 AI 算法、熟人介绍、同城相连和发展一致的兴趣等方式转变熟悉用户。在这一阶段，主要的方式是去推荐熟人和熟悉的内容。接下来，经由直播陪伴将其转化为"家人"，即获得了消费者的信任，并在此基础上进行产品和服务的推广活动。在这一模式中，"老"主要是公域流量的导入；"铁"则具有了鲜明的私域属性，可以转化为实际的购买力(如图 11-5 所示)。

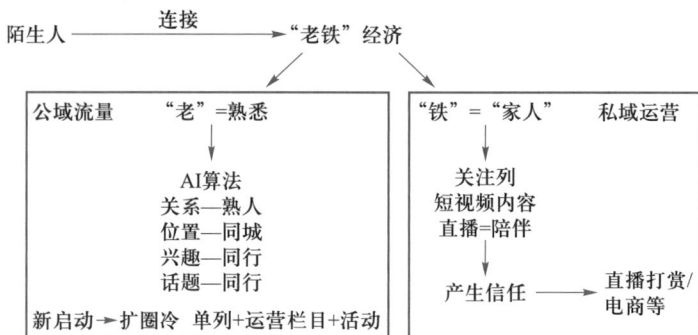

图 11-5　快手"老铁经济"模式

资料来源：李媛媛，李玉鹏，李成炜．快手快人一步：短视频第一股打造新商业模式，中国管理案例共享中心案例库，2021.

无论是公域流量的消费者还是私域流量的消费者，一旦进入直播间，直播过程中主播的一系列行为就会影响消费者的行为。有研究表明，消费者在直播营销过程中的行为倾向主要包括：首先，被吸引(如消费者对主播的影响产生积极的情绪反应,从而考虑购买)；其次，注意力转移(如消费者对主播开始产生轻微的负面情绪反应,从而试图暂时忽略或回避)；最后，产生对抗态度和行为(即消费者对主播有了高度负面的情绪反应,从而终止互动)。由此可以看出，在直播开始时，主播积极的情感展示往往有助于吸引消费者并建立融洽的关系。同时，在直播中，主播应该时刻关注观众情绪表达的频率和强度。例如，在积极推荐产品后可能会导致消费者的抵触情绪。在特定的情况下，转换风格以采取涉及较少的情感和中立的表达，往往能够减少相应的销售阻力。因此，在不同的时间段内，主播需要采用不同的直播策略。

（一）暖场

当消费者进入直播视频的时候，主播可以与其建立初步关系并留下良好的印象。例如，与消费者打招呼(如直呼消费者的网名)。在直播的前 5~10 分钟，主播可以查看观众的个人资料，以便建立对消费者的初步了解。在抖音直播平台中，主播通常还会选用 1~3 件秒杀产品来吸引并激发消费者的参与热情。例如，通过 8.6 元优惠毛毡包、1 元眉笔抢购等激发消费者的购买热情，并实现直播间的快速暖场。

（二）融入

在正式直播环节，主播开始介绍其产品、提供产品信息(如颜色、质地)和价格、展示产品的用途和优势、解释产品的相关性和满足潜在顾客的需求。不过，产品演示的手段往往因产品类别的不同而存在差异。例如，视觉展示(试穿、试用、放大、演示等)和讲故事，为商品增加价值或解释商品与其他商品的不同之处。而且，在直播过程中，主播也会通知消费者将要出售的系列商品的展示时间，以便帮助消费者管理其观看计划和时间，这可以减轻等待时的无聊感。在一般情况下，直播间的观看人数会在前 30 分钟内达到峰值。[①] 为了最大限度地减少顾客流失、提高参与度、保持消费者的积极体验，主播可以使用道具、音乐和分时间

---

① Wongkitrungrueng, A., Dehouche, N., Assarut, N. Live streaming commerce from the sellers' perspective: implications for online relationship marketing[J]. Journal of Marketing Management, 2020, 36(5-6): 488-518.

段的秒杀活动，以便使观众可以参与并保持对直播的关注。同时，由于消费者可能会间歇性地出入直播间，主播应该不断重申他们正在介绍的产品，以便帮助新进入者了解产品信息。此外，为了提高消费者的兴趣，主播还可以在直播过程中设置在线抽奖、券码抽奖、大转盘、群聊引流获会员积分、刮刮乐、限量秒杀、优惠券礼包秒抢、评论福袋等丰富的活动。

（三）处理反馈

对于企业来说，监控评论导向以及观看者的数量变化都非常重要。例如，市场营销人员会询问观看者是否对正在展示的商品感兴趣，如果观看者不感兴趣，可以尽快转到下一个项目，或者消费者可以在直播弹幕发送其想要主播介绍的产品。而且，有些消费者在其做购买决策前，可能会有诸多问题或疑虑。此时，市场营销人员应该鼓励消费者提出要求或询问信息，并回应他们的问题。例如，一家针对老年消费者的企业通过在直播期间提供语音服务，使老年人不必通过输入评论来提问，从而简化了问答流程。此外，还有一些企业会记住常客的姓名和偏好，并在直播视频中提及他们，从而给消费者留下深刻的印象。

（四）销售

在直播期间，企业通常可以通过提供折扣或免费礼品来刺激购买并即时付款。当然，企业也可以通过拍卖或限制可用商品的数量来加快消费者的购买决策。不过，在直播过程中，消费者可能会受到其他观众的影响。为此，主播可以对购买的行为进行积极的评价和鼓励，以便通过正强化来激励其他消费者做出同样的购买决策。在直播销售结束时，尚未订购的消费者可以观看录制的直播视频，并通过链接窗口购买产品或服务。在有些情况下，市场营销人员经常会设定限时优惠或限量的商品，消费者必须提前准备抢购。

（五）跟进

在销售完成之后，市场营销人员还应该进行售后跟进，以便确保承诺的产品可以及时交付。售后跟进活动包括物流（如付款提醒，交货跟进）、满意度管理（如投诉，退货）和顾客服务（如咨询）。通常来说，企业会发布直播的短视频、展示产品交付的过程、更新库存和促销、提供产品使用技巧，并分享消费者评论。而且，为了鼓励消费者的回访，建立信任和提高参与度是十分关键的要素。一些企业通过在办公室或工厂分享幕后花絮和制造过程，并展示他们所从事的专业活动，以此建立信任。与此同时，企业还可以通过展示产品的用途、有趣的生活方式以及分享个人故事来提高消费者的参与度。这些活动的推出，往往可以在直播营销中构建和强化顾客关系。

三、直播后：效果评估和二次营销

对于直播营销来说，一场直播的结束并不意味着直播营销的结束。企业需要在直播完成之后对直播的效果进行评估，并且在评估直播的效果、梳理直播的优劣得失以及归纳和分析用户画像的基础上，总结直播经验和推进直播流程的标准化工作，对直播中重要的内容进行剪辑并实施二次营销，以实现一场直播的价值最大化。

（一）效果评估

1. 直播营销评估标准

在对企业直播营销的效果进行评价之前，需要确定科学的评价标准。从企业实践的角度看，直播营销的推进包括起步阶段、初级阶段、小有建树、日臻成熟、全链接系统五个阶段，每个阶段的效果评估都有不同的侧重点（如表 11-1 所示）。

（1）在直播起步阶段，一些企业对直播处于观望或者刚刚引进的状态，并未给予足够的重视。此时，企业还未成立专业的直播操作岗位，相关项目活动往往由市场营销人员在小范围内进行运营。具体而言，企业是将直播视为一种线下活动的物理延伸，通过借助一些具备基础直播功能或轻量的 SaaS① 产品来进行部分小型的分享或沙龙的直播。尤其是对于一些小型企业而言，由于企业规模、经费以及行业对直播的态度，直播的运营仅限于低水平的应用，直播的效果也仅以在线人数、消费者观看时长来进行评估。

（2）在直播初级阶段，企业开始构建直播营销体系。利用在起步阶段积累的经验，在市场团队中确定专门的直播岗位，某些企业甚至还成立了专业的直播团队。在此基础上，企业会关注直播的稳定性、直播中的产品视觉呈现以及服务平台的"推流"效果，并注重内容化品牌栏目、大型峰会，以便推广自身品牌。具体来说，企业开始关注直播的传播面积、辐射人群和品牌曝光度，并着手向多平台发布、内容创新和广泛传播来进行导流。相应地，考察直播效果还可以利用品牌曝光度、传播量和消费者报名数等数据。

（3）在小有建树阶段，直播已成为企业营销管理工作的重要环节，并开始将其应用到核心业务领域。直播在企业品牌塑造和传播取得一定成效之后，往往需要建立专门的直播团队，包括直播运营和执行，必要时还需借助专业的外部执行团队。企业对直播效果的需求也更加务实，不再局限于品牌声量等表面指标，而是聚焦业绩，尝试将品牌效应转化为绩效的增长。同时，企业在用户沉淀、业绩增长、流量精细化运营等方面对直播平台提出了更高的要求，十分关注直播的转化率。

（4）在日臻成熟阶段，直播逐渐成为企业数字营销和业绩提升的主要渠道之一，并重点关注用户的体验和提升直播品质。具体而言，就是通过直播间高频互动和用户的精细化运营，提升用户对品牌的信任度和认知度，进而实现业务增长。同时，企业对直播的应用进一步向外延伸，内容化直播品牌栏目、大型峰会、展销会、发布会等、顾客体验直播（如直播卖房、直播卖车）等成为主要应用场景。在这一阶段，需要直播平台具有足够的稳定性和安全性以及丰富的互动功能，以便实现高品质直播互动效果。此时，直播效果评价方式以数据挖掘和数据分析为驱动，包括安全、效果、增长等多维度的评价指标。

（5）在全链接系统阶段，直播系统与企业中的业务系统全面打通，实现了深度融合。企业对于直播的诉求，一方面在于挖掘数据价值，形成完整的数据生态系统；另一方面将直播与业务系统打通，越来越贴近交易以便实现其业务价值。在这一阶段，企业与直播服务商逐渐形成了深度合作关系，服务商不仅为企业提供直播服务与技术支持，而且还围绕直播营销对所有直播活动进行全生命周期的管理，帮助企业构建直播生态，并通过构建顾客数据中台（Customer Data Platform，CDP）②体系形成基于直播的数字化流程。与此同时，安全、效果、业务增长、顾客旅程、营销转化等日益成为直播营销评估的多维度指标。

---

① Software-as-a-Service，软件即服务。
② 顾客数据中台（CDP）就是汇集所有顾客数据并将数据存储在统一的、可多部门访问的数据平台工具，让企业各个部门都可以轻松使用。

表 11-1 直播营销评估标准

项目	起步阶段	初级阶段	小有建树	日臻成熟	全链接系统
核心关注点	直播从无到有	注重品牌效应	注重品效(品牌+效果)合一	关注用户体验，提升直播品质	直播系统与业务系统打通
主要场景	部分小型分享、沙龙的直播	内容化直播品牌栏目、大型峰会	内容化直播品牌栏目、大型峰会、展销会、发布会等	内容化直播品牌栏目、大型峰会、展销会、发布会等、顾客体验直播(直播卖房、直播卖车)	内容化直播品牌栏目、大型峰会、展销会、发布会等、顾客体验直播(直播卖房、直播卖车)、CDP 体系搭建
团队构成	市场活动独立操作，无须专门的直播运营岗位	需要市场团队中有专门的直播执行岗位，必要时需借助专业的外部直播执行团队	需要市场团队中有专门的直播团队，包括直播运营和执行，必要时需借助专业的外部执行团队	需要匹配完整的直播团队，包括内容、执行、运行、运营，全面保证用户的直播体验，必须借助专业的外部执行团队提供直播涵盖前中后，策划、运营、网络安全、效果体验的全流程服务	需要企业内容、市场、技术、销售、生态团队的全线打通，必须借助直播服务方的力量形成数字化体系的全连接
平台需求	能满足基础的线上连线、直播基础功能的会议办公软件或轻量 SaaS 产品	直播稳定性、品牌视觉呈现、多媒体平台推流	需要有与数字营销平台开放 API 接口的能力，形成用户沉淀、增长孵化、公域流量和私域流量的打通能力	在小有建树的基础上，需要直播平台具有足够的稳定性、安全性，以及丰富的互动功能；能有匹配高品质直播的互动效果	在日臻成熟的基础上，满足快速化的定制化开发、能够全面打通数据生态 CDP
效果需求	有了直播的应用，但仅限于把线下活动转移到线上，是线下活动的物理延伸	开始考虑传播面积、品牌曝光，着手多平台分发，以及海报等形式运用	不再局限于虚荣心指标，转为聚焦业绩，尝试将品牌效应转化为营销增长	通过直播间高频互动，提升用户对品牌的信任度和认知度，进而实现业务增长	一方面，挖掘数据价值，形成完整的数据生态系统；另一方面，直播与业务系统打通，靠近交易侧，实现业务价值转化

续表

项目	起步阶段	初级阶段	小有建树	日臻成熟	全链接系统
效果评估	单一的在线人数、观看时长	品牌曝光量、传播量、报名观看数据	品牌曝光量、传播量、报名观看数据、直播转化率	安全、效果、增长等多维度的评价指标	安全、效果、业务增长、顾客旅程、营销转化等多维度的评价指标

资料来源：36 氪研究院.2022 年企业直播行业标准研究报告，2022.

2. 直播复盘

有了直播营销的一般参照标准之后，企业还可以据此来审查和考核自身直播的发展程度，并对每一次直播的效果进行复盘和评估。一般来说，直播复盘可以分为直播回顾、数据分析和直播优化三个主要步骤：

（1）直播回顾。直播回顾包括直播过程的回顾和消费者反馈回顾两方面内容。一方面，对直播过程进行回顾，梳理直播的每个环节并对其分析，发掘是否存在环节遗漏、时间把控、产品介绍话术、氛围调节以及商品展示形式等方面的问题。同时，直播团队还要对本场直播中的创新内容或互动高峰等经验进行总结，以便将成功的经验应用到下一次直播中去。另一方面，对消费者的反馈进行回顾，直播中的消费者反馈通道主要有向主播提问、私信和评论等。其实，消费者的反馈是企业获取直播评价、消费者关注点及其对产品相关信息评价的主要来源。通过对反馈意见和问题的整理，可以帮助企业持续优化直播营销方案，更好地满足消费者需求。

（2）数据分析。直播复盘需要的数据主要包括直播前和直播中的所有数据，这些数据可以分为与流量相关的数据、与互动相关的数据以及与销售相关的数据三种类型。首先，与流量相关的数据包括流量来源数据、累积观众数、直播期间的观众数趋势、新增粉丝数等；与互动相关的数据包括评论数、点赞数、转发数等，互动数据常常可以反映出消费者画像，如特征、风格和偏好；与销售相关的数据包括直播中产品展示的次数、不同产品的点击数、销售转化率等。对这些数据的分析，往往可以帮助企业更好地理解消费者的偏好、产品的吸引力以及直播生命周期的趋势等。此外，企业应该从横向来对比分析不同直播场次的特征、吸引力以及销售情况，以便总结出更具优势的直播技巧。

（3）直播优化。直播优化建立在对直播过程和消费者反馈的回顾以及直播数据分析的基础之上的。通常，直播优化主要包括以下几个要点：第一，通过分析企业目标顾客的网络社区偏好，有的放矢地优化引流策略；第二，提升主播的专业性、亲和力、幽默感和形象展示等，并设置游戏、节目表演和秒杀活动等增加互动来留住顾客；第三，直播转化的售后也是直播的重要环节，企业应该对产品数量、储存、出库以及物流等进行科学的流程化管理，以便保证消费者便利地获得优质的服务。

（二）二次营销

二次营销不仅是针对企业以往的顾客实施再次营销，还可以应用之前的直播营销素材来满足新老顾客的需求。对于前者，企业实施再次营销的对象是在直播中将公域流量转化为私域流量的顾客。具体来说，一次直播营销的实施对企业而言实际上就是一次获得消费者一手数据的机会。而且，通过建立顾客数据中台，企业还可以将直播中获得一系列与消费者互动的画像、顾客旅程、销售数据等进行储存、整合、分析、分类、归入企业的数据池，并应用其精准化顾客的有效管理，形成完整的流量闭环，最大化地实现顾客价值和企业利益。例如，某制药公司建立了一套完整的直播营销系统，将其所有门店的数据汇总，生成消费者画像数据、智能数据统计报表并将数据融合到各个业务环节中，实现了线上线下环节的融合以及私域流量的变现。

就后者而言，主要是应用直播的录播功能，企业可以将完整的录播内容或者编辑过的内容上传到朋友圈或相关视频平台上，如淘宝、抖音、西瓜、B站等，相当于基于直播营销的素材实施视频营销，实现了企业信息的多次触达目标顾客，从而实现二次营销。

第三节　直播营销的策略

虽然许多主播在直播中都遵循类似的流程，但不同的直播营销活动中所使用的策略各有不同。一些主播专注于产品细节，而另外一些主播则以娱乐、教育的方式与顾客建立关系。基于已有的直播营销实践，表11-2归纳总结了四种策略导向和十二种具体的直播营销策略。

表 11-2　直播营销中的策略

策略类型	描述	产品
基于交易的策略导向	营销人员专注于销售他们的产品	
策略1：简单销售	营销人员只谈论产品和价格，并期望快速销售	低价商品，如礼品店、小工具、玩具、化妆品
策略2：销售限制(数量，时间，优惠)	交易具有趣味性，由于闪购或数量有限而令人兴奋。潜在顾客有动力进行冲动性消费	二手物品、衣服、包包、手机
策略3：示范性销售	营销人员花费时间和精力来强化产品的展示和凸显功能优势	电子产品、服装、护肤品、化妆品、食品、游戏
基于说服的策略导向	营销人员采用与产品无关的策略来刺激观众参加并与之展开互动，最终激发其意识到对产品的需求	
策略1：塑造人设	营销人员的人设出色或不常见，吸引消费者察觉并关注他们的直播	食品、时装箱包、化妆品、补品
策略2：游戏奖励	营销人员创建游戏(如猜单词，幸运轮，幸运抽奖)并提供奖品(如免费物品，特别折扣)以吸引消费者的参与或推荐	衣服、黄金、电子产品

续表

策略类型	描述	产品
策略3：创意展示	营销人员表演节目(如跳舞、唱歌、说唱、穿衣)或创建有趣的说辞，引起消费者的喜爱、模仿和分享	食品、时尚、黄金
基于内容的策略导向	营销人员为顾客提供有用的内容，以增加与他们的互动	
策略1：注重产品相关内容	营销人员进行产品审查和比较，组织问答或咨询会议，直播与他们销售的产品相关的活动，展示供应商的工厂，分享背后的故事或有关产品和产品开发过程的知识	时尚、电子、食品
策略2：注重非产品相关内容	营销人员分享与他们销售的产品不直接相关的内容	时尚
策略3：提供增值服务	营销人员为潜在顾客和顾客提供升级服务	精神物品、时装、化妆品
基于关系的策略导向	营销人员与顾客分享私生活，视顾客为朋友	
策略1：分享个人生活	营销人员分享他们的日常工作和生活等活动	时装、化妆品
策略2：分享感受和经验	营销人员分享他们的私人感受，激发顾客的同理心	时装、化妆品
策略3：创建社区活动	营销人员邀请消费者参加有意义的活动，如祈祷、捐赠、慈善	时尚、化妆品、精神物品

资料来源：Wongkitrungrueng, A., Dehouche, N., Assarut, N. Live streaming commerce from the sellers' perspective: implications for online relationship marketing[J]. Journal of Marketing Management, 2020, 36(5-6): 488-518.

一、基于交易的策略导向

这是直播营销中最早、最普遍的策略导向，以销售为主要目的。市场营销人员专注于提供有关产品的详细信息，很少谈论产品、价格、促销、付款和交付详细信息以外的内容。在这种导向下，有以下三种可供选择的具体策略：

（一）简单销售

简单销售是指在直播中通过低价向顾客呈现大量商品，旨在快速完成销售的一种策略。在这方面，一个极端的例子是新的市场营销人员对展示自己的身份感到害羞或不舒服，所以在直播时只展示产品而不露出脸庞(如戴口罩、戴面具或特效遮脸等)。例如，在直播间中出售优惠的虚拟产品套餐，消费者购买后可以去实体店中通过券码来提取相应的产品。

（二）销售限制

销售限制是指在直播中只有有限的产品类型或产品数量，限制顾客可以购买的时间或提供特别优惠的时间的策略。这诱使顾客迅速做出购买决策，否则商品将售罄或享受不到优惠，因此，顾客可能会与他人竞争并产生冲动性消费。例如，直播时主播会在介绍完产品和价格及优惠之后，指明直播间一共有多少件（如某品牌化妆品 300 件），如果想要享受该优惠，就需要在主播发送购买链接时立即抢购或者直接设置超低优惠的秒杀环节。

（三）示范性销售

示范性销售是指在直播中市场营销人员通过讲述产品故事，谈论与竞争对手的差异，并进行产品演示来展示产品功能、用途和优势，以证明其有效性来增强其产品展示效果的策略。这种策略不仅对属性较为复杂的产品很有效，还对时尚产品、化妆品甚至食品等其他产品也十分适用。主播会向消费者展示其产品的材质、设计、搭配效果以及使用场合等。

基于交易的导向在直播营销实践中较为广泛，因为在实际操作中它比较简单，需要较少的直播设计投入，但也表现出与消费者低关系的导向。通过这种导向，卖方专注于提供产品信息和功能展示，消费者可以从直播中了解到产品的功能价值。因此，对市场营销人员的评估多是基于客观的技能标准，如产品知识、销售话术的专业性等。在实践中，许多在淘宝直播平台中的品牌商的员工在直播活动中往往就具备此类特征，这在一定程度上类似于将传统的线下导购场景移植到直播渠道当中。

二、基于说服的策略导向

随着市场营销人员直播经验的累积，一些主播会超越基于交易的导向，注重直播的说服力，以期说服观众对他们感兴趣并与之进行互动，以便吸引更多的潜在消费者，并在互动过程中说服直播间的观众购买产品。

（一）塑造人设

塑造人设是指市场营销人员创造或拥有吸引观众与他们互动的独特角色（个性）的策略。常见的人设主要包括可爱、知性、幽默、清新、有活力、专业、励志等，并以此来吸引特定人群的情绪或情感，从而激励消费者的互动和支持。一般而言，塑造人设对直播营销有着非常重要的作用。首先，主播可以通过人设展示自己的与众不同，这类似在直播市场中应用个人品牌的定位思想；其次，粉丝通常会对具有人设的主播形成更为深刻的印象，有助于迅速拉近主播与粉丝之间的距离；最后，人设有助于粉丝在观看直播之后还会记住和期待下次与主播会面，这对于提升直播间的流量来说是至关重要的。人设的塑造可以从多个方面来进行，包括直播间的场景、品牌的形象、主播的成长故事、服装、语言风格、声音等。需要注意的是：如同企业的品牌形象一样，人设一旦设立就不能随意改变，必须通过持久产出与人设高度一致的内容和持续强化粉丝对主播人设的印象等，才能不断提升粉丝的黏性。

（二）游戏奖励

游戏奖励是指直播营销中市场营销人员使用游戏（如幸运轮、猜单词或价格猜测）以换取奖励（如金钱、黄金、礼品、优惠券、折扣或免费产品）的策略。一些市场营销人员还制定了特殊的游戏规则，通过简单的幸运抽奖或系统抽奖等随机向观众出售或提供特别优惠。在直播营销中,游戏扮演着多重角色,如激励观众、吸引更多人观看直播、活跃销售氛围、激励他们在直播中停留更长时间等。例如,在直播时设置的超级福袋,获奖消费者可以免费获得一件产品。

(三)创意展示

创意展示是指在直播营销中市场营销人员基于主题的扮相、道具和配件来表演节目(唱歌、跳舞、模仿声音等)或创造值得分享的、有趣的、朗朗上口的宣传语的策略。例如,一个卖干海鲜的市场营销人员创造了这样的口号:"妈妈一定要尝尝这种虾""妈妈应该在她有生之年尝尝这种鱼干",进而形成口口相传的流行语言,以便实现快速传播。同时,该市场营销人员及其团队还模仿渔民拖渔网时所播放的歌曲和姿势,用于中场休息广告或等待观看者回复期间。

在基于说服的策略导向下,市场营销人员通过增强消费者的体验,使其在直播营销参与中更加愉快,能够从竞争中脱颖而出,建立和维持更好的顾客关系。这是通过特定的投资(如奖励)和社交活动(如参与和享受游戏、表演等)来实现的,不仅可以给消费者提供功能价值,而且还可以提供享乐价值。实际上,有研究表明:消费者之所以被直播这种实时互动媒体的购物方式所吸引,原因之一就是因为他们在直播间感知到了其所传达的功利价值(实时沟通和信息)和享乐价值(享受),这反过来又增强了消费者的体验和对市场营销人员及其产品的态度,进而增强了购买意向。① 不过,说服的技巧是可以学习和模仿的,这就需要直播团队和相关人员持续学习,更新自身的说服技巧。

三、基于内容的策略导向

在数字化时代,内容的重要性与日凸显,无论是在内容营销、社交媒体营销还是在视频营销等活动中,内容都是核心的传播载体。在直播营销中,内容同样直观且重要,这影响着如何展开直播以及直播所要达成的目的。具体而言,从内容策略来看,有以下三种可供选择。

(一)介绍产品相关内容

产品相关内容包括产品评论、功能演示、问答或咨询会议、使用技巧、实时事件以及产品开发或分类过程的幕后花絮等。例如,一家销售衣服的零售商访问了供应商工厂,展示了原材料和生产过程;销售食品的市场营销人员在直播中分享菜单并教授如何烹饪;护肤品销售商提供肤质类型咨询以及讲解化妆技巧。一般而言,有价值的内容有助于增强顾客对市场营销人员的专业知识和可靠性的感知。例如,主播在介绍"0卡糖"产品时,还可以介绍糖的提炼过程。

(二)介绍非产品内容

非产品内容是与市场营销人员销售的产品没有直接关系,但却与顾客的兴趣和生活方式密切相关的信息。例如,面对一位有魅力的市场营销人员的直播,直播间的消费者可能会要求其分享美容秘诀、妆容技巧以及与服装搭配的发型等内容,并就这些与产品不直接相关、但观众感兴趣的话题进行讨论和问答。

---

① Wongkitrungrueng, A., Assarut, N. The role of live streaming in building consumer trust and engagement with social commerce sellers[J]. Journal of Business Research, 2020, 117: 543–556.

（三）提供增值服务

增值服务是指在直播营销中市场营销人员提供与其所售产品无关的增强服务的一种策略。例如，市场营销人员出售吉祥的肥皂、口红、钱包，并为其提供免费的星座匹配和幸运数字等增值服务。再如，一位布料销售商推出了关于爱情和家庭的咨询、星座运势等内容，以便吸引消费者的注意力。

更高级的市场营销人员往往倾向于采用基于内容的策略导向，他们努力创建和提供与顾客兴趣相关的、值得关注且不容易模仿的有用内容和服务。这些为顾客提供了有价值的内容，当产品或服务激发了顾客的好奇心、产生了新颖性和满足知识欲望的时候，通常会唤起认知价值，这反过来又增加了对品牌的重新审视或重视。为了提供这样的价值，市场营销人员需要持续加强顾客知识、不断了解顾客的关注点，并积极采纳先进的技术和不断提升自己的咨询技能。当卖方向顾客提供独特的内容价值时，顾客可能会更加尊重、信任和依赖相应的市场营销人员，甚至会采取更多的互惠行为（如向更多的朋友推荐主播）。

四、基于关系的策略

采用这种策略的市场营销人员通常都将顾客视为自己关心的朋友，希望与之分享美好或糟糕的时光，并一起活动。在这种导向下发展关系的策略主要包括以下三种。

（一）分享个人生活

分享个人生活是指在直播营销中市场营销人员向他人分享自己的所作所为、日常活动和爱好以及家人的策略。有些人在吃饭、旅行、运动、参观时进行直播；有些人分享一天中特殊的时刻。例如，主播会与消费者谈论其工作、业余的音乐爱好等内容。

（二）分享感受和经验

分享感受和经验是在直播营销中市场营销人员与顾客分享私人感受和经验的一种策略。例如，市场营销人员收到负面反馈时低落的情绪，或是生日当天主播给粉丝送去祝福。当然，有些市场营销人员也会与顾客分享自己的思想，工作与生活方面的经验。例如，市场营销人员分享他们的从业经历、职场经验、兴趣爱好、生活习惯等。

（三）创建社区活动

社区活动是直播营销中市场营销人员邀请顾客参加有意义的活动的一种策略，如捐赠和慈善等。例如，一些市场营销人员邀请顾客和他一起向贫困地区进行捐赠。

在基于关系的导向下，顾客不会将市场营销人员视为单纯的产品提供者，而是将其视为可以信任和关心的朋友。相应地，顾客也在个体层面上对市场营销人员有所了解。互动随着时间的推移而增加，市场营销人员在活动中揭示了真实的自我。反过来，顾客也与他们分享感受，并对他们的想法和感受做出适当的反应。此外，他们之间的黏性也会得到加强，这可以从他们使用的称呼、彼此交谈的话题（如爱情、健康、家庭）等信号中反映出来。在这种情况下，如果市场营销人员与顾客有着某些共同的特征（如外表、个性、风格和偏好等），并且顾客认为他们与市场营销人员存在着彼此的认同即社会价值，这种社会价值往往会影响顾客参与度和忠诚度。总之，基于关系的导向可以通过市场营销人员分享有趣的生活与工作等来实现，这将吸引顾客关注并将其转化为自己的粉丝和朋友。

第四节　直播营销的问题与应对

数字经济时代，直播营销已成为复苏消费市场过程中不可或缺的重要渠道。但在直播营销爆炸式增长的同时，也出现了一系列问题，主要包括虚假宣传、售后空洞和侵权行为。这些问题不仅极大地损害了消费者权益，还影响了直播行业的健康发展。① 毋庸置疑，直播营销中存在的问题已经引起了监管部门、企业、主播、直播平台以及消费群体的广泛关注。

一、直播营销中的问题

在实践中，直播营销的实施存在很多问题，其中，虚假宣传、售后空洞和侵权行为尤为凸显。

（一）虚假宣传

直播中的虚假宣传往往与刺激消费者购买相关。第一，是虚假宣传产品和服务的质量；第二，是用虚假折扣来误导消费者疯狂抢购；第三，是用虚假的流量数据来诱导消费者冲动消费；第四，是伪造主播身份和立场以误导消费者。

1. 产品和服务质量的虚假宣传

产品和服务质量的虚假宣传指的是直播间中主播向消费者介绍产品和服务时，具有不真实、误导性的陈述，使得消费者对其推荐的产品和服务产生偏离产品和服务原本质量的认知，具体包括无中生有、以假乱真、以次充好等类型。无中生有是指产品和服务本身并不包含或具备宣传中的成分、功能和荣誉信息等。以假乱真是指在直播间的宣传或销售过程中，使用假的产品、服务或品牌进行冒充。以次充好是指直播间中宣传的产品和服务在原料、功能上与消费者实际使用和体验的不一样。

2. 价格的虚假宣传

价格的虚假宣传也称为虚假折扣，指的是商家宣传不真实的降价或消费者让利，以此达到误导消费者并刺激其购买的目的。一些商家在购物节前上调商品价格，而在购物节活动中以促销或让利等手段降回原有价格，从而制造出虚假的价格优惠。

3. 流量数据的虚假宣传

流量数据的虚假宣传是指直播间主播制造虚假的直播间参与人数、点赞数以及购买数等，烘托火爆的购买氛围，以此来引诱消费者购买。通常采用购买粉丝、外包机构刷好评、刷单或直接后台篡改数据等做法。直播间中流量数据的造假，反映了直播营销中的过度逐利：一方面，利用了消费者使用直播间人气、点赞数以及销售量等评判商品质量的心理；另一方面，流量是扩大品牌影响力以及获得持续利润的关键。

4. 主播身份的虚假宣传

主播身份的虚假宣传是指直播中的主播对自己的身份和立场进行不真实或隐藏性的宣

---

① 马辉. 消费决策机制变迁视角下的直播营销法律规制[J]. 当代法学，2022，36(2)：122-132.

传，以此获取消费者的信任。例如，在一些个人主播的直播间中，主播经常会采用实验、品牌商品的对比测评以及个人体验等方式营造出一种客观、真实的形象，最终总结某一品牌的产品在形象、品质、功能以及体验感等方面的优越性，并以此博得消费者的信任从而购买商品。然而，在实践中，主播可能与其最终推选商品的企业存在着某种合作、甚至是雇佣关系，但主播在直播时却故意隐藏了这一关键信息。此外，还有一些非专业人士在直播间中穿上实验室白大褂，介绍保健品或药物功效，以此来误导消费者。

（二）售后服务难保障

直播销售的火热对商家的售后服务工作提出了更大的挑战。直播营销不仅要做好前端的引流、销售，而且还需要完善后端的产品、服务保障，尤其是，在购物节、流量明星或知名品牌的直播间，由于价格的优惠、新产品的推介等在短时间内形成大量商品订单。面对这样的情况，需要商家提前规划好完善的售后流程与方案，如发货的时间、物流信息披露、退换货的政策、消费者线上反馈的渠道以及其他消费者权益和保障的方式。在直播营销中，一个严重且普遍的现象就是"下单一时爽，售后悔青肠"。例如，一位吉林省长春市的消费者在直播间中下单两件皮衣，却在收到货后发现商品与直播间展示的完全不同，在申请售后时却遭博主拉黑，最终通过当地消费者协会方才解决了其售后问题。

从售后的角度，直播活动的完成并不意味着直播营销的结束。直播销售的售后服务应与以往的线上商家销售售后保持同等的水平。例如，及时跟进货物的物流进展，若出现问题，应在直播活动过程中提醒消费者无法发货到特定区域，或在下一次直播活动时回复消费者的疑虑，必要时与商家沟通商品重复出现的问题，并向消费者作出解释。因此，直播团队应着力建设其自身的售后服务团队，做好与消费者和商家的沟通工作，担当必要的桥梁作用。再如，把控产品和服务品质，从前期选品到售后退换货服务应有团队严格筛选和把控，并与商家签订商品和服务协议，目的是确保整个直播销售环节的可控性，避免"塌房、翻车"等事件的发生。概括而言，直播营销需要从消费者权益的角度出发去分析整个直播营销活动过程中的风险，并积极与消费者和商家进行协商沟通，要认识到在带来大量订单的同时，售后服务的考验和保障则更为重要，因为这决定着未来直播营销的口碑和销售效果。

（三）侵权行为

侵权行为是指企业在进行直播营销的过程中非法侵占他人注册的品牌名称、标识、商誉以及专利等，并以此来误导消费者。尤其是个人网红类直播间，很可能存在着未经授权就使用他人品牌、商标以及专利等，还有一些知识类直播活动中存在侵犯知识产权的现象。例如，南京某公司在发布会中在未取得专利授权的情况下展示其资质，侵犯了其他企业的专利权。

二、应对直播营销中的问题

对直播营销存在的问题，需要监管机构、企业、直播平台、主播等利益相关者的协同共治，为促进诚信经营、维护市场秩序、保护消费者权益形成良性的制衡模式和协作机制。

（一）应对直播中的虚假宣传

无论是主播身份与立场的虚假宣传，还是直播流量数据的虚假宣传，都侵犯了消费者的知情权。虚假宣传不仅会侵害到消费者的切身利益，还会在市场中形成不良的竞争风气，监管机构、企业、主播和直播平台都应该抵制此类行为。

1. 法律法规的完善

2020 年，中国广告协会发布了《网络直播营销行为规范》，从商家、主播、网络直播营销平台以及其他参与者(MCN 机构①)四个方面为直播营销的健康有序发展提供了行动指南。《网络直播营销行为规范》规定，应当全面、真实、准确地披露商品或者服务信息，提高商家和主播的侵权成本以避免消费者的权益受到侵害。在 2022 年，国家互联网信息办公室、国家税务总局和国家市场监督管理总局联合印发了《关于进一步规范网络直播营利行为促进行业健康发展的意见》，进一步完善了直播营销方面的法律规范。法律法规的完善，为违规操作行为的界定提供了法律依据，但更重要的是需要相关监管部门能够将其落地执行。

2. 企业信息的透明

企业在实施直播营销时，需要关注实践中虚假宣传的新闻信息，避免踏入虚假宣传的雷区。企业需要认识到，无论是采用直营直播还是与其他主播建立合作实行他营直播，都应该在直播间中说明或标明身份，并要求他营主播在直播活动中披露其与企业的关联，积极建立引导和监督主播的行业规范。此外，企业与主播团队建立合作，企业须与直播团队达成协议，以保证他们陈述的真实性和可证性。若企业发现信息披露不真实，应立即采取措施停止虚假信息的进一步传播。

3. 主播信息的透明

在直播营销时主播须向消费者披露自己与企业的合作性关联，如接受赞助或者从直播内容获取赏金。同时，主播还需客观、真实且无重大遗漏地介绍企业的产品，具体而言：在直播间的设置中展示赞助品牌的商标等标志性提示，并在主播陈述中声明是广告宣传；尽可能完整地说明生产者、用途、性能、主要成分、生产日期等情况，避免模糊表达和遗漏重要信息；如果直播营销涉及测评和对比，应确保自身的中立身份，不能隐藏为特定的商家代言的事实。

4. 直播平台的规范

直播营销平台对直播活动应积极承担监管、审核以及信用评价职责，逐渐完善对主播信息披露以及直播团队运作标准化的规则要求。同时，平台可以协助主播来优化信息披露的方式，如直播间注册时进行严格的信息采集与甄选，确保能追踪相关的直播商家；在直播过程中设置提示用语、嵌入工具以及反馈渠道，以提醒消费者详细了解商家背景信息并及时收取消费者的投诉信息。

(二) 应对直播中的售后问题

直播营销是企业冲破销售阻碍、获得消费者流量、培育忠诚顾客的重要手段，建立一套完善的售后流程是企业实现长远发展的必要程序。直播营销中经常出现"秒光"现象，这一现象的背后很大程度上与消费者对品牌、主播以及产品质量等的充分信任有密切的关联，而信任是长期顾客关系维系的结果。因此，处理直播营销的售后问题也是获得消费者信任的关键。

---

① 培育主播并为其开展网络直播营销活动提供服务的专门机构。

1. 售后流程的建立

直播营销的售后流程主要包含售后预方案的设立、售后问题的反馈渠道设置以及售后问题的处理方案的设计三方面。首先是售后预方案的设立，在直播营销中消费者主要关注的售后问题就是发货时间、退换货权益问题，在直播销售时主播就应该说明订单的发货时间或划定一个明确的时间范围(比如下单后 24 小时或 72 小时之内发货)，消费者在下单前就有一个预期，能够根据自己的需要进行理性购买，可以解决消费者的焦虑；退换货权益是消费者购买商品时享有的正当权益，直播时企业应该在产品介绍时注明是否为 7 天无理由退换货、是否赠送运费险等信息。其次，售后问题的反馈渠道设置。反馈渠道一般由直播平台设置，比如打开订单就可以进入退换货通道，通过直播间店铺也可以联系到售后的客服。最后，售后问题的处理方案的设计，售后问题的处理方案一般分为程序性问题处理和非程序性问题处理。其中，对于程序性问题，消费者一般可以在售后问题的反馈渠道中自行操作解决，如 7 天无理由退货，可以实现订单直接退款；对于非程序性问题，可以由智能客服和人工客服来解决，智能客服可以解决一些简单的问题，如发货时间是否包邮；对于复杂的特殊性问题，消费者可以联系人工客服提供专门的解决方案，如尺码推荐货品材质等问题。

2. 售后的二次营销

直播营销不是"一锤子买卖"，售后除了是消费者的购物配套服务系统，还是企业实现二次营销的关键渠道。负责售后的人员不仅需要解决消费者购物的配套服务提供，还需要收集消费者反馈，如产品中的问题、消费者的旅程、能力、个性、偏好，帮助企业提升的建议等信息。对于消费者提供的产品问题反馈，售后人员可以将其反馈给产品设计部门，以更好地迭代产品。同时，针对消费者的偏好信息，售后人员可以给消费者推荐其更喜欢或更适合的相关产品。此外，对一些知识能力和分享欲望较强的消费者，售后人员可以成立专门的创新粉丝群，为顾客参与企业的生产、设计提供通道，发展主播引流的渠道。

（三）应对直播中的侵权行为

在直播营销中，侵权行为不容忽视。为了减少直播营销活动中的"搭便车"行为，避免侵犯他人知识产权的纠纷，除了法律的规范外，还需要从企业、主播和直播平台三个方面提出应对措施。

1. 企业

企业作为法人，在直播营销过程中，应当保证其在直播间中的设计、广告用语、出售的产品等没有侵犯、冒用他人的品牌、商标、专利或知识产权。当出现侵权纠纷时，企业作为直接责任人，不仅需要承担侵犯他人品牌、商标、专利或知识产权的赔偿责任，还需要赔偿因其侵权而导致的消费者损失，如产品被召回和产品重大质量问题或其他造成消费者无法使用的情形。

2. 主播

从主播的角度来说，一方面，主播应当对其推荐的商品进行仔细审核，避免出现侵权问题。尽管主播可与合作企业签订合同，以明确责任承担范围来规避风险，但是在侵权行为发生时主播的声誉仍然会受到严重的影响，并失去粉丝的信任，因此，直播团队对企业的产品要实施严格的审核。另一方面，主播对直播间的名称、使用的素材、展示的内容以及推荐文案等方面也需要增强版权意识，避免出现知识产权纠纷。

3. 直播平台

直播营销活动的开展离不开直播平台的支持，直播平台对企业或主播进行的营销活动也具有监督管理的作用。直播平台的治理具有合同性、技术性以及合作性，侵权行为的监管从平台准入、平台运营和后平台的直播运营过程来构建其监管机制。[①] 具体而言：在平台准入阶段，实施事前监管活动，对直播间名称、域名，主播身份信息等展示内容的审查，尤其是对一些官方域名的审核，以防出现品牌的侵权行为。在平台运营阶段，实施事中监管活动，采取有效的技术手段过滤和拦截包含"高仿""假货"等字样的侵权商品链接，同时开通用户反馈通道，以发挥用户的监管作用，大大提高对侵权行为的监督效率。在后平台阶段，实施事后监管活动，对涉嫌侵权行为的企业或主播进行惩戒来实现平台的净化，如警示、关闭账号或拉入平台黑名单等。

本 章 小 结

数字技术的发展，使直播成为了人与人之间实时互动的一种重要方式，也成为企业吸引消费者并建立顾客关系的流量池。本章首先界定了直播营销的内涵和特征，并划分了直播营销的类型；其次，阐述了直播营销的流程，并划分为三个阶段，包括直播前的设计与引流、直播中的加速转化和直播后的效果评估与二次营销。同时，本章还归纳了直播营销中基于交易的导向、基于说服的导向、基于内容的导向和基于关系的导向四种策略导向。其中，基于交易的导向包括简单销售、销售限制和示范性销售三种策略；基于说服的导向包括塑造人设、游戏奖励和创意展示三种策略；基于内容的导向包括产品相关、非产品相关和增值服务三种策略；基于关系的导向包括分享个人生活、分享感受和经验以及创建社区活动三种策略。最后，本章梳理了直播营销中需要注意的问题并提出了应对措施。

关键概念

直播营销	简单销售	销售限制	示范性销售	塑造人设
创意展示				

即测即评

☞ 请扫描二维码答题

---

① 李梦琳. 论网络直播平台的监管机制——以看门人理论的新发展为视角[J]. 行政法学研究，2019，（4）：123-132.

复习思考题

1. 请谈谈直播营销对你的学习和生活产生了哪些影响？
2. 举例说明直播营销的流程。
3. 直播营销实施的策略有哪些？
4. 企业在直播营销中应注意哪些问题？

本章案例分析

家金食品——直播营销破解企业发展之困

在数字化时代，直播营销已经广泛地应用于各行各业，并对企业的发展起到了十分关键的作用。

1. 企业简介

家金商贸有限责任公司成立于 2000 年，位于陕西省商洛市山阳县，主营业务是琥珀核桃仁和核桃露的生产、加工和销售，是西北地区最大的核桃自主加工民营企业。同时，琥珀核桃仁被评为"陕西省名牌产品"，"家金"也被授予"著名商标"称号。此外，家金商贸因其诚信经营，获得了国家 3A 级重质量守信用企业的认证。

家金商贸扎根于已有 1 000 多年栽培核桃历史的山阳县，在 2012 年入驻山阳县工业园区，不仅有可靠的优质原材料来源，还背靠现代企业发展的孵化基地。家金商贸从开始就定位于礼品市场，采用现代管理方法经营企业。在生产上，引进 ISO9001 质量管理体系和 HACCP 食品安全管理体系，同时应用电子标签和条形码信息技术，以实现成品追溯；在经营上，将质量和绩效挂钩，并实施分级管理和分段负责的管理方法。

2. 发展困境

2013 年，礼品市场发生了变化，成长于礼品市场的家金商贸 2013 年的销售业绩仅为 702 万元，相比 2012 年下降了 28.37%。屋漏偏逢连夜雨，同样经营休闲食品的三只松鼠、良品铺子和百草味抓住互联网的发展势头，入驻电商，发展势头迅猛。而家金商贸虽然转型面向大众市场，入驻电商却因农民电商意识薄弱、人才短缺和物流体系的不健全，线上销售转型遭遇了失败。之后，家金商贸寻求与长安航空、北京中海地产建立合作关系，业绩开始有所转机，但始终没有取得突破性的发展。

3. 直播破局

在 2020 年，新冠疫情席卷全球，农产品的销售问题受到广泛重视。山阳县作为国家扶贫开发重点县，县领导认真落实党中央和国务院的营销扶贫和消费扶贫部署，组织各企业开启直播带货，而家金商贸也借此弥补了渠道短板，突破了自身发展的瓶颈。

为了吸引和挖掘直播间消费者，家金商贸采取了许多策略：首先，与"山货上头条"的扶贫项目官方账号合作；其次，开设直播店铺；最后，借助县长公益直播，由县长发布和宣传直播链接，并在县长开设的"全县长爱山阳"的直播账号出售本企业产品。在 2020 年 3 月 8 日和 9 日，县长做客家金商贸直播间，仅仅 4 个多小时的直播，累计观看的消费者有 88.6 万人，销售金额更是达到 15.1 万元。这次直播的成功，为今后的直播间营销创造了一个良好的开端。

直播扶贫助农项目在如火如茶地开展着，国务院国资委"小新带货"也于 5 月 13 日开启了首次直播带货。作为陕西分场，直播间以"山阳核桃，智在必得"为主题重点销售核桃系列产品。通过该场直播，家金商贸一周的销售额达到 50 多万元。面对如此大好的形势，家金商贸紧锣密鼓地在直播营销中继续开疆拓土，先后在京东、抖音等大型直播平台开展直播活动。家金商贸对产品和服务信誉的重视、金县长的公务员身份和扶贫诚意等，使得家金商贸在两个多月的时间里销量翻了 3 倍！

直播营销的一对多、短平快以及高临场感的实时互动体验，使无数农产品得到了广泛关注，走进了千万个家庭。与此同时，随着消费升级，消费者更加关注食品的质量和健康。因此，企业长远发展的根本，还在于不断地高质量地满足消费者需求，家金商贸仍然需要立足消费者需求，谋求进一步的变革和新一轮的发展。

资料来源：黄当玲、薛君、唐家琳、张会、张慧芳、吴昱. 家金食品：乘营销扶贫之风，破企业发展之浪. 中国管理案例共享中心案例库，2020.

案例讨论题

1. 试分析金县长直播带货成功的原因？
2. 面对消费升级，家金商贸公司可以采取哪些创新的数字营销策略？

延伸阅读

[1] 王永贵. 市场营销[M]. 2 版. 北京：中国人民大学出版社，2022.

[2] 王永贵. 服务营销[M]. 2 版. 北京：清华大学出版社，2022.

[3] 王永贵，马双. 客户关系管理[M]. 2 版. 北京：清华大学出版社，2020.

[4] 李森，华迎. 直播电商中临场感对购买意愿的影响——替代学习视角[J]. 中国流通经济，2021，35(08)：81-92.

[5] 彭宇泓，韩欢，郝辽钢，等. 直播营销中关系纽带、顾客承诺对消费者在线购买意愿的影响研究[J]. 管理学报，2021，18(11)：1686-1694.

☞ 更多资源请扫描封底拓展资源码→文献目录

升 级 篇

第十二章 数字化顾客关系管理

随着数字技术的发展、市场竞争的加剧和顾客个性化需求的日益显著，如何利用数字化技术有效地构建并维持有价值的顾客关系已成为数字时代市场营销的战略重点。本章紧紧围绕数字化顾客关系管理这一战略主题，探究企业应如何践行以顾客为中心的数字化顾客关系管理，重点介绍了数字化顾客关系管理的重要变化，并阐述了顾客获取、顾客挽留和顾客的深度开发等顾客关系管理工作在数字化时代中所能使用的重要工具。

本章的学习目标：

1. 了解数字化时代顾客关系管理的变革
2. 理解数字化顾客关系管理中的顾客获取
3. 理解数字化顾客关系管理中的顾客挽留
4. 理解数字化顾客关系管理中顾客的深度开发

Salesforce 公司的区块链 CRM 系统

在 2019 年 5 月，商务管理云解决方案巨头——Salesforce 公司推出了区块链 CRM 解决方案，成为该领域"第一个吃螃蟹"的新产品供应商。这一技术使 CRM 系统变得更加数字化和智能化，从而极大地提升了 CRM 系统的灵活性和安全性。

Salesforce 公司的 CRM 解决方案提供了一种适应复杂应用程序的编程框架，扩展了 CRM 的功能和应用灵活性，使得企业与其在关系网络中的合作伙伴可以在第三方可信任网络上共享经过验证的顾客数据。同时，借助 Salesforce 公司提供的区块链技术，企业可以轻松创建并管理自己的云端数据，也可以实现与其他合作伙伴的数据共享。此外，Salesforce 公司将 CRM 系统的开发权限开放给研发人员。由此一来，企业可以根据自己的实际情况对代码进行编程修改，定制属于自己的个性化解决方案。Salesforce 公司指出，目前第一批顾客正在测试这项区块链 CRM 系统，大范围推广新型 CRM 解决方案的时代即将到来。

资料来源：Salesforce 咨询. 抢先看! Salesforce 宣布推出 CRM Analytics（原名 Tableau CRM），2022.

经过全国各族人民的持续奋斗，我国全面建成了小康社会，实现了"两个一百年"奋斗目标中的第一个百年目标。同时，习近平总书记在庆祝中国共产党成立 100 周年大会上也再次强调，我们全党要继续为实现人民对美好生活的向往不懈努力。为此，对企业而言，对人民消费需求的挖掘和满足是其为之努力的重要方向。在数字化时代，企业必须坚持以顾客价值为出发点，捕捉并满足持续变化的顾客需求。

第一节 从传统顾客关系管理到数字化顾客关系管理

在当前数字化时代，卓越的企业仍然应该是顾客驱动型的。不过，如何借助数字技术赋能来实施数字化顾客关系管理，显得尤为迫切。企业不仅需要持续关注顾客的需要、重塑对顾客关系管理工作的认知，而且还需要注重如何利用数字技术实现更有效的顾客获取、顾客挽留和顾客深度开发等。

一、理解顾客关系管理

顾客关系管理（Customer Relationship Management, CRM）是企业的一种经营哲学和总体战略，它通过对顾客数据进行获取、分析和洞察来挖掘顾客的需求特征、偏好变化趋势和行为模式；随后，积累、运用和共享这些顾客知识；在此基础上，有针对性地对处在不同生命周期的顾客进行差异化管理。顾客关系管理工作的最终目的是提升顾客价值，试图通过有效的顾客互动来强化顾客忠诚，最终实现最大化的顾客价值和企业价值。在这个过程中，主要路径是为不同的顾客提供能够满足他们独特需求的产品或服务的组合。

顾客关系管理工作通常贯穿企业的每个部门和经营环节，需要全体员工的共同参与。实际上，顾客关系管理目标中的顾客价值最大化和企业价值最大化往往还蕴含着对价值活动的平衡。其中，顾客价值最大化主要通过对顾客行为和特性进行分析，建立对顾客及其偏好、愿望和需求的完整认知，然后应用这些知识制定营销战略、编制营销计划和开展营销活动，以使顾客获得超值服务。企业价值的最大化是通过关注最有价值的顾客来实现的，要实现这一点就涉及对不同顾客关系的差异化管理。要着重发展与最有价值的顾客之间的长期关系，剔除没有培养前景的、毫无价值的顾客关系。这一系列对于顾客关系的甄别、发展和终止等工作离不开企业对于相关技术与工具的使用。所以，在数字化时代，随着数字技术的进步，给顾客关系管理工作增添了更多的内容。

二、数字技术对顾客关系管理的影响

随着数字经济的深化发展，数字技术的应用愈发成熟，越来越多的企业加入实施数字化转型的行列。然而，在进行数字化转型时，企业尤其需要注意对顾客关系管理工作，因为这涉及企业如何在数字化时代管理和优化其顾客资产。一些企业片面地认为通过数字化技术增强顾客体验，让企业能够便利地收集并分析更加丰富的顾客数据，使企业与顾客的互动关系具备数字化要素即可。实际上，数字化时代中顾客关系管理，除了应用新的数字技术工具，顾客关系管理的理念也需要与时俱进。具体而言，数字技术对现有的顾客关系管理带来以下几点革新，如图 12-1 所示。

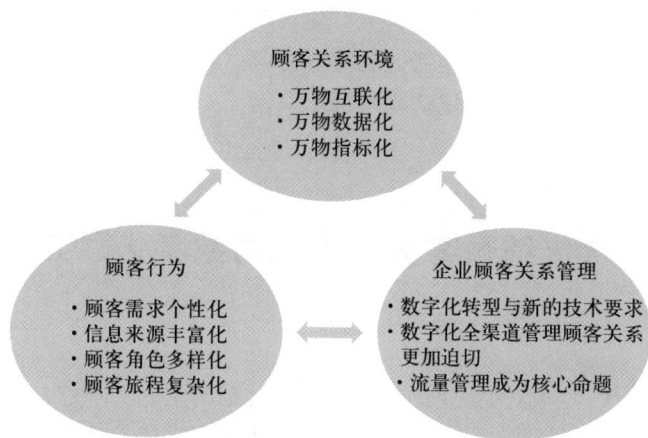

图 12-1　数字化时代下顾客关系管理面临的重要变化

资料来源：作者绘制

（一）数字技术对顾客关系环境的革新

在数字化时代，数字技术的应用成为了驱动当下商业活动的关键力量，数字技术深刻地改变了企业以往的顾客关系管理环境，具体体现在以下三个方面。

1. 万物互联化

在数字化时代，5G 网络、大数据、云计算和人工智能等数字技术的广泛应用促使企业与顾客之间的互动和交易等商业活动不断发生着巨大的变化。人与人、人与物以及物与物之间均可以通过互联网互相连接。企业与顾客之间的互动类型的丰富度及互动范围

的广度均得到了显著的提升。企业需要转变以往对顾客关系环境的认识，要重新审视数字时代中的顾客互动，要认识到顾客与企业、顾客与顾客以及顾客与竞争对手的互动都越来越频繁且深入。

2. 万物数据化

不断涌现的数字软硬件设备在源源不断地生成数据，通过这些设备和应用程序，企业可以捕捉顾客的浏览、点击、收藏和关注等行为数据。网络中大量的顾客与企业、顾客与顾客互动的图像、视频、语音和文本等多样化数据为企业洞察顾客行为偏好提供了大量的数据支撑，这尤其能为企业创新顾客关系管理提供前所未有的营销洞见，数字化时代中的顾客关系管理工作势必具有更高水平的方向性和针对性。

3. 万物指标化

随着计算机芯片等技术的持续发展和不断升级，计算机的信息处理能力也得到了爆炸式增长。相应地，产生了云计算、人工智能和机器学习等先进的数字技术。企业不仅能够获取海量的消费者数据，而且能够通过这些先进的技术分析和收集以往尚未被发掘的或难以获取的数据指标，这些指标的聚集能够建立颇有预测力的分析模型。可见，企业可以利用这些有价值的指标帮助分析消费者以往的行为模式，预测消费者的未来偏好变化。而这就能为企业何时、何地以及如何实施数字化顾客关系管理活动提供科学的决策依据。

所以，正如顾客关系管理的内涵中所述，企业的顾客关系管理离不开对顾客数据的获取、分析与洞察，而这些都离不开数字技术的应用。万物互联化让顾客在使用产品时可以产生更为丰富的数据，万物数据化让企业可以获得从前难以获取的数据，而万物指标化帮助企业对数据进行更加智能的分析与洞察。

（二）数字技术对顾客行为的革新

顾客作为商业活动的重要参与主体，在数字化时代，顾客需求、信息来源、顾客角色以及顾客旅程等均发生了诸多变化：

1. 顾客需求越来越个性

随着经济实力的提升，我国社会主要矛盾已经转化为人民日益增长的美好生活需要和不平衡不充分发展之间的矛盾。顾客不再仅仅追求物美价廉的标准化产品，而是展现出更多地对定制化/个性化的产品或服务的需要。因此，能否识别并满足顾客的定制化/个性化需要，已成为企业能否获得顾客以及留住顾客的关键。

2. 信息来源越来越丰富

互联网的飞速发展让信息得到了快速传播。不论是企业顾客还是个体消费者，既可以通过社交媒体接触到更加丰富的外界信息，也可以通过数字设备和应用程序主动搜寻更多的相关信息。因此，数字化时代的顾客拥有更加丰富的知识，这极大地降低了企业与顾客之间的信息不对称程度。顾客在数字化时代更容易对多种渠道和多个商家进行对比，更容易离开不满意的企业，并转向令自己满意的企业。

3. 顾客角色越来越多样

微信、抖音、微博和小红书等社交媒体的飞速发展，让人与人之间产生了更加多样化的社会关系。人们在社交媒体上可以发表自己的见解，也可以获取其他人的信息分享，这极大地加深了顾客与顾客之间的交流程度。同时，随着人们在社交媒体上的经验分享，出现了一大批更有影响力的意见领袖。他们拥有特定圈层的粉丝（关注者），粉丝对于他们的建议十分信服，因而他们逐渐成为影响其他消费者决策的关键力量。不过，不同圈层的消费者之间的差异十分巨大，业界一度还盛行"圈层消费"的概念，用来诠释不同圈层消费者之间旗帜鲜明的差异。

4. 顾客旅程越来越复杂

顾客旅程通常可分为购买前、购买时和购买后三个阶段。传统的消费者在购买商品之前会前往购物中心的零售店铺浏览商品，选择想要购买的商品，然后线下付款，并将商品带回家中。在数字化时代，消费者在购买前可以事先在移动设备上搜索并浏览商品，也可以在社交媒体上浏览朋友圈推荐的商品。而在购买阶段，消费者可以去购物中心选购商品，可以利用淘宝、京东等电商平台购买商品，也可以在直播间抢购商品。购买后可以设定收货地址、收货时间以及收货方式（如上门或自提）。可见，在数字化时代，不同的消费者可能经历完全不同的顾客旅程，在不同的旅程环节中均存在着诸多顾客异质性，这源于数字技术为顾客赋能了广阔的选择空间。同时，这也给企业识别服务触点，实施顾客关系管理活动带来了新的挑战，企业需要着力提升全面洞察顾客旅程的类型和触点，关注那些有价值的顾客关系，分析他们到底经历哪些顾客旅程，识别关键的服务触点，挖掘潜在的营销机遇。

综上所述，企业在实施顾客关系管理时，必须挖掘顾客的需求特征、偏好变化趋势和行为模式，积累、运用和共享顾客知识。因此，伴随着数字化时代顾客需求、信息来源、顾客角色以及顾客旅程的变化，企业应善于利用数字技术，对以往的顾客关系管理工作进行全面升级，从而全面地洞察并更新顾客知识，革新顾客关系管理工作的策略和技术手段，着力在新的时代背景下进一步提升顾客价值。

（三）数字技术对顾客关系管理实践的革新

在数字化时代，随着数字技术的发展，企业的顾客关系管理实践也正在经历着变革。

1. 数字化转型潮流对传统企业的顾客关系管理提出了新的技术要求

传统的企业正在积极地进行数字化转型，以应对世界日益增长的数字化趋势。数字技术的应用逐渐成为衡量一个企业营销活动是否有效的关键因素。一些十分依赖于线下渠道的传统企业（如零售企业）正在积极地进行线上平台的搭建。例如，物美超市通过建立多点 App 线上购物平台来推出网上购物功能。传统的制造行业也在通过数字化软件的应用，提升企业的服务水平，提供给顾客个性化的解决方案。例如，金风科技股份有限公司打破原有的以产品为中心的风扇产品销售模式，打造了以服务为中心的业务模式，通过数字化软件，为顾客提供个性化的风力发电解决方案。总之，企业正在积极地利用数字化技术来实现数字化转型，当下，如何利用数字技术来实施更有效的顾客关系管理工作是企业亟待提升的能力。

2. 数字化全渠道管理顾客关系变得越来越迫切

由于数字化时代多种零售渠道的出现，消费者的注意力在不断地分散，因而若想持续赢得消费者的关注，避免竞争对手的介入，企业必须思考如何在全渠道营销背景下有效地管理顾客关系。在数字化时代，集数字化、网络化和智能化特征为一体的数字化企业应运而生，这对传统企业产生了很大的冲击。在这些数字化企业当中，他们与顾客之间在不同渠道中的交互方式与传统企业相比也截然不同。在传统零售中，消费者可以前往距离自己最近的商超门店采购生活用品；在数字化零售中，消费者则可以在家中使用移动设备登录网上商城，浏览想要购买的商品，通过货比三家，购买最理想的产品，强大的物流网络甚至可以实现当天配送。尽管电子商务业务如此便利，也为数字化企业带来了丰厚的利润，但仍需要意识到，在顾客体验、服务接触等方面，线下零售可能依然具有线上渠道所无法比拟的优势。所以，诸如亚马逊等数字化企业也同样积极地开拓线下零售，建设并实施全渠道的顾客关系管理。

总之，企业为不同顾客提供能够满足他们独特需求的产品或服务组合，从而提升顾客价值。数字化技术的广泛应用对传统企业的顾客关系管理实践提出了新的要求和挑战。同时，数字化企业在全渠道管理顾客关系变得越来越迫切。因此，企业必须积极拥抱数字化技术产生的变革，有效地更新并建设数字化顾客关系管理体系，以便更好地服务于顾客、创造顾客价值并为企业带来盈利。

3. 数字化时代实施有效的流量管理逐渐成为新的核心命题

顾客流量（Customer Traffic）[①]泛指用户在互联网中的点击、浏览、注册、分享等一系列行为的数据流。这种数据流的数量，通常被称为流量。在数字化时代，顾客关系管理工作的核心逐渐体现在对流量资源的争夺，为了引流和转化，许多企业不停地推陈出新的市场营销手段，这在一定程度上使企业逐渐陷入了"流量焦虑"的境地。因此，如何选择数字平台渠道引流拉新顾客，如何利用数字化工具激发顾客的参与并实现流量的转化和裂变（即让老用户带新用户）就成为顾客关系管理工作的核心任务之一。

三、数字化顾客关系管理的内涵

实际上，伴随着顾客关系环境、顾客行为和顾客关系管理发生了翻天覆地的变化，数字化时代的顾客关系管理工作的开展更加依赖于顾客数据，顾客数据已成为顾客关系管理的重要资源。传统的顾客关系管理系统通常建立在企业内部的运营数据库中，主要包括顾客记录、销售数据、售后历史记录等等。随着社交媒体和用户生成内容的出现，越来越多的顾客数据存在于企业外部，而不是企业内部的系统之中。例如，在当今的大数据时代，微博的月活跃用户已经超过 5 亿，视频播放量超过 4 000 亿；[②] YouTube 每分钟就有超过 300 个小时的视频被上传，Twitter 声称每天有 5 亿条推文被发送。[③] 这些在社交媒体中源源不断生成的数据量是十分庞大的，其规模能让迄今为止任何企业建立的内部顾客数据库都相形见绌。

随着 5G 网络、大数据、云计算和人工智能等数字技术的发展，顾客数据对于顾客关系管理而言的重要性进一步提升。因此，在数字化时代，本书认为，**数字化顾客关系管理**是一种重要的企业战略，采用先进的数字技术获取顾客数据，运用成熟的数据分析工具分析顾客数据，挖掘、分析和预测顾客的需求、偏好和行为模式，从而有针对性地为不同顾客提供优质的个性化产品或服务，最终实现顾客价值最大化和企业收益最大化之间的合理平衡。

四、传统顾客关系管理与数字化顾客关系管理的比较

传统的顾客关系管理往往以消费为导向，主要对顾客的相关资料进行整理，并持续跟踪记录后续的消费情况，对顾客和企业之间的关系，以及顾客与顾客之间的关系存在重视不足或难以干预的情况。此外，传统企业在实践中难以实施有效的顾客互动策略，这很大程度上受限于顾客信息获取和分析以及应用的技术不足。相比之下，数字化顾客关系管理具有明显

① Perdikaki, O., Peng, D. X., Heim, G. R. Impact of customer traffic and service process outsourcing levels on e-retailer operational performance[J]. Production and Operations Management, 2015, 24(11): 1794–1811.

② 微报告. 微博 2020 用户发展报告, 2020.

③ 品牌领导力 . SocialBook：海外网红营销报告, 2019.

的优势，在顾客关系的目标与价值，以及与顾客之间的连接策略上与传统的顾客关系管理具有明显的不同(如表 12-1 所示)。但值得注意的是，数字化顾客关系管理与传统顾客关系管理并非是一般意义上的取代关系，而更多的是作为传统顾客关系管理工作的补充、拓展和升级。接下来就从顾客关系(关系目标、关系价值和关系成员)和顾客互动(沟通工具和沟通渠道)这两方面对比数字化顾客关系管理与传统顾客关系管理。

表 12-1　数字化顾客关系管理与传统顾客关系管理

维度		数字化顾客关系管理	传统顾客关系管理
顾客关系	关系目标	以顾客为中心，顾客个性化需求的满足是实现企业目标的核心路径	以企业利益为导向，顾客需求仅为其中的一部分
	关系价值	企业与顾客之间是合作关系，通过密切地互动，共同创造价值并分享价值	企业与顾客之间的关系以企业为中心，由企业为顾客创造并交付价值
	关系成员	注重企业与顾客、企业与业务伙伴、业务伙伴与顾客、顾客与顾客的所有交互影响的关系	注重企业和顾客的关系
顾客互动	沟通工具	以移动互联网、大数据和人工智能等为支撑的多种数字技术	内部顾客关系管理系统
	沟通渠道	基于顾客的全渠道管理，灵活多变，使得企业、业务伙伴和顾客之间建立了多向、互动式沟通；公域流量渠道和私域流量渠道	基于业务的特定渠道，企业与顾客进行单向沟通，顾客与顾客之间相互独立

资料来源：作者整理

1. 关系目标

概括而言，数字化顾客关系管理将顾客关系视为实现企业价值的核心路径，以往的销售路径仍然有效，但逐渐转到更积极有效的顾客互动工作上来，对顾客信息的获取、分析、提炼和管理变得尤为重要。从本质来看，顾客关系管理不是一个简单的概念或方案，而是企业的一种哲学与战略，贯穿于企业经营的每个环节，涉及每个职能部门，其目的是管理企业现有的和潜在的顾客。而传统的顾客关系管理以企业利益和销售管理为目标。所以，为了使企业围绕顾客有效地展开自己的经营活动，顾客需求的满足仅是其达成目标的一部分手段。随着数字技术的进步，市场竞争进一步加剧。相应地，为了获取和挽留顾客，顾客在企业经营活动中占据越来越重要的位置。数字化顾客关系管理帮助企业实现整个运营过程高度地顾客中心化和个性化这一目标，将企业内部不同运营系统中的数据聚集和融合起来，确保顾客需求数据和信息能够应用到企业产品或服务的全生产流程中。同时，这种全流程数据联接，有助于企业更全面地了解顾客，真正做到以顾客为中心、以顾客需求为导向，将顾客个性化需求的满足作为企业的终极目标，利用数字化技术收集、分析和洞察顾客数据，从而有效地为顾客创造和交付价值。当然，值得注意的是，企业需要明确并非所有的数据都有价值，只有那些能服务于企业优化其经营活动的数据才是有价值的信息。

2. 关系价值

传统的顾客关系管理以"企业为中心"，由企业创造价值，把价值交付给顾客，完成企业价值获取和顾客价值交付的单向价值传递。在数字化时代，数字平台经济迅速发展，企业组织更像是一种开放系统。数字化时代的顾客关系管理需要在努力为顾客创造和交付价值的同时，鼓励顾客进行价值共创，从而实现企业与顾客的价值共创和共享。这也就意味着企业与包括顾客在内的各种利益相关者均可作为价值的创造者——共同创造者。所以，企业需要跳出"以企业为中心"的顾客关系管理逻辑，与顾客和其他利益相关者共同创造价值。在这个过程中，企业不仅要从共同创造的价值中获取价值份额，而且还要主动与顾客和其他利益相关者分享相应的价值，从而构建双向的、甚至多向的价值传递模式，这恰恰是当今获取可持续竞争优势的关键。

3. 关系成员

随着数字化技术在顾客关系管理中的应用，企业很难独自完成全部的价值传递活动，不得不考虑引入一系列的业务伙伴，充分调动所有利益相关者的能力，将供应链企业与顾客之间的买卖关系转化为企业、业务伙伴和顾客之间紧密的合作伙伴关系。同时，正如上文所述，顾客也由产品和品牌的关注者开始向共同创造者这一角色转变。使得顾客关系管理工作，逐渐从企业与顾客这一双向关系演变成在社交媒体中的社群管理，越来越多的企业搭建起的品牌社群，融合了信任、依赖、关系、共享、价值和支持，顾客与顾客之间也能够产生互动，帮助激发顾客强烈的品牌归属感。所以，数字化顾客关系管理的成员不仅仅是企业与顾客这两个主体，更应当强调企业与顾客、企业与业务伙伴、业务伙伴与顾客、顾客与顾客之间的所有交互影响。

4. 沟通工具

在数字化顾客关系管理中，企业与顾客的沟通工具不再局限于进行订单交易和售前售后服务的顾客关系管理流程，以互联网、大数据和人工智能等为代表的信息技术成为新的顾客关系管理技术支撑。无论是创造最优异的顾客价值，还是实现有效的顾客互动，都离不开这些技术的支持。企业可以借助数据挖掘等技术，对来自多个社交媒体渠道产生的大量非结构化数据进行快速、有效地收集和处理。同时，通过对数据的深入分析，企业能够及时了解和洞察顾客的消费需求和行为，并以此为依据，对顾客的后续行为进行预测和分析。由此，企业能最大限度地产生、运用和共享顾客知识，进而制定精准的营销和服务策略，以贴合顾客的个性化需求。

在数字化时代，公众号、微信小程序、微信群、移动 App 以及短视频等丰富的社交工具层出不穷，企业与顾客进行沟通的方式多种多样。不过，具体的工具之间存在诸多差异性，企业应根据实际情况和需求选用不同的沟通工具。例如，公众号具有覆盖面广的特点，一条经过编辑后的图文消息可以非常轻松地发送给受众，也可以在朋友圈和各大社群中转发，触及顾客的平均成本较低。此外，公众号后台的功能还能够帮助分析一系列关注者的数据，为企业提供非常丰富的内容营销提升思路。不过，这种工具的关系连接较弱，且除了后台私信、公众号订阅功能、评论区互动以外，沟通强度不高。在这一方面，与注重功能性的小程序十分相似。因此，企业需要将重心放在图文的内容编排上，并特别留意和回复后台留言，重视与顾客的互动。

5. 沟通渠道

社交媒体的出现，使得越来越多的顾客在做出购买决策之前，会选择以各种社交媒体平台中专家、朋友以及其他网友的已有评价作为参考基础。这些评价在很大程度上影响顾客的购买决策，同时顾客在搜寻这些相关信息时，也无形中增加了其与企业在多个触点的联系。因此，这要求企业必须保持系统的开放性。数字化时代的顾客关系管理需要对多个渠道的顾客数据进行整合，通过打通与尽可能多的社交媒体渠道的连接，企业能够更加广泛、有效地触达顾客，并与顾客进行及时、高效的互动，有助于形成良好的口碑，培养顾客忠诚度。然后，结合大数据技术和特定算法对顾客数据进行挖掘分享，能够识别多渠道的同一顾客，从而积累顾客画像。再者，通过对顾客进行标定、形成画像并细分为不同社群，企业可以根据所属群组的特点进行资源的最优配置，通过精准的个性化沟通和服务，充分挖掘顾客价值。

概括而言，在关注顾客流量的当下，可以基于顾客沟通渠道把流量分为公域流量和私域流量这两大类型。通常，判断流量归属公域还是私域，一个核心标准就在于流量的所有权是归属个人（如个人朋友圈、B站博主、小红书带货达人等）还是平台（如大众点评、淘宝、快手等）。① 确切而言，私域流量渠道的沟通聚焦于个体及其社交圈的延伸，如顾客背后的社交圈，具有可触达性高、精准、且无高昂费用甚至免费的特点；而公域流量渠道依托于平台，具有数量大、范围广、传播速度快的特点，但往往需要付费获取，且精准度不高。实践中，在选择私域和公域流量渠道方面要注重产品的匹配程度以及沟通策略的差异化，在本书中的第七章内容营销、第八章社交媒体营销、第十章视频营销和第十一章直播营销中均有所涉及。

五、数字化顾客关系管理的主要任务

在数字化时代，企业不仅需要重新审视顾客关系管理的主要任务有哪些，更要明确在数字化背景下顾客关系管理的主要任务面临着哪些变化，这样才能有机会获得更高水平的顾客资产，从而实施有效的顾客关系管理。如前所述，数字化顾客关系管理需要采用先进的数字技术工具来获取顾客数据，运用成熟的数据分析工具分析顾客数据，挖掘顾客的行为模式以及需求和偏好的变化趋势，从而有针对性地为不同顾客提供优质的产品或服务。因此，顾客关系管理的关系目标、关系价值、关系成员、沟通工具和渠道均发生了重要的变化。所以，为了更有效地进行顾客关系管理，首先要明确顾客关系管理的主要任务。② 顾客关系管理要求管理者实现顾客关系在更多、更久、更深维度的发展，共有三种途径可以实现这一目标：注重获得新顾客的顾客获取（Customer Acquisition），注重维系老顾客关系的顾客挽留（Customer Retention）以及升级老顾客关系的顾客深度开发（Customer Development）。

1. 顾客获取

首先，在专注发展与顾客之间的稳定关系之前，企业需要与顾客建立关系，即进行新顾

① 李东升，杨唯真. 私域流量：用户沉淀+商业变现+风险规避[M]. 北京：清华大学出版社，2021.
② 杨永恒，王永贵，钟旭东. 客户关系管理的内涵、驱动因素及成长维度[J]. 南开管理评论，2002，(2)：48-52.

客获取工作。所谓新顾客，就是指在过去不知道企业的产品或服务，或者从来没有消费过企业的产品或服务的人。虽然获取一个新顾客的成本要远远高于留住一个老顾客，但是企业并不能保证已有顾客永远不会流失。所以，在挽留老顾客的同时，企业必须时刻准备着获取新顾客，以保持有活力的顾客源，不断地优化其顾客资产。特别是当企业的营销目标为扩大市场规模时，顾客获取工作则尤为重要，这是实现企业增长的重要路径。

顾客获取主要包括两种重要的方式，一种是在原有的市场上获取新的顾客。例如，青少年群体在成年后即可以申请信用卡，成为银行的信用卡顾客。另一种是识别新的细分市场，进而增加顾客数量。例如，强生公司一直以来都十分重视婴幼儿用品市场，为了获取更大的市场空间，强生将业务拓展到成人护肤品市场，进而获取了新的顾客群体。实际上，获取新顾客就是探寻新的顾客关系的过程，即通过评估潜在顾客的信息、挖掘潜在顾客需求、分析企业产品或服务的匹配程度、完成首次购买并赢得顾客满意的一系列过程。

正如上文所述，消费者的顾客旅程在购买前、购买时和购买后均发生了重要的变化。相应地，企业在制定顾客获取的策略时，也必须考虑顾客旅程方面的变化。例如，在购买前，消费者采用移动设备进行商品搜索和浏览，那么企业就必须学会如何采用数字技术收集顾客的基本信息，进行顾客画像的描绘，以寻找到目标消费群体。随后，企业需要思考如何利用数字技术来让自己的产品或服务能够尽可能地出现在目标消费者的视野之中，想办法获得有价值的顾客流量。在这一方面，企业可以借助平台来选择不同的新顾客引流渠道，如微信公众号、关键意见领袖、社交媒体平台、搜索引擎、短信及 App 客户端推送、小程序推送、电商平台等。然而，这并不意味着企业需要使用全部渠道获得新顾客流量，如何选择与其品牌、产品及服务相匹配的引流渠道是关键。在本章的第二节中，将重点对数字化时代的顾客获取方式进行详细的介绍。

2. 顾客挽留

对于许多企业而言，顾客挽留才是确保盈利能力和企业增长的关键。顾客关系管理就是与顾客建立关系，让顾客留在企业。挽留就是改变顾客想要离开的想法。因此，顾客关系管理的三种主要的任务中，顾客挽留是最为首要的任务，即企业努力构建与顾客之间的牢固关系，实现长期的顾客挽留。其中，顾客能够被留住的关键指标就是建立顾客忠诚（Customer Loyalty）。顾客忠诚意味着顾客对自己偏爱的产品和服务具有强烈的持续购买的愿望，并且付诸实践进行重复购买。这种顾客通常不会因为外部环境变化或竞争对手的营销活动而轻易改变行为。[1]

在数字化时代，顾客忠诚管理越来越难，顾客挽留工作变得更具有挑战性，为了更有效地留住顾客，企业需要利用数字技术培养顾客忠诚。例如，消费者习惯于采用移动设备进行社交活动，数字化时代的顾客口碑更多地体现在社交媒体上的点赞、转发和分享等形式，那么企业就可以采用社交化顾客关系管理（Social Customer Relationship Management）的方式进行顾客忠诚的培养。此外，我国社会主要矛盾已经转化为人民日益增长的美好生活需要和不平衡不充分的发展之间的矛盾，消费者也越来越重视消费体验。相应地，企业也更加重视顾客体验管理（Customer Experience Management）。在本章的第三节中，将重点对数字化时代的顾客挽留方式，即顾客忠诚和顾客体验管理进行阐述。

---

① Oliver, R. L. Whence consumer loyalty[J]. Journal of Marketing, 1999, 34, (63): 33-44.

3. 顾客深度开发

顾客关系管理的第三个任务是顾客的深度开发，即提升顾客关系的质量，进一步地挖掘顾客的潜力。在传统的顾客关系管理中，企业经营理念更多的是以"企业为中心"，强调企业创造价值，把价值交付给顾客。因此，顾客的深度开发往往就是想办法为顾客创造和交付更多的价值，让顾客产生更多的购买行为。因此，顾客的深度开发涉及两个方面：交叉销售和购买升级。

（1）交叉销售（Cross Selling）指的是借助顾客关系管理发现现有顾客的多种需求，并为满足他们的需求销售多种不同产品或服务，促使顾客使用同一企业的产品或服务的销售方法。实际上，顾客往往倾向于从同一企业购买更多种类的产品。有关交叉销售的例子在生活中随处可见。例如，一家在线书店根据顾客的购买记录向顾客推荐其他其可能需要的书籍。交叉销售是培养稳固顾客关系的重要工具，不仅可以增加现有顾客对不同产品的购买，拓宽与现有顾客的接触范围，增强对顾客关系的支撑力度，分散关系破裂的风险，还可以大幅提升顾客对企业的忠诚度，减少顾客转移到竞争对手那里的可能性，使顾客关系更为牢固，从而提高顾客关系的质量。

（2）购买升级（Purchase Upgrade）则强调的是使顾客消费行为的升级，以及顾客由购买低盈利性产品转向购买更高盈利性产品的方法。[①] 其特点是在顾客现有消费的产品或服务的基础上向顾客提供的新产品或升级服务。例如，购买电脑的顾客会从该品牌购买电脑外围设备或家庭影院系统。

在数字化时代，企业与顾客均可作为价值的创造者，企业应当主动跳出"以企业为中心"的战略逻辑，引导顾客进行价值创造。因此，顾客深度开发的内容也发生了重要的变化。首先，交叉销售和购买升级的实现手段因为大数据等技术的应用，变得更加智能化和精准化。例如，企业为消费者采取个性化信息推荐服务。其次，近年来，顾客作为价值的创造者，还参与了企业的顾客获取任务，为企业带来新的顾客。例如，在微信群中发送邀请链接，邀请新用户即可获得奖励等。在本章的第四节中，将重点对数字化时代的顾客深度开发方式进行详细阐述。

综上所述，在顾客关系管理实践中，采用新的工具来实现企业的顾客获取、顾客挽留和顾客深度开发等顾客关系管理任务已是屡见不鲜，接下来将对数字化时代下顾客关系管理主要任务及其实现工具进行介绍。

第二节　数字化顾客关系管理中的顾客获取

获取新顾客就是探寻新的顾客关系的过程，即通过评估潜在顾客的信息、挖掘潜在顾客需求、分析企业产品或服务的匹配程度、让顾客接触到企业的产品、完成首次购买转化并赢

---

① Yin, S., Ray, S., Gurnani, H., Animesh, A. Durable products with multiple used goods markets: Product upgrade and retail pricing implications[J]. Marketing Science, 2010, 9(3): 540-560.

得顾客满意的一系列过程。概括而言，就是绘制顾客画像、获得顾客流量和赢得顾客购买。

一、绘制顾客画像

在评估潜在顾客信息、挖掘潜在顾客需求并分析企业产品或服务的匹配程度时，企业可以运用数据挖掘技术对潜在顾客进行细分，从而提高市场营销活动的回报率。这种利用数据挖掘技术进行目标顾客获取的方式，与传统的顾客关系管理工作有着明显的区别。数据挖掘在获取新顾客时，是以数据为中心，在已经获取的顾客知识的基础上系统地记录和预测顾客可能的行为模式，能够大大提高市场营销活动的效率，有效地为企业吸引目标顾客。

在过去，企业与目标顾客的互动通常以面对面沟通、电话访谈等方式，在这些活动中，企业可以获取的顾客信息非常有限，并难以刻画完整的顾客画像，或仅能刻画较为粗糙的顾客画像。而在数字化时代，顾客的身份信息和行为信息均实现了数字化，在互联网上几乎所有的使用痕迹都可以被记录下来，从而形成非常细致的顾客数据，企业可以通过精细的顾客画像描绘，进行更加精准的顾客差异化管理。

具体而言，企业可以利用从自己和第三方平台收集到的顾客信息，通过自身研发部门或外包服务进行大数据分析，建立顾客画像。其中，绘制顾客画像通常使用：人口统计学信息、行为特征信息和交易消费信息(如图 12-2 所示)。

图 12-2　数字化时代的顾客画像

资料来源：史雁军. 数字化顾客管理：数据智能时代如何洞察、连接、转化和赢得价值顾客[M]. 北京：清华大学出版社，2018.

(一) 人口统计学信息

该信息通常用来描绘一个消费者的身份背景，包括身份识别信息(姓名、性别、年龄和证件号码等)；通信联络信息(手机号码、邮箱和各类社交媒体账号)；地理信息(工作地址、家庭住址和经常活动的地理位置等)；信用评级信息(支付宝芝麻信用评分和银行资信评级等)。由于这些信息涉及消费者的个人身份识别，所以隐私程度高，企业特别需要在合乎法律规范的前提下使用这些信息。例如，对敏感信息要进行数据脱敏处理，确保隐私保护。

(二) 行为特征信息

该信息包括消费者的设备联络信息、在线浏览与点击、内容偏好、社交互动和生活方式等与个人的行为密切相关的信息。在数字化时代，这些行为信息极大地依赖于移动工具，所以会被企业以数据的形式记录下来。通常，这些信息可以经由匿名化处理来为企业分析消费者行为模式所用。

（三）交易消费信息

该信息记录了顾客真正购买和使用产品或服务的记录。交易数据体现了顾客真正能为企业带来多大的利润，通过交易消费信息，可以对顾客的真实消费记录进行深刻的理解，能够帮助企业评估顾客的价值，并有效地预测顾客的未来消费趋势，从而有效地进行顾客获取。

基于这些人口统计学信息、行为特征信息和交易消费信息等多方面的分析可以对顾客的身份背景、行为认知以及性格特点等方面进行全面地了解。企业可以根据顾客画像采取更具有针对性的营销活动，从而提高成功获取顾客的概率。

二、获得顾客流量

当大量的用户进行网站的点击、浏览和注册等行为时，对应的用户数据就会迅速增加，用户的点击、浏览、注册等行为数据因此形成数据流，这些数据流累积的数量就是流量。具体而言，流量就是指具体用户行为产生的数量，例如软件的下载量和注册量、商品的点击量和购买量等。而企业的顾客流量就是指能够发现并接触到企业产品或服务的顾客量。[①]

互联网的本质特征就是互相连接。所以，互联网的发展让消费者越来越多地使用移动设备进行商品浏览，也让顾客流量的获取变得更加容易。反过来，通过顾客画像的描绘，确定了企业的目标消费群体之后，企业必须思考如何让自己的产品或服务能够尽可能地进入目标消费者的视野，想办法获得顾客流量。所以，顾客流量已经是企业发展的关键顾客资源，如果想要真正地获取顾客，企业就必须明白如何获取顾客流量。目前，顾客流量的获取主要有以下几种方式。

（一）搜索流量

这种流量获取方式是最原始的一种流量获取模式，也是目前较为主流的一种公域流量来源之一。在我国，搜索流量以百度搜索引擎为代表，用户只需要在搜索引擎中输入关键词，就可以找到产品，进而产生下一步的交易行为。例如，在百度搜索引擎中搜索手表，就会在浏览页面中出现多种品牌的手表投放的广告页，如果消费者点击进入，则可以进行产品的浏览和购买。商家占据了搜索引擎广告页的显眼位置，就可获得大量的搜索流量。

（二）电商流量

这种流量的获取方式是企业在淘宝、京东等电商平台中建立线上店铺，用户在浏览电商平台网站时，就可以浏览企业的商品，在遇到符合自己需要的产品时，完成下单购买。此类浏览数据就是电商平台中流量的体现。此外，电商平台还通过大数据预测，利用产品推荐的方式，在消费者的电商平台主页投放消费者可能喜欢的产品，吸引消费者的点击和浏览，增加消费者的购买机会，这也是目前电商流量获取的一种重要方式。

不过，随着电商平台中商家数量的井喷，在电商平台中促销广告的（如淘宝直通车）有

① Perdikaki, O., Peng, D. X., Heim, G. R. Impact of customer traffic and service process outsourcing levels on e - retailer operational performance[J]. Production and Operations Management, 2015, 24(11): 1794-1811.

效性越来越低，平台中的公域流量在极度分散，转化率难以进一步提升甚至维系。在该背景下，业内开始出现私域电商的概念，即不再关注平台中公域流量的转化率，而是注重将有限的公域流量顾客转化为私域流量，注重老顾客的复购率。举例而言，商家通过在快递盒内插入微信二维码等方式直接与顾客建立联系，维护关系，形成商家自身的私域流量池，并促成交易达成。该做法在交易环境、营销模式、流量渠道、消费决策等方面与传统的公域电商有明显的差异，如表 12-2 所示。

表 12-2 私域电商与公域电商

	私域电商	公域电商
关系	有一定关系互动历史积累的"熟人"	无关系互动历史的"陌生人"
营销模式	注重培养粉丝和熟人的关系营销	注重硬广的曝光推介
流量渠道	微信、微博、微店、微信群、App 等	电商平台网站及 App
消费决策	关系信任	价格、品牌、评论等

资料来源：李东升，杨唯真. 私域流量：用户沉淀+商业变现+风险规避[M]. 北京：清华大学出版社，2021.

（三）社交媒体流量

社交媒体流量是以腾讯旗下的微信和 QQ 等移动社交媒体作为基础设施，企业可以通过微信公众号、微信群和小程序等平台的建立，通过消费者的私人社交圈进行传递，从而获得免费的私域流量，当商品被更多的人看到时，就可以努力实现购买转化。例如，用户可以通过微信转发的方式将推荐的电商平台的产品链接一键分享给好友，这些分享的数据就产生了流量；一些微信小程序游戏通过让用户转发到微信群或者是微信好友的方式让用户获得能量值。

（四）信息流媒体流量

近两年信息流量的获取模式发展得极为迅速，包括抖音和快手等短视频信息获取方式以及微信公众号、微博、知乎和小红书等社区信息流获取方式等。相较于前三种流量获取途径，信息流媒体流量的获取更加依赖于企业的大数据算法，向潜在用户群体推送个性化的信息内容，他们对于商品信息更感兴趣，这种方式将极大地减少企业在投放广告方面的资源浪费，从而实现更加具有方向性的顾客流量获取。

例如，抖音是在微信之后的又一大"流量圣地"。抖音的兴起，标志着短视频时代的崛起。抖音上的短视频类型极其丰富，短视频创建者通过有创意的视频创作吸引用户观看、关注、点赞和转发。可以说，优秀的短视频创建者就是一个巨大的流量来源。

三、赢得顾客购买

企业在对目标群体进行顾客画像的精准描绘之后，可以着手顾客流量的获取，随后，就需要关注如何实现顾客转化，促成顾客对产品或服务的购买。在数字化时代，为了能够赢得顾客的第一次购买，企业可以采用如下几种模式。

（一）免费与付费相结合模式

免费与付费相结合的模式就是企业将其部分产品或服务采用免费的形式，同时匹配相应的付费产品或服务。企业提供免费的产品或服务可以在互联网上吸引到更多的消费者，实现迅速的用户增长。同时，一项可持续的商业模式总是要从产品或服务本身，或者是其产品或服务的延伸当中获取利益，否则就不可能盈利，也不能实现长期的生存。一些软件供应商就是通过免费提供基础版软件，积累较大的用户基数，从而占据市场份额，然后向少数用户提供高附加值的付费服务，进而获得利润。例如，消费者可以免费使用百度网盘进行云端的文件存储和下载，这种免费方式为百度网盘获得了巨大的用户基数，但是如果想要获得更加快速的网络传输速度和更大的存储空间，就需要开通付费会员。事实上，免费与付费相结合的顾客转化模式还可以进一步区分为两种类型：

1. 个人服务免费，商务服务付费

众所周知，谷歌公司被公认为全球最大的搜索引擎公司。它的谷歌搜索引擎、谷歌邮箱、谷歌地图等数字化产品均采用了免费的方式向用户开放，吸引了数以亿计的用户连接和点击流量，同时，谷歌向企业提供大量基于互联网的产品或服务，其主要利润来源于关键词广告等服务。用户基数越大，则谷歌公司的顾客流量就越大，就有更多的商家愿意购买广告服务，也就会有更多的商业价值转化空间。

2. 基础服务免费，增值服务付费

腾讯旗下的QQ是一款互联网通信产品，对于普通用户而言，它完全是一款免费产品。依靠于免费服务产生的用户基础，让消费者对于腾讯QQ具有极高的用户黏性。随后，腾讯进一步将这些免费用户中的一部分群体转化为其在线社区中的付费用户，从而通过这些付费增值服务获取收益。例如QQ会员，为用户提供显赫的标签以及功能差异。目前许多数字化产品都是采用的这种策略，以免费的基础服务吸引消费者，从而产生顾客流量，再从中发展出愿意使用付费增值服务的群体，从而实现顾客转化。

（二）试用与订阅相结合模式

在线订阅模式也是一种企业常使用的用户转化方式。数字化产品往往没办法像实体产品那样具有可触及性，因此试用就成为了企业进行顾客转化的重要途径。例如，在线视频客户端为了增加顾客的订阅数量，通常采用先试用的方式来吸引消费者，在试用期内可以免费进行视频浏览，试用期满之后可以选择购买成为订阅用户，从而实现顾客转化。当然，一定会有一部分用户在试用之后或者是订阅一段时间之后选择不购买或放弃继续订阅，对于这样的用户，企业可以利用大数据技术，深度学习顾客在试用期或订阅期内的偏好和习惯，从而加深自己对于用户的理解，从而在后续的交互活动中赢回这些顾客，实现下一次的顾客转化。例如，亚马逊在线购物平台的Prime会员服务就是采用了试用与订阅相结合的顾客转化模式，Prime会员服务为顾客提供了一个月的试用期，可以享受全部的Prime会员权益，试用期结束后可以选择继续使用或者放弃试用，亚马逊也会不停地对顾客习惯和偏好进行学习与分析，努力提升顾客转化率。据数据显示，73%的Prime会员试用用户会在结束后续订首轮的付费会员订阅服务。

（三）线上与线下渠道相结合模式

线下渠道的优势是可以进行物理环境体验和服务接触，提升顾客对企业的了解；线上渠道的优势是具备丰富的数字信息，且具备交易便捷的特点。线上与线下结合的方式兼顾了两者的优势，全方位地提升了顾客体验，照顾到不同类型的消费者的需求，扩大了企业可以触及的消费者的类型，因此提高了顾客转化机会。例如，Selfridges 是英国老牌奢侈品百货之一，自从 2014 年开始，Selfridges 开始专注于多渠道销售，投资了高达 4000 万英镑来吸引并获取在线顾客。Selfridges 为了吸引这些顾客并赢得顾客购买，投入了很多数字技术资源以优化线上商城的页面用户体验，同时丰富了在线商城的产品种类，使 80% 的线下门店产品都可以在在线商城购买到。消费者只需要在家中通过移动设备进行商品浏览，发现喜欢的商品后，可以前往线下店铺体验后进行购买。此外，正在逛街的线下消费者在路过 Selfridges 的门店店铺时，也可以试穿自己喜欢的产品，为了减轻购物负担，可以选择线上下单直接通过快递将产品送至家中的方式。①

（四）社交媒体中的社会压力模式

社会压力是一个消费者行为决策的重要驱动因素。美国 Opower 公司在与公共事业机构合作推动能源节约解决方案时发现，为了鼓励消费者节能减排，他们采用了三种广告信息：（1）"这个月你可以节省 54 美元的费用"；（2）"你能节省出一个地球"；（3）"你将成为良好市民"。经过市场调研后发现：这三种广告方式均无法奏效。最后，通过推出第四种广告策略——"你将比你的邻居做得更出色"，这种方式产生了意想不到的效果，竟然有超过 70% 的人在看到信息之后主动调低了室内的空调制热温度。因此，社会压力是一个非常有效的影响消费者行为的因素。

随着社交媒体等移动社交应用的广泛发展，企业开始利用社会压力进行顾客获取。例如，在消费者的用户界面显示"你已经打败了 95% 的好友"，以增加消费者的成就感。社交化反馈带来的积极反馈让消费者更容易坚持。研究显示，这样的社会压力让消费者更加愿意进行购买转化，也更加愿意进行分享和转发。

第三节　数字化顾客关系管理中的顾客挽留

在赢得了顾客的第一次购买转化之后，企业就需要想办法留住顾客。正如前文中提到，随着数字化技术的进步，企业需要努力利用数字化技术获取顾客忠诚。其中，社交化顾客关系管理和顾客体验管理可以作为两种在数字化时代的顾客挽留的重要方式。

一、社交化顾客关系管理

随着电商平台和内容平台在我国的迅速发展，不同种类的商品被迅速地推送到消费者的面前，让消费者更容易对不同品牌和不同平台之间的产品与服务进行比较，这使得产品品牌

---

① 观点地产网. 老牌高端百货 Selfridges 利润创新高 英国人都做对了什么? 2018.

和电商平台都在维持顾客忠诚方面变得愈发困难。埃森哲在 2021 年的中国消费者洞察研究中发现，45% 的受访者表示，在过去一年中尝试新品牌的频率有所提升，而这一数据在 2017 年时仅为 30%。

可见，企业顾客挽留的难度越来越高。不过，企业依然可以有更大的作为。既然目前企业维系顾客忠诚的难度主要来自消费者对移动平台的依赖，那么企业就必须学会如何借助移动平台进行顾客挽留活动。例如，顾客忠诚的一个重要的表现就是顾客口碑。传统情况下的顾客口碑更多的是人与人之间的口口相传，但数字化时代的顾客口碑则以线上渠道为主，通过电商平台和社交媒体的方式，进行评论、点赞、转发和分享。相应地，企业可以采用社交化顾客关系管理的新理念进行顾客忠诚的培养。

（一）社交化顾客关系管理的内涵

随着市场上社交媒体数量逐渐增加，其对于顾客体验、顾客满意和顾客忠诚等企业关键绩效指标也产生了重要的影响。相应地，基于社交媒体的社交化顾客关系管理逐渐发展成为企业关注的顾客关系管理工具。[1] 保罗·格林伯格（Paul Greenberg）在 2009 年首次对社交化顾客关系管理进行了定义，他指出：**社交化顾客关系管理**是处于一个充满信任并且透明的商业环境中，基于明确的商业规则、社会化的技术平台以及便捷的工作流程等特征，激发顾客参与到合作性的互动中，从而为企业及其顾客赢得价值的一种商业战略或经营哲学。[2]

社交化顾客关系管理将社交化媒体与顾客关系管理结合在一起，借助社交化媒体，企业能够在网络上公开发声，培育网络形象和声誉，还可以利用社交化媒体与顾客进行沟通互动，进而建立紧密联系，并以个性化服务来吸引和挽留更多的顾客。社交化顾客关系管理的关键在于企业与参与的用户进行深入的话题交互。具体而言，通过社交化顾客关系管理，企业可以利用大数据技术，对用户的社会关系网络进行智慧管理，获取、甄别和分析社会关系网络中每一位个体用户的需求和价值，从而不断地创造新颖、有趣的话题，凝聚众多的顾客与企业进行互动，最终通过满足用户的个性化需求，实现社会关系的转变、忠诚度的提升以及顾客挽留。

（二）社交化顾客关系管理的应用逻辑

社交化顾客关系管理的应用主要体现在以下三个方面[3]。

1. 引导顾客参与，培养顾客黏性

通过社交媒体的使用，社交化顾客关系管理引导消费者在社交媒体中参与到产品或服务的设计、开发以及营销的整个过程中，并通过全方位的沟通互动，建立与顾客的良好关系。这种顾客参与，一方面能够加强企业对顾客真实需求的了解，提升产品或服务与顾客需求的匹配程度；另一方面也能够让顾客更加了解企业的产品或服务的设计理念以及开发过程，加深顾客对产品的了解，从而有利于提高顾客对企业及产品的忠诚度。举例而言，小米一直重视用户的参与感，以"小米手机官方网站、小米手机官方微博、小米手机微信公众号、小米手机抖音平台和小米社区"等主流社交媒体的多元组合作为其社会化关系管理的途径，鼓励小米产品的顾客参与到小米手机的开发和设计过程中来。除了线上论坛社区，小米还定期组织线下活动，以多种方式提升用户的黏性。

① Dewnarain, S., Ramkissoon, H., Mayondo, F. Social Customer Relationship Management: An Integrated Conceptual Framework[J]. Journal of Hospitality Marketing & Management, 2019, 28(2): 172-188.

② Paul, G. Time to Put a Stake in the Group on Social CRM. ZDNET, 2009.

③ 陶勇，刘娟. SCRM 新模式的特点与应用[J]. 商场现代化，2017，(8): 20-21.

2. 借助数据挖掘技术，贴合顾客个性化需求

数据挖掘和大数据分析等信息处理技术的发展，为社交化顾客关系管理的应用和实施提供了技术支撑。企业可以借助数据挖掘等技术，对来自多个社交化媒体渠道产生的大量非结构化数据进行快速、有效地收集和处理。同时，通过对数据的深入分析，企业能够及时了解和洞察顾客的消费需求和行为，并以此为依据，对顾客的后续行为进行预测分析，进而制定精准的营销和服务策略，以贴合顾客的个性化需求。

3. 实施全流程数据联接，落地顾客中心导向

企业需要明确，并非所有的数据都是具有价值的，只有能为企业所用的数据才是有价值的信息。社交化顾客关系管理帮助企业实现整个运营过程的数据联接，将企业内部不同运营系统中的数据聚集、融合起来，确保顾客需求数据和信息能够应用到企业产品或服务的全生产流程中。同时，这种全流程数据联接，有助于企业更全面地了解顾客，真正做到以顾客为中心、以顾客需求为导向。

二、顾客体验管理

随着国民经济的发展，我国的居民收入得到了稳步的提高，顾客不再仅仅追求于物美价廉的标准化产品，更多的是对于定制化和个性化的产品或服务的需要，以提升消费者更高层次的个人满足。同时，人们对于成长体验的需求逐年增加。以旅游业为例。近年来，国民的旅游观念有所变化，人们不再是一味地追求观光和打卡等迅速游览的方式，而是倾向于放慢节奏，提升旅游过程中的体验和消费品质。因此，企业不得不重视这一变化，即人们对于体验消费的追求。

有研究发现：60%以上的企业提供的服务处于平均水平甚至低于平均水平，仅有15%的企业为顾客提供了满意的体验。在数字化时代，顾客体验成为了企业核心竞争力的一部分，也是企业能够留住顾客，实现顾客挽留的关键途径。数字化时代中的顾客拥有广阔的选择空间，因此，在顾客与企业的每一次接触与互动中，如果没能为其提供良好的顾客体验，那么顾客将很容易转换到其他的品牌。那么，在数字化时代中，如何利用数字化技术来增强顾客体验呢？首先，企业应当知道在数字化时代可以通过哪些方式增强顾客体验。其次，企业必须了解到数字化时代下企业设计良好的顾客体验管理所需要具备的7S原则。

（一）增强数字化时代中的顾客体验

顾客旅程通常分为购买前、购买时和购买后三个阶段。在数字化时代，消费者在购买前往往可以在社交媒体和信息流媒体等平台浏览朋友或者"网红"推荐的商品，然后通过文字或者语音的方式在搜索引擎和电商平台中搜索并浏览商品。至于具体选择何种商品，消费者可以通过询问亲友，阅读商品评论，或者返回社交媒体去进一步搜寻他人的购买经验。购买时，顾客可以去购物中心进行商品选购，也可以利用淘宝、京东等电商平台进行商品的挑选，还可以利用直播间进行商品的抢购。不论采用哪种购买方式，顾客都可以在购买结束后等待商家直接将产品送货上门。

值得注意的是，在线网站的商品浏览时，不同于传统形式，消费者可以接触到的信息更加多样，品牌种类更加广泛，甚至还可以跨平台进行产品比较。因此，在消费者和商家进行互动选择时，也面临着更加复杂的决策过程，需要商家不断地优化顾客的线上线下体验，从而吸引并留住顾客。具体而言，商家可以有如下方式以帮助推进消费者的选择。

1. 优化在线平台体验

在线平台体验的优化包括站内优化和站外优化。其中，站内优化可以包括网站结构的优化、网站内容的优化、用户体验的优化等内容。合理的网站结构、清晰的页面内容和良好的用户体验都有利于用户的停留，方便用户进行更加直接的网页浏览和产品浏览。而站外优化则包括对于网站外部链接的建设。建立优质的网站外部链接方式可以让平台更好地收录在外部网站之中，进行不同平台之间的跳转切换，也可以让用户更加便捷地收藏和分享网站，或发布与网站有关的文章以吸引更多的用户。

2. 全渠道互相联动

移动手机和平板电脑等智能设备的使用可以让消费者随时随地地进行在线浏览和社交互动等数字化活动。一项研究显示，超过 50% 的用户会在店铺购买时打开移动平台上的商家店铺来进行产品对比，高达 34% 的消费者会在购物时同时使用其他移动应用来浏览和分享信息。一些线下的购物中心也发现，如果设计出良好的移动应用，不仅能为消费者提供良好的购物体验，而且可以实现线上线下的联动，从而借助于数字化技术实现高效的顾客获取。例如，消费者通过线上店铺或社交平台进行产品信息的搜索和浏览、当日折扣收集、餐饮等线下店铺的预约和优惠活动、会员的积分查询和兑换等服务，随后在线购买，通过快递物流送货上门或前往线下门店进行消费，随后在线上社交媒体等平台进行评论、点赞和分享。

（二）数字化顾客体验管理的 7S 原则

与现实世界不同，数字化技术为顾客带来了全新的场景和连接方式，企业与顾客之间的接触也变得更加多样化，顾客对体验的感知也变得更加敏锐。迪铭公司在研究数字化时代的顾客体验时，结合自身实践经验提出了数字化顾客体验管理的 5S 原则。

1. 速度

数字化时代中的顾客对于服务响应速度的要求越来越高。在高度数字化和充满竞争的市场环境下，消费者面临诸多备选选择，越来越缺乏耐心，他们在大多数情况下总是希望立即就可以得到结果。例如，在线上购买商品后，他们希望尽快收到商品。如果产品和服务出现了问题，也需要得到立即解决。为了应对该方面诉求，若继续扩大传统的呼叫中心往往需要投入更多高昂的人力成本，且难以全天候 24 小时无须顾客等待地去迅速应答；而借助人工智能客服技术顾客可以随时在人工智能客服的帮助下获得相应服务。例如，确认收货时间、退款、开票等。

2. 简洁

数字化时代的顾客希望享受到更加简洁的产品或服务，减少学习的成本。因为，消费者并不总是高度专业的，如果产品或服务的使用过于复杂，他们可能将失去耐心。苹果公司的创始人乔布斯就遵循了这种简洁主义的原则，苹果公司的产品界面简洁易用，不论是任何年龄段的消费者都很容易操作，这极大地提升了顾客体验。在顾客关系管理实践中，微信小程序就非常完美地契合了简洁的特征。首先，小程序是嵌入微信平台的，无须顾客重新安装或打开新的 App。此外，其以功能性服务为核心，十分符合微信"用完即走"的原则，使用非常简单。最后，更为重要的是，小程序十分容易在社交圈中分享，传播能力极强。因此，使用和分享均十分简洁的小程序可以借由多种营销手段（如点赞、评团、分享立减等）迅速地在社交圈中扩散。

3. 无缝

数字化时代的顾客希望得到的每一次体验都是优质且无缝的。在数字化时代，顾客与企业之间的连接渠道增加，那么对于企业而言，在跨渠道之间提供无缝的服务体验就显得颇有挑战性。一旦发生严重的不一致体验，就会产生顾客抱怨，甚至流失顾客。例如，打造具有人设的吉祥物是当下企业吸引顾客的策略之一，但是这种人设能否引起顾客共鸣且保持始终如一的态度则颇具挑战。如迪士尼火爆的人设吉祥物，曾一度引起顾客的喜爱和追捧，但也因服务的不一致而面临着人设崩塌的境地。

4. 智慧

数字化时代的顾客希望获得的顾客体验是充满着时代的特点，与时俱进的。智慧化的体验是数字化时代必不可少的特色，先进的技术带给顾客的体验可能是非凡的，足以提升顾客的心理承诺和转换成本。例如，小米通过开发台灯、音响、智能门锁、智能开关等一系列家居生活的智能设备，给顾客提供全新的家居体验。

5. 惊喜

数字化时代的顾客希望可以获得意想不到的优质体验。制造惊喜可以超越顾客的预期，而实际体验与预期之间的差距越大，就越可以获得超额的顾客满意，进而转化为顾客忠诚，实现顾客挽留。当然，数字化时代中的变数较多，这使得消费者对于惊喜感的阈值也会越来越高，所以制造惊喜对于顾客体验管理而言，其难度也在逐渐提升。

随着数字化技术的进一步发展，企业越来越多地利用数字化技术对顾客实施体验管理。但是，企业必须注意数据获取和数据使用的规范性，如果在此过程中触发了顾客数据的隐私安全问题，则可能会给企业带来麻烦。同时，数字化时代下的顾客体验越来越注重对消费场景的营造，好的场景能够进一步激发消费者认知和情感的共鸣，继而有助于其做出购买决策。因此，本书认为，数字化体验管理的原则已然超越了迪铭公司提出了数字化顾客体验管理的 5S 原则，升级为 7S 原则，即在原本的 5S 原则基础上增加了安全（Safe）和场景（Scenario）这两个新的原则，如图 12-3 所示。

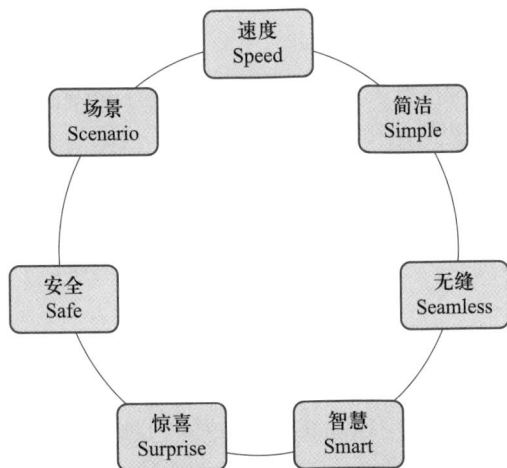

图 12-3 数字化顾客体验管理 7S 原则

资料来源：史雁军. 数字化顾客管理：数据智能时代如何洞察、连接、转化和赢得价值顾客[M]. 北京：清华大学出版社，2018.

6. 安全

安全原则主要体现在顾客对隐私方面的安全感知。随着越来越多的隐私泄露问题的出现，消费者逐渐认识到在互联网上的身份信息和行为数据安全的重要性。一旦消费者感知到自己的隐私未受保护或合理使用，那么顾客原本的体验评价将大打折扣。例如，TikTok（抖音海外版）作为短视频平台，利用独有的算法推荐服务，向用户推荐感兴趣的短视频，这极大地提升了顾客体验。然而，这种商业模式的运行却依赖于大量的用户信息收集。在 2020 年，TikTok 因处理用户信息不当，面临着处罚、诉讼和惩罚等境地。此类新闻的报道，可能会损害消费者对相关品牌及其产品的评价。所以，在数字化时代，安全已然是顾客体验管理的重要指标，企业需要在合法和授权的前提下进行数据的收集与使用，在保证顾客隐私不受侵犯的同时不断地强化企业的顾客需求洞察能力，提升顾客体验。

7. 场景

数字化时代的顾客体验仍然离不开线下体验场景，通过场景的营造，让消费者产生场景共鸣，有助于刺激其购买，在一些情况下，场景化的顾客体验所带来的影响力甚至超过了产品本身的力量。例如，一些服装品牌开始着重打造"打卡区"，即通过场景的搭建吸引顾客进店拍照留念并分享照片到社交圈，由此帮助企业在线上线下渠道完成新顾客的引流任务。如服装品牌 DOTACOKO 结合电影《爱丽丝梦游仙境》来打造场景，设置方便顾客的自拍打卡点，由此吸引顾客进店。① 在数字化时代，顾客体验场景的建设，必须利用大数据技术，在海量的顾客画像信息中精准地预测消费者感兴趣的场景定位和设计，尽可能地将企业的产品布局在消费者具体的生活场景中，让顾客充分地在场景中感受产品的用途，并促进顾客在场景中消费。

第四节　数字化顾客关系管理中的顾客深度开发

在数字化时代，顾客的深度开发的任务内容也发生了重要的变化。首先，由于数字化技术的革新与进步，传统的交叉销售和购买升级的实现手段因为有了大数据技术的应用而变得更加个性化，个性化推荐功能深刻地嵌入了这些活动。其次，近年来，顾客作为价值的创造者，广泛地参与企业的顾客关系管理任务，如为企业引流新的顾客。本节将重点介绍个性化推荐和通过老顾客吸引新顾客这两个重要的顾客深度开发手段。

一、个性化推荐

在数字化时代，若想提高顾客的深度开发手段（如交叉销售）的有效性，针对顾客自身独特需求的个性化推荐是一种行之有效的路径，这能为顾客提供最需要的产品或服务，具有较高的转化率。

---

① 搜狐. 打卡式服装体验店设计，带您进入爱丽丝"梦游仙境"！2019.

（一）个性化推荐的基本思路

从实践来看，实施个性化推荐一般要遵循以下两个基本思路。

首先，通过数据挖掘中的聚类分析

锁定目标顾客的具体需求类型。通过对顾客以往多平台交易数据的聚类分析，可以了解某类顾客经常购买的产品类型组合，提炼其具体的需求；并基于该需求向没有购买某特定商品的同类顾客进行产品推介，因为这些顾客可能并不知晓该类产品可以满足其需求。

其次，通过关联分析确定最优的销售组合

并向顾客推荐其可能遗漏的产品。对于那些购买频率较高的销售组合，可以识别出那些购买了组合中大部分商品的顾客，并通过个性化推荐系统（如淘宝的猜你喜欢）向其推荐组合中其他遗漏的商品。关联分析最典型的例子就是啤酒与尿布这两个看似没有关联的产品放在一起摆放却获得良好的销量。

在技术层面，对于顾客的深度开发而言，不论是交叉销售还是购买升级，均可以通过企业数字平台中的在线个性化推荐系统实现。目前，许多公司为顾客提供基于算法推荐系统的产品推荐。例如，网易云音乐、QQ 音乐和 Spotify 等音乐流媒体公司为用户推荐相关的音乐。爱奇艺，腾讯视频和 Netflix 等视频流媒体公司为用户推荐符合其潜在需求的电影。淘宝、亚马逊等电商平台会推荐消费者可能想买的产品，通过对每位消费者信息的分析，甚至可以做到个性化推荐的千人千面，体现在不同的顾客打开淘宝 App 所呈现的猜你喜欢也完全不同。再如，今日头条也会根据顾客的历史浏览偏好来推荐不同的新闻文章。这些个性化的推荐帮助用户找到他们可能最感兴趣的产品，这自然就增加了顾客的黏性，也提供了为顾客推出交叉销售以及购买升级的机会。根据 Spotify 的一项调查结果：65% 的顾客在他们收到的个性化播放列表中找到了他们最喜欢的新歌，Netflix 声称其推荐系统有效地减少了顾客流失，每年为公司节省了超过 10 亿美元。[①]

（二）个性化推荐的模式

一般而言，个性化推荐有两种主要的模式，如图 12-4 所示，包括基于顾客共同偏好的推荐模式和基于产品共同特征的推荐模式。

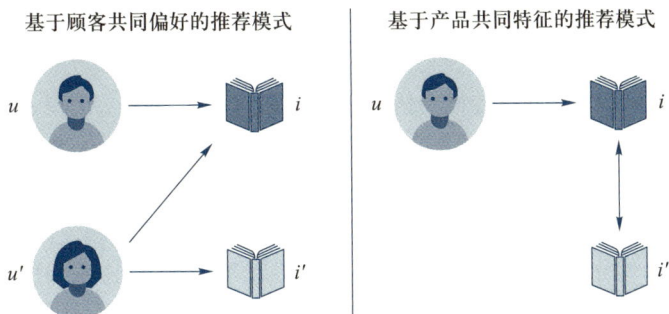

图 12-4 个性化推荐模式

资料来源：Gai, P. J., Klesse, A. K. Making recommendations more effective through framings：Impacts of user-versus item-based framings on recommendation click-throughs[J]. Journal of Marketing, 2019, 83(6)：61-75.

---

① Gomez-Uribe, C. A., Hunt, N. The Netflix Recommender System[J]. ACM Transactions on Management Information Systems, 2015, 6(4)：1-19.

1. 基于顾客共同偏好的推荐模式

基于顾客共同偏好的推荐模式的逻辑是"目标消费者(u)与其他消费者(u')是相似的",因为他们对产品(i)有共同的兴趣。如果目标消费者(u')还喜欢产品(i'),那么可以推测其他消费者(u)可能也会喜欢推荐产品(i')。例如,两位均喜欢苹果的消费者中有一位还喜欢坚果,基于此推测另一位可能也会喜欢坚果,继而向其推荐坚果类产品。

通过这种推荐方式,消费者能够从他人的品位中识别和评估与其偏好相一致和不一致的信息,如果他们认为其他人的口位和自己的相匹配,他们就会倾向于接受别人的偏好,这种个性化推荐就是成功的。基于顾客共同偏好的推荐模式可以减少顾客对他们是喜欢还是不喜欢推荐的商品的不确定性。通过匹配共同偏好,能够向同一品位的顾客推荐可能会喜欢的其他商品,继而提高顾客对这些推荐商品的点击率。

2. 基于产品共同特征的推荐模式

基于产品共同特征的推荐模式则强调"检索产品(i)和推荐产品(i')之间的相似性"。例如,一些新闻媒体平台在向用户推荐文章时,标注的推荐模式描述写道"下列文章与您正在阅读的文章相关",这表示目标产品和推荐产品具备某种相似的属性。在实践中,这种推荐方式使得消费者可以直观地评估产品与推荐产品的相似性,能降低其信息搜寻的成本,降低产品选择的不确定性,增强消费者接受推荐、实现点击和购买的可能性。例如,对关注最新时事新闻的移动 App 用户而言,向其推荐党建活动等信息可能会产生更高的点击意愿。

不论是基于顾客共同偏好的推荐模式还是基于产品共同特征的推荐模式,都是以产品 i 和 i'之间的产品匹配性作为推荐的基础。基于顾客共同偏好的推荐模式匹配产品的消费者,基于产品共同特征的推荐模式匹配产品的属性。概括而言,如果消费者认为其他人的品位和自己的品位相匹配,或者消费者认为某种产品与自己的品位相匹配时,他们就会倾向于接受推荐。[①] 从顾客价值的角度来说,基于大数据的算法优势,个性化内容推荐可以使用户减少无关信息的浏览,进而在短时间内迅速获取自己感兴趣的内容。从企业价值的角度来说,个性化内容推荐可以更加有效地增加潜在需求产品在顾客视线内的曝光率,从而增加顾客购买和提升企业收益。

但是,随着消费者对于多元化信息的诉求和隐私意识的提升,个性化内容推荐服务也遭受了不少批判。消费者越来越需要信息内容的掌控权,自主地选择是否获得个性化内容推荐服务。特别地,2022 年 1 月,我国正式出台了《互联网信息服务算法推荐管理规定》,明确规定了用户有权关闭算法推荐服务的选项,从而为数字平台用户提供了自主选择权。自 2022 年 3 月起,抖音、淘宝、微博等数字平台均开始允许用户关闭个性化推荐,让用户自主决定是否接受基于数字技术的个性化推荐,这种自主选择权的设置不仅保障了一些敏感用户对自身数据的掌控权,而且也为企业在用户知情的情况下合理使用数据提供了一定的保障。

二、通过老顾客吸引新顾客

近年来,顾客作为价值的创造者,还参与了企业的顾客获取任务,为企业带来新的顾

---

① Hilmert, CJ., Kulik, J. A., Christenfeld, N. J. S. Positive and Negative Opinion Modeling: The Influence of Another's Similarity and Dissimilarity[J]. Journal of Personality and Social Psychology, 2006, 90, (3): 440 - 52.

客。在业界，通常用裂变这一概念来形容老顾客引发新用户的参与和传播。例如，让顾客参与到企业产品设计的活动中，或提醒其将活动分享给更多人，目的就是借助分享者的社交圈扩大活动影响力。通过老顾客吸引新顾客可以分为推荐式吸引和邀请式吸引两种方式。通过推荐式吸引，顾客在分享了企业要求的传播内容后，可以获得一定程度的奖励，但是对于是否真正带来了新的顾客不做要求。而邀请式吸引则是要求顾客在分享完传播载体后，完成新顾客的购买转化，否则无法获得奖励。接下来将重点介绍现阶段两种吸引模式的主要实现途径。

（一）推荐式吸引

推荐式吸引以福利的方式作为吸引条件，引导顾客完成分享行为，分享成功后就可以获得奖励，其目的在于获取用户朋友圈中的私域流量，换言之，在其朋友圈中获得品牌曝光度。目前在实践中包括社群分享和打卡分享两种。

1. 社群分享

企业要求顾客完成若干次转发或分享之后，获取奖励。例如，闯关类的游戏产品将分享链接到微信群就可以获得复活机会，这时候就有机会吸引到新用户点击进入体验游戏。或者，采取集赞的方式促进顾客转发朋友圈吸引其他朋友的点赞，由此提高更多消费者对品牌的关注度。

2. 打卡分享

顾客通过连续打卡的方式分享企业给出的特定链接，成功满足打卡天数，就可以获得奖励。例如学习类服务承诺每天将内容分享到朋友圈，坚持完成打卡就可以返还本轮学费，在这种情况下就会有更多的新用户察觉到该学习类服务，从而试图也一并体验该产品或服务。

（二）邀请式吸引

邀请式吸引则主要分为复利式、众筹式和共享式三类。

1. 复利式

复利式是指参与活动的新老顾客能够互惠互利，例如一个顾客邀请自己的朋友一起购买某款产品，随后，双方均可得到福利。基于这一逻辑，在营销实践中可以采用如下三种方式。

（1）赠一得一：邀请好友购买商品就可以得到与好友相同的产品福利。这种方式在实践中的典型代表是趣头条的"收徒拉新"活动。

（2）互惠吸引：顾客与其邀请的好友形成互相绑定关系，只要好友成为新用户进行了消费，双方就都可以获取收益福利。这种方式在实践中的典型代表是神州优驾的司机招募活动。神州专车凭借这种吸引方式获得了超过 6 万名专车司机。

（3）分享福利：顾客在完成分享后就可以获取免费的产品，其好友通过邀请码或邀请链接也可以获取同样的免费产品。这种方式在实践中的典型代表是喜马拉雅的"分享免费听"活动，以及外卖平台的分享裂变红包等。

2. 众筹式

众筹式是指顾客为了获取奖励，需要通过好友的帮助，即在好友的帮助下完成用户邀请，如拼团购、邀请解锁、好友砍价等。

（1）拼团购：需要一定数量的用户参与到活动中才能获取产品的折扣机会。这种方式在实践中的典型代表是拼多多的团购功能，多人同时购买就可以享受较大的优惠力度。

（2）邀请解锁：顾客在邀请一定数量好友完成具体行为后，可获取奖励。这种方式在实践中的典型代表是微信读书的邀请好友解锁免费阅读天数功能，邀请到新用户后就可以获得 1 天到 10 天不等的免费阅读时长。

（3）好友砍价：顾客需要邀请好友以砍价的形式帮自己获取低价产品，甚至是免费产品，是拼多多的常用手段，参与到活动中点击进入链接的好友就有可能被各种强有力的促销信息所吸引，从而发展成为新用户。

3. 共享式

如果说众筹式是"人人帮我"的模式，而共享式则是"我帮人人"的模式，这种做法主要应用了消费者的利他心理。

（1）权益共享：指顾客可以将获得的权益直接共享给好友使用。这种方式在实践中的典型代表是神州专车的亲情账户功能，用户可以在账号中添加亲情账户，将自己的专车使用权益直接共享给亲情账户用户。

（2）礼品赠送：顾客在得到奖励的同时可以将奖励送给好友与自己共享。这种方式在实践中的典型代表是如家酒店的 VIP 用户在升级后可以额外得到会员卡赠送券，将其赠送给两位好友后，好友也可以获得相应的会员等级。

本 章 小 结

随着数字经济的发展，利用数字化技术构建并维持和深化顾客关系已成为数字营销中的重要战略问题。由于顾客关系环境、顾客行为和企业的顾客关系管理实践都发生了翻天覆地的变化，在数字化时代进行顾客关系管理不论是顾客关系(关系目标、关系价值和关系成员)还是顾客连接(沟通工具和沟通渠道)，均与传统的顾客关系管理有所不同。

本章通过对数字化顾客关系管理的介绍，指出数字化顾客关系管理是一种重要的企业战略。企业需要善用先进的数字技术来获取顾客数据，运用成熟的数据分析工具分析顾客数据，挖掘、分析和预测顾客的需求、偏好和行为模式。在此基础上，借助于各式各样的数字技术手段，高效地为不同的顾客提供优质的个性化产品或服务体验，最终实现顾客价值最大化和企业收益最大化之间的合理平衡。

为了有效地进行数字化顾客关系管理，企业必须明确完成顾客获取、顾客挽留和顾客深度开发这三项顾客关系管理任务的路径。因此，本章分别从顾客识别、顾客接触和顾客转化等方面介绍了数字化时代的顾客获取工具；从社交化顾客关系管理和顾客体验管理等方面介绍了数字化时代的顾客挽留工具；从个性化推荐以及通过老顾客吸引新顾客这两个方面介绍了数字化时代的顾客深度开发工具。

关键概念

顾客关系管理　　　顾客流量　　　数字化顾客关系管理　　　社交化顾客关系管理

即测即评

☞ 请扫描二维码答题

复习思考题

1. 举例说明数字化时代的顾客关系管理。
2. 以某零售企业为例，谈谈其顾客关系管理的实施状况及存在的主要问题，并谈谈如何利用数字化技术进行顾客关系管理的提升？
3. 谈谈对顾客关系管理中顾客流量获取的理解。
4. 简述社交化顾客关系管理的内涵及其应用。

本章案例分析

数字化顾客关系管理
——侨鑫集团的创新实践

作为第一批进入中国市场的外资企业，侨鑫集团一直将"理想生活的引领者"作为企业的使命。为了实现这一目标，侨鑫集团致力于通过夯实顾客体验模式来传递其对理想生活的观念，从而建立和改善顾客关系。但是，面对数字化时代的变革，以往的侨鑫集团的顾客关系管理工作开始面临新的挑战。例如，没有建立统一的数据管理系统，导致线上渠道和线下渠道的数据割裂开来，顾客关系管理部门不能有效地进行全局性的数据分析，对顾客的洞察不足；以会员制为顾客差异化管理的主要依据，未能对顾客进行进一步细分，难以对特定人群展开进一步的价值挖掘；缺乏全渠道营销的思维，未能建立全渠道数字化管理平台，数字化营销能力不足。

为了加强数字化顾客关系管理能力，真正地进行有价值的数字化顾客关系管理，侨鑫集团意识到需要彻底地对顾客关系管理进行数字化转型。随后，聘请了专业的数字化软件公司，在其协助下建立了一套数字化顾客关系管理体系，将数字化基因刻入整个业务活动中，持续为顾客提供极致的服务体验的同时，提高维系老顾客和获取新顾客的效率，最终实现了业绩的增长。具体而言：

第一，侨鑫集团搭建了品牌在线社区，培育社交化顾客关系管理体系，这有助于提升顾客对于企业、品牌和产品的忠诚度。在实施过程中，公司整合了线上线下渠道的顾客资源，利用统一的身份管理系统来汇集顾客数据。随后基于大数据的顾客画像和用户行为分析进一步加强对顾客购买习惯、体验等反馈信息的收集、分析和洞察，深入理解顾客需求，并基于此推荐定制化的产品和服务，促进购买转化，提高顾客忠诚。

第二，侨鑫集团是最早的一批关注高收入人群需求和服务的企业之一，在新顾客转化成忠诚的老顾客后,对于现有顾客的延展就成为了企业的突破口。公司打造了高端社交平台,通过卓越的个性化拓展服务(如房地产增值业务),提升了高收入人群对品牌的认同感和依赖感,成功连接了超一万位年收入达 900 万元及以上的高收入群体。

第三,侨鑫集团通过数字化顾客关系管理解决方案,对接云服务系统,实现了企业全部数据的收集和应用的联通,把运营、财务、生产和顾客关系管理等数据整合串联起来,有效地对全局数据进行洞察和分析,实现了数字化业务的敏捷洞察和多种业务的协调发展。在一定程度上降低了企业的营销沟通成本,在满足企业业务发展的同时释放价值。

采用了数字化顾客关系管理方案后,侨鑫集团在短短半年之内,就实现了顾客关系管理绩效的大幅增长,走出了顾客关系管理困境。

资料来源:群硕软件.客户关系管理数字化升级,侨鑫集团如何做到"心中有数".搜狐,2021.

案例讨论题

侨鑫集团是通过哪些数字化方式来获取和挽留顾客的?其中有何经验教训可供未来借鉴?

延伸阅读

[1] 王永贵.市场营销[M].2 版.北京:中国人民大学出版社,2022.
[2] 王永贵.服务营销[M].2 版.北京:清华大学出版社,2022.
[3] 王永贵,马双.客户关系管理[M].2 版.北京:清华大学出版社,2020.
[4] 王永贵,王帅,胡宇.中国市场营销研究 70 年回顾与展望[J].经济管理,2019,41(09):191-208.
[5] 王永贵,李霞.面向新时代创新发展中国特色企业管理学[N].人民日报,2019-11-25(09).
[6] Akaka, M. A., Schau, H. J. Value creation in consumption journeys: recursive reflexivity and practice continuity [J]. Journal of the Academy of Marketing Science, 2019, 47(3): 499-515.

☞ 更多资源请扫描封底拓展资源码→文献目录

第十三章 数字化品牌管理

随着移动互联网、大数据、人工智能、云计算、区块链、5G 等数字技术的快速发展与应用，我们迎来了一个万物互联的数字化时代。如何利用数字技术在数字化时代塑造品牌、传播品牌和提升品牌价值和竞争力，也是企业数字营销中不容忽视的重要内容。本章紧紧围绕数字化品牌管理这一主题，探究数字化时代中品牌管理的新变化以及企业应如何利用数字技术赋能品牌的塑造和传播。

本章的学习目标：

1. 了解数字化品牌管理的内涵
2. 学习数字化时代品牌管理的新变化
3. 熟悉数字化时代的品牌塑造
4. 熟悉数字化时代的品牌传播

回力鞋业——数字化时代老字号的崛起

回力鞋业创建于 1927 年，"回力"商标注册于 1935 年，历史悠久，深受大众喜爱，先后被评为上海市著名商标和中华老字号。无论是在产品设计还是品牌营销方面，早期的回力都处于时尚的最前沿。随着改革开放，许多国外鞋类和服装品牌纷纷涌入中国市场。这些外来品牌凭借有竞争力的质量、定位、售后和多元的销售渠道以及广泛的媒体宣传，使回力面临着巨大压力。与此同时，李宁、安踏、特步等国内品牌也在快速成长，成为回力鞋业强劲的竞争对手。

在 2016 年，伴随着数字技术快速发展的步伐，回力启动了品牌升级战略，致力于推动数字电商的发展。回力利用数字媒体技术增加顾客的品牌黏性，应用"粉丝经济"等多种方式进行品牌传播，重塑老国货的刻板印象。例如，回力在推出"回天之力"的新品之前，在微博、抖音等社交媒体平台上营造热度，吸引广大消费者参与线上活动，单在抖音平台上"回天之力"的视频点赞量就达到了 53.8 万。

回力老字号再次崛起的奥秘，不是简单地把线下销售搬到线上，而是立足于数字化时代，以年轻消费者喜欢的方式，借助数字营销手段，通过终端直供平台和电商平台的"双轮驱动"营销模式，将一个近乎消失的老字号打造成一个全新的网红品牌，收获了一大批粉丝，并把这些粉丝成功地转化成了忠诚的顾客。

资料来源：刘勇，陈秀林，杨文. 回力：老字号品牌的激活之路. 中国管理案例共享中心，2020.

第一节　数字化时代的品牌管理

巴菲特曾经说过，是否拥有一个伟大的品牌是一个伟大企业的重要标志。在市场营销实践中，品牌是影响消费者做出购买决策的最重要因素之一，也是企业构建核心优势的关键所在。在数字化时代，品牌依然在企业价值提升方面发挥了更大的作用。不过，企业不仅需要关注如何将数字技术运用到品牌管理活动中去，而且还需要特别关注在数字化时代应该如何更有效地塑造和传播品牌。

一、品牌数字化与数字化品牌管理

随着数字技术在品牌管理领域的创新与应用，品牌数字化和数字化品牌管理已成为数字化时代品牌管理的重要内容。

（一）品牌数字化

什么是品牌？概括而言，品牌（Brand）是"一种名称、术语、标记、符号或设计或者是它们的组合。"品牌的目的是用以识别企业所提供的产品或服务，并与竞争对手的产品或服务区别开来。

数字化时代的消费者越来越习惯数字化产品和服务体验，众多品牌也在利用大数据、智能算法、云计算、物联网、人工智能、5G 等数字技术到相应的商业活动当中。通过数字营销手段与消费者保持即时高频的沟通，为消费者提供高效便捷的品牌直播购物体验等都是品牌数字化的重要内容。毋庸置疑，在当前的时代背景下，品牌的数字化水平已成为品牌快速成长的重要因素。例如，良品铺子通过数字技术融合供应链管理和全渠道销售体系，为消费者提供极致的数字化购物体验；美妆国货品牌——完美日记也通过线上全渠道触达消费者以及线下场景化消费体验的精细化运作，成功地搭建了私域流量池和种草消费者，实现了全方位快速成长。

结合上述品牌的数字化实践，**品牌数字化**实质上是指在数字化时代背景下，品牌方基于数字技术的创新与应用，通过数字营销等手段实现品牌价值提升的一系列活动。换言之，品牌数字化将品牌与数字营销手段相结合，利用数字技术、数字设备、数字媒体以及数字平台等数字化资源，进而实现品牌价值的快速提升，这对企业未来的战略发展有着深远的影响。①

（二）数字化品牌管理

做好品牌管理工作是企业的重要使命，传统的品牌管理（Brand Management）致力于管理品牌的整个生命周期②。一般而言，品牌管理包括品牌定位、品牌塑造、品牌传播等内容。在数字化时代，无论是新兴品牌的塑造，还是传统品牌的重构与延伸，不管是产品品牌，还是服务品牌，品牌的受众、品牌的传播渠道、品牌的营销策略等品牌管理内容都发生了翻天覆地的变化。数字化品牌管理不仅是数字化时代品牌管理的新思路，而且也是一系列品牌塑造与传播的数字化解决方案。借助数字化手段，一些品牌成功地实现了快速增长。例如，江小白仅用四年的时间就做到了传统白酒企业十年的销售业绩，从品牌林立的白酒行业中走出了自己独特的道路。③ 麦片界的"黑马"——王饱饱麦片仅用两年时间就从网红品牌发展到同品类的第一；完美日记仅用了三年时间，就从默默无闻一跃而成为国货美妆的领军企业。

在这个机遇与挑战并存的数字化时代，随着数字技术快速发展，促进了商业活动内容的更迭，不管是新兴品牌，还是传统品牌，都需要利用数字技术有效地进行数字化品牌管理，并重新思考品牌管理的战略任务和创新思路。就其实质而言，**数字化品牌管理**是企业的一种重要的营销战略，指的是企业利用先进的数字技术分析品牌管理内外部环境的变化，然后通过数字技术和数字营销手段塑造品牌和传播品牌，进而提升品牌价值的管理过程。

二、数字化时代品牌管理的新变化

数字技术重塑了企业品牌管理的过程，使品牌的受众、品牌的传播渠道和品牌营销策略等都发生了重大变化。

（一）品牌受众的变化

在数字化时代，数字技术赋予了消费者更多的话语权，促使消费者主权持续崛起，革新了消费者以往的品牌意识。丰富多彩的移动通信和社交媒体技术的发展，使消费者生活在一

---

① 王雪冬，陈晓宇，孟佳佳. 数字化时代的品牌意义：内涵、研究议题与未来展望[J]. 外国经济与管理，2020，42(9)：47-62.

② Mba SkooL. Brand Development-Meaning, Importance & Example. 2021.

③ 野人创业. 江小白营销破局，仅用 4 年做到传统白酒 10 年的销售业绩. 知乎，2020. [2022-07-03].

个充斥着多品牌竞争和信息大爆炸的数字化环境之中，消费者对品牌忠诚的认知和行为也发生了相应的变化。

1. 数字技术颠覆了消费者的品牌意识

目前，中国已成为全球第二大消费市场和第一贸易大国。① 新兴品牌借助数字技术的商业创新与应用得以快速崛起，传统品牌通过加速数字化投资和数字化转型在众多品牌中脱颖而出。在传统的市场营销时代，由于信息的不对称性，企业在市场中往往占据着信息传播的主导地位。而在数字化时代，随着网络消费群体的规模不断壮大，追求时尚、绿色和极致的消费体验逐渐成为市场上主流的消费观，消费者在企业品牌营销活动中拥有了更多的话语权和选择权，这在很大程度上得益于以社交媒体平台为代表的数字化技术的发展。相应地，消费者不仅关注商品或服务的价格和效用，而且更是将消费体验、消费场景和消费情感纳入品牌感知当中，使消费者的购买行为、购买场景都发生了重大转变。这时，消费者不再是被动的品牌接受者，而是能够通过产品定制、参与设计、在线评论、社交互动、提供建议、主动选择等方式充分表达自己对品牌的诉求并发挥越来越大的作用，有时甚至还在其中发挥主导作用。例如，小米亲切地称呼用户为"米粉"，积极与用户交朋友，鼓励用户参与到产品的设计和研发过程中，使小米成为行业中最在乎用户的品牌。②

2. 数字媒体技术降低了消费者的品牌忠诚度

数字媒体技术的快速发展催生了 QQ、微信、抖音等社交媒体平台和淘宝、京东、拼多多等电商平台以及微信公众号、百家号、微博等内容平台，消费者在这些数字平台上花费越来越多的时间与众多品牌进行交流互动。在数字化时代，消费者的自我表达意识也变得越来越强，品牌传播的渠道也更加广泛和便捷，品牌的信息也更加透明，结果导致消费者转换产品或服务的成本也越来越低，更多有吸引力的产品也促使消费者倾向于频繁地更换和体验新的产品和服务，从而导致消费者的品牌忠诚度越来越难以维系。根据埃森哲《2022 中国消费者洞察》报告显示：消费者的"自我意识"越来越鲜明，更加愿意尝试新品牌，超过九成的受访者至少尝试过一种新品牌。同时，企业或者品牌的一些负面信息会通过数字媒体平台进行快速传播，并引起消费者的强烈反响，很容易给品牌带来不可估量的损失。

（二）品牌传播渠道的变化

随着大数据、云计算、人工智能等数字技术在品牌管理领域的应用，品牌的传播渠道也发生了重大变化。如图 13-1 所示，品牌传播渠道经历了单一渠道—多渠道—全渠道的转变过程。一般而言，在数字化时代，品牌传播的渠道包括以下几种：QQ 群、微信群、微博群、淘宝群等社群传播渠道；微信、微博、小红书以及头条号、百家号、知乎等自媒体的自传播渠道；抖音、快手等短视频传播渠道；百度知道、百度贴吧、百度百科等百度矩阵传播渠道；行业论坛、公司官网、地推等其他渠道。由此可见，数字技术打通了品牌线上线下的传播渠道，为企业创造了更多触达消费者的机会，全渠道品牌传播也应运而生。而且，随着社交媒体技术的发展，关键意见消费者在品牌传播渠道中的重要性也更加凸显。

1. 全渠道成为数字化时代品牌传播的主流

在数字化时代，企业能够在线上线下多渠道的基础上，进一步通过新的数字化渠道与顾

① 中国新闻网. 商务部：中国已成为全球第二大消费市场、第一贸易大国，2021.
② 凤凰网．十一岁的小米，用产品和行动诠释"和用户交朋友"，2021.

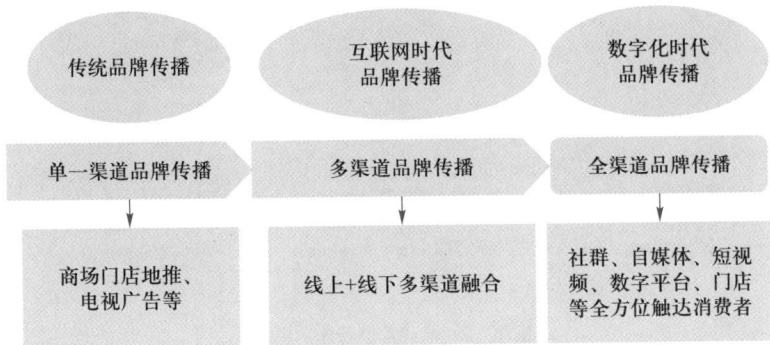

图 13-1　品牌传播渠道的变化

资料来源：作者绘制。

客进行沟通和互动，全方位地触达顾客并向顾客展示自己的品牌，以满足顾客对品牌的独特性需求与个性化感知。而且，全渠道品牌传播在顾客获取与保留、品牌服务与体验、目标市场覆盖、竞争优势构建与维持等方面，展现出了巨大的优势和潜力，已然成为未来品牌传播的主流和趋势。[①] 企业通过移动互联网的数字营销媒介，如微博、微信、抖音、B 站、小红书等新型渠道，往往能够更加精准地触达和影响品牌受众，从而产生更好的效果。

2. 关键意见消费者在品牌传播中的重要性日益凸显

随着数字媒体技术的发展，逐渐涌现出许多喜欢分享购买和使用经验的关键意见消费者。相对于关键意见领袖而言，关键意见消费者本身也是品牌的消费者，分享的内容大多为亲身体验，与消费者有更近的心理距离，更加注重和粉丝的互动，所以往往更受消费者的信任，其在品牌传播中的重要性也日益凸显。例如，宝岛眼镜在社交媒体上鼓励员工打造个人IP，促进员工与消费者之间的高效互动，从而培养出大量在大众点评、小红书、抖音等平台上活跃的关键意见消费者。形成了大量的私域流量，使宝岛眼镜成功地向"数字化+专业化+社交化"的道路成功转型。

（三）品牌营销策略的变化

在传统营销时代，品牌营销策略主要是围绕产品（Product）、价格（Price）、渠道（Place）、促销（Promotion）的 4Ps 框架展开的。随着数字技术的发展和商业模式的创新，出现了以顾客（Customer）、成本（Cost）、便利（Convenience）、沟通（Communication）为核心的4Cs 和以关联（Relevancy）、反映（Reaction）、关系（Relation）、回报（Reward）为核心的 4Rs 等新营销策略框架，如图 13-2 所示。在数字化时代，数字技术在市场营销领域的创新与应用，催生了数字营销时代的到来，品牌营销的观念与重心也发生了重要变化。

1. 注重消费者的个性化需求

传统品牌营销主要以产品为中心，通过一定的品牌营销策略向消费者推广产品或服务。在数字化时代，消费者成为品牌的共同创造者，品牌营销观念向消费者需求与价值为中心转移，更加注重消费者的个性化需求。一方面，大数据技术的精准分析与定位，为企业提供了有针对性的消费者数据，使得企业可以对既定的消费者进行个性化推荐。而且，企业在生产产品之前，可以利用大数据分析技术挖掘消费者的潜在需求，然后针对目标消费者提供个性化的定制产品。例如，京东利用大数据分析技术积极推进 C2M 反向定制，从渠道、生产周

---

① 臧树伟，潘璇，胡左浩，等. 双元能力如何促进企业全渠道转型[J]. 南开管理评论，2021，24（4）：62-75.

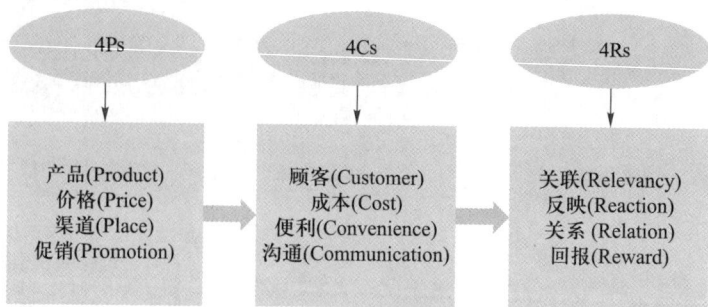

图 13-2　品牌营销观念的变化

资料来源：王永贵. 市场营销［M］. 2 版. 北京：中国人民大学出版社，2022.

期、市场细分、销售预测等多个方面给予品牌商信心和保障，让品牌商实现按需定制;[①] 另一方面，企业更加注重顾客数据的获取和分析。数据是数字营销的重要基础，企业可以借助数字技术，打通全渠道的消费者数据，形成完整精确的顾客画像，对顾客进行精准投放，以便实现品牌传播的目的。例如，喜茶通过 App、小程序、公众号等数字平台，将顾客的各种数据进行汇总分析，成功地获取了用户画像，为顾客个性化推送最适合的饮品。

2. 从公域流量到私域流量

流量是数字化时代品牌商赢得消费者和赢得市场的重要"武器"。微信、抖音、小红书、微博等流量平台的出现，更是为企业带来了庞大的数据流量。例如，完美日记正是依靠早期微信社群以及小红书所带来的流量红利实现快速成长。随着微博、微信公众平台、抖音、小红书、美团等数字平台的快速发展，它们已成为众多企业在数字化时代的重要流量入口，并为企业的品牌营销奠定了基础。然而，公域流量引流只是品牌营销的第一步，如何把公域流量转变为私域流量，打造企业自身的流量池，才是企业在数字化时代保持品牌竞争优势的关键。具体而言，消费者可以通过线上的搜索引擎分享、公众号推文、线上展会、地推、门店购买等多个场景进入企业的潜在流量池，企业可以基于场景营销成功开启"活动运营"和"内容运营"等私域留存方式，以满足不同场景下的消费者需求，将消费者沉淀至私域场景，进而再通过不同的触点，引导消费者交易的转化。实际上，上述这些活动已成为未来品牌营销策略的重心所在。

三、数字化品牌管理的关键任务

品牌塑造和品牌传播是数字化时代品牌管理实践的核心内容，企业如何利用数字技术塑造品牌和传播品牌，是数字化品牌管理的关键任务。

（一）数字化品牌塑造

品牌塑造（Brand Building）是通过市场营销策略来提高品牌知名度、创造和提升品牌价值的整个过程。[②] 相应地，**数字化品牌塑造**就是指企业利用数字技术创造并提升品牌价值的整个过程。数字化品牌塑造并不是一蹴而就的，而是需要企业给品牌以某种定位并为此付诸

---

① 京东黑板报. 京东商业服务之路 1 大数据精准 C2M 让品牌企业实现按需定制，2019.

② Spence, M., Essoussi, L. H. SME brand building and management：an exploratory study［J］. European Journal of Marketing, 2010, 44(7/8)：1037-1054.

行动，进而通过移动广告、信息流广告以及社交媒体等数字营销媒介帮助企业迅速建立起品牌形象，最终构建品牌优势并刺激和吸引消费者购买。

1. 数字化品牌塑造的基本任务

数字化品牌塑造可以帮助企业创建起强大的品牌形象。一般而言，从品牌的分类看，数字化品牌塑造的基本任务主要包含产品品牌、服务品牌和零售品牌三种类型。[①] 其中，产品品牌塑造是利用数字技术提升产品质量，以确保提供给顾客良好质量的产品和良好的品牌知名度、包装及售后保障等，如格力电器、小米等品牌；服务品牌塑造最依赖于通过数字技术提升顾客良好的品牌体验，如麦当劳、星巴克等服务品牌；零售品牌塑造是指通过数字技术将产品和服务融合并通过服务来销售产品，如沃尔玛、便利蜂等。一般而言，零售品牌塑造往往同时要求良好的顾客体验和高质量的产品。

2. 数字化品牌塑造的常见误区

如前所述，品牌所处的时代发生了翻天覆地的变化，数字化正在重构品牌塑造的逻辑。企业在数字化品牌塑造过程中尤其要注意避免以下误区：

第一，过度注重数字指标，而忽视了消费者需求的满足。企业在数字化品牌塑造中过于注重广告宣传、明星名人代言、终端促销等策略，忽视了对消费者需求的挖掘和有效满足。在数字化时代，尽管各式各样的数字化工具可供使用，但这并不意味着这些工具本身能够自动观察和满足消费者的需求。例如，通过微博、抖音、B站等社交媒体平台与大量消费者实时互动，往往可以在获得高水平的曝光度和关注度等量化指标方面取得较好成效，但对于个体消费者需求的关注可能存在不足。企业若仅仅关注点赞和转发率，而并未进一步跟踪和分析消费者需求变动趋势及其需求的满足程度，则与传统的单方发布生硬的品牌广告信息无异。

第二，数字化品牌塑造就是花钱打广告。数字化品牌塑造绝不是简单地花钱在各大数字媒体平台打广告。就其实质而言，数字化品牌塑造主要涉及企业利用数字技术对品牌进行规划、设计、宣传、管理等一系列复杂工作，而广告只是品牌宣传中的一部分。而且，企业必须善用数字化技术，分析哪些新型广告策略是有效的、哪些则有待进一步的改进和优化以及如何进行改进和优化等。

第三，过度依赖数字技术，而忽视了策略性。数字化品牌塑造虽然离不开数字技术的创新与应用，但是数字技术却不是万能的。数字技术虽然可以帮助企业更精准地分析消费者和市场动态，但品牌策略的制定仍然需要市场营销人员基于消费者心理感知的决策分析，这种策略性对于塑造新的品牌或重塑老品牌而言往往是至关重要的。如果企业过度依赖数字技术而轻视了策略性，可能会导致数字技术资源的浪费，继而产生品牌塑造工作效率低下的情况。

（二）数字化品牌传播

品牌传播（Brand Communication）是指品牌所有者与品牌目标受众之间通过广告、公共关系、新闻报道、人际沟通、产品或服务销售等传播手段不断地进行沟通，并持续优化和提升品牌价值的整个过程。相应地，**数字化品牌传播**则指企业利用数字化的技术或手段向消费者传达品牌信息、劝说消费者购买品牌以及维持品牌记忆的整个过程。数字化品牌传播是数字

---

① MBA Skool. Brand Building-Meaning, Importance & Process，2020.

化时代企业拓宽营销沟通渠道的重要路径，也是企业满足消费者需求和培养消费者忠诚的重中之重。

1. 数字化品牌传播的基本内容

一般来说，数字化品牌传播的基本内容主要包括数字广告传播、公关传播和社交媒体传播等。[①] 首先，传统的广告传播是指品牌商以付费方式委托广告方，以策划为主体，创意为中心，通过传播渠道，对目标受众所进行的以品牌名称、品牌定位、品牌个性等为主要内容的宣传活动。在数字化时代，广告的制作、内容以及类型等方面都发生了重要变化。例如，数字媒体技术催生了个性化定制广告、大数据技术促使广告达到精准投放。可以说，各式各样的新型数字广告已成为数字化时代企业提高品牌知名度、信任度、忠诚度，塑造品牌形象的强有力工具。其次，公关传播是企业形象、品牌、文化、技术等传播的一种有效解决方案，包括投资者关系、员工传播、事件营销以及其他非付费传播等内容。在数字化时代，这种公关传播往往通过企业官网、小程序、社交媒体（如微信、微博官微）等多种数字平台发布品牌信息。而且，一些员工个人的朋友圈、公众号以及 IP 号，也是公关传播的新途径。在过去，促销传播都是一种常见的品牌传播方式，是一种通过销售促进的方式来宣传品牌的路径。不过，过度促销也可能会影响品牌原本的价值。例如，对于高价值的奢侈品品牌而言，频繁的折扣活动可能会培养顾客基于性价比来选择品牌，而过度促销很有可能不利于培养忠诚的顾客。[②] 最后，传统的人际传播主要体现为口碑传播，对企业品牌形象有着直接的影响。尤其是数字媒体技术的发展，更是为品牌口碑传播提供了广阔的平台，社交媒体营销成为了新的人际传播渠道。消费者通过社交平台的分享，带动了更广泛的口碑效应。随着数字技术的快速发展，短视频营销、微商、电商直播、网红带货等新传播方式也在不断地更新迭代。消费者口碑能够在微博、微信朋友圈、广告、游戏平台、新闻报道等社交平台中迅速地分享和传播品牌信息。

2. 数字化品牌传播的常见误区

数字技术的创新与商业应用为品牌传播提供了重要的便利，但是在数字化品牌传播过程中，企业仍然容易陷入以下几点误区：

第一，注重线上传播而忽视线下传播。数字技术在品牌传播过程中的应用，丰富了线上品牌传播的内容，企业通过内容营销、社交媒体营销、视频营销、大数据营销等手段来传播品牌，但是对线下品牌传播的关注度可能不足，可能忽视了顾客的线下品牌体验，这一问题特别值得企业高度重视。

第二，"全面撒网"触达消费者。在数字化时代，消费者的需求更加个性化和多样化，企业与消费者的触点也更加多元化。大数据技术的应用，使企业能够更加精准捕捉到顾客的需求，使得精准营销成为可能。过往那种高成本、广撒网式的品牌传播方式，已经不再适应数字化时代的发展变化了。这一点，对于一些过度注重在公域电商中对大量消费者进行宣传的品牌而言，尤其需要注意。在品牌传播早期，企业可以通过这种方式迅速积累顾客群。但在后期，企业应该逐渐将个性化的品牌信息传播给少而精的目标粉丝群体，高度重视私域流

---

① Voorveld, H. A. M. Brand communication in social media: A research agenda[J]. Journal of Advertising, 2019, 48 (1): 14-26.

② Del Rio Olivares, M. J., Wittkowski, K., Aspara, J., et al. Relational price discounts: consumers' metacognitions and nonlinear effects of initial discounts on customer retention[J]. Journal of Marketing, 2018, 82(1): 115-131.

量中的忠诚顾客。

第三，产品销量是衡量品牌传播效果的唯一标准。对企业来说，品牌传播是一笔不小的投入。在数字化时代，有很多种方式去评估数字化品牌传播的效果。如果企业过度关注销量这一标准，特别是直播渠道的单场销量数据，则可能会错误地评价品牌传播的结果，忽略一些有价值的品牌传播活动的社会价值或长期效用。

第二节　数字化时代的品牌塑造

如前所述，品牌塑造是企业提升品牌价值和构建竞争优势的重要内容。品牌形象的建立并不是凭空出现的，所以无论是在传统时代还是在数字化时代，无论是培育新品牌还是振兴老品牌，品牌塑造都是一个循序渐进的过程。一般而言，这个过程包括品牌定位、设计品牌形象、选择品牌营销策略三个步骤。不过，在数字化时代，数字技术赋能品牌塑造活动，使得品牌定位更加精准、品牌形象设计更加高效、品牌营销策略也更加多样，如图 13-3 所示。

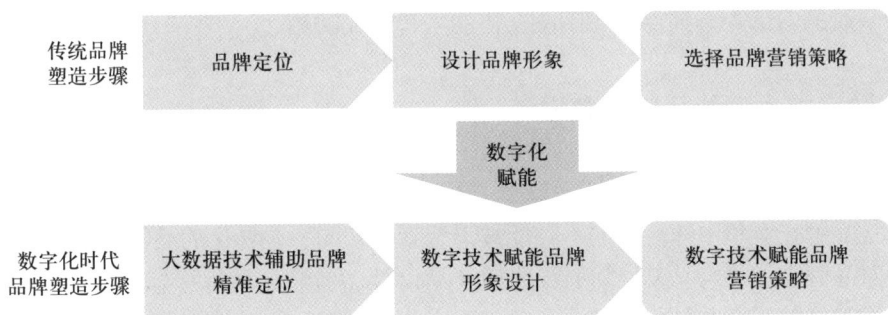

图 13-3　数字化时代品牌塑造的步骤

资料来源：王永贵. 服务营销[M]. 2 版. 北京：清华大学出版社，2022.

一、大数据技术辅助品牌精准定位

品牌定位的目的是构建品牌的差异化竞争优势，以利于潜在顾客识别并选择品牌。因此，品牌定位在品牌管理实践中有着不可估量的作用。在数字化时代，企业与消费者的互动产生了海量的数据，大数据分析技术有助于企业精准地分析品牌受众的特征，挖掘出有价值的细分市场，为企业构建差异化竞争优势明确方向，进而实现品牌的精准定位。具体而言，大数据技术辅助品牌精准定位主要体现在以下两个方面。

（一）大数据技术赋能品牌受众分析

在信息快速共享的数字化时代，企业如果想在激烈的市场竞争中构建独特的竞争优势，就需要从品牌受众的个性化需求出发，时刻关注消费者需求变化并以此来进行精准定位。在实践中，品牌精准定位往往能够让消费者迅速且清晰地认知到品牌的产品和服务的价值，使消费者在接触或者看到某个品牌元素时，能够联想到该品牌的产品和服务并激发对品牌的感知。在数字化时代，数据的获取更加便捷，企业可以通过大数据分析技术对品牌受众的消费行为、消费习惯、消费心理特征等数据进行精准分析，进而将品牌受众的需求、偏好、价值诉求等融入品牌活动中。例如，京东利用大数据分析技术对消费现状、用户消费行为进行深度解析，挖掘多元化消费场景和个性化消费需求，激发消费者深度参与平台活动。

（二）数字技术助力构建品牌差异化竞争优势

构建品牌差异化竞争优势是品牌定位的目的之一，大数据和人工智能等数字技术可以为品牌构建差异化竞争优势提供重要支持。一般而言，品牌的差异化竞争优势主要体现在目标顾客差异化竞争优势和顾客价值差异化竞争优势两个方面。[①] 其中，目标顾客差异化竞争优势主要是指品牌在特定的顾客细分目标市场具有独特性的竞争优势。例如，仅用了 5 年时间就实现了 10 亿销售额的江小白。通过对白酒市场的深入分析，最终将品牌定位在清香型白酒，弥补了该品类市场产品的空白，并通过一系列的数字营销手段，塑造了"我是江小白，生活很简单！"的经典品牌形象，打造了年轻人专属的白酒品牌，使江小白不只是白酒，更代表了一种青春，一种有温度、有态度的生活方式，顾客价值差异化竞争优势主要是指与竞争对手的品牌相比，企业能够为顾客提供差异化的价值体验。例如，在众多国货品牌一味追求与国际品牌保持时尚感步调一致的时候，美妆品牌花西子却坚持"东方彩妆，以花养妆"这一独特品牌定位，为顾客带来了别样的品牌体验。花西子通过各大数字媒体平台发布古典美人妆容和古诗句来塑造国风品牌形象，其产品本身也具备浓厚的国风定位，如产品包装、产品外观、产品内部等，其伴随着国潮文化的兴起而成功崛起。

二、数字技术赋能品牌形象设计

营销大师——菲利普·科特勒教授指出："品牌旨在赋予企业或产品独有的、可视的、情感的、理智的和文化的形象。"品牌形象（Brand Image）是品牌在消费者心中所表现出的个性特征，是品牌在竞争中体现出的一种能被消费者感知的、差异化的品牌要素集合体，体现了消费者对品牌的评价与认知，[②] 主要包括产品设计、包装、品牌标志设计等。一般而言，品牌形象设计能够使企业品牌区别于竞争对手企业的品牌，能够让消费者准确地识别出品牌的相关标识以及品牌的产品或服务。品牌形象设计往往由多个要素构成：文字、符号、标志、色彩、图案等。在数字化时代，数字技术在品牌形象设计方面的应用，能够帮助品牌受众更好地理解品牌、更快地记住品牌、更方便地传播品牌。概括而言，数字技术对品牌形象设计的赋能主要体现在以下两个方面。

（一）数字技术丰富了品牌形象设计

在传统营销时代，企业更倾向于邀请名人、明星代言来提升企业的品牌形象，而对品牌形象自身的设计重视不足。在数字化时代，随着人工智能、机器人、5G 等数字技术的快速发展与商业运用，品牌形象不再只是简单的平面符号，它可以是三维的、有声的，甚至能够调动品牌受众的各种感官体验。这时，企业开始关注品牌形象设计对提升品牌价值的重要意义。例如，蜜雪冰城利用大数据分析技术对消费市场进行精准分析，找准自身的品牌定

① 朱卫未等. 未来可期："国潮"风行下花西子品牌定位之道. 中国管理案例共享中心，2022.

② Chinomona, R. Brand communication, brand image and brand trust as antecedents of brand loyalty in Gauteng Province of South Africa[J]. African Journal of Economic and Management Studies, 2016, 7(1): 124-139.

位——低成本高性价比，打造了雪王的品牌形象，如图 13-4 所示。雪王可爱的外表、亲民的行为、洗脑的旋律等，借助抖音、小红书、微博等热门数字媒体平台爆火起来，为蜜雪冰城带来了巨大的流量，大大提高了蜜雪冰城的品牌知名度。而且，在蜜雪冰城的淘宝旗舰店还衍生了雪王茶包、雪王公仔、雪王保温杯等产品，也为公司带来了额外的商业价值。

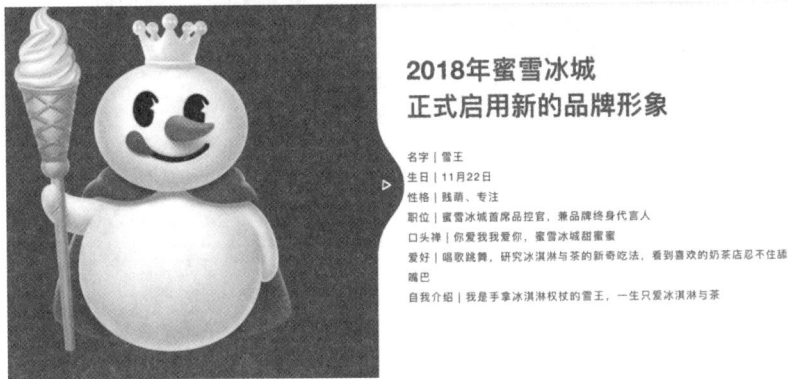

图 13-4　蜜雪冰城品牌形象

资料来源：蜜雪冰城官网。

（二）数字技术催生了虚拟 IP 形象

麦肯锡的一项调查研究结果显示："90 后"消费群体占中国总人口的 16%，这表明新一代的年轻人关系到数字化时代商业的机遇与未来。[①] 如何把握新一代年轻人的消费特性，是众多企业品牌形象设计关注的重点。随着大数据技术赋能用户分析，企业加深了对顾客需求的理解，可以精准地分析出用户消费的痛点、购物行为和品牌期望等。2007 年，日本虚拟歌手"初音未来"横空出世，坐拥全球 6 亿粉丝和百亿日元身价；2020 年，国内"虚拟偶像"也迅速崛起；在 2021 年，虚拟歌手"洛天依"登上春节联欢晚会，如图 13-5 所示。虚拟 IP 形象不仅在外形上契合了新一代年轻人的审美观念，同时也通过品牌形象展现了年轻一代的价值观和生活态度，更是融合了尖端数字科技的全新娱乐体验，迅速吸引了以"90 后"和"00 后"为代表的消费者。[②] 当品牌与虚拟 IP 形象结合并实现了品牌人格化之后，品牌形象就变得更有温度，同时也增加了品牌给消费者所带来的情感价值。

三、数字技术赋能品牌营销策略

品牌营销是一种通过推广品牌来推广产品或服务并提高品牌的市场地位和正面认知的有效方式，其具体策略主要涉及媒体渠道、活动类型和各种达到营销目标的战术与方案等。[③] 例如，苹果的品牌营销策略定位在"出售的不是产品，而是一种生活方式"；再比如，安踏的品牌营销策略不只是销售产品，还包括销售故事。从安踏品牌官网到各个社交媒体平台，安踏都抓住了每一个机会来讲述产品背后的故事。由此可见，数字技术的快速发展在一定程度上改变了以往的品牌营销策略，概括来看，数字技术对企业品牌营销策略的赋能主要体现在以下两个方面。

---

① 哈佛商业评论. 抓住未来的商业机遇，需要怎样的逻辑？2021.
② 光明日报. 虚拟偶像，会成为"潮流"吗？2022.
③ Ali Berg. What is brand marketing? And how to create a brand marketing strategy，2020.

图 13-5　虚拟歌手"洛天依"形象

资料来源：北青网. 唱歌变装两不误，虚拟歌手洛天依春晚首秀
意味着什么？2021.

（一）数字技术催生了定制化的品牌营销策略

在数字化时代，品牌营销人员可以通过大数据分析技术分析海量的消费行为数据，进而形成精准的消费者画像，并对顾客进行更为精细的分类，从而为不同类别的顾客提供个性化的定制营销策略。具体而言，定制化的品牌营销策略主要体现在以下三个方面：第一，企业能够根据顾客的喜好、消费时段的差异更有针对性地开展品牌促销活动和调整产品的陈列等，从而促进了商品的销售；第二，企业能够根据顾客的偏好，实施更为精准的个性化广告投放，提高了广告资源的投放效率和效果；第三，企业可以利用网络信息入口，根据语义数据进行文本分析、机器学习和同义词挖掘等，进一步提高相关内容的搜索频率。例如，优酷视频中的个性化广告、网易新闻中的定制化信息以及微信朋友圈中基于不同用户消费特征的内容推送等，都是定制化品牌营销策略的一部分。

（二）数字技术赋能品牌故事营销

当前，社交媒体平台逐渐成为数字化时代企业开展数字化品牌营销实践的主战场。相较于品牌背后的产品营销，数字化时代的消费者往往更青睐品牌的故事营销。品牌故事所营造的场景和情感，是一种重要的品牌营销策略。[①] 实际上，越来越多的品牌开始在社交媒体平台上建立自己的品牌社交账户和通道，并通过各种方式拉新、运营和沉淀属于自己的品牌资产。例如，野兽派花店的产品虽然比同类产品贵好几倍，但依然被广大消费者喜爱。究其原因，主要是野兽派的品牌营销定位，即不仅卖花，而且还有故事和体验。在成立伊始，野兽派花店就通过微博平台开启了线上花店，通过故事配鲜花成功地引起了大众消费者的共鸣，依靠故事营销脱颖而出。图 13-6 描述了野兽派花店故事营销的成名代表作——莫奈花园。[②]

---

① 赵蓓，贾艳瑞. 品牌故事研究述评：内涵、构成及功能[J]. 当代财经，2016，（12）：65-76.
② 搜狐网. 野兽派另类营销：我们卖的不是花，是浪漫故事！2022.

数月前 Y 先生订花，希望表现莫奈的《睡莲》。当时托客服转告，没有适合花材无法创作。他回信说"美值得等待"。之后，他从未催促，我从未停止寻找。。。直到上月在地中美术馆得到灵感，昨天觅到花材，做成这盒"莫奈花园"。。。它是向 Y 先生的致敬之作，是所有对美心存执念的普通人，心中的秘密花园。

图 13-6 野兽派花店的故事营销之作

资料来源：野兽派花店官方微博。

案例13-1

三只松鼠的数字化品牌塑造之路

每一个"吃货"对三只松鼠应该都不陌生。作为一家休闲食品的品牌电商，三只松鼠在休闲食品市场中独占鳌头，并深受消费者的喜爱。在 2019 年的"双十一"，三只松鼠以 10.49 亿元销售额刷新了中国食品行业的交易记录，被《华尔街日报》《路透社》等外媒称为"中国品牌崛起的典范"。这些成就的取得，离不开三只松鼠独特的数字化品牌塑造策略。

首先，精准的品牌定位。三只松鼠有着非常明确的品牌定位，通过深入的行业分析，定位为休闲零食品牌电商；其次，独特的品牌形象设计。松鼠与坚果有着天然联系，三只松鼠名字好记，拟人化强。一个好的品牌名称，可以为企业节约三分之一的广告费用。三只松鼠灵活乐观的品牌形象，让品牌变得鲜活且充满正能量，在众多零食品牌中拥有了很高的辨识度，如图 13-7 所示；最后，以顾客为中心的品牌营销策略。三只松鼠的情感式品牌营销，为三只松鼠带来一定的品牌忠诚度。每只松鼠都有属于自己的名字和卡通形象，小美、小酷、小贱也不再是一个静态的符号，而是被赋予了人的情感，具有人格化的虚拟生命，这就使得三只松鼠

图 13-7 三只松鼠的品牌形象

资料来源：三只松鼠品牌官网新零售商业评论.
三只松鼠，正在下一盘大棋，2020.

很容易与顾客建立起情感连接。成功的品牌塑造往往都是自带流量的，可以与顾客建立分享、互动的深度连接，为品牌构建独特的竞争优势。三只松鼠数字化品牌塑造之路，为企业在数字化时代基于品牌定位、品牌形象设计、品牌营销策略选择塑造品牌提供了重要启示。

第三节　数字化时代的品牌传播

品牌只有通过相应的传播活动才能提高消费者的品牌忠诚度，形成品牌资产，进而为企业创造价值。无论是在传统时代还是在数字化时代，品牌传播的流程一般经历三个步骤：确定传播内容、选择传播渠道、评估传播效果，然而在数字化时代，数字技术赋能品牌传播，使得品牌传播的内容更加个性化、精准化；品牌传播的渠道也更加多元，更加贴近消费者；品牌传播效果的评估更加科学和规范，如图 13-8 所示。

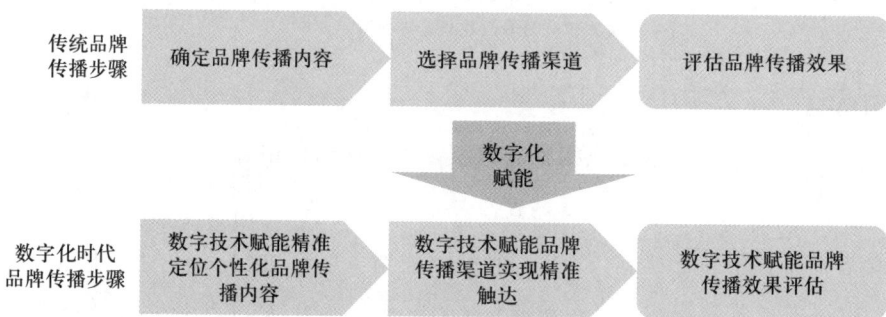

图 13-8　品牌传播的步骤

资料来源：作者绘制。

一、数字技术赋能精准定位个性化品牌传播内容

确定品牌传播的内容，是有效实施品牌传播的第一步。一般来说，理想的传播信息应该能够引起消费者注意（Attention）、产生兴趣（Interest）、激发欲望（Desire）和促进行动（Action），这也是 AIDA 模型，如图 13-9 所示。在 AIDA 模型中，提出了理想情况下好的品牌传播信息需要达到的标准，但是在企业品牌管理实践中，很少有信息能够完成所有环节并将消费者导向实际的购买阶段。不过，AIDA 模型的确可以为衡量品牌传播效果提供重要参考。在数字化时代，企业如何基于 AIDA 模型的标准设计有效的品牌传播信息内容，主要体现在以下两个方面。

图 13-9　AIDA 模型

资料来源：张翠玲. 品牌传播[M]. 北京：清华大学出版社，2016.

（一）数字技术助力品牌内容传播

数字技术在市场营销领域的创新与应用，极大地丰富了品牌传播的信息内容。一般来说，品牌传播的内容主要满足了品牌商传播信息的理性诉求、情感诉求和道德诉求。其中，理性诉求是指产品与品牌受众的自身利益息息相关，向受众说明产品的质量、性能以及带来的预期利益。例如，"怕上火就喝王老吉"，就属于理论诉求。在数字化时代，数字媒体的发展，使得品牌传播的理性诉求信息更加贴近消费者。情感诉求主要是通过激起消费者的积极或消极情绪，从而刺激消费者购买。例如，蜜雪冰城借助社交媒体营销风靡大街小巷的"你爱我，我爱你，蜜雪冰城甜蜜蜜"的洗脑神曲，给蜜雪冰城带来了巨大的流量。道德诉求是指能够帮助品牌受众了解什么是正确的选择，通常用于鼓励品牌受众支持社会公益。例如，在可持续发展的背景下，蚂蚁森林通过大数据分析、智能算法等数字技术，通过生成"绿色能量"的方式引领消费者进行绿色可持续消费。

（二）个性化定制品牌传播内容

在供给端，数字技术可以帮助品牌商从理性诉求、情感诉求和道德诉求三个方面明确品牌传播的内容。而且，大数据分析技术也为品牌商精准细分并定位目标市场提供帮助；在需求端，数字化赋予了消费者更多的话语权，使消费者的需求与感知越来越个性化与多样化。因此，个性化、定制化的品牌传播内容更能够吸引消费者并精准地触达特定的目标消费者，从而增强了消费者对传播品牌的感知与评价。大数据分析技术、智能算法、人工智能、5G等数字技术在品牌传播领域的应用，使个性化定制品牌传播内容成为一种趋势。例如，淘宝、京东等电子商务交易平台，基于智能算法为消费者推送个性化的信息或广告。

二、数字技术赋能品牌传播渠道实现精准触达

传播渠道是指品牌信息内容通过什么媒介到达消费者的过程。一般而言，品牌传播活动需要根据企业目标受众的差异及传播目标来选择不同的传播渠道。电视、报纸、广播、杂志等属于常见的传统传播渠道。而在数字化时代，数字媒体逐渐取代了一些传统渠道，并在一定程度上新增了更加丰富的传播渠道，品牌官网、网络广告、电子商务平台、移动 App、微信公众号、微信小程序、微博、抖音、小红书等社交媒体平台逐渐成为数字化时代品牌的重要传播渠道。例如，回力作为一个经典的国潮品牌，通过社交媒体平台的数字化传播渠道，加强了与青年文化圈层的连接，将原有的街头文化基因在节目内容中充分释放出来，再加上VR 购物、边看边买、线下快闪店等途径极大地丰富了品牌的消费场景，帮助回力品牌找到了和年轻人对话的更多触点，促进了民族品牌的崛起。[①] 概括而言，数字技术对品牌传播渠道的赋能，主要体现在以下两个方面。

（一）数字技术加速了品牌营销模式的创新

直接触达消费者（Direct To Customer, DTC）品牌营销模式是指品牌直接触达终端用户、专注用户体验，进而构建起精准的、定制化的用户关系的一种品牌营销模式。在移动互联、共创共享与共赢的当下，伴随着智能移动终端等数字化设备的普及、在线支付系统、电商交易平台、智能物流仓储和用户运营等数字化工具的发展，直接触达消费者的品牌营销模式能够通过不同的传播渠道与品牌受众之间展开精准的、深入的互动与沟通。其优势在于：企业

---

① 哈佛商业评论. 如何帮助品牌打动年轻人，2020.

及其品牌可以更直接地与用户互动，有利于获取消费者的一手消费行为数据，并将用户数据转化为企业自身的数字资产，帮助企业和品牌在产品生产、渠道选择、营销方式等方面做出更加精准且恰当的决策。例如，瑜伽服装品牌露露乐蒙（Lululemon）在北京冬奥会一炮走红，颠覆了人们对"瑜伽品牌"的形象认知。露露乐蒙通过对消费者需求的清晰洞察、精准的受众定位以及持续迭代的创新，成功地促进了产品开发。同时，通过专注于社区营销和贩卖健康生活方式的品牌营销，露露乐蒙能够更好地直接触达消费者、满足消费者的需求，实现了品牌的快速增长。①

（二）数字媒体技术促使品牌传播渠道更加多元

微博、微信、抖音、小红书等社交媒体平台的出现，使广大消费者对社交媒体平台的依赖程度越来越高，这意味着消费者注意力逐渐聚集到社交媒体之中，而这为企业传播品牌提供了最为关键的传播渠道。通过社交媒体平台，品牌商和消费者能够展开全方位的互动共享，这些互动本身就为提升品牌价值创造了无穷机遇。例如，小红书定位数字媒体传播渠道展开其品牌传播活动，通过"流量+内容"在社交平台的互动种草，实现了平台自身品牌以及平台上相关品牌商的价值增长。

案例13-2

王饱饱麦片：数字化时代的品牌传播

王饱饱是杭州饱嗝电子商务有限公司旗下的一个食品品牌，于2018年开始上线天猫旗舰店。在成立不到两年的时间里，王饱饱不仅获得了用户的喜爱，还赢得了资本市场的认可。在王饱饱成功的背后，是其精准的产品定位和独特的品牌传播策略。第一，王饱饱从用户的痛点出发，以用户为核心塑造品牌。抓住"好吃不胖、吃得健康"的用户痛点，从"非膨化、高纤维、0蔗糖"的用户诉求入手，在口感与健康方面满足用户需求；第二，借助明星的影响力成功实现产品种草；第三，邀请达人花式试吃，实现产品种草与共创，并借助关键意见领袖和关键意见消费者的力量，通过社交媒体实现了品牌推广；第四，抓住用户圈层化的特点，开展全面营销布局，以便使品牌传播内容全方位地触达到目标消费者；第五，开展花样跨界营销，在不同的领域、不同的行业倡导健康生活方式，迅速提升其品牌的影响力；最后，布局线下新零售，实现线上线下融合、双轮驱动、持续提升品牌价值。

资料来源：营销兵法. 颠覆传统麦片的王饱饱，凭什么年营收超8亿？2021.

三、数字技术赋能品牌传播效果评估

传播活动是一种非常复杂的社会活动，既包括长时间的品牌信息传播流量，也包括典型品牌传播活动的短期效应。同时，消费者对品牌的参与度也能够在一定程度上反映品牌的传播效果。② 实际上，传播效果评估是整个品牌传播活动中的重要组成部分，具体指品牌受众

---

① 搜狐网. DTC品牌案例丨20多年来品牌一直保持稳定增长，Lululemon做对了什么？2022.

② 王宗水，赵红，刘霞，等. 社会化媒体环境下的品牌传播及品牌形象差异——基于华为与海尔的比较研究[J]. 中国管理科学，2022，30（6）：178-187.

在接收品牌信息之后，在知识、情感、态度、行为等方面所发生的变化。在数字化时代，对品牌传播效果的评估主要体现在评估传播目标实现的程度、评估受众对信息的接触、评估品牌受众的态度和行为变化等。

首先，数字技术赋能品牌传播目标实现程度的评估。品牌传播效果的评价意味着品牌传播活动在多大程度上实现了品牌传播的目标，而数字技术赋能则使品牌传播的目标设定更加科学、合理、可以衡量，从而为品牌传播的评估提供了更多的参考线索。可以说，品牌传播活动在多大程度上实现了传播目标，是对品牌传播效果评估的最直接标准。其次，数字技术赋能品牌受众对品牌信息接触的评估。在数字化时代，品牌传播活动更加贴近消费者，传播渠道也更加多元与融合、更加全方位地触达消费者，消费者对品牌信息的接触通过大数据分析技术以及用户浏览点击记录就可以便利地实现；最后，数字技术赋能品牌目标受众对品牌态度和行为的变化。如何证明品牌传播活动确实产生了态度和行为方面的效果呢？这要求企业要有针对性地收集短期与长期数据线索，而大数据技术则能够提供这方面的数据分析支撑。消费者在网络上的行为都有迹可循。尤其是品牌受众参与品牌设计和品牌营销、消费者评论分享等行为产生的海量数据，这些数据有助于企业基于大数据分析技术评估品牌受众行为的变化，进而有效评估品牌传播活动所产生的效果。

本 章 小 结

数字化品牌管理是企业数字化时代竞争优势的重要源泉。本章从数字化时代的品牌管理、数字化时代的品牌塑造以及数字化时代的品牌传播三个方面阐述了数字化品牌管理的重要内容。其中，数字化品牌管理是一种重要的企业营销战略，是企业利用先进的数字技术分析品牌管理内外部环境的变化，通过数字化的品牌塑造和品牌传播实现品牌价值提升的过程。在数字化时代，品牌受众、品牌的传播渠道和品牌的营销策略都发生了重要变化。具体而言，在品牌受众方面，数字技术颠覆了消费者的品牌意识，数字媒体技术降低了消费者的品牌忠诚度；在品牌传播渠道方面，全渠道成为数字化时代品牌传播的主流，关键意见消费者在品牌传播中的重要性日益凸显；在品牌营销策略方面，品牌观念从以产品为中心向以消费者为中心转移，品牌营销策略的重心也从公域流量向私域流量转移。

品牌塑造和品牌传播是数字化品牌管理的关键任务。数字化时代的品牌塑造经历了大数据技术辅助品牌精准定位、数字技术赋能品牌形象设计、数字技术赋能品牌营销策略三个关键步骤。同时，数字技术赋能精准定位个性化品牌传播内容、数字技术赋能品牌传播渠道，精准触达消费者以及数字技术赋能品牌传播效果评估则构成了数字化品牌传播的三个重要方面。

关键概念

品牌数字化　　数字化品牌管理　　数字化品牌塑造　　数字化品牌传播

即测即评

☞ 请扫描二维码答题

复习思考题

1. 请结合生活中的例子，谈谈数字化时代品牌管理的新变化。
2. 请结合具体的案例谈谈数字化时代如何塑造品牌。
3. 请结合具体的案例谈谈数字化时代如何做好品牌传播。

本章案例分析

蜜雪冰城——数字化时代的"草根"茶饮品牌

蜜雪冰城在全国有着上万余加盟门店，还保持着较高的收入水平。在数字化时代，"草根"茶饮品牌——蜜雪冰城的成功离不开其优秀的数字化品牌管理实践。

1. 数字化时代蜜雪冰城的品牌塑造

主攻下沉市场是蜜雪冰城在发展初期就已经明确的战略方向和品牌定位。在市场竞争激烈的数字化时代，蜜雪冰城将目标市场定位在二、三、四线城市乃至一些不起眼的小县城。这类下沉市场的居民收入相对不高，有着较高的需求弹性且对价格相当敏感。基于此，蜜雪冰城坚持以低价作为市场营销的主要手段，定位为"低价亲民的茶饮品牌"，这使得消费者在购买茶饮时不再单纯纠结产品"味道如何"，而会因为亲民定价而选择购买，又因不轻易涨价的真诚而选择回购。如此环环相扣，逐渐提升了消费者对于蜜雪冰城的品牌忠诚度。公司精准的品牌定位、独特的品牌特色，为快速成长奠定了坚实的基础。而且，蜜雪冰城还通过自建工厂严控品质并将全球的真材实料应用于产品之中，积极落实"让全球每个人享受高质平价的美味"理念。

2. 数字化时代蜜雪冰城的品牌传播

一直以来，蜜雪冰城都十分注重利用多样化的品牌营销策略将自己的产品推广至万千消费者的心间。2018年，蜜雪冰城正式启用了全新的品牌形象——雪王，品牌形象设计为雪人搭配骄傲的冰淇淋权杖，并为它戴上皇冠、穿上披风，在传播和记忆方面相较于品牌名称而言也更具效率。因为其憨态可掬的品牌形象，也被消费者亲切地称为"雪宝"。同时，伴随着蜜雪冰城主题曲在各大数字平台走向火爆，关于雪王的鬼畜表情包也逐渐上线，一时间成为大家聊天对话中的必备表情。此外，公司还利用官网中的"雪王头条"，实时更新品牌的最新动态、发布企业官方政策新闻，以便让雪王形象以更加多元的方式深入人心。

蜜雪冰城的品牌传播策略主要体现在以下三个方面：第一，公司结合多样化的场景营销，打造消费者心中的超级品牌符号。不同于其他的市场营销模式，多元的场景营销的影响往往更加深远。公司几乎每个月都有一次巧妙地将热点与产品结合起来，进而推出各种应景活动来增加品牌的曝光率，从而稳步提升了品牌在消费者心中的形象。例如，在2021年盛夏，借助风靡大街小巷的蜜雪冰城洗脑主题曲而大获成功。其中，"你爱我，我爱你，蜜雪冰城甜蜜蜜"的歌词，凭借其朗朗上口的旋律，为公司带来了亿万流量。第二，积极传播品牌理念并深化消费者对品牌的认知。消费者对产品的购买欲望是促成其最终购买的前提，"低价且不轻易涨价"是蜜雪冰城培养用户信任的核心特点。公司通过线上线下各种渠道反复强调"低价"和"不涨价"的特点，不断强化消费者对蜜雪冰城"高性价比、良心企业"的品牌形象感知。第三，在数字化时代，不断突破其产品的营销边界，借助微信、抖音等社交媒体形成了以消费者为中心的传播网络，如通过微信公众号进行品牌活动宣传和信息分享，使参与活动的消费者进一步在各自的微信朋友圈分享相关信息，从而逐渐形成良好的消费者口碑并极大地提升了品牌价值。

正是这样的数字化品牌管理定位与策略，让蜜雪冰城以一种物美价廉的"国民消费"品牌形象与万千加盟店形成了强大的品牌协同效应，释放出巨大的能量，为公司的快速成长提供了源源不断的动力。

资料来源：曾蔚，王海森，李昱达. 蜜雪冰城的"C位出道"之路. 中国管理案例共享中心，2022.

案例讨论题

在数字化时代，蜜雪冰城是如何塑造和传播其品牌的？

延伸阅读

[1] 王永贵. 服务营销[M]. 2版. 北京：清华大学出版社，2022.
[2] 王永贵. 市场营销[M]. 2版. 北京：中国人民大学出版社，2022.
[3] 王永贵，马双. 客户关系管理[M]. 2版. 北京：清华大学出版社，2020.
[4] 王德胜，李婷婷，韩杰. 老字号品牌跨界对年轻消费者品牌态度的影响研究[J]. 管理评论，2022，34(2)：203-214+227.
[5] 蒋廉雄，冯睿，朱辉煌，周懿瑾. 利用产品塑造品牌：品牌的产品意义及其理论发展[J]. 管理世界，2012(5)：88-108+188.
[6] 徐岚，赵爽爽，崔楠等. 故事设计模式对消费者品牌态度的影响[J]. 管理世界，2020，36(10)：76-95.

☞ 更多资源请扫描封底拓展资源码→文献目录.

第十四章 人工智能营销

　　人工智能技术的出现，不断地革新着企业的经营方式以及人们的工作与生活方式。在数字营销实践中，人工智能技术的应用也引领着市场营销的不断创新，并使数字营销实践逐渐变得更加智能化、更加自动化和更加精准化。因此，在数字营销实践中的营销从业者亟须掌握人工智能营销的内涵和方法，了解如何利用人工智能技术来开展数字营销活动。

本章的学习目标：
1. 了解人工智能营销的内涵
2. 理解人工智能技术在市场营销实践和理论中的应用
3. 掌握数字时代人工智能营销的具体过程
4. 了解人工智能营销中的关键问题

人工智能技术赋能"美团外卖"

"美团外卖"致力于打造全国最大的即时配送平台。为了实现这一目标，美团开发了"超脑"配送系统。这种系统对数亿用户、数千万商户以及背后数百万场景进行结构化的建模，实现了人、店、商品、场景之间的知识关联，构建了用户、商户、骑手和平台之间相互交错的四元关系，帮助企业对真实的配送场景进行深度感知、理解和控制，进而提升骑手的配送能力并持续改进用户的消费体验。

时间送达预估（Estimated Time of Arrival，ETA）与配送成本和用户体验直接相关，这关乎着顾客对收到外卖确切时间的心理预期，也是美团"超脑"配送系统的一个核心参数。对于外卖行业而言，每一个订单都会涉及多个时间参数，并经历多次室内外场景的转换。因此，时间预估面临着巨大的挑战。利用机器学习算法，美团可以对外卖配送的所有环节进行较为精准的预估，包括骑手从接单、到店、取餐到送达、商户出餐和用户交付等。美团调度系统基于配送时间的长短为每位用户筛选出可供选择的商家。在用户下单之后，美团会为用户提供一个准确的送达时间，并实时反馈外卖的配送状态。同时，系统还会为骑手提供准确定位和最优导航，并统筹规划每位骑手的订单，避免因为调度不合理而出现其他订单超时的情况，实现最小化超时惩罚和路程成本。而在用户看不到的部分，美团则根据商家的出餐时间、骑手的到店时间和整体交付时间来确定骑手取餐、配送和交付的难度，以便支持定价系统，并根据订单情况给予骑手合理的补贴，实现用户、商户、骑手和平台的价值共创。

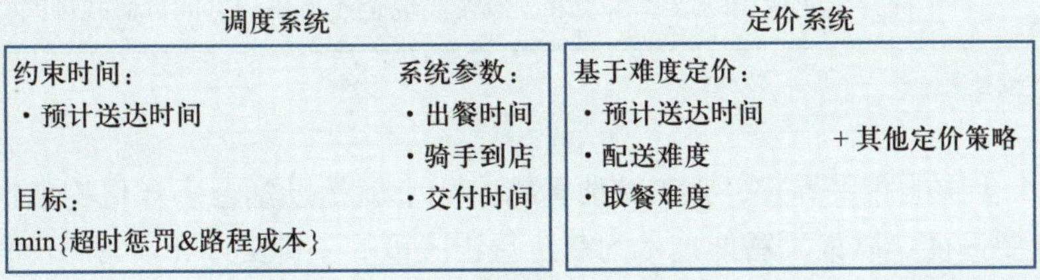

图 14-1　基于 ETA 的美团调度系统和定价系统

资料来源：何仁清. 机器学习在美团配送系统的实践：用技术还原真实世界，2018.

第一节　人工智能营销的内涵与特征

1956 年，约翰·麦卡锡（John McCarthy）在达特茅斯会议（Dartmouth Conference）上首次提出了人工智能这一术语。他认为，人工智能是关于如何制造智能机器，特别是制造智能计算机程序的科学和工程，与使用机器来理解人类智能密切相关。近年来，相关领域的学者对人工智能进行了新的界定，认为人工智能是指表现出智能的程序、算法系统和机器或者是模仿人类智能行为的机器，它们具有正确解释外部数据，并从这些数据中学习的能力，同时，表现出了灵活性和适应能力。

一、人工智能营销的内涵

作为市场营销领域的一个新兴主题，人工智能营销的相关研究和实践还处于探索阶段，目前，对人工智能营销的概念尚未形成清晰统一的界定，这在一定程度上与其具有较为丰富的内涵有关，如表 14-1 所示。

表 14-1　人工智能营销的定义

学者	定义
Rekha, Abdulla, & Asharaf, 2016	一种利用了数据库营销技术以及机器学习等人工智能概念和模型的营销形式。①
阳翼, 2019	运用人工智能技术开展市场营销活动。②
Overgoor et al., 2019	人工智能代理根据所掌握的信息来建议或采取营销行动以达到最佳营销效果。
Raiter, 2021	一种通过使用智能技术来提高消费者体验的营销方法。③
Shaily & Emma, 2021	利用人工智能技术，对目标消费者和经济趋势的数据进行收集、分析和解释，帮助企业做出决策并制定营销策略。④
朱国玮等, 2021	以大数据和人工智能为基础，智能分析和预测营销活动中隐藏的模式和发展趋势，提升企业营销的效率和效果，最终实现企业与用户之间价值共创的营销模式。

资料来源：作者整理。

综合表 14-1 中的相关界定，**人工智能营销**实际上就是以学习多样化的数据为理解和预测消费者的重要途径、以人工智能技术为制定营销决策的关键支撑和以营销流程的自动化为核心体现的一种营销模式，其与已有的市场营销人员存在一定的替代和互补关系，最终服务于企业与消费者的价值共创。

二、人工智能营销的主要特征

虽然目前对人工智能营销的界定依然各式各样，但是从数字技术的视角来看，人工智能营销主要具有以下几个特征：

---

① Rekha, A. G., Abdulla, M. S., Asharaf, S. Artificial intelligence marketing: an application of a novel lightly trained support vector data description[J]. Journal of Information and Optimization Sciences, 2016, 37(5): 681-691.

② 阳翼. 人工智能营销[M]. 北京：中国人民大学出版社, 2019.

③ Raiter, O. Segmentation of bank consumers for Artificial Intelligence marketing[J]. International Journal of Contemporary Financial Issues, 2021, 1(1): 39-54.

④ Shaily, S. A., Emma, N. N. Integration of Artificial Intelligence marketing to get brand recognition for social business[J]. International Review of Management and Marketing, 2021, 11(4): 29-37.

（一）通过对多样化数据的自主学习来获得创新洞见

在数字化时代，消费者的需求不断细化，不同年龄、不同地区、不同偏好的消费者群体进一步分化，表现出更加多元的消费诉求。企业想要更精准地满足他们的需求，首先要了解消费者是谁、他们的需求是什么。此外，消费者搜索、浏览、点击、点赞、转发、购买、评价等行为，都可以形成数字、文本、语音、图片等各种形式的数据。这些全场景、跨终端、多平台、可跟踪的数据，具有体量大、种类多、价值高和更新变化速度快的特点。对这些数据进行整合和学习，并从中提炼隐藏的知识和行为模式，是人工智能营销活动中理解和预测消费者行为的重要途径和手段。从数据分析角度而言，与大数据营销具有相似之处，不过，大数据技术的实现以人类直觉经验为依托，对数据的分析用以辅助人类决策。而人工智能营销强调机器的自主学习，这在一定程度上脱离了人类以往的直觉经验，既可能产生出十分精准的预测模型，也可能得出违反常理的结论。但无论如何，对既有多样化数据的自主学习和分析是基础。

（二）以营销流程的智能化为核心

智能化是人工智能营销的核心体现。首先，人工智能技术使企业的市场营销数据的处理和分析变得更加智能。传统企业通常采用定时收集和分析市场营销数据的方式，收集周期较长，数据分析结果具有严重的滞后性。而且，传统的市场营销分析往往忽视了非结构化数据的作用，分析结果存在一定的局限性。比较而言，人工智能营销能够自动对海量的市场营销数据进行实时更新和快速分析，以便帮助企业更有效地理解消费者行为、动态预测市场发展趋势和及时响应消费者的需求变化。

其次，人工智能技术实现了营销决策的智能化。先前的市场营销活动主要依赖于市场营销人员的个人知识或经验。由于市场营销人员认知和经验有限，往往会出现决策不准确等问题。比较而言，人工智能营销则可以在理解人类智能的基础上模拟和延伸人类智能，从复杂的数据中提取制定营销战略和战术所需的知识。例如，通过学习消费者的历史行为数据和与该消费者行为相似的其他消费者的行为数据，电商平台可以为每个消费者提供定制化的营销方案。

最后，人工智能营销在任务执行上也更加智能化。例如，人工智能推荐系统将符合消费者偏好的内容在特定的时间通过特定的媒介传递给目标消费者，不仅能够帮助企业提升营销活动效率、降低营销成本、增加销售收入，而且还能够减少消费者的搜索和等待时间，提升购物体验与购物效率，从而实现企业与消费者的价值共创。

（三）与传统营销人员之间具有替代和互补关系

人工智能技术为自动化营销活动提供了重要支撑，但这并不是只要进行技术投资就能一步到位的工程。在人工智能技术的引入初期，由于技术应用尚不成熟，往往缺乏常规逻辑体系和情感响应，由人工智能自主决策常常会出现很多问题，需要传统营销人员进行辅助。[1] 例如，智能客服标准化的回复往往会忽视消费者的愤怒情绪，需要人工客服进行安抚并提供补偿措施。然而，随着技术的发展与成熟，由人工智能自主决策的市场营销活动正变得越来越普遍。目前，智能客服已经可以解决消费者在购买前、购买中、购

① Urban. G. L., Timoshenko, A., Dhillon, P. S., et al. Is deep learning a game changer for marketing analytics? [J]. MIT Sloan Management Review, 2020, 61 (2): 71-76.

买后可能遇到的常规问题。利用自然语言处理技术和文本情感分析技术，智能客服可以识别消费者的情绪并根据情境给予回应。而且，还可以根据顾客的问题，通过机器学习来不断迭代和评估，继而提出智能化的、最优化的解决方案。2022年2月，淘宝新版智能客服开始面向商家分批升级。新增后的知识库覆盖了淘宝和天猫的全类目商品，内置百万级的买家问法，可以精准识别买家的提问意图，并从简单回答问题到利用机器学习提供精准推荐，这大大提高了成交量和转化率。再如，一些数字虚拟人的出现，也在一定程度上替代了传统明星代言或员工推销，担任着虚拟偶像与虚拟主播等新的角色。

由此可见，凭借24小时不间断的服务、无须人力成本的投入等优势，人工智能应用在一定程度上与传统营销人员存在一定的替代关系。然而，在现阶段，人工智能并不能完全替代传统营销人员的角色。

第二节　人工智能技术在数字营销中的应用

随着技术的发展和突破，人工智能在市场营销中应用的广度和深度都大大提升，其价值也得到了广泛的认可。本节将首先介绍人工智能技术的类型，然后详细阐述每种类型的人工智能技术在数字营销实践中的应用。

一、人工智能技术的类型

根据任务类型，可以将人工智能技术划分为以下三种类型，分别是机械型人工智能、思维型人工智能和感知型人工智能。[1] 其中，机械型人工智能是指为重复和常规任务的自动化而设计的人工智能技术，如遥感和机器翻译等。思维型人工智能是指用于处理数据(通常是非结构化的数据)，以得出新的结论或决定的人工智能技术，如机器学习和人工神经网络等。[2] 感知型人工智能是为与人类双向互动而设计的、用于分析人类的感觉和情绪的人工智能技术，如自然语言处理和文本情感分析技术等。[3]

二、人工智能技术在营销实践中的应用

在了解了人工智能技术的类型后，接下来将介绍每一种人工智能技术中典型技术的名称、概念和常见工具，并探讨每一种技术在数字营销实践中的运用情况，如表14-2所示。

---

[1]　Huang, M. H., Rust, R. T. Artificial Intelligence in Service[J]. Journal of Service Research, 2018, 21(2): 155-172.

[2]　Huang, M. H., Rust, R., Maksimovic, V. The feeling economy: Managing in the next generation of Artificial Intelligence (AI)[J]. California Management Review, 2019, 61(4): 43-65.

[3]　McDuff, D., Czerwinski, M. Designing emotionally sentient agents[J]. Communications of the ACM, 2018, 61(12): 74-83.

表 14-2　人工智能营销技术在数字营销中的应用示例

人工智能类型	技术	概念	工具	在数字营销中的应用
机械型	遥感	遥感是指利用地表的单波段或多光谱的电磁辐射，从高空传感器扫描的影像中获取地表地物波谱信息的实践活动①	SenseRemote SenseEarth	美团"无人机配送"服务
	机器翻译	机器翻译是指利用计算机部分或全部自动地将一种语言翻译成为另一种语言的处理技术②	百度翻译 讯飞翻译	讯飞 AI 翻译笔
思维型	机器学习	机器学习是一组能够自动检测数据中的模式，然后使用被发现的模式来预测未来的数据，或者在不确定的情况下执行其他类型的决策的方法	Scikit-learn Google ML Kit	淘宝、京东等电商平台的个性化推荐系统
	人工神经网络	人工神经网络是对生物神经网络系统的模拟，其信息处理功能是由网络单元的输入输出特性(激活特性)，网络的拓扑结构(神经元的连接方式)所决定的③	Keras OpenNN	小鹏 P7 自动辅助驾驶
感知型	自然语言处理	自然语言处理技术构建了语言能力和语言应用的模型，并不断完善这一计算框架。基于此，自然语言处理技术可以根据该语言模型设计各种实用系统，并探讨这些实用系统的评测技术④	PyTorch-NLP IBM Watson	万达智能客服
	文本情感分析	文本情感分析是指对带有情感色彩的主观性文本进行分析、处理、归纳和推理的过程⑤	百度智能云 Tone Analyzer	"小度"机器人

（一）机械型人工智能及其在数字营销中的应用

遥感和机器翻译是典型的机械型人工智能技术。其中，遥感是指利用地表的单波段或多光谱的电磁辐射，从高空传感器扫描的影像中获取地表地物波谱信息的实践活动。⑥ 常见的遥感技术工具有 SenseRemote 和 SenseEarth。这两种工具利用海量的、多源的遥感影像和大规模的算力实现算法定向优化与快速迭代，为企业和政府等各种类型的客户提供数据支持。依靠遥感技术，无人机产业迅速发展。例如，新冠疫情暴发之后，"无接触配送"需求大大增加。在封闭管理期间，美团无人机在深圳常态化运营，为群众提供即时配送服务，这在极

---

① Cracknell, A. P. Introduction to remote sensing[M]. CRC press, 2007.

② 杨皓东, 江凌, 李国俊. 国内自然语言处理研究热点分析——基于共词分析[J]. 图书情报工作, 2011, 55(10): 112-117.

③ 郝丽萍, 胡欣悦, 李丽. 商业银行信贷风险分析的人工神经网络模型研究[J]. 系统工程理论与实践, 2001, (5): 62-69.

④ Coleman, J., Coleman, J. S. Introducing speech and language processing[M]. Cambridge university press, 2005.

⑤ 洪巍, 李敏. 文本情感分析方法研究综述[J]. 计算机工程与科学, 2019, 41(4): 750-757.

⑥ Cracknell, A. P. Introduction to remote sensing[M]. CRC press, 2007.

大程度上避免了病毒在人际间传播的可能性。

机器翻译是指利用计算机部分或全部自动地将一种语言翻译成为另一种语言的处理技术。① 常见的机器翻译工具有百度翻译和讯飞翻译等。百度翻译可以提供 200 种语言的即时翻译，讯飞翻译不仅提供线上翻译服务，而且推出了一系列的相关产品。例如，2022 年 6 月，科大讯飞推出的 AI 翻译笔，具有英语同步学习、语文辅助学习、专业词典、翻译器等多种功能，仅需 0.3 秒就可以完成语言识别和翻译，准确率高达 99%。② 更为甚者，该机器翻译系统还通过了 CATTI 全国翻译专业资格考试，翻译出的语言内容不仅忠于原文、语句通顺，而且文采极佳，翻译效果可与专业八级翻译人员媲美，达到了"信、达、雅"的翻译标准。显然，这为跨越时空范围的、面向不同语言的消费者展开实时的数字营销沟通与互动提供了便利。

（二）思维型人工智能及其在数字营销中的应用

思维型人工智能包括机器学习和人工神经网络等技术。其中，机器学习技术用于自动识别数据中的模式，然后使用该模式来预测其他数据，或在预测力不足的情况下执行额外数据补充决策（如在无法准确预测时，规划如何收集更多的数据进行学习），机器学习主要包括三种形式，分别为监督学习、无监督学习和强化学习。其中，监督学习用于分析已经对数据属性进行标记的数据，该技术会学习如何识别这些标记。例如，一些宠物图片已经被贴上了小猫、小狗的标签，该技术可以通过学习标签知道每种宠物的样子；无监督学习主要用于分析没有进行标记的原始数据，即机器不知道什么是小猫和小狗，但是可以通过学习识别一种动物的相似性和另一种动物的相似性，并将它们划分为两类；强化学习类似于无监督学习，但机器是通过采取行动后获得的反馈来进行学习的。机器根据预测的结果采取行动，并根据行动的预测结果和实现结果之间的差异来调整策略，即强化学习是通过机器试错来学习的。例如，该技术会将每一张宠物图片划分到两类动物中的一类，并通过得到划分正确或错误的反馈进行学习。在实践中，机器学习的工具很多。其中 Scikit-learn 是针对 Python 编程语言的机器学习工具之一，它界面简单，可以用于数据处理、模型训练、优化和评估；Google ML Kit 是谷歌开发的机器学习工具包，允许移动开发商将工具包嵌入应用程序，以便在 Android 和 IOS 手机上实现文本识别、人脸识别等功能。

利用机器学习技术，企业往往能够实现"物以类聚"和"人以群分"，并通过更加精准的预测来提升消费转化率。例如，淘宝与京东等电商平台可以根据消费者的历史购买数据推荐拥有类似标签的商品，即通过"物以类聚"的方法提升消费者的购买率。同时，这些平台还可以根据消费行为和消费偏好等维度将消费者划分为不同类型的消费群体，再通过分析群体数据预测消费者需求，即通过"人以群分"的方法实现精准营销。

此外，作为机器学习的一个子集，深度学习还可以利用人工神经网络处理数据，并很好地应用于三种类型的机器学习之中。其中，人工神经网络是对生物神经网络系统的模拟，其信息处理功能是由网络单元的输入输出特性（激活特性）和网络的拓扑结构（神经元的连接方

---

① 杨皓东，江凌，李国俊. 国内自然语言处理研究热点分析——基于共词分析[J]. 图书情报工作，2011，55（10）：112-117.

② 硬科技. 英语适龄同步学！科大讯飞 AI 翻译笔 P20 系列正式来袭，2022.

式）所决定的①。其中，Keras 是一个高级的人工神经网络库，用于快速原型设计，是目前使用的最好的开源人工智能工具之一；OpenNN 是一个 C++编写的神经网络库，主要面向深度学习，助力用户构建不同类型的神经网络模型。举例而言，计算机视觉技术是实现无人驾驶的核心技术之一，主要利用人工神经网络技术进行 3D 感知和物体检测。利用视觉传感器，汽车自动辅助驾驶系统可以识别车道线、交通信号灯、交通标志牌、行人和车辆等；而利用雷达传感器，系统还可以探测到一定范围内车辆、行人的方位、距离和移动速度。基于这些数据，系统可以在不需要任何人类操作的情况下，自动安全地操纵机动车辆。

（三）感知型人工智能及其在数字营销中的应用

与思维型人工智能相比，感知型人工智能更加注重对顾客情绪、感觉和态度等情感数据的分析，自然语言处理和文本情感分析是常见的感知型人工智能技术。其中，自然语言处理技术构建了语言能力和语言应用的模型，并不断完善这一计算框架。自然语言处理技术可以根据该语言模型设计出各种实用的系统。语音识别、句法分析和词意消歧等，都是常见的自然语言处理技术，可以通过 PyTorch-NPL 和 IBM Watson 等工具具体实现。其中，PyTorch 是由 Facebook 创建的 AI 系统，PyTorch-NLP 是其中的文本处理模块和数据库，旨在实现快速的自然语言处理；IBM Watson 是专注于开发和扩展自然语言处理与大数据分析能力的超级计算机，以便帮助企业深入洞察、回答问题并做出最优决策。当接到咨询问题时，Watson 阅读理解系统可以根据情境从大量的文档中提取具体的答案，并给出这个答案的可信度评分。因此，它不仅能够帮助企业理解文本和对话，还可以提供投资组合管理和财务风险管理等服务。在 2017 年，万达在其应用程序中引入了 IBM Watson，在利用自然语言交互技术为顾客提供智能对话服务的同时，为企业处理非结构化数据，助力企业管理活动的优化。

文本情感分析是指对带有情感色彩的主观性文本进行分析、处理、归纳和推理的过程。IBM 的 Watson Tone Analyzer 可以理解文字信息并分析其中想要表达的语气，同时，还能提炼文字所体现出的情感色彩、写作风格和社交风格。② 类似地，百度智能云也可以精细化地识别文本中的情绪。其中，正向情绪包括喜爱、愉快、感谢等；负面情绪包括抱怨、愤怒、厌恶、恐惧和悲伤等。这一系统能够根据顾客的语气、情感表达方式和性格特征等维度，对目标顾客群体进行分类，帮助企业为他们制定符合情感偏好的数字营销计划。此外，当系统识别到负面情绪时，还可以根据情境第一时间安抚顾客、缓解顾客的不满情绪。目前，百度智能云已经广泛地应用于智能客服和聊天机器人当中。

三、人工智能技术在营销实践中的综合应用

在数字营销实践中，很多应用综合使用了不同类型的人工智能技术，下面就从智能客服、机器人智能服务、虚拟偶像、元宇宙四个方面介绍不同人工智能技术在数字营销中的综合应用。

（一）智能客服

随着网络购物用户的规模和使用率的提升，越来越多的商家入驻到各种电商平台，甚至

---

① 郝丽萍，胡欣悦，李丽. 商业银行信贷风险分析的人工神经网络模型研究[J]. 系统工程理论与实践，2001(5)：62-69.

② Boxi. IBM 推出可分析语气的 Watson Tone Analyzer，2015.

传统零售企业也开始融合线上和线下渠道。在这一背景下，语音搜索、以图搜图等功能的广泛应用大大提升了商品搜索的便利性和准确性，进而大大提升了消费转化率。同时，消费者数量的激增对电商客服的数量、响应速率和服务质量也提出了更高的要求。随着自然语言处理技术和文本情感分析技术的逐步成熟，智能客服越来越多地替代人工客服的工作，服务范围覆盖消费者购买前、购买时以及购买后，而且响应速度极快，能够 24 小时在线提供实时服务。

具体而言，智能客服会在购买前洞察消费者行为，如商品浏览情况和接入渠道等，并提供智能导购和推荐客服等服务；在购买过程中，智能客服可以通过机器学习向消费者提供千人千面的智能服务：首先，智能客服在消费者进店后会预设如何回答消费者可能提出的问题。在此过程中，智能客服还会提供转人工客服的选项，防止由于自身能力限制而可能造成的服务失败。接着，一些先进的智能客服会根据消费者的沟通风格和语气，以拟人化的话语与消费者进行互动，包括推荐产品、优惠活动和尺码等，并提醒消费者及时下单。智能客服会在购买后主动将服务前置，促进消费者的再次购买行为。而且，它还能够为消费者提供商品、服务卡片、订单状态查询、物流信息查询、退换货引导和智能判决等服务，并根据消费者行为标签建模，实现整个购买流程的自动化，具体的服务流程如图 14-2 所示。

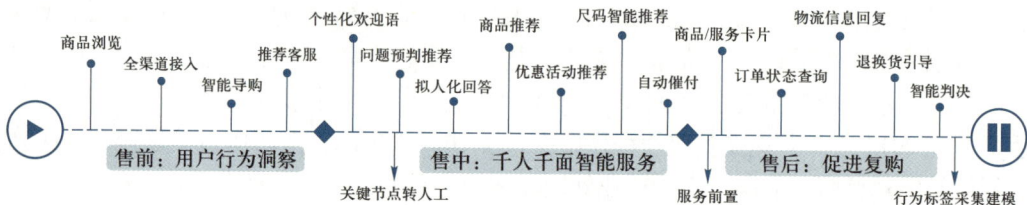

图 14-2　智能客服服务流程图

资料来源：艾瑞咨询. 中国 AI+零售行业发展研究报告，2020.

由此可见，智能客服的应用不仅简化了传统的客服培训流程，而且还提升了客服的响应速度，统一了客服回复质量，实现了一周 7 天，一天 24 小时的实时高效运营，大大节约了企业的人力成本和客服中心建设等运营成本。

（二）机器人智能服务

在零售场景中，人工智能往往是嵌入到机器人的外形之中的。这些机器人可以完成标准化、结构化的操作，如机器人咖啡师、调酒师、送餐员等。当顾客下单之后，Café X 中的机器人咖啡师就可以按照设置好的程序加入各种配料，制作不同种类的咖啡。如图 14-3 所示，机器人咖啡师每小时可以制作 120 杯咖啡，这大大提升了咖啡店的供应能力，减少了顾客的等待时间。同时，当饮品制作完成后，送餐机器人还可以将饮品送到指定的座位。这些机器人把人类员工从重复的常规操作中解放出来，使他们能够专注于顾

图 14-3　无人咖啡店 Cafe X 中的机器人咖啡师

资料来源：咖啡网. 欢迎光临 Cafe X，让机器人手臂为你冲咖啡，2022.

客服务，如向顾客介绍咖啡豆产地、咖啡豆烘焙工艺等，以此提升顾客的消费体验。

当然，机器人还能够完成一些需要进行分析的任务。例如，在无人便利店中的机器人还可以识别顾客的身份，帮助顾客查询商品库存，并找到商品放置的地点。同时，机器人还可以进行需求预测，并向供应商发出采购订单，在货物不足时自动补货，这一套体系帮助实现了门店运营的自动化和智能化。再如，监控巡逻机器人配有四个摄像头，不仅具有人脸识别系统，还配有多个传感器，可以通过视觉、嗅觉和听觉检测到不同类型的化学威胁、生物威胁等。一旦在巡逻时发现危险，它会立即通知警方。

随着技术的发展成熟，机器人在情感分析中的应用也变得更加普及。软银公司推出的人形机器人，可以与顾客亲切交谈，并在交谈过程中识别顾客的情绪，如快乐、悲伤和恐惧等。目前，机器人不仅在商场中投入了使用，而且还能够提供医疗辅助服务。例如，通过识别面部表情、头部和身体动作等，可以辅助治疗师对自闭症儿童进行治疗；通过语气和情感分析，评估病人对不同治疗方案的反应，帮助医生为病人定制更加满意的治疗方案，让病人更愿意遵从医嘱。显然，这在提升治疗效果的同时，也改善了病人的就医体验。[①]

（三）虚拟偶像

近年来，"虚拟偶像"文化逐渐盛行。这些虚拟偶像通过运用人工智能、虚拟现实等技术构建出一些角色，如虚拟歌手、游戏角色等都属于虚拟偶像。琥珀虚颜是 Gowlild 旗下"AI 虚拟生命 HE 琥珀"的代言人，具有人脸识别和记忆功能。利用机器学习和自然语言处理等技术，她能够对粉丝进行信息管理、时间管理、健康管理、教育管理和情绪管理。通过与粉丝互动，她还能够针对粉丝的喜好构建知识图谱，形成对粉丝的记忆和判断能力，实现与粉丝的无障碍交流。虚拟偶像不仅业务能力强，而且能在互动过程中与粉丝建立情感连接，并给粉丝带来元气和活力，激励粉丝在现实生活中披荆斩棘，逐渐成为很多粉丝的心灵慰藉和精神寄托。

（四）元宇宙

在人工智能技术发展和相关影视作品与游戏的推动下，"元宇宙"一词急剧升温。然而，目前尚未对元宇宙形成统一的界定。元宇宙（Metaverse）一词由 Meta 和 Verse 组成，其中 Meta 表示"超出"、Verse 表示宇宙，合在一起的意思就是"超越现实宇宙的另外一个宇宙"。元宇宙可以复制现实世界，甚至可以增强现实世界。随着人工智能技术和虚拟现实技术的发展，各大企业纷纷布局元宇宙建设。例如，淘宝电商平台在备战 2022 年 6 · 18 购物节时，就成立了元宇宙专项虚拟购物会场，尝试在无须穿戴任何设备的情况下，用户只要操控手机，就可以指引人物在 3D 世界中逛街和购物，并实现场景的交互，满足用户立体化"逛淘宝"的需求。

四、人工智能技术对市场营销组合要素的启示

下面将围绕市场营销组合要素 4Ps（产品、价格、渠道和促销）和 4Cs（顾客、成本、便利和沟通）来探讨不同类型的人工智能技术在市场营销中的具体应用。实际上，机械型人工智能、思维型人工智能和感知型人工智能各有优势，如机械型人工智能适合标准化、思维型人工智能适合个性化、感知型人工智能适合关系化。因此，企业在制定数字营销组合策略时，

往往需要根据实际情况决定使用哪一种或哪几种人工智能技术，如表 14-3 所示。

表 14-3　人工智能技术在市场营销 4Ps 和 4Cs 理论中的应用

市场营销理论 （4Ps&4Cs）	机械型人工智能 标准化	思维型人工智能 个性化	感知型人工智能 关系化
产品（Product）与顾客（Consumer）	满足顾客需求的过程的自动化 跟踪和监控产品的使用情况	对市场趋势进行预测分析 根据顾客偏好选择个性化产品	理解并满足顾客的情感需求和愿望 模仿顾客的交流方式，给顾客带来情感安慰
价格（Price）与成本（Cost）	定价和支付过程的自动化	根据顾客支付意愿制定个性化价格 根据产品和竞争对手的情况动态定价	在互动中协商价格和确定成本
渠道（Place）与便利（Convenience）	顾客接触产品和服务过程的自动化	个性化互动	为顾客参与提供情感体验
促销（Promotion）与沟通（Communication）	与顾客沟通的自动化	为顾客沟通定制沟通内容	根据顾客情感偏好和反应进行沟通

资料来源：Huang, M. H., Rust, R. T. A strategic framework for artificial intelligence in marketing [J]. Journal of the Academy of Marketing Science, 2021, 49(1): 30-50.

（一）产品和顾客

在数字化时代，产品依然是传递市场营销价值的核心载体，旨在满足顾客的需求。人工智能技术的应用使得传统的产品管理活动更有据可循，使其更符合当下消费市场的诉求。而且，这些先进的人工智能技术还可以在产品价值以外提供更多的服务价值，聚焦于优化顾客在整体消费活动中的体验。

1. 产品的研发、改进和推介更有方向性

传统营销中的产品研发和管理策略往往依赖于市场营销人员的知识和经验，如通过市场调研为产品决策提供依据。然而，市场调研不仅需要耗费大量人力、物力和财力，而且收集到的数据量较少、来源单一，而且很容易忽视非结构化数据的影响，不利于企业做出及时准确的产品决策。相对而言，利用思维型人工智能则可以通过机器学习帮助企业预测市场趋势，设计符合目标顾客需求的产品和服务，并根据每一位顾客的偏好推荐个性化的产品或服务[1]；通过感知型人工智能对顾客的评论和在社交媒体平台发布的内容进行文本情感分析，企业往往可以理解顾客的情绪和对产品的态度[2]，进而提出有针对性的产品改进策略。例如，护肤品品牌商通过对消费者在社交媒体上发布的文案和自拍进行自然语言处理和图像识别，评估了消费者的皮肤类型和皮肤问题，并向他们推荐合适的产品，从而提升了销售转

---

[1] Guo, J., Zhang, W., Fan, W., et al. Combining geographical and social influences with deep learning for personalized point-of-interest recommendation [J]. Journal of Management Information Systems, 2018, 35(4): 1121-1153.

[2] Rust, R. T., Huang, M. H. The feeling economy: How artificial intelligence is creating the era of empathy [M]. Palgrave Macmillan, 2021.

化率。

2. 顾客的消费体验更加高效且舒适

对于顾客而言，使用人工智能技术的目标在于更好地满足其需求。为了实现这一目标，机械型人工智能可以实现顾客搜索、浏览、点击、购买、使用或退货过程的自动化；思维型人工智能技术可以在这一过程中持续跟踪收集数据，以便在顾客遇到售后问题时提供决策依据，帮助顾客快速解决问题；而感知型人工智能技术可以在这一过程中提供情感支持和体验，满足顾客的情感需求。例如，大数据平台会分析和学习市场营销人员与不同国家的顾客之间的通话记录，然后提供与情感表达方式相对应的市场营销计划，使顾客更愿意与企业构建起良好关系。

（二）价格和成本

无论是对于企业还是对于顾客而言，价格和成本都反映了市场交换的规则：企业通过定价攫取利润和价值，以此来平衡其各种成本；顾客通过支付金钱和付出信息搜寻等成本来获得自己所需要的产品与服务。从交易效率来看，人工智能技术的应用在一定程度上革新了以往市场交换中的价格和成本逻辑。

1. 人工智能技术赋能企业新型定价方式

对于企业而言，思维型人工智能从根本上改变了企业的定价方式。传统营销中往往采用成本加成定价、渗透定价或撇指定价等方法确定价格策略，而人工智能技术为企业提供了更多全新的定价方法。例如，利用机器学习技术，企业可以根据顾客的支付意愿提供个性化定价。有研究发现：企业在系统推荐产品上标注的推荐指数会影响顾客的支付意愿，具体而言，从一星推荐到五星推荐，推荐指数每增加一颗星平均能够提升 10%—13% 的支付意愿。同时，人工智能技术还可以根据产品和市场情况进行动态定价，这大幅削减了企业调整定价所耗费的人力成本，也降低了未充分分析市场就调整价格所可能面临的风险。例如，便利蜂超市在商品的保质期临近时，店内的电子价签会自动降低价格，以便促进顾客购买行为。再如，酒店的智能定价系统也可以根据酒店的入住率、附近酒店的价格以及历史大数据对房价进行调整，实现酒店收益的最大化。

2. 人工智能技术降低顾客消费活动中的感知成本

对于顾客而言，机械型人工智能技术改变了他们的支付方式。与现金支付相比，支付宝花呗、微信和京东白条等十分便利的支付方式降低了人们对金钱的感知水平，这在一定程度上降低了他们的感知成本。而且，思维型人工智能技术提供的比价服务，也大大降低了顾客的搜索成本。最后，感知型人工智能技术还改变了顾客的价格谈判方式。人工智能技术的应用使顾客不再与市场营销人员讨价还价，而是与机器人客服进行价格谈判。利用自然语言处理技术和文本情感分析，机器人客服能够更全面地评估顾客的心理成本，进而提升了价格谈判的效率，节约了顾客的购买时间，减少了他们的精神和体力消耗。例如，二手商品交易网站中的价格谈判机器人，通过学习谈判策略和有效的文本生成技术，它能够与买家进行在线谈判，从而确定交易价格。有相关数据显示，它比人工价格谈判的交易机会高出了 20%。

（三）渠道和便利

在过去，拥有完备的渠道网络的企业往往具有相当强的竞争优势，如能否覆盖全国便利店的货架。渠道优势的建立能够让顾客最便利地去观察、评估和购买企业的产品。然而，在数字化时代，人工智能与电子商务平台等技术的应用，改变了传统营销中所难以攻破的渠道壁垒。企业不再需要投入高昂的人力和线下实体资源去建设渠道，就可以为顾客提供十分便利的购买体验。

1. 人工智能技术革新了市场营销渠道的功能

传统营销渠道以线下门店为主，即市场营销人员面对面地为进店的顾客提供服务。人工智能技术则改变了顾客接触产品和服务的方式。例如，在交互的前端，机械型人工智能逐渐替代人工提供一些程序化的服务，如餐厅使用服务机器人为顾客上菜、酒店使用机器人为顾客提供入住登记和送餐等服务，物流公司使用机器人或无人机配送快递等。近年来，越来越多的企业开始向线上转型，企业不再需要过多的门店和服务人员，甚至不需要顾客实际参与正式的购物任务。例如，顾客只要在填写好风格调查，并提供他们的服饰尺寸，平台就会通过机器学习直接将符合用户偏好的服装配送给顾客。顾客就像"开盲盒"一样，喜欢就支付订单，不喜欢则将衣服退回，这完全颠覆了传统的销售渠道模式。

2. 人工智能技术极大地便利了顾客的消费活动

对于顾客而言，思维型人工智能技术使得线下购物更加便捷。例如，Fashion AI 智能镜可以根据顾客选购的服饰或首饰，为他们建议补充购买的产品，这在很大程度上节约了顾客自己搭配的时间。类似地，感知型人工智能还可以加强顾客互动和参与。例如，社交机器人会主动和顾客打招呼和聊天，主动帮助他们解决问题。而且，顾客在无人超市完成购物之后，只需要穿过结算通道，即可完成商品结算，解决了传统线下门店在购物高峰期间排队时间长、结账易出错的问题。在线上购物渠道中，随着搜索引擎的不断优化，顾客不仅可以不受时间和地点的限制去自主搜索、浏览和购买自己喜欢的产品和服务，还可以在系统推荐栏目中快速找到自己喜欢的产品。

（四）促销和沟通

在营销价值的创造活动中，促销是十分关键的一步。例如，在过去，企业专注于如何通过广告传播来与顾客建立沟通，促进其做出购买决定。在数字化时代，企业拥有更多先进的数字化技术来实施促销活动，如社交媒体营销、直播营销等，企业与顾客的沟通也越来越频繁、越来越深入。在人工智能技术的应用中，企业与顾客的沟通又实现了全新的升级，这主要表现在人工智能对顾客的个性化理解以及顾客对人工智能的响应这两个方面。

1. 人工智能技术赋予促销活动高度个性化

传统促销活动主要依赖于纸质广告、广播广告和电视广告等，不仅成本高，而且时效性、针对性较差。利用机械型人工智能技术，可以根据顾客的位置自动推送内容、广告和通知；利用思维型人工智能技术，可以不断更新和学习顾客以往的行为数据，并根据产品特征和顾客行为标签为每位顾客定制促销海报，实现了精准促销。而且，机器学习技术还能够实时监测企业促销数据，并通过不断地反馈和迭代提升自身性能，进而在未来实现更好的促销效果；感知型人工智能则可以通过分析顾客的情绪和语气推断出顾客可能会提问的问题，并根据他们的语言风格形成最优的促销文案，以提升促销活动的效率。

2. 人工智能与人类服务在营销沟通中相辅相成

在传统的营销沟通过程中，顾客只能被动地接受企业所发布的内容。比较而言，在数字化时代，沟通方式开始向企业与顾客之间的双向沟通和顾客与顾客之间的多向沟通转变，顾客可以通过多方沟通获取自己所需要的信息，保证了沟通内容的真实性、可信性与及时性。而且，利用感知型人工智能技术，如自然语言处理和文本情感分析等，智能客服机器人向顾客展示了鲜活的视觉形象和敏捷的对话能力。智能客服不仅能够为顾客提供个性化的推荐内容，而且还能够通过拟人化的对话提供情感支持，进而提升顾客的温暖感和满意度。然而，智能客服有时也会给顾客带来厌恶感。有相关研究发现：在服务失败的情境下，拟人化的智能客服会增加顾客的厌恶感，进而使顾客对服务失败产生更加负面的态度。此时，人工客服的重要性就凸显出来了。由此可见，智能客服和人工客服的协同合作仍然是十分必要的。在服务响应和顾客分析方面发挥人工智能技术的独特优势，并在复杂问题处理和服务补救方面充分发挥人工客服的主观能动性，才能保证顾客的沟通效率，提升顾客的沟通体验。

第三节　人工智能营销的实施流程

随着机器学习、计算机视觉和自然语言处理等技术的发展，人工智能越来越广泛地应用在各式各样的数字营销活动中，以帮助企业实现更好的营销绩效。在实践中，人工智能营销需要市场营销人员建立起对营销目标、数据和技术深刻的理解，这意味着企业需要市场营销管理人员确立一整套实施人工智能营销的流程。如图 14-4 所示，人工智能营销的实施流程主要包括以下六个环节：确定人工智能营销目标、数据理解与准备、技术准备、建模、结果评估以及部署与监测。

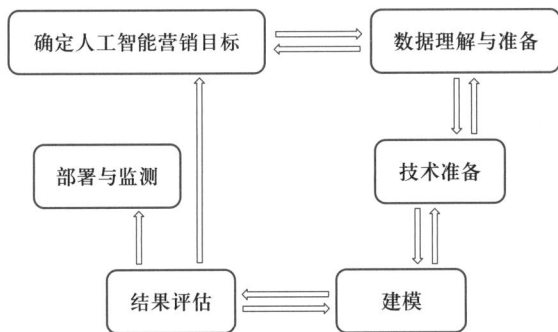

图 14-4　人工智能营销的一般实施流程

资料来源：Overgoor, G., Chica, M., Rand, W., & Weishampel, A. Letting the computers take over: Using AI to solve marketing problems[J]. California Management Review, 2019, 61(4): 156-185.

一、确定人工智能营销目标

人工智能营销的第一步是确定相应的营销目标，即营销活动或决策的目的，要解决的问题，目前正在使用何种营销手段来实现这些目标。在此基础上，市场营销人员需要思考哪些工作是他们希望人工智能技术来完成的。在确定了人工智能营销的目标之后，市场营销人员就可以基于此设计整个人工智能营销计划，并为后面五个步骤提供指引。

二、数据理解与准备

人工智能营销高度依赖数据。理解与准备数据，对于任何人工智能营销活动都是至关重要的。由于缺乏人类先天的经验直觉以及常识的积累，人工智能需要通过对海量数据的挖掘和学习来获得对特定现象的理解。因此，数据的宽度、广度和深度决定了人工智能技术的智能化水平。企业应该为人工智能营销的实践准备充足的数据材料。

在过去，传统营销实践中的数据通常以市场调研和顾客档案为主，然而这种方式只能粗略地对消费信息进行观察和分析，形成较为粗糙的用户画像。而人工智能营销可以通过人脸识别、网络爬虫、自然语言处理、知识图谱等技术路径快速地整合消费者数据，如消费者的出行数据、健康数据、线上购物数据、网络搜索和浏览记录以及购物轨迹、面部表情、拿取动作等，甚至天气和节日数据都可以实现动态整合，进而对用户的行为特征、心理状态和精神内核进行全方位、立体式的洞察。通过对这些数据的分析和学习，人工智能能够理解消费者的需求、情感、偏好和态度，并对消费者建立一个较为清晰的认识。

然而，人工智能对数据的极度需求也使数据准备工作变得更加复杂，包括进行数据选择、数据清理、数据集成等。例如，在实践中，市场营销人员首先要准确地挑选出需要整合进人工智能营销方案的数据；其次设置好数据清理程序，包括对于缺失值的处理和对数据的规范化等，以确保数据的质量；最后当数据分布在多个集合中时，将所有数据集中到一个数据集或存储库中可能会为后续分析提供新的见解。特别地，企业还可能需要根据实际情况添加数据或对数据进行特定的格式化处理等。

三、技术准备

在准备好数据之后，市场营销人员应该思考如何建立一个能帮助他们实现目标的模型，或者说需要多高的智能化水平和算法的算力。在这一阶段，市场营销人员要确定需要解决哪些关键问题以及分析可能面临哪些挑战，如简化数据收集、分析和模型构建工具等。同时，还要根据需要解决的问题确定建模的技术，如机器学习、神经网络等。在某些情况下，市场营销人员可以预先选择多种建模技术，然后再评估哪一种最为适宜。需要注意的是，人工智能技术的投入是可以重复使用的，企业并不需要每次都重新准备。尽管企业在前期开发或者引入新技术时可能需要花费较多的时间和资金，但成熟的人工智能技术一旦成形，新的项目便可以迅速地建立在过去项目的基础之上，这能够极大地减少开发时间和成本。

四、建模

在选择好技术之后，市场营销人员要确定好评估标准，即如何评估模型。这需要使用数据确定用于评估模型的性能指标。与统计模型不同，人工智能营销模型通常是建立在一组数据之上，然后在另外一组数据上进行验证。其中，第一组数据集通常被称为训练集，而另外一组数据集被称为验证集。这种做法的主要原理是：如果模型的分析结果能够从训练数据集推广到验证数据集，那么它就具备很高的准确性。在实际应用中，模型也能够将一个数据集分为两个数据集，一个训练集和验证试集，或者分为三个数据集，一个训练集、一个验证集和一个测试集。由于样本大小、信噪比等都会对模型的分析结果产生影响，所以目前还没有形成统一的数据分割规则。一般而言，训练数据占总数据量的 50% 到 90% 左右，测试或验证和测试数据占 10% 到 50% 左右。在实践中，可以利用机器学习技术并根据模型的精度确定训练集的大小，进而划分适合的训练集和验证集，即寻找最优的偏差-方差组合。其中，偏差反映了模型与真实结果之间系统差异程度的误差情况，而方差则反映了模型结果之间差异程度的误差情况。对偏差和方差进行权衡，往往有利于确定模型的复杂程度，以达到最佳的预测精度，并将这些误差最小化。

在确定了训练集和验证集的大小之后，下一步就是使用训练集构建模型，并在必要时进行微调。在建立了模型之后，可以通过检查它在验证集中的性能来进行评估，这是人工智能营销解决方案的评估标准。需要注意的是，这是一个不断迭代的过程。在评估之后，还可以通过对模型进行调整以提高模型的性能，直到达到令人满意的算力结果。对于人工智能营销项目来说，多轮次的数据理解、数据准备和建模的步骤都是很常见的。在市场营销活动中，企业可以利用机器学习技术构建事件模型，对消费者以往的数据进行学习和分析，并从中总结出规律，进而将新的情境套入到所提炼的模型规律当中，以便精准地预测未来可能出现的结果，从而优化"人-货-场"关系。这样，市场营销人员可能会比消费者更早地了解到他们自己的需求，能够迅速地找到潜在的目标消费者，并预测他们的购买意图，进而采取有针对性的市场营销策略，实现消费者和企业的价值共创。

五、结果评价

在确定了模型并评估了模型的性能之后，市场营销人员会对模型的结果进行评估，即该结果是否达到了市场营销人员在第一步中所设定的目标。如果已经实现了既定目标，那么就可以进一步推广该人工智能营销的解决方案了。如果未能实现目标，则需要返回前面的步骤，进行反复的迭代和优化，直到目标实现为止。

在评估项目的效果方面，传统营销通常使用"后测"方法，在固定的时间节点统计数据，但统计周期较长、数据分析存在严重的滞后性，因而很难发现数据背后隐藏的问题，对未来改进方向的指导意义也相对有限。同时，虚假流量等问题则可能会导致不真实的市场营销结果，导致企业无法掌握真实的市场营销效果。相对而言，人工智能营销则可以利用机器学习技术，对结果进行实时监测和反馈，提高评估的及时性和准确性。此外，无监督机器学习技术还可以监测异常值，识别不良信息和虚假信息，从而为市场营销人员提供最真实的结果评价。例如，人工智能技术凭借其庞大的数据库，将数据的物理属性和网络属性以及用户的异常行为信息相结合，可以有效地识别虚假流量和信息等问题，从而帮助企业相对准确地了解到真实的情况。[①]

六、部署与监测

人工智能营销的最后一步，是根据前面得到的结论和提出的策略进行部署，以确保价值的实现。实际上，上述模型还可以根据不断获取的新数据进行迭代更新。即使市场营销人员正确地部署了人工智能项目，随着时间的推移，它可能也会产生各式各样的新问题。因此，

① Paschen, J., Kietzmann, J., Kietzmann, T. C. Artificial intelligence(AI) and its implications for market knowledge in B2B marketing[J]. The Journal of Business & Industrial Marketing, 2019, 34(7): 1410-1419.

即便人工智能具备智能化的学习能力，市场营销人员仍然需要对整个人工智能营销计划进行实时监测和评估。一旦出现偏差，市场营销人员就应该立即采取行动，确保问题得到及时地处理，使人工智能技术的应用长期保持在最优状态。

案例14-1

阿里巴巴公司的人工智能营销流程示例

1. 人工智能营销目标的确立："千人千面"的广告

在2015年"双十一"购物节之后，阿里巴巴公司希望设计出"千人千面"的广告，通过精准营销导向的广告来提升消费转化率。在确立了这一营销目标之后，阿里巴巴公司正式建立了"鲁班"项目，并设立了"阿里智能设计实验室"。

2. 数据理解与准备：广告数据和历史交易数据

在项目启动之后，阿里巴巴公司首先确定了实现这一目标需要用到的数据。在广告层面，项目需要收集大量的设计素材数据，形成可用的版权图库；在消费者层面，项目需要收集消费者行为层面的各种数据，如浏览、点击、收藏、加入购物车、购买、评价、退换等。只有整合这两方面的信息，才能使"鲁班"设计出的广告内容与消费者偏好相匹配。

3. 技术准备：人工智能技术的小试牛刀

阿里巴巴公司认识到这一目标的实现面临着三大技术挑战：第一，缺少标注数据。对消费者数据的分析，往往需要大规模的结构化标注数据，而企业收集到的数据是杂乱无章的，急需进行标准化和结构化的标注。第二，广告设计的效果具有不确定性。在传统广告设计的过程中，对消费者需求的把握和对设计结果的评估，往往都依赖于市场营销人员的主观判断。第三，无先例可循。当时，电商行业中并没有现成的技术框架可以参考和借鉴，公司必须自己进行"摸着石头过河"式的探索。为此，阿里巴巴公司决定先利用机器学习对消费者数据和设计数据进行结构化标注，然后再通过一系列的神经网络学习，输出整个设计框架和评估框架。

4. 建模："鲁班"机器学习的创意方案

"鲁班"模型首先对消费者进行全方位的分析，将他们划分为不同的群体，并为每个群体贴上个性化标签。接着，它会识别数据库中的每幅设计由哪些元素组成，如背景、商品主体、蒙版、文案、装饰等，并对设计元素和风格进行结构化的标注，形成标准化的设计框架和元素中心。在设计促销活动时，它可以快速识别出各个消费群体的标签，并根据消费者偏好提取特定的商品特征，接着从素材库中智能地抽取原型设计框架和需要填入的相应元素。通过对产品特征和设计元素的智能识别、提取和整合，"鲁班"可以输出多个备选设计方案。设计过程如图14-5所示。

5. 结果评价：基于消费反应的美学设计优化

"鲁班"还会对备选设计方案进行评估。通过学习大量的设计图片和相应的评分情况，评估模型就能够理解什么样的作品才是好的设计。同时，评估模型还可以根据用户偏好模拟和预测消费者对所看到的不同设计的反应。这样，"鲁班"可以从设计美学和消费者偏好两方面进行评估，从备选设计方案中选出最好的那一个。

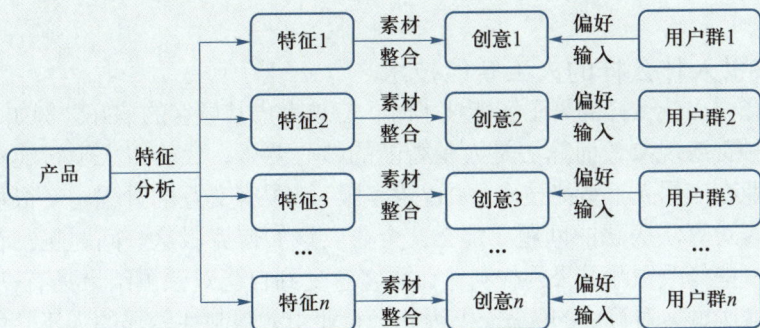

图 14-5 鲁班机器学习的促销创意过程

资料来源：汪思颖. 累计设计 10 亿次海报，阿里 AI 设计师"鲁班"核心技术详解，2018.

6. 部署与监测：在实践中不断地检验人工智能营销的效率和效果

在最后的部署环节，阿里巴巴公司会将最优的定制化广告内容精准地投放到每个消费者手中。同时，系统还会实时跟踪监测消费者对广告内容的反应情况，并将相关数据反馈给神经网络系统，让系统不断地进行学习和更新。在 2016 年双十一活动期间，"鲁班"首次登场就设计出 1.7 亿张广告，并提升了点击率。在次年的双十一活动期间，"鲁班"单日制作广告数量超过了 4 000 万张，平均每秒设计 8 000 张不同的广告，真正实现了"千人千面"的广告设计目标。

资料来源：量子位. 详解阿里海报设计 AI"鲁班"，没错，人类设计师危险了，2017.

第四节 人工智能营销中的关键问题

人工智能技术在为企业提供便利的同时，也为企业的数字营销实践带来了一些新的问题。本节介绍了有关企业在人工智能营销实践中的关键问题，以帮助企业趋利避害，实现更好的营销效果。

一、是否应该引入人工智能技术

企业在决定是否引入人工智能技术时，应该综合考虑企业的业务性质和行业技术发展水平等因素，切忌随波逐流。如果企业中的大部分工作都是机械化的、结构化的、标准化的，如食品和日用品生产企业，那么引入机械型人工智能技术可以提升企业效率，降低人工成本；如果企业中的大部分工作是计算性的、分析性的，如抖音、B 站等社交媒体平台企业，那么引入思维型人工智能技术可以实现用户数据的快速收集和分析，并根据用户偏好制定相应的营销策略，帮助企业实现精准营销。虽然人工智能技术在不断发展成熟，但是目前还不能完美地做到情感交流。因此，如果企业中的大部分任务是社交性的、移情性的、与情境相关的，应该慎重考虑是否引入人工智能机器。

二、应该引入什么样的人工智能技术

企业在选择引入什么样的人工智能技术时，应该考虑其顾客的偏好。例如，消费者对算法的厌恶是一种普遍现象，而算法是人工智能的核心要素，代表着人工智能决策的逻辑结构。因此，企业在应用人工智能技术（如智能客服）与顾客交互的过程中，很可能因对话不通畅而导致顾客对算法厌恶的问题。那么，企业应该如何克服这一问题呢？有相关研究发现：赋予顾客一些修改预测结果的权利，让顾客感受到自己对预测结果具有一定的控制力，往往可以适当减少顾客对算法的厌恶。[①] 因此，企业引入强制性较弱的人工智能系统，更容易受到顾客的青睐。

同时，机器人作为人工智能服务的提供者，在餐饮、住宿等行业中越来越普及。然而，如果使用不当，服务机器人也会给企业带来一定的消极影响。例如，虽然机器人的拟人化可以使顾客更加信任机器人，但是过于拟人化的机器人则会使顾客感到不安，甚至使顾客产生不安，从而大大降低顾客的消费体验。此外，不同类型的顾客对于服务机器人拟人化程度的偏好也不相同。因此，企业在引入服务机器人时，应综合考虑功能、外观、服务流程等多个环节可能对顾客带来的影响，不应该盲目追求外观的逼真和全服务流程的托管，而要根据目标顾客群体的偏好有针对性地提供机器人服务和人类服务。

三、应该如何管理人工智能技术

基于以上分析可以发现：尽管先进的人工智能技术的应用能够为数字营销实践带来新的商机，但需要注意的是，纯粹的技术创新并不能直接导致商业上的成功。然而，缺乏技术支撑的商业模式创新往往很容易被其他企业复制，不利于可持续竞争优势的构建。因此，若想将先进的技术落地为成功的商业实践，通常都需要技术创新和商业创新的结合。换言之，在数字时代开展数字营销活动，企业需要基于对技术的深刻理解，应用和迭代营销理念，最终统一到有效率和效果的数字营销活动当中。最理想的人工智能营销实践可以从人机协作和管理理念两个方面进行简单的分析。

（一）基于人机协作的角度

从协作的角度来看，主要关乎如何合理分配人工智能和人类劳动力的问题。在人力方面，需要企业大力发展人工智能营销从业人员的双元能力，只有这样，人工智能技术才能够成为大多数员工使用的工具，而不是保留在专家手中的高端技术。在顾客方面，企业需要尤为关注顾客对人工智能技术的异质性反应。例如，与收到算法做出的有利决策相比，顾客在收到人类做出的有利决策时的反应可能会更加积极。再如，当突出产品的实用属性时，由人工智能客服推荐时的效果往往更好；而突出产品的享乐属性时，由人工推荐的效果往往更好。[②] 因此，企业应该根据具体场景来斟酌如何合理地安排人机协作制度，并在必要时由人工介入，以便实现更好的顾客互动效果 。

---

① Dietvorst, B. J., Simmons, J. P., Massey, C. Overcoming algorithm aversion：People will use imperfect algorithms if they can（even slightly）modify them[J]. Management Science, 2018, 64(3)：1155-1170.

② Longoni, C., Cian, L. Artificial Intelligence in utilitarian vs. hedonic contexts：The "word-of-machine" effect[J]. Journal of Marketing, 2022, 86(1)：91-108.

（二）基于管理理念的角度

技术的应用需要企业进行自上而下的管理理念革新，从而实现内部协同部署。在必要时，企业可以将人工智能融入传统的组织管理活动当中，将人工智能视为员工来进行统一管理。而且，从企业对人工智能技术的管理活动来看，采用人工智能技术改变企业营销模式是一个极其复杂的过程，绝不是一蹴而就的。因此，企业需要树立长期的迭代创新意识，建立明确的流程进行检测和评估，并不断地细化和改进人工智能应用技术，以便保证人工智能的应用符合当下市场营销规律和基本逻辑。

四、人工智能营销活动的法律风险

企业要在国家法律允许的范围内开展人工智能营销活动。违反国家法律法规和政策规定的企业，不仅会给消费者留下消极的印象，还会受到相应的惩罚。因此，企业的人工智能营销活动要规避以下三种风险：算法偏见问题、责任归属问题和元宇宙中的法律问题。

（一）算法偏见问题

虽然算法只是一种数学表达，但是它并不是完全客观中立的。实际上，算法也可能存在一定的偏见。这是由于算法是由设计者和开发者创造的，他们很有可能将自己的主观偏见带入到算法系统之中。而且，算法往往需要经过大量的训练才能不断地加以完善并逐渐走向成熟。因此，数据的有效性和准确性也会对算法偏见产生重要影响。在数字营销实践中，人工智能技术引发的偏见并不少见，其中"大数据杀熟"就是一种典型现象。这种歧视性定价策略不仅会损害消费者对企业的信任，而且也会导致市场上的恶意竞争，对社会福利产生不利影响。为了保证市场竞争秩序，我国制定了相关法律禁止企业"大数据杀熟"。从2022年3月1日起，国家网信办等四个部门联合发布的《互联网信息服务算法推荐管理规定》正式施行，规定企业在产品销售和服务提供的过程中，不能根据消费者偏好信息利用算法实施不合理的差别对待，切实保护消费者公平交易的权利。

（二）责任归属问题

由于人工智能技术的发展尚不成熟，使用这些技术的过程中可能会出现一些问题，如自动驾驶汽车可能会造成交通事故等。根据美国国家公路交通安全管理局在2022年6月15日发布的数据，自2021年7月起，涉及自动驾驶系统的392起撞车事故中的大多数事故都导致了乘客死亡或重伤。这一新闻不仅引起了各界对于自动驾驶安全问题的担忧，更提出了责任归属问题。自动驾驶是基于预先设定的算法，通过计算机视觉、环境感知技术、逻辑推理和决策等技术实现车地间双向数据通信实现的。那么，当遇到突发情况时，当乘客的生命财产安全受到侵犯时，是应该由自动驾驶汽车公司负责？还是由设计者或是使用者负责？目前还没有明确的答案。

为了解决这一难题，德国、英国、美国、日本等多个国家都在制定和完善相关的法律政策。例如，德国通过的自动驾驶汽车法案规定：第一，司机必须始终坐在方向盘后方，以便在出现突发情况时及时控制车辆；第二，允许自动驾驶汽车上路测试，司机可不实施驾驶行为；第三，安装黑匣子，记录汽车的驾驶活动；第四，明确司机和制造商的责任分担，参与驾驶的司机应该依照其过错程度承担责任，如果司机未参与驾驶，则由制造商承担。此外，英国还提出了无人驾驶汽车制造商或所有人强制性保险制度，即发生事故后由保险公司先行赔付，在最大程度上保护消费者的合法权益，同时促进人工智能技术的健康发展。

（三）元宇宙中的法律问题

由于元宇宙中并不存在约束这个虚拟世界的实质性规则，一些用户的行为很可能会危害虚拟世界的和谐和其他用户的安全。因此，元宇宙刚开始发展，就遇到了一系列法律问题。例如，很多用户在元宇宙中的虚拟形象遭受过性骚扰。据调查显示，在 600 位虚拟现实应用的用户当中，有 36% 的男性和 49% 的女性经历过性骚扰。① 而且，即使是在虚拟世界中，大多数用户也希望能够拥有与现实生活相似的体验，如受到其他用户的尊重并展开友好的交流。然而，立法的缺失无法使某些用户对虚拟世界中的自身行为进行约束，从而导致元宇宙的发展面临着很大的风险和质疑。由此可见，元宇宙的构建和完善还有很长的路要走。迫切需要制定一套虚拟世界的规则，这可能需要中央网信办、科技部、国家立法机构与科学院、社科院等科研院所合作，加强立法与行业规则的制定一同促进元宇宙项目的健康发展。②

本 章 小 结

首先，本章通过梳理国内外学者对于人工智能和人工智能营销的不同界定，阐述了人工智能营销具有通过对多样化数据的自主学习来获得创新洞见、以营销流程的智能化为核心等三个主要特征，进而给出本书有关人工智能营销的界定。同时，本章描述了人工智能技术的三种类型：机械型人工智能、思维型人工智能和感知型人工智能，并探讨了人工智能技术在市场营销实践中的应用，阐明了企业实施人工智能营销的六个步骤：即确定人工智能营销目标、数据理解与准备、技术准备、建模、结果评价和部署与监测。最后，本章对人工智能营销活动中的一些关键问题进行了说明。

关键概念

人工智能　　人工智能营销　　机械型人工智能　　思维型人工智能　　感觉型人工智能

即测即评

☞ 请扫描二维码答题

---

① 陈妍. 在 Meta 里受侵犯，元宇宙的伦理问题初现，2022.
② 徐芸茜. 元宇宙项目鱼龙混杂，民盟中央建议加速科普和立法，2022.

复习思考题

1. 请谈谈你是如何理解人工智能营销的内涵的。
2. 请结合生活中的例子，探讨人工智能营销是如何影响企业和消费者的。
3. 人工智能营销和传统营销有何不同？

本章案例分析

招商银行如何开展人工智能营销

人工智能技术的发展给银行等金融业带来了深刻的影响，越来越多的银行开始加大金融科技投入，通过发展"AI+金融"模式实现业务流程自动化和风险管控。在2021年，招商银行在金融科技领域投资金额达到133亿元，已连续四年保持两位数增长。金融科技投入占公司营收的4.37%，在已公布数据的股份制银行中位居榜首。同时，招商银行的研发人员多达10 043人，较2020年增长了13.07%，成为首家科技人员人数破万的股份制银行。

智能客服的出现是银行业务流程自动化的典型表现。根据中国银行协会发布的数据，2021年银行业离柜交易总额同比增长11.46%、电子渠道分流率为90.29%。可以说，"非接触银行"服务快速兴起。顾客正逐渐将原来的柜台业务转变为当前的线上业务，使得需要线下人工介入的服务场景日益减少，智能客服在银行与客户线上沟通的过程中发挥着越来越重要的作用。截至2021年年底，招商银行内有超过6 000名人工客服、语音质检员工和智能审录员工被人工智能替代，且人工智能员工比例增加至40%。人工岗位的工作重心也开始向技术处理和风险防控方面转移。

智能客服不仅能够胜任日常业务咨询工作，而且还可以实现理财产品推荐、贷款审批和催收等业务的自动化。例如，招商银行在2021年推出了智能理财助理"AI小招"，它可以基于大数据和机器学习技术，结合客户的理财需求和风险偏好信息，为客户提供涨跌分析、市场热点解读、资产配置建议和未来收益评估等理财服务，并帮助每位客户定制专属的理财产品或组合，进而提升客户的购买意愿。同时，它还可以筛选出有意向购买的客户名单，提升市场营销人员进一步沟通的有效性。

而且，人工智能技术还可以提前识别风险和避免用户遭受财产损失。招商银行在2016年就启动了"天称系统"。当用户进行转账交易时，该系统可以实时抓取交易时间、交易金额和收款方等多个维度的数据，并通过风控模型快速评估用户的风险等级，进而采取不同的核实身份手段。这一系统以用户不曾察觉的方式排除了用户在交易过程中遭受欺诈的风险，不仅不会影响用户的体验，而且还能为用户提供全方位的保护。

资料来源：汤巾. 科技投入超132亿研发人数破万 招商银行持续加码金融科技，2022.

案例讨论题

1. 招商银行是如何开展人工智能营销的？
2. 招商银行是如何通过人工智能营销实现企业与顾客的价值共创？

延伸阅读

[1] 朱国玮，高文丽，刘佳惠，等. 人工智能营销：研究述评与展望[J]. 外国经济与管理，2021，43(7)：86-96.

[2] Blut, M., Wang, C., Wünderlich, N. V., et al. Understanding anthropomorphism in service provision: a meta-analysis of physical robots, chatbots, and other AI[J]. Journal of the Academy of Marketing Science, 2021, 49(4): 632-658.

[3] Castelo, N., Bos, M. W., Lehmann, D. R. Task-dependent algorithm aversion[J]. Journal of Marketing Research, 2019, 56(5): 809-825.

更多资源请扫描封底拓展资源码→文献目录

全书主要参考文献

[1] [美]加里·阿姆斯特朗，[美]菲利普·科特勒，王永贵. 市场营销学：第 12 版[M]. 王永贵，郑孝莹，等，译. 北京：中国人民大学出版社，2017.

[2] [美]吉姆·斯特恩. 人工智能营销[M]. 朱振欢，译. 北京：清华大学出版社，2019.

[3] [美]菲利普·科特勒，[美]凯文·莱恩·凯勒. 营销管理：第 13 版[M]. 王永贵，于洪彦，何佳讯，等，译. 上海：格致出版社，2009.

[4] 陈国青，曾大军，卫强，等. 大数据环境下的决策范式转变与使能创新[J]. 管理世界，2020，36（2）：95-105+220.

[5] 窦文宇. 内容营销：数字营销新时代[M]. 北京：北京大学出版社，2021.

[6] 黄以卫，金永生，刘冰. 移动营销及营销模式的发展研究[J]. 信息系统工程，2016，（5）：130-132.

[7] 刘珊，黄升民. 人工智能：营销传播"数算力"时代的到来[J]. 现代传播（中国传媒大学学报），2019，41（1）：7-15.

[8] 史雁军. 数字化客户管理：数据智能时代如何洞察、连接、转化和赢得价值客户[M]. 北京：清华大学出版社，2018.

[9] 汪涛，周玲，彭传新，等. 讲故事 塑品牌：建构和传播故事的品牌叙事理论——基于达芙妮品牌的案例研究[J]. 管理世界，2011，（3）：112-123.

[10] 王海忠，谢涛，詹纯玉. 服务失败情境下智能客服化身拟人化的负面影响：厌恶感的中介机制[J]. 南开管理评论，2021，24（4）：194-206.

[11] 王晓锋，张永强，吴笑一. 零售 4.0 时代[M]. 北京：中信出版社，2015.

[12] 王永贵，李霞. 面向新时代创新发展中国特色企业管理学[N]. 人民日报，2019-11-25（09）.

[13] 王永贵，马双. 客户关系管理[M]. 2 版. 北京：清华大学出版社，2020.

[14] 王永贵，汪淋淋. "数字化赋能"助力解决发展不平衡不充分问题[N]. 光明日报，2021-08-17（11）.

[15] 王永贵. 服务营销[M]. 北京：清华大学出版社，2022.

[16] 王永贵. 市场营销[M]. 2 版. 北京：中国人民大学出版社，2022.

[17] 王宗水，赵红，刘霞，等. 社会化媒体环境下的品牌传播及品牌形象差异——基于华为与海尔的比较研究[J]. 中国管理科学，2022，30（6）：178-187.

[18] 吴超，赵静，罗家鹰，等. 营销数字化[M]. 北京：机械工业出版社，2022.

［19］ 吴非，胡慧芷，林慧妍，等. 企业数字化转型与资本市场表现——来自股票流动性的经验证据［J］. 管理世界，2021，37（7）：130-144+10.

［20］ 项典典，包莹，焦冠哲. 数字经济视域下的产消者：研究述评与展望［J］. 外国经济与管理，2022，44（3）：36-52.

［21］ 肖静华. 企业跨体系数字化转型与管理适应性变革［J］. 改革，2020（4）：37-49.

［22］ 谢涵博，陈松月. 从流量到留量［M］. 北京：电子工业出版社，2020.

［23］ 杨飞. 流量池［M］. 北京：中信出版社，2018.

［24］ 杨扬，刘圣，李宜威，等. 大数据营销：综述与展望［J］. 系统工程理论与实践，2020，40（8）：2150-2158.

［25］ 余来文，朱文兴，苏译尉，等. 数字品牌：新商业、新媒体与新口碑［M］. 北京：企业管理出版社，2020.

［26］ 峪坝. 企业信息化建设容易走入四大误区［J］. 中国工业评论，2016，（Z1）：88.

［27］ 臧树伟，潘璇，胡左浩，等. 双元能力如何促进企业全渠道转型［J］. 南开管理评论，2021，24（4）：62-75.

［28］ 曾德麟，蔡家玮，欧阳桃花. 数字化转型研究：整合框架与未来展望［J］. 外国经济与管理，2021，43（5）：63-76.

［29］ 张翠玲. 品牌传播［M］. 北京：清华大学出版社，2016.

［30］ 张仪，王永贵. 服务机器人拟人化对消费者使用意愿的影响机理研究——社会阶层的调节作用［J］. 外国经济与管理，2022，44（3）：3-18.

［31］ 钟科，王海忠，杨晨. 感官营销研究综述与展望［J］. 外国经济与管理，2016，38（5）：69-85.

［32］ 周文辉，王鹏程，杨苗. 数字化赋能促进大规模定制技术创新［J］. 科学学研究，2018，36（8）：1516-1523.

［33］ 周懿瑾. 数字化消费者行为［M］. 西安：西安交通大学出版社，2022.

［34］ 朱国玮，高文丽，刘佳惠，等. 人工智能营销：研究述评与展望［J］. 外国经济与管理，2021，43（7）：86-96.

［35］ 朱明洋，张永强. 社会化媒体营销研究：概念与实施［J］. 北京工商大学学报（社会科学版），2017，32（6）：45-55.

［36］ Adomavicius. G., Bockstedt, J., Curley, S. P., et al. The hidden side effects of recommendation systems［J］. MIT Sloan Management Review, 2019, 60（2）：1-6.

［37］ Berger, J., Humphreys, A., Ludwig, S., et al. Uniting the tribes: using text for marketing insight［J］. Journal of Marketing, 2020, 84（1）：1-25.

［38］ Bertini, M., Koenigsberg, O. The pitfalls of pricing algorithms: be mindful of how they can hurt your brand［J］. Harvard Business Review, 2021, 99（5）：74-83.

［39］ Bharadwaj, N., Ballings, M., Naik, P. A., et al. A new livestream retail analytics framework to assess the sales impact of emotional displays［J］. Journal of Marketing, 2022, 86（1）：27-47.

［40］ Davenport, T., Guha, A., Grewal, D., et al. How artificial intelligence will change the future of marketing［J］. Journal of the Academy of Marketing Science, 2020, 48（S1）：24-42.

［41］ Dekimpe, M. G. Retailing and retailing research in the age of big data analytics［J］. International Journal of Research in Marketing, 2020, 37 (1): 3-14.

［42］ Gai, P. J., Klesse, A. K. Making recommendations more effective through framings: Impacts of user-versus item-based framings on recommendation click-throughs［J］. Journal of Marketing, 2019, 83 (6): 61-75.

［43］ Gebhardt, G. F., Farrelly, F. J., Conduit, J. Market intelligence dissemination practices［J］. Journal of Marketing, 2019, 83 (3): 72-90.

［44］ Grewal, D., Hulland, J., Kopalle, P. K., et al. The future of technology and marketing: A multidisciplinary perspective［J］. Journal of the Academy of Marketing Science, 2020, 48 (1): 1-8.

［45］ Herhausen, D., Miočević, D., Morgan, R. E., & Kleijnen, M. H. P. The digital marketing capabilities gap［J］. Industrial Marketing Management, 2020, 90: 276-290.

［46］ Hoffman, D. L., Moreau, C. P., Stremersch, S., & Wedel, M. The rise of new technologies in marketing: A framework and outlook［J］. Journal of Marketing, 2022, 86 (1): 1-6.

［47］ Huang, M. H., Rust, R. T. A strategic framework for artificial intelligence in marketing［J］. Journal of the Academy of Marketing Science, 2021, 49 (1): 30-50.

［48］ Huang, M. H., & Rust, R. T. Engaged to a robot? The role of AI in service［J］. Journal of Service Research, 2021, 24 (1): 30-41.

［49］ Kalaignanam, K., Tuli, K. R., Kushwaha, T., et al. Marketing agility: The concept, antecedents, and a research agenda［J］. Journal of Marketing, 2021, 85 (1): 35-58.

［50］ Kannan, P. K. Digital marketing: A framework, review and research agenda［J］. International Journal of Research in Marketing, 2017, 34 (1): 22-45.

［51］ Krishen, A. S., Dwivedi, Y. K., Bindu, N., et al. A broad overview of interactive digital marketing: A bibliometric network analysis［J］. Journal of Business Research, 2021, 131: 183-195.

［52］ Leung, F. F., Gu, F. F., Li, Y., et al. Influencer marketing effectiveness［J］. Journal of Marketing, 2022, 86 (6): 93-115.

［53］ Li, F., Larimo, J., Leonidou, L. C. Social media marketing strategy: definition, conceptualization, taxonomy, validation, and future agenda［J］. Journal of the Academy of Marketing Science, 2021, 49 (1): 51-70.

［54］ Li, Y., Xie, Y. Is a picture worth a thousand words? An empirical study of image content and social media engagement［J］. Journal of Marketing Research, 2020, 57 (1): 1-19.

［55］ Markman, L., Leibleinc, W., Wang, Yonggui *. The distinctive domain of the sharing economy: definitions, value creation, and implications for research［J］. Journal of Management Studies, 2021, 58 (4): 927-948.

［56］ Mende, M., Scott, M. L., van Doorn, J., et al. Service robots rising: how humanoid robots influence service experiences and elicit compensatory consumer responses［J］. Journal of Marketing Research, 2019, 56 (4): 535-556.

［57］ Moffett, J. W., Folse, J. A. G., Palmatier, R. W. A theory of multiformat communication:

mechanisms, dynamics, and strategies[J]. Journal of the Academy of Marketing Science, 2021, 49 (3): 441-461.

[58] Mukherjee, P., Dutta, S., Bruyn, A. D. Did clickbait crack the code on virality? [J]. Journal of the Academy of Marketing Science, 2022, 50 (3): 482-502.

[59] Overgoor, G., Chica, M., Rand, W., et al. Letting the computers take over: using AI to solve marketing problems[J]. California Management Review, 2019, 61 (4): 156-185.

[60] Pritchard, M. Commentary: "Half my digital advertising is wasted…" [J]. Journal of Marketing, 2021, 85 (1): 26-29.

[61] Tong, S., Luo, X., Xu, B. Personalized mobile marketing strategies[J]. Journal of the Academy of Marketing Science, 2020, 48 (1): 64-78.

[62] Voorveld, H. A. M. Brand communication in social media: A research agenda[J]. Journal of Advertising, 2019, 48 (1): 14-26.

[63] Wang, X., Lu, S., Li, X., et al. Audio mining: the role of vocal tone in persuasion[J]. Journal of Consumer Research, 2021, 48 (2): 189-211.

[64] Wang, Yonggui., Tariq, S., Alvi, T. H. How primary and supplementary reviews affect consumer decision making? Roles of psychological and managerial mechanisms [J]. Electronic Commerce Research and Applications, 2021, 46: 101032.

[65] Wang, Yonggui *., Tian, Q., Li, X., et al. Different roles, different strokes: how to leverage two types of digital platform capabilities to fuel service innovation[J]. Journal of Business Research, 2022, 144: 1121-1128.

[66] Wichmann, J. R. K., Wiegand, N., Reinartz, W. J. The platformization of brands[J]. Journal of Marketing, 2021, 86 (1): 109-131.

[67] Wielgos, D. M., Homburg, C., Kuehnl, C. Digital business capability: its impact on firm and customer performance[J]. Journal of the Academy of Marketing Science, 2021, 49 (4): 762 - 789.

[68] Wongkitrungrueng, A., Assarut, N. The role of live streaming in building consumer trust and engagement with social commerce sellers[J]. Journal of Business Research, 2020, 117: 543-556.

[69] Yalcin, G., Lim, S., Puntoni, S., et al. Thumbs up or down: consumer reactions to decisions by algorithms versus humans[J]. Journal of Marketing Research, 2022, 59 (4): 696-717.

[70] Zhang, J. Z., Chang, C. W., Neslin, S. A How physical stores enhance customer value: the importance of product inspection depth[J]. Journal of Marketing, 2022, 86 (2): 166-185.